New
window 新視野237

衰爆大歷史

比水逆更悲劇，地獄倒楣鬼們
歡樂又悲慘的365天大事紀

Bad Days in History:
A Gleefully Grim Chronicle of Misfortune, Mayhem,
and Misery for Every Day of the Year

邁克爾・法庫爾（Michael Farquhar）著
古路里亞・吉吉尼（Giulia Ghigini）繪
黃婕宇　譯

 高寶書版集團

致我的朋友安迪・蘇利文（Andy Sullivan）——
這個好男人證明了只要有勇氣、信念和了不起的幽默感，
再糟的日子也沒什麼大不了。

「生命充滿悲慘、孤獨和苦難——而這些都結束得太快了。」
——伍迪·艾倫

目 錄

引言

乍看之下，這本書的書名似乎簡單又直接：盡是些歷史上的壞日子。然而，再看仔細一點，它的範圍廣泛到令人瞠目結舌。綜觀人類歷史，確實有數十億則悲慘事件供我挑選；光是從二十世紀隨便挑個一年就夠寫幾百冊了，因此得要加個副標「歡樂又悲慘」才行，但總歸來說還是有點模糊難懂。「歡樂又悲慘」？那到底是什麼意思？以種族滅絕為例好了，這樣絕望的主題絕對和歡樂扯不上邊，除非⋯⋯除非如此慘絕人寰的暴行主事者自己當天也不好過，就像納粹宣傳者喬瑟夫・戈柏斯在1928年10月26日的日記裡哀嚎：「我沒有朋友」，或者像是國務院發言人在1994年6月10日的記者會上胡說八道，描述盧安達大屠殺時極力避免使用「種族屠殺」一詞。

然而，即便本書已經避開大量史上最醜陋、最赤裸的歷史時刻，被詳細記載下來的事件肯定依舊比普通日子糟糕許多。舉例來說，就算吉爾・德・雷是聖女貞德緊密的戰友，但戮童者就是戮童者，他非常諷刺地在1434年8月15日捐贈了一間他資助的豪華禮拜堂：聖嬰教堂。這麼邪惡的日子竟和1962年披頭四的鼓手皮特・貝斯特被踢出樂團發生在不同年份的隔天，對讀者來說實在不是什麼愉快的事。

這類事件貫穿這整本書，正如同副標題所說，不同時期各式各樣的的崇高、古怪、不安與荒謬全都混雜在一起，以怪異的舞步共譜了一曲華爾滋。

本書中的壞日子遍及全球各地的各個歷史時段，全都是預料之外的事件，意在取悅、逗弄並啟發人們。就以其中一個著名的爛日子為例吧，

沒有人在乎林肯的暗殺事件，反倒是幾天後這個事件對兩位前任總統造成的負面影響受到了關注。或者看看鐵達尼號的倖存者出事後，是如何在一週內讓自己的名譽掃地。最後，當你閱讀本書時，千萬記得：無論你的日子過得多糟，某個時刻、某個地方，一定有人比你還要倒楣。

1月

「1月是口袋空空的月份。我們一起撐過這個邪惡之月,
像個戲劇製作人一樣焦頭爛額吧。」

——柯萊特(Colette)

1月1日

新年不快樂!

　　啊,新年真是個充滿新希望和新開始的一天,但也有可能事與願違。對於歷史上不幸的人而言,1月1日等同於窮途末路,且是很恐怖的那種末路。舉例來說,十五世紀的修士兼烈士鐵拉馬庫斯(Telemachus)介入羅馬鬥劍賽、試圖阻止人類自相殘殺時,卻被嗜血的觀眾用石頭砸死,對他的努力毫不領情。或者是1387年,人稱「惡棍」的國王卡洛斯二世在自己的床上被燒死,因為有個侍者意外點燃了他為了治療疼痛而從頭裹到腳、浸滿白蘭地的繃帶。

　　還有,即使法國的路易十二已經年老力衰,1514那年還是幸運娶回了英格蘭年輕貌美的公主,亨利八世的妹妹瑪麗。哎呀,結果證明,這位痛風的老國王承受不起如此劇烈的傳宗接代行為。婚禮後僅過三個月

便精盡人亡。但與其他新年期間可怕的死亡相比，至少路易臨死之際縱情享樂了一番。

1811 年

1 月 2 日

打死那隻用真相螫人的牛虻

蒂莫西・皮克林（Timothy Pickering）是早期美國的禍害，是隻固執且自以為是的蚊子，撇除其他罪狀不說，光是促使新英格蘭脫離聯邦，還想方設法毀了美國前四任總統就夠了。他稱喬治・華盛頓是個「評價過譽、庸俗的半文盲」。約翰・亞當斯因為皮克林對行政單位不忠而不得不免除他國務卿的職位，但他卻固執地拒絕離職。皮克林惹人厭到連他的傳記作者都受不了。但這位默默無名的開國元勛之所以擁有歷久不衰的獨特名聲（九名美國參議員唯一遭到嚴正譴責令的一位），不僅是因為他討人厭的個性，還因為蒂莫西・皮克林口無遮攔。

1810 年 10 月 27 日，詹姆斯・麥迪遜總統發布宣言，宣布將合併西屬西佛羅里達，並宣稱該區域一直都是路易斯安那購地案的一部分。皮克林拒絕這種單方面行使權力的手法。

他以一貫的牛虻作風，向參議院出示了一份來自當時法國外交部長夏爾・莫里斯・德塔列朗（Charles Maurice de Talleyrand）

的舊文件，強調西佛羅里達並非路易斯安那購地案的一部分。唯一的問題是，儘管那份文件年代久遠，可追溯至傑弗遜政府，仍舊是份不該揭露的機密資料。洩漏保密文件內容不算嚴重違法，皮克林的對手卻藉此事大作文章。

亨利·克雷（Henry Clay）是主張擴張的鷹派肯塔基州參議員，提議要以「嚴正譴責」作為此事的懲罰。皮克林認為自己中了「暗中預謀的圈套」，事實也的確如此。假如他反抗同僚的方式沒那麼惹人厭，譴責案或許就不會通過了。但皮克林就是皮克林。1811 年 1 月 2 日，他成為參議院官方紀錄中第一位背負此等汙名的成員。

1977 年
1 月 3 日

蘋果派：共同創辦人分到的一小小片

1977 年 1 月 3 日蘋果電腦成立時，隆納·韋恩（Ronald Wayne）覺得自己是個幸運兒。他會這麼想，並非因為其中潛在的收益，而是因為早在幾個月前，他就退出了與史蒂夫·賈伯斯和史蒂夫·沃茲尼克（Steve Wozniak）之間那高風險的合夥關係。身為公司合夥人，同時又是三人之中最成熟、最有經驗的人，韋恩持有百分之十的股份，實質上等同於蘋果的大家長，得負責看管好另外兩位古怪的天才。但正如韋恩後來所言：「真是騎虎難下。」而且是兩隻老虎。身為唯一一個擁有可扣押資產的合夥人，韋恩認為這個風險實在太大了。所以他很感激能夠重獲自由，且還獲得了一張八百美元的支票！

而後為了避免任何潛在法律問題，公司新成員又以超過八百美元兩

倍的金額正式買回了韋恩的股份。這位創始人覺得自己簡直被現金淹沒了，雖然他所放棄的那塊蘋果派最後市值超過三百億，但韋恩堅持自己毫無怨言。2013 年他告訴英國《每日郵報》：「假如我繼續待在蘋果，讓我的人生哲學處處受限，最後我可能會成為墓園裡的首富。」現在呢，韋恩依然健在，在內華達州的移動式房屋販賣郵票和硬幣，靠著社會保險金過日子。

1903 年
1 月 4 日

塔希的最後一搏：一頭大象的驚人處決

十九世紀晚期的亮點是發明狂潮和驚人的科技進展。此時期湯瑪斯・愛迪生發起了人們熟知的「電流戰爭」。那是場抵制交流電系統的激烈戰役。交流電是套分配電力的系統，由愛迪生的前員工尼古拉・特斯拉（Nikola Tesla）完成，並獲得喬治・威斯汀豪斯（George Westinghouse）的支持，而這件事威脅到了供電給美國家庭及工業的舊式愛迪生直流電系統。愛迪生的財務與名譽雙雙處於危急關頭，但這位門洛帕克的奇才沒打算認輸。

不同於表面的親切形象，這位頗富盛名的發明家以相當無情的方式讓對手的交流電系統名譽掃地，他想方設法將交流電塑造成一種如閃電般致命的系統。為了達到此目的，愛迪生的夥伴策劃了多場道德淪喪的公開演示，讓狗和其他動物慘遭對手可怕的交流電活活電死。

電流戰爭在 1890 年達到詭譎的高峰。當時愛迪生運用自己不容小覷的影響力擔保有罪的斧頭殺手威廉・凱姆勒（William Kemmler）會被新

式的電椅處死。想當然，他們用的是交流電來展現其恐怖程度。事實上，愛迪生還為了電椅死刑新造了一個詞：「威斯汀豪死」（Westinghoused），並期盼這詞會成為國家通用語。結果事與願違。

1903年初，由於愛迪生的直流電系統迅速沒落，這場電流戰爭他吃了敗仗。然而，這位發明奇才使出最後絕招，要向世界證明交流電將會是人類的禍源。當時馬戲團裡有一頭不聽話的大象塔希已經殺死三名馴象師了——其中一位的死因歸咎於他把點燃的香菸放進塔希嘴裡。他們再也無法忍受這種攻擊行為，便下令塔希必須以死謝罪。原本的計畫是要在康尼島公開處以絞刑。但由於美國防止虐待動物協會的反對，愛迪生建議可以改用「威斯汀豪死」處決塔希。因此，在表定時間1903年1月4日這天，這頭殺了人的厚皮動物在大庭廣眾之下被六千六百伏特的交流電電死，《紐約時報》將此稱為「可恥的事件」，而策劃整起卑劣行動的愛迪生以他最偉大的發明——電影攝影機——紀錄了這一刻。

1895 年
1 月 5 日

被剝奪的尊嚴：屈里弗斯事件

在一長串不公義且充滿仇恨的反猶太事件中，屈里弗斯事件只是其一。但凡是正派的人，都將此事視為最為難以容忍的事件。

1895年1月5日早晨，法國總參謀部猶太裔砲兵上尉阿爾弗得・屈里弗斯（Alfred Dreyfus）因一份偽造的證據秘密受到軍法審判，最後被處以叛國罪。在被送往可怕的惡魔島終身流放之前，他被迫經歷了一場極其難堪的拔階儀式。

早上九點，屈里弗斯步入法國軍事學校的中庭，在所有法國軍事代表及顯赫貴賓面前，他所說的「恐怖折磨」開始了。「我承受極大的痛苦，但仍用盡一切力氣苦撐。」他回憶道。「為防止自己倒下，我開始回想與妻兒有關的回憶。」

拔階的判決被大聲朗讀完後，屈里弗斯突然朝著他的同袍大喊：「軍人們啊！……我是清白的，我發誓我是清白的。我仍然有在軍隊中服役的資格。法國萬歲！軍隊萬歲！」

侍衛不顧他的反抗，強行拔除他所有的鈕扣、鑲邊和肩章，直至他的軍服上毫無裝飾。下一步則是最後的羞辱，其中一位目擊者將之描述為比斷頭台還令人激動的場面：他的軍刀被一分為二。最後這場儀式以一場羞辱人的遊行告終。「我被迫繞著廣場走一圈。」屈里弗斯重述。「我聽見那些可憐暴民的怒吼聲，我感受到那股他們勢必也正經歷的顫慄，因為那些人相信，站在他們面前的是有罪的法國叛徒；而我力圖將另一種顫慄感傳達到他們心中——是我堅守自身清白的信念。」

屈里弗斯在惡魔島上行屍走肉了五年、又花上更多年時間重建名聲，最後終於在一場導致法國急遽分裂的事件中獲判無罪。而誣陷他的法國軍隊一直無法挽回名譽，1985 年還拒絕讓手握斷劍的屈里弗斯雕像置於法國軍事學校的中庭，也就是這位被毀謗的軍人遭受殘忍羞辱的地方。

到了 2002 年，這座紀念碑遭到「骯髒的猶太人」的標語汙損，如今孤零零地佇立在巴黎某座默默無聞的安全島上。

1540 年

1 月 6 日

一點也不酷：亨利八世結了婚，也殺了媒人

湯瑪斯・克倫威爾（Thomas Cromwell）是亨利八世最幹練的黨羽。他以冷酷手段策劃了多起事件，包括幫助國王和第一任妻子阿拉貢的凱瑟琳（Katherine of Aragon）離婚、脫離羅馬天主教會、扳倒國王的第二任妻子安妮・博林（Anne Boleyn）。但說到當媒人，亨利這位能幹的大臣真是成事不足、敗事有餘——還賠上了自己的項上人頭。

亨利為了愛情曾有過三段婚姻，但在第三位王后珍・西摩（Jane Seymour）去世以後，克倫威爾這位影響力十足的大臣為了維持英格蘭新教徒與德意志的同盟關係，決定安排一場政治聯姻，而他看中的人是克萊沃公爵（Duchy of Cleves）的女兒安妮公主。即使亨利未曾親眼見過對方，但聽聞最親近的諫臣和其他人描述了她的美貌與優雅，再加上宮廷繪師漢斯・霍爾拜因（Hans Holbein）那幅頗有諂媚奉承意味的肖像畫，國王同意了這椿聯姻。

克倫威爾成功且巧妙促成了和克萊沃的政治聯姻後，焦急地等待主人用愛的鼓勵讚賞他的功勞。結果並沒有什麼愛的鼓勵。亨利為了「滋養愛情」，急切前往岸邊想見未婚妻，殊不知一見到安妮頓時臉色發白。「我不喜歡她！」他忿而怒罵，獨留克倫威爾在原地打顫。

究竟國王為何這麼討厭可憐的安妮呢？至今仍然是個謎。

或許純粹是化學作用的緣故吧——克倫威爾根本不可能察覺到或表達出這種難以捉摸的情緒。他唯一確定的是亨利非常不開心。「這女人跟人們描述的完全不一樣。」他憤怒地說：「智者竟然做出這種匯報，太令我震驚了！」他怒斥克倫威爾。「早知道這樣，她就不用過來英格

蘭了。現在是要怎麼辦？」

　　不幸的是，不管怎麼補救，都會危及到和克萊沃家族之間的重要結盟。這輩子幾乎沒受挫過的君主亨利八世發現自己進退兩難：「要不是她大老遠跑來我的領土，要不是我的子民為她做了盛大準備，要不是害怕攪擾這個世界，還有要不是害怕她的兄長對神聖羅馬帝國皇帝和法國國王動兵，我才不會娶她。然而為時已晚，實在很遺憾。」

　　正如亨利所說，克倫威爾「將沉重的負擔加諸在君主身上」，所以也只能逆來順受地向國王「不太滿意」的情緒表達懺悔。

　　1540年1月6日這個大喜之日前，亨利一想到安妮就坐立難安。「我的天啊。」他在格林威治宮的教堂前停下腳步，說道：「要不是為了滿足這個世界和我的疆土，我才不會為了任何世俗的緣故做這件今天必須做的事。」

　　假如克倫威爾期待國王的心情會在與安妮共度春宵後好轉，那麼隔天早上他必然會失望至極。

　　「我先前是不太喜歡她，」亨利告訴他，「現在則是更討厭她了。」沒錯，國王講得很清楚，新婚之夜一點也不銷魂。「我摸了她的肚子和胸部，猜她應該還是個小女孩，這真是有夠嚇人，搞得我沒有意願、也沒有勇氣更進一步。就讓她繼續留著完璧之身吧。」

　　幸好安妮未曾因為被丈夫拒絕而傷心，她幼小的年紀就像一道防護網，年幼如她純然不知道新婚當晚應該要發生什麼事。且亨利後來變得又胖又頑固，沒再進一步教育她未嘗不是一件好事。只不過這卻顯得安妮有點愚蠢，還真的相信這樁婚姻已經圓滿。

　　「噢，他來到床邊親吻我，」她告訴她的資深侍女。「還拉著我的手，跟我說『晚安，甜心』；隔天早上也會親吻我說『再會，親愛的』……這樣不夠嗎？」

這問題就讓其中一名侍女來回答吧：不，根本不夠。「夫人，」她說，「絕對不能只有這樣，否則我們必須等很久才會等到約克公爵（國王第二個兒子），整個國家最渴望的就是這個。」

這齣滑稽的婚姻維持半年後，亨利便以未順利圓房，以及安妮的家人被控和其他人簽署婚前協議為由，結束了這段聯姻。國王的第四任妻子非常樂意解除婚姻。為此，心懷感激的國王慷慨賜予她豐厚財產及崇高地位作為回報，封她為「國王的好姊妹」。

反觀克倫威爾就沒那麼幸運了。雖然國王的確提拔了這位出身卑微、身為酒館老闆之子的首席部長，在克萊沃災難後擢升他為伯爵，但這只不過是他最終垮台的前奏（搞不好是個圈套）。國內的貴族們老早就很不滿傲慢的克倫威爾擁有如此的權力及影響力，便趁此時群起激烈反抗他。

這位一度手握重權的大臣被冠上莫須有的異端罪名遭到逮捕，而後他在倫敦塔的牢房內供出了價值連城的證詞，證明國王亟欲擺脫他的第四任妻子。這是他最後一次效力於他親手打造出來的全能君王。亨利和克萊沃的安妮離婚不到三週，克倫威爾就於 1540 年 7 月 28 日被斬首——無人理會他那「可憐可憐我」的請求。

他的首級被木樁刺穿插在倫敦橋頂，根據一位法國外交官所言：「亨利處死了他曾有過最忠心的僕人。」他還說了，亨利最終改變心意且相當痛惜，但即便如此，這位殞落的大臣永遠無法安息。

1945 年
1 月 7 日
笨蛋蒙提的一派胡言

英美盟軍戰線的比利時南部防禦較為薄弱，因此希特勒出奇不意，針對此地發動兇殘的攻擊，也就是知名的「突出部之役」。這也是第三帝國即將垮台前的垂死掙扎。

這是美軍史上所參與過規模最大、也最血腥的一役，在駭人無比的戰況下幾乎無法反擊。雖然美軍首當其衝承受了此波猛烈的砲火，然而在 1945 年 1 月 7 日的記者會，現身的卻是愛慕虛榮的英國陸軍元帥伯納德‧勞‧蒙哥馬利（Bernard Law Montgomery），趁勢搶走了他不配擁有的功勞。

蒙哥馬利曾短暫被授命為盟軍北翼的指揮官，但卻優柔寡斷不肯採取積極攻勢。「蒙提就是個懶惰的討厭鬼。」喬治‧巴頓將軍（Gen. George S. Patton）在他的日記裡忿忿寫道。「戰爭本該承擔風險，他連這點都搞不清楚。」然而，即便他幾乎沒有踏上戰場，還害得美國犧牲慘重，這位陸軍元帥仍舊在記者會上譁眾取寵。

當天蒙哥馬利戴著鑲有兩枚勳章的栗色貝雷帽、身後揹著降落傘吊帶——「穿得跟小丑一樣。」當時有個新聞記者這麼描述他——在一群記者面前鄭重表示：「我一看到如此場面（第一天的戰況）立即就採取明確的戰略，以確保德軍即便到了莫茲河也絕對沒法橫渡……我這叫未雨綢繆……此役應該算是我所經歷過最有趣、最棘手的戰鬥……一旦捲入這種纏鬥，唯獨嚴謹有條理的戰略才是上策……若非如此，你不可能大獲全勝。」

蒙哥馬利暗示道，若沒有英國人，美軍根本無法逃出困境。話雖如

此，這位陸軍元帥依舊自視甚高地安撫了那些真正在前線衝鋒陷陣的士兵。隨後歷史學家史蒂芬・安布羅思（Stephen Ambrose）寫道：「蒙哥馬利說，只要有個合適的領導者，美國大兵就是批英勇的戰士。」而這段話「幾乎摧毀了盟軍之間的團結」。

「六十年過去了，這件事還是很令人咋舌，如此聰明的高階指揮官竟然做得出這種吹捧自己的蠢事。」歷史學家馬克斯・黑斯廷斯（Max Hastings）寫道。「自艾森豪以降，所有讀過蒙哥馬利那段發言的美國人都感到噁心。」

盟軍高階指揮部裡的緊張局勢一觸即發——全拜蒙哥馬利在部隊中不斷濫用他的地位作威作福所賜。「這次事件與其他類似的戰爭相比，讓我更加苦惱憂心。」盟軍最高司令德懷特・艾森豪（Dwight D. Eisenhower）寫道。

讓盟軍恢復和諧的重責大任後來落在了溫斯頓・邱吉爾肩上。蒙哥馬利輸得灰頭土臉後十一天，這位英國首相在下議院前用盡所有演說技巧，清楚表明誰才是突出部之役的真正英雄：

「有人說這場還未休止的可怕戰役是一場英美大戰。但事實上，幾乎整場戰役都是美國軍人投身其中，也承受了將近全部的損失……我們有一個人參與作戰的同時，美軍那邊就有三十至四十人身在沙場，而當我們失去一兵一卒時，對方已經有七十到八十個人陣亡。」

邱吉爾接下來說的話，似乎是在針對想獨佔風頭的蒙哥馬利：「訴說我們引以為傲的故事時必須謹慎，不要想不勞而獲地代表英軍宣揚那場無疑該歸功於美國人的最佳戰役，我相信此役將被視為美國歷史上最著名的勝戰。」

1992 年

1 月 8 日

現在，嘔吐儀式開始：老布希的驚天一吐

國宴在日本首相的家中舉辦，桌上擺滿甘美的魚子醬冷燻鮭魚、蕈菇清湯、胡椒醬去骨牛小排和百香果冰淇淋。

不幸的是，老布希總統的感冒症狀突然變得非常嚴重，不舒服到忍不住吐了在餐桌上，泰半食物就這樣落在自己跟前，其餘部分則掉在了日本首相腿上，而這位宴會主人還在老布希總統逐漸失去意識的時候幫忙扶著他的頭。更糟的是，大多數人都可以在自己家裡盡情嘔吐不被人看見時，老布希總統呈拋物線湧出的嘔吐物卻被攝影機拍了下來，在電視裡無限次播放。深夜脫口秀主持人針對這尷尬的一刻借題發揮，同時日本字典也多了一個描述嘔吐的詞：Bushu-suru，意思就是「像老布希那樣嘔吐」。不過總統本人倒是優雅又幽默地化解了這起尷尬的外交事件。「你何不乾脆把我推到餐桌底下？」據說他躺在地板上時對日本首相這麼說。「這樣我就能一路睡到你們吃完晚餐。」

1980 年

1 月 9 日

砍頭，再接回去：沙烏地阿拉伯式切片與拼接

1980 年 1 月 9 日早晨，沙烏地阿拉伯忙著斬首，有六十三名前一年佔領麥加大清真寺的狂熱恐怖分子遭到公開處刑。而為了確保全國人民都能見證政府如何反擊此等褻瀆行為，這些處決在八個城市中同時進

行。老天在上，鑲有裝飾的劍刃砍下目標頭顱後，這忙亂的一天並沒有跟著畫上句點：現在這六十三顆脫離身軀的頭顱必須被縫回去，如此才符合埋葬的正規習俗。又來了，又是 1980 年。

2000 年
1 月 10 日

你失敗囉：美國線上和時代華納注定失敗的合併

根據商業媒體報導，這場史上最龐大的公司合併案就和璀璨的皇室婚禮一樣令人歎為觀止。2000 年 1 月 10 日，引領美國網路供應市場的美國線上（AOL）宣布即將和傳播巨擘時代華納（Time Warner）合併，看似完美地整合了新舊媒體。大好未來似乎近在眼前。

「昨晚接近九點之時，我很榮幸能在一張無法撤銷的文件上簽名，那紙文件代表的是此次合併案中屬於我的一億元股份。」時代華納的董事泰德・透納（Ted Turner）滔滔不絕地說：「這件事激起的興奮與熱情遠遠勝過四十二年前第一次做愛的夜晚。」

然而隨之而來的懊悔，只能用一對宿醉的夫妻一覺醒來，在早晨最刺眼的陽光中面對彼此來形容。「這是我這輩子聽過最愚蠢的主意。」當時的時代華納老闆唐・羅根（Don Logan）後來告訴《紐約時報》。直到最後一刻他才被告知合併一事。當時在時代華納負責政府公關的經理提摩西・波格斯（Timothy A. Boggs）也被蒙在鼓裡，他後來告訴《紐約時報》：「接獲消息時感到相當遺憾且恐懼。我對這起交易深感疑慮。」

事情逐漸變得明朗後，美國線上根本跟想像中的另一半相去甚遠。它的股價確實持續上漲，但表面之下的隱憂不容忽視——尤其嚴重的

是，《華盛頓郵報》發現這間公司一直都在誇大自己的廣告收益。隨後，證券交易委員會和司法部的調查更導致它面臨巨額罰款。

再者，這場合併案（事實是美國線上吞併時代華納）恰巧遇上了網際網路泡沫破裂，且美國線上的撥接上網服務也已過時。除了這些，《紐約時報》記者蒂姆·阿蘭戈（Tim Arango）於 2010 年寫道：「這兩間公司還有個問題：好像互看不順眼。」

在被阿蘭戈形容為「絕望的幾年」期間，公司股價暴跌，眾多員工失業或失去大半退休金，彼此不睦的主管們則推諉塞責，離婚已經在所難免。而正如同多數觸礁的婚姻，結局免不了一連串最嚴厲的相互指責。

「我真想忘了這回事。」泰德·透納告訴《紐約時報》。身為公司合併後最大的股份持有者，透納是這段他曾比喻為初次做愛的關係中損失最多的人——他失去了八成資產淨值，差不多等於八十億元。「時代華納和美國線上的合併應該要和越戰、伊拉克和阿富汗的戰爭一樣走入歷史。」他說。「這是發生在我們國家最大的災難之一。」

1877 年
1 月 11 日

鋼纜詐欺：哇，這傢伙真的賣過橋嗎

布魯克林大橋被稱為「世界第八大奇景」，曾經是當代工程的奇蹟，如今仍被視為象徵十九世紀的抱負與原創性的紀念建築物——但可不能歸功於那位在建造過程中貪汙的關鍵人物。

1877 年 1 月 11 日，這座橋的董事會授予羅伊德·海伊（J. Lloyd Haigh）合約，由他提供足以支撐超過一·六公里長橋樑的重要鋼索。

總工程師華盛頓・羅布林（Washington Roebling）一再警告董事會不可信任海伊，但海伊的出價讓他得到了董事會成員，同時也是未來的紐約市長阿布拉姆・休伊特（Abram S. Hewitt）的支持。對此，羅布林寫道：「他的成功會換來無止境的麻煩和苦惱。」結果發現，原來休伊特剛好持有海伊鋼鐵廠的抵押貸款，且由於此次鋼索的合約利潤豐厚，他必定每個月都會收到報酬。

　　海伊正在策劃一起將遺臭千年的大型詐欺案，在那個年代，規模遠遠不及此的小吊橋經常以建造失敗收場，而此詐欺案足以徹底毀滅這座長度令人歎為觀止的橋樑——顯然是當代最長的橋。然而，羅布林先前在東河裡建造橋樑根基時罹患了減壓症（或稱潛水夫病）導致身體虛弱，因此無法現身阻止他。

　　「這場詐騙的手法其實非常簡單。」歷史學家大衛・麥卡勒（David McCullough）寫道。海伊會將手上一定數量的優質鋼索展示於工廠供檢查，但在將這批鋼索運送到附近的建地前，中途會先於另一地偷天換日，將要用於橋樑上的建材調包成劣質的鋼索。同時，先前那些通過檢驗的鋼索則被秘密運回工廠，整個道德淪喪的過程無限循環。

　　幸好，根據橋樑的設計規格，鋼索的數量被要求要比一般常見的還要多，才足以穩固大橋，所以海伊不必調包那些劣質鋼索——反正要撤換也幾乎是不可能的任務。「然而橋樑中摻進此等腐敗之事將會被永遠記住。」麥卡勒寫道。「至少羅布林本人不會忘記。」

1915 年
1 月 12 日
男性騙局:「保護」女性不用投票

1915 年 1 月 12 日,來自阿拉巴馬州傲慢頑固的三 K 黨員代表「棉花湯姆」詹姆斯·托馬斯·赫夫林(James Thomas Heflin)於美國眾議院針對性別歧視一事起立發言。當時正在討論的議題是關於女性投票權的憲法修正案——這提案著實嚇到了全是男性的立法者們。「現在,大多數女性已經掌控了一票。」以行事浮誇造作聞名的赫夫林向同僚和擠滿觀眾的旁聽席發表演說。「就像前幾天我對一位為女性爭取選舉權團體成員說的一樣,如果妳有選舉權,就等同於掌控了家裡的兩張選票,這樣太超過了。」

許多議員在辯論過程中都是完美的紳士,聲稱他們是想保護女性遠離邪惡的選舉,並且支持她們保有在某場所中的神聖地位:家裡。若是在十三世紀,這確實很有騎士精神,但後來《新共和》雜誌提到:「那些發言者未曾像美國女性進到工廠,切身體會這齷齪的現實世界。就是這種齷齪的現實影響到他們的言論。」評論進一步說道:「說到這些聖人般的母親、忠誠的妻子和受尊崇的女人,像博德爾先生這種人似乎無法在不色瞇瞇的情況下談論她們超過十分鐘。」

這本雜誌指的是國會議員史丹利·博德爾(Stanley E. Bowdle),這名來自俄亥俄州、善於交際的國會代表在同伴的歡呼聲中(那些在場的南部「紳士」完全沒有出聲反對)針對投票權議題發表了淫穢的意見:「這座聰明城市裡的女人很漂亮。她們的美麗會影響到商務活動;她們的腳很美;她們的腳踝很美,但我只能說到這——因為她們對國家不感興趣。」

博德爾還有很多話想說，所以被好心地延長了發言時間。「男人和女人不一樣。」他提到，「他們從裡到外沒一處相同，這正是女人抱怨的原因。許多女人不滿性別的限制。但是，為什麼要和握有最終發言權的上帝爭論呢？我沒辦法懷孕生子，那麼我是不是也該去哭一場？」

那天，這個投票權法案沒有通過：兩百〇四票反對，一百七十四票同意。

1920 年

1 月 13 日

沒錯，以前真的難如登天

「我們都知道，天才之所以存在，是為了提出那些白癡們二十年後才恍然大悟的點子。」法國詩人暨小說家路易・阿拉貢（Louis Aragorn）曾經如此寫道。他突破盲點了。很多絕頂聰明的人一輩子都未得到認可。梵谷於 1890 年自殺之前只賣出幾幅畫，是個既失敗又飢腸轆轆的藝術家。人們很喜歡聽巴哈演奏管風琴，但卻對他的作品視而不見。而埃德加・愛倫・坡單憑那些經典的驚悚故事幾乎活不下去。

有時天才也會遭人藐視。羅伯特・戈達德（Robert H. Goddard）被嘲笑的例子就是最好的證明。1920 年，他提出太空旅行的開創性想法，實際應用並廣為人知後飽受嘲諷。《紐約時報》的言論尤其刻薄。同年 1 月 13 日，該報在一篇題為〈毫無誠信可言〉（A Severe Strain in Credulity）的社論中指稱戈達德「似乎沒有那些高中每天都在教的（基本科學）知識」。

這毫無根據的批評傷到了戈達德，幾天後他做出了回應。「所有遠

見在真正被實踐前都是則笑話。」他對記者說道。「一旦被實現，也就不足為奇了。」

　　1945 年，戈達德死後二十四年，人類首次在月球上漫步——由一名備受奚落的物理學家發明火箭科技，將人們送上月球。在這歷史性事件的隔天，《紐約時報》決定發表新的文章，修正將近半世紀前那篇刻薄的社論。「根據進一步的調查與實驗，艾薩克·牛頓於十七世紀發表的理論確實可以成立，證實火箭在真空環境中也能像在大氣層裡一樣運作。《紐約時報》為先前犯下的錯誤致上最深的歉意。」

1963 年
1 月 14 日
忙著當種族主義者：喬治·華萊士糟糕的轉變

　　「盎格魯薩克遜南端的心臟地帶是美利堅邦聯的發源地，我們的歷代祖先在此地敲響今日我們所聽到的自由之鐘，後世也將讓鐘聲永遠繚繞下去。讓我們起身響應那流淌在我們身軀、熱愛自由的血液，並回應那對著南國磨刀霍霍的暴政。我以曾經踏過這片土地、最偉大的人們為名，在塵土中畫立界線，臣服於暴政之下，我要說的是，今天要種族隔離，明日也要，永遠都要。」——阿拉巴馬州州長喬治·華萊士（George Wallace）於 1963 年 1 月 14 日的就職演說

　　喬治·華萊士化身為狂熱的種族隔離主義者之前，原本是個非常溫和的男子。他在 1958 年阿拉巴馬州州長競選活動中宣稱：「要是我沒有辦法公平對待所有人，無論種族為何，那麼我也沒有資格成為你們的州

長。」但最後華萊士輸給了易怒、獲得三K黨支持的對手約翰‧帕特森（John Patterson）。這對於一個野心勃勃、十四歲即發誓要當政治家的人而言，實為慘痛的經驗。

華萊士在 1958 年的競選慘敗後，將自己改造成了滿腔怒火的種族隔離主義者，當時支持他的是美國全國有色人種協進會（NAACP）。「你知道嗎，」他當時說，「我試著談論那些好的道路、好的學校和那些關於我職涯的事情，但沒人理我。而我一開始談論黑人，他們便氣得直跺腳。」

華萊士的傳記作者是埃莫里大學的教授丹‧卡特（Dan Carter），他在《亨茨維爾時報》中用「浮士德的交易」來描述這庸俗的轉變。「提到種族，他便把靈魂賣給了惡魔。」華萊士贏得他欣羨已久、州長官邸的位置。1963 年 1 月 14 日，他發表了從此定義他一生的就職演說。

1919 年
1 月 15 日

不幸的甜味：糖蜜浪潮

1919 年 1 月 15 日，一道突如其來、甜膩又黏稠的巨浪造成了重大傷亡。在那不尋常的大熱天，波士頓北區的居民與勞工正為了例行公事疲於奔命，將近中午十二點半之時，一陣宛如火車駛過高架鐵路的轟隆巨響傳來，伴隨著一連串像是機關槍的答答聲，那是鉚釘繃開的聲音。發出聲響的大型儲藏箱已經矗立在這個社區三年，裡頭裝有超過兩百萬加侖的糖蜜。然後儲藏箱砰地一聲爆開了。

儲糖槽的坍塌引發了一道滔天蜜浪。浪高大約二至五公尺，重量遠

超過海水，以每小時五十六公里的速度沖向周圍的街道，沿途所有景物全數遭毀。鐵路上的火車車廂被沖離軌道；建築物被連根拔起應聲傾倒；被這道無情褐色波濤沖刷過的人無一倖免。這場災難造成二十一人死亡，其中幾個人的遺體好幾天後才在黏稠的液體中被找到；另外共計一百五十人受傷。

「幾乎沒有詞語能夠形容第一批搜救人員目睹的景象。」《波士頓郵報》的記者寫道。「深及腰部的糖蜜覆滿街道，沖刷過滿地廢墟，堆積起團團泡沫。到處都有物體在掙扎，但完全沒辦法分辨是人類還是動物。在這一團混亂的黏稠液體之中，只要有地方隆起或是有任何動靜，都表示有生命跡象……。無數死去的馬匹彷彿黏蠅紙板表面上的蒼蠅，牠們愈是掙扎，愈是深陷困境。人類——不論男女——也遭受同樣的苦難。」

這座儲糖槽為美國工業酒精公司所有，但此公司卻在災難發生後試圖撇清責任，還將矛頭指向叛亂分子使用的炸彈。但經過多年的調查，這家公司被證實在建造及維護儲糖槽的過程中有所疏失，於是被迫支付倖存者大筆賠償金。雖然災難地點已經改建為公園許久，但依舊有些人信誓旦旦地說，只要天氣暖和，空氣中就會瀰漫一股糖蜜的甜味。

1547 年
1 月 16 日

沙皇的襲擊：被稱為「恐怖」伊凡是有原因的

伊凡四世小時候只是個沒什麼權力的莫斯科大公，在變成「恐怖伊凡」之前，只會對小動物伸出毒手：這個發育中興高采烈的小怪物會把

貓、狗扔出高塔。但自 1547 年 1 月 16 日起，情況變本加厲。十六歲的伊凡在這天被加冕為首位「全俄羅斯的沙皇」。沒過多久，這位新君主就把他的王國改造成了一間大型恐怖物品陳列室。

整座城市都深受沙皇日漸捉摸不定的怒氣所苦，尤以 1570 年時期的諾夫哥羅地區受害最劇。危險的偏執狂伊凡深信諾夫哥羅的人民密謀造反，事成後將投靠波蘭王，因而下令清剿整座城市。上千名來自各階層的男人、女人及孩童，從菁英分子到最底層的農民，都慘遭有條不紊地屠殺，而那些成功逃過一劫的人，食物來源也被全數銷毀。為期六週的襲擊後，諾夫哥羅幾乎成了一座空城。此時正逢伊凡加冕典禮的二十三週年，當年夏天的慶祝典禮如常於莫斯科舉行，同時間還有數百名沙皇的敵人在紅場＊接受被剝皮、烹煮、焚燒或碎屍萬段的嚴懲。

1912 年
1 月 17 日

坐在世界底部：史考特一敗塗地的南極之旅

這是歷史上最重大的探險事跡：艱苦跋涉前往世界最底部。可惜的是，1912 年 1 月 17 日那天，羅伯特‧史考特（Robert Falcon Scott）抵達南極後卻發現了令人震驚的事實：他和他的英國團隊並非第一個到達南極點的隊伍。

「最糟糕的事已經發生了，就算不是最糟也可說是非常糟。」史考

＊　註：野蠻統治期間更不光彩的事情是，伊凡在震怒之中殺了長子。很明顯地，這位悲慘的繼承人因為父親朝著懷孕的妻子拳打腳踢出言反抗，如此放肆的行為氣得他父親用鐵杖擊打他的頭。三年後的 1584 年，恐怖伊凡去世，但絕對不會被遺忘。事實上，同樣殘暴的史達林在三個世紀後稱他為「自己最喜愛的沙皇」。

特在日記中記錄道,當地有些初淺且不太鮮明的跡象,顯示早前已有別的隊伍到訪。不久後,證據變得十分明確。「我們繼續前行,」史考特繼續寫道,「發現有一面黑色旗幟綁在雪橇上,且一旁有搭過帳篷的痕跡;此外還有雪橇和滑雪板來回滑行的痕跡,以及清晰的狗腳印——很多隻狗。這說明了整件事情。羅爾德・阿蒙森(Roald Amundsen)帶領的挪威隊伍搶先我們一步,成為第一個到達南極點的人。」

大自然似乎也在嘲笑英國隊伍這場失敗的探險,在這刺骨的 1 月天裡,猛烈的強風襲來,使原本極低的溫度又大幅下降。「天啊!這地方真是糟糕透頂,我們拚盡全力卻沒有得到優先抵達的獎賞,真的是爛透了。」史考特在日記中哀嘆。

他們夢想中的榮耀化為烏有,也無法在南極點插上旗幟,這些被凍傷的探險家什麼也不能做,只得打道回府。「回程將會非常疲憊。」史考特寫道。而事實證明,這段返程足以致命。五人遠征隊一個接一個死於寒冷、疾病和體力耗盡。但臨死前,他仍努力寫下「給大眾的話」:

「我並不後悔踏上這趟旅程,此行代表了英國人堅忍、互助,並和從前一樣堅韌剛毅地面對死亡。我們承擔風險,我們的確承擔了;很多事情不如我們預期,但我們沒有理由抱怨,而是應該降服於神的旨意,盡全力走到最後⋯⋯假若我們活下來,就能訴說關於同伴們剛毅、堅忍和勇氣的故事,這些將喚醒所有英國人的心。這些潦草的筆記和我們的遺體會代替我們說故事的。」

2002 年

1 月 18 日

複製貼上：歷史學家順手牽羊的報應

1993 年，歷史學家桃莉絲・古德溫（Doris Kearns Goodwin）大發雷霆，公開指控作家喬・麥克金尼斯（Joe McGinniss）直接抄襲她於 1987 年出版的暢銷書《費茲傑羅與甘迺迪：美國傳奇》（*The Fitzgeralds and the Kennedys: An American Saga*），該書是她為參議員愛德華・甘迺迪（Edward Kennedy）寫的傳記。「他就這樣直接用了，完全沒有提到內容是取自我的作品。」古德溫向《波士頓環球報》抱怨道。「你會希望其他作者在謝詞中提到內容來源，」她繼續說道。「沒有這麼做實在令人費解。」

但是呢，其實《費茲傑羅與甘迺迪》本身就不完全是古德溫的作品。事實上，她大量擷取了其他作家的內容。其中最明顯的例子是古德溫幾乎一字不差地擅自引用了蘿絲・甘迺迪（Rose Kennedy）的散文。

2002 年 1 月 18 日，《費茲傑羅與甘迺迪》首刷十五年後，《標準週刊》揭露古德溫公然剽竊，她不只抄襲蘿絲・甘迺迪和其他多位作者，眾多例子中最聲名狼藉的是她抄了琳恩・麥塔格特（Lynne-McTaggart）於 1983 年出版的《凱斯琳・甘迺迪》傳記（*Kathleen Kennedy*）。這本雜誌列出一份罪證確鑿的比較清單，前後比對了相關段落。對此古德溫解釋了一番：「那段時間我的所有內容都是手寫，包括抄錄自第二手資料的筆記。在我寫下那些有問題的段落時，眼前並沒有麥塔格特的書。我在筆記本上塗寫時，並沒有發現有些改述竟跟原文如此相近。」

古德溫承認，後來她和麥格塔達成協議，雖然竊取的部分沒有加上引號，但之後的平裝本中會加入更多註解與參考資料來源。但她刻意隱

瞞了一件事，也就是她支付了賠償金給麥格塔特，雙方已達成和解。幾天後《波士頓環球報》才踢爆了這件事，在報導內容中古德溫堅稱自己「絕不是」剽竊者，並為自己的錯誤找了些沒有說服力的解釋，辯稱《費茲傑羅與甘迺迪》是「我所寫的第一部歷史大作」。但該報好心地指出，其實早在 1976 年，她就出版過《林登·約翰遜和美國夢》（*Lyndon Johnson and the American Dream*），而那已經是十一年前的事了。

古德溫試圖挽回名譽，但狀況似乎變得更糟。她將抄襲行為委婉稱為「借用」，也持續為錯誤的做筆記方式找藉口，然而這些只是在火上加油，讓批評聲浪更為猛烈。當她試圖搶救獲得普立茲獎的《不尋常的年代：富蘭克林和愛蓮娜·羅斯福》（*No Ordinary Time: Franklin and Eleanor Roosevelt*），一再聲稱此本著作中完全沒有抄襲的內文時，《洛杉磯時報》以及其他出版物揭露出了該書幾處「借用」的例子。於是，古德溫承諾要將剩下那些討人厭的《費茲傑羅與甘迺迪》變為紙漿，結果卻食言了。

博·克雷德（Bo Crader）是最初向《標準週刊》揭露整個真相的人，他引用古德溫控訴喬·麥克金尼斯的話語，為這個導致了可怕負面影響的事件作總結：「作者借用過往的書籍作為寫作的基石並沒有錯，」古德溫這麼說。「有註明出處就行了，從古至今皆是如此……我真不懂為什麼連這點都做不到。」

1990 年

1 月 19 日

瘋狂市長：哥倫比亞特區菸槍第一把交椅

即便整座城市已經近乎被致命的霹靂古柯鹼肆虐殆盡，自己有毒癮

的謠言也滿天飛，哥倫比亞特區市長馬里昂・貝里（Marison S. Barry）仍自顧自地飄飄然，四處吹噓自己是何等所向披靡。「古、古、古柯鹼？」這位自稱夜貓子，同時也是墮落牛肉場和淪為毒窟的旅館房間的常客接受《洛杉磯時報》人物專訪時驚呼。「人們到底是怎麼用那玩意的？得把它放在鼻、鼻子裡？想得美！不可能！」《洛杉磯時報》的記者將市長厭惡毒品的反應形容為「滿滿嘲諷、含糊其辭、一臉誇耀的神態」。接下來，市長明確表示那些針對他的指控無疑是種羞辱：「我才沒有笨到去做那些他們指控我的事！上帝賜給我一顆聰明的腦袋。沒有人會知道我做了什麼，因為我不會被抓到。」

然而，《洛杉磯時報》的專訪刊出後不到兩週，貝里就被拍到和情婦海柔・摩爾在哥倫比亞特區市中心的旅館內吸食霹靂古柯鹼。這隻夜貓氣炸了，因為摩爾顯然參與了聯邦調查局的臥底行動。「我死定了。」他被捕時不停喃喃自語。「我被這個賤人設計了。」隔天，1990 年 1 月 19 日他被傳訊，而一年前的今天，市長在龐大陪審團面前發誓從未和同事查爾斯・路易斯一起抽古柯鹼，不過路易斯推翻了他的說詞。一個月後，貝里因做了三項偽證遭起訴。

如此龐大的恥辱應該足以毀掉多數政治家。但對這位被《華盛頓市報》封為「天生市長」的人來說，只不過是一時倒楣。貝里服刑六個月後，他忠實的選民——當中有許多都是市政府員工——選他做市議員，令人訝異的是，後來他竟二度當選市長！

「我要當羅馬的那種獅子。」貝里在他可恥但短暫的失敗前向《洛杉磯時報》這麼說。「你懂嗎？他們可以一直拿東西丟我，但我會還以顏色，每次都會！最後我會坐在那邊舔自己的爪子！」

1953 年
1 月 20 日

哈瑞不喜歡艾森豪：憤怒的爭吵

民主的本質在於權力的讓渡，但很少總統樂意將權力交付予繼任者——尤其當繼任者和卸任者互看不順眼時。約翰·亞當斯則是開了先例，他在對手湯瑪斯·傑佛遜就職典禮當天悄悄出城去了。他的兒子約翰·昆西·亞當斯（John Quincy Adams）輸掉一場最為殘酷的選舉，敗給安德魯·傑克森後也做了同樣的事情。但 1953 年 1 月 20 日，德懷特·艾森豪接替哈瑞·杜魯門的總統職位，所引發的爭議卻是少數政權轉換的先例足以比擬的。總統顧問克拉克·克利福德（Clark Clifford）回顧過往時這麼說：「那天，兩個男人之間的恨意宛如亞熱帶地區的傾盆暴雨。」

艾森豪將軍和前任總司令的關係在 1952 年總統選舉期間惡化，當時兩相對立的是共和黨的艾森豪和民主黨的阿德萊·史蒂文森（Adlai Stevenson）。「將軍根本不懂政治。」杜魯門曾經輕蔑地說，艾森豪則抨擊他「把華盛頓搞得一團亂」。

艾森豪的某些作為令杜魯門震驚不已，尤其是他任命自己到韓國出使和平任務，而後總統在記者會否決這項安排，稱此是種「政治煽動行為」。當艾森豪屈服於共和黨的壓力，以至於當良師喬治·馬歇爾（George C. Marshall）將軍面臨參議員喬瑟夫·麥卡錫（Joseph McCarthy）粗鄙言語攻擊卻沒有挺身而出時，杜魯門立刻譴責他：「（這是）這個國家史上最令人震驚的事。」總統說，「艾森豪的問題是……他就是個懦夫……應該要為他所做的事感到羞恥。」

兩個男人之間的仇恨在就職典禮當天達到高峰，他們前往國會大廈

的途中被迫並肩同行。艾森豪大聲質疑：「我怎能忍受坐在那傢伙旁邊？」接著拒絕了杜魯門在白宮內共享咖啡的邀請。相反地，他待在車裡等總統出來。「這真是嚇人的時刻，」CBS 通訊記者埃里克・塞瓦里德（Eric Sevareid）觀察整起事件，也目睹了杜魯門這輩子都不會忘記的那股傲慢。

「我不是艾森豪先生的仰慕者。」杜魯門後來寫道。「將辦公室交接給他的過程中時，我盡力保持和氣也全力配合，但他表現得好像我是他的敵人，而不是這份工作的前任同僚。」

雖然有關前往國會大廈途中的談話內容雙方各執一詞，但幾乎可以肯定的是，那過程的氣氛十分冰冷。如同白宮接待員詹姆斯・韋斯特（J. B. West）所說：「幸好我沒在那輛車裡面。」

1535 年

1 月 21 日

不慈愛的基督教 Part 1：
別再貼公告了，違反者會被燒死

法國文藝復興期間，某種異教之風格外興盛，法蘭索瓦一世因而認為將異教徒捆在木樁上活活燒死太便宜他們了。

十六世紀時有一群頑皮的新教徒在巴黎及其近郊四處張貼公告，嘲笑耶穌基督親臨於聖餐這條教義。甚至有人進到國王臥房貼海報，此事和後來的第二波海報行動觸怒了法蘭索瓦一世。海報內容譴責教宗和天主教神職人員是「一窩害蟲……叛教者、狼……騙子、褻瀆者、靈魂殺手。」

若有人供出那些褻瀆者的名字，必有重賞，這就是所謂的「檄文事件」。1535 年的 1 月 21 日，反擊褻瀆行為的手段又快又殘酷。國王沒戴帽子，身著黑衣、手持點燃的蠟燭，神態莊嚴地走上通往巴黎聖母院的街道。同行的還有他的兒子們，雙手捧著頂罩覆蓋的聖餐；法國最上流的貴族和神職人員也在之中；隊伍中還有一列神聖的遺物，包括聖路易斯的頭顱和一頂據信為最原始的荊棘冠冕。接著，在贖罪彌撒之後、國王用晚餐之際，在教堂前處決了六名受控告的異教徒——「以最能取悅神明的方式」，歷史學家威爾・杜蘭特（Will Durant）如此說道。

　　死刑犯像栗子一樣被懸吊在熊熊烈焰上，反覆被下降至火焰中再拉上，以延長他們所受的痛苦。然而法蘭索瓦沒有就此罷手，隨後還施行了多次火刑，最後就連堅決反對宗教改革的教宗保祿三世也得下令「最虔誠的國王」[*] 該住手了。

2010 年

1 月 22 日

對康納而言，《今夜秀》沒有明天

　　「嗨，老兄。」一個極具辨識度的聲音從電話那頭傳來。受推崇的「深夜秀之王」強尼・卡森（Johnny Carson）致電向宣布將接任 NBC《今夜秀》主持人的康納・歐布萊恩（Conan O'Brien）道賀，眾所皆知卡森擔任這個節目的主持人長達三十年之久。「對歐布萊恩而言，2004 年的那通電話就像是成為神職人員後得到教宗本人的祝福。」《紐約時報》

---

*　　註：法國君主原先的頭銜由教宗所授予。

電視記者比爾‧卡特（Bill Carter）在其著作《絕命網路》（*Desperate Networks*）中重述了這段對話。接手電視台最受尊敬的節目之一是歐布萊恩長久以來的夢想，但必須等到現任主持人傑‧雷諾（Jay Leno）五年後退休才能正式上任。這位年輕人和卡森開玩笑說：「假如我活得到那時候的話。」對此，這位已屆退休的主持人回答：「是啊，就跟訂婚後過了很久才結婚一樣。」而離婚的速度則比想像中快得多。

2009 年 6 月 1 日星期一，《康納‧歐布萊恩今夜秀》終於開播，節目有嶄新的舞台配置、首集來賓請來了喜劇演員威爾‧法洛（Will Ferrell）。最重要的是，收視率相當耀眼。歐布萊恩終於實現夢想了。然而，根據《紐約時報》的報導，隔天起收視率一路下滑，直至後來首播當月的某個時段即打破了《今夜秀》超過半世紀以來的最低觀看人數。緊接而至的是另一場災難，前主持人傑‧雷諾並沒有退休，反而自 9 月開始主持另一檔黃金時段的 NBC 綜藝節目。這個嚴重失策導致電視台的其他節目收視率也跟著下降——包括歐布萊恩的節目。

為了導正隨之產生的問題，NBC 主管階層做了多數人認為愚蠢至極的決定：讓傑‧雷諾回歸夜間時段錄製一檔改版過的綜藝節目，晚間十一點三十五分開播，而《今夜秀》則延遲至隔日凌晨十二點五分開播。事前不知情的歐布萊恩試圖阻止此計畫。「我覺得為了安插另一檔喜劇節目而把《今夜秀》延到隔天，這會為我心目中傳播史上最棒的節目帶來負面影響。」他說。「十二點五分的《今夜秀》就不能算是《今夜秀》了。」

2010 年 1 月 22 日，亦即首播後不到八個月，歐布萊恩主持了最後一集《今夜秀》。威爾‧法洛是他最後一集的嘉賓之一。諷刺的是收視率狂飆。至於那華麗的場景佈置，傑克‧麥克布萊爾（Jack McBrayer）在情境喜劇《超級製作人》飾演肯尼斯‧帕賽爾時曾對著一群臨演導覽

團這麼說：「NBC 這個攝影棚搭建的時間遠高於使用的時間。」

1986 年
1 月 23 日

向北韓致敬——用一根手指頭就好

1986 年 1 月 23 日，北韓挾持了美國海軍軍艦普韋布洛號（U.S.S Pueblo），那是一艘搖搖晃晃、首次執行情報蒐集任務的小間諜船。其中一名船員敦恩・哈爵斯在這起攻擊中喪命，其他八十二名船員則被當作人質，當中有幾人身受重傷。可以確定的是，當時已深陷越戰泥淖的美國，又因為這場冷戰時期的災難而備受屈辱。然而對於矮小的北韓領導人金日成而言，這樣的戰時宣傳手法也不是好對策，而一切都得歸功於被狹持的普韋布洛號船員們盡全力搞破壞。他們利用僅僅兩項武器就毀掉了這位所謂的「偉大領導人」：靈敏的心智和中指。

金日成一邊炫耀自己的迷你肌肉群，一邊讓挾持來的美國人出盡洋相，動不動就強迫他們在攝影機前承認對朝鮮民主主義人民共和國不懷好意。在為期十一個月的苦難裡，這群營養不良、生病的船員受到野蠻的毆打和各種手段的折磨，如此情況下，他們幾乎無法公然反抗劫持者——至少不能明目張膽這麼做，但他們巧妙的抵抗方法最終仍成功嘲弄了金日成的暴虐手段。

船員被迫懺悔時，正巧也傳遞了某種破壞力十足的訊息。舉例來說，這群人向北韓人民保證他們想要「讚頌」（paean）北韓和他們的領導人，這個字的原意是讚美，但聽起來卻很像是「尿在身上」（pee-on）。另一個例子是普韋布洛號的指揮官洛伊德・比徹用極其微妙的摩斯密碼寫

下了「這是個謊言」這句話。但真正讓這群人備受鼓舞的消息是，那些劫持者並不知道豎中指的涵義。「我們有武器了！」船員史圖・羅素寫道。「回到房間後每個人都非常得意，還有一樣武器可以用來破壞那些我們被迫配合的戰時宣傳計畫。」自此之後，這群男人每次被迫拍照時，就會擺出單指敬禮的手勢，而原本這些照片的用意是北韓想讓全世界對它的權勢留下深刻印象。

西元 41 年

1 月 24 日

親吻這個吧，卡利古拉：尖嗓刺客的反擊

　　羅馬皇帝卡利古拉可說是史上最惡名昭彰的統治者。他自稱是神，曾和親姊妹同床共枕，並沉迷於殺戮朋友和敵人，但這些都不是這個近乎瘋狂的怪物做過最殘酷的事。他不停調戲一位特別敏感的羅馬御衛隊成員的行為才是最殘忍的。

　　根據許多古代紀錄，卡修斯・卡瑞亞（Cassius Chaerea）是名強壯勇敢的軍人，但卻深受不幸的缺陷所苦：他有副陰柔的尖嗓。有些人將之歸因於生殖器於打仗時受傷的緣故。卡利古拉只要一逮到機會便嘲笑這名侍衛，常用些具羞辱意味的詞語稱呼他，像是用以辱罵被閹割男性的「維納斯」；或者是希臘神話中的生殖之神「普里阿普斯」，傳說這個神祇的巨大陽具一直處於勃起狀態。

此外，如同古代編年史作家蘇埃托尼烏斯（Suetonius）記載，每當皇帝要卡瑞亞親吻他的戒指時，就會伸出手……然後比出猥褻的手勢。

卡瑞亞受夠了帝王不斷的奚落，便策劃一起暗殺行動，而許多心懷不滿的羅馬人也爭相加入。就在西元 41 年 1 月 24 日，「普里阿普斯」猛然刺下一刀，完成了這樁暗殺行動。

1995 年
1 月 25 日
挪威火箭事件：紅色恐慌

該來的壞事躲不掉，就好比 1995 年 1 月 25 日，整個世界差點被一顆核彈炸成碎片。那日清晨，美國和挪威聯手組成的科學團隊為了研究北極光，從挪威西北岸某座小島發射了一枚四節火箭。唯一的問題是，俄羅斯人對於此事毫不知情，火箭出現在天空中令他們深感不安。這枚火箭的外型和美國三叉戟飛彈十分相似，且俄羅斯人一直以來都認為該火箭的發射地點是對他們的防禦基地最有威脅性的地方。前中央情報局探員彼得·普萊（Peter Pry）在著作《戰爭恐慌》（*War Scare*）中稱此事件觸發了「核彈時代最危險的一刻」。紅色警戒期間，總統鮑利斯·葉爾欽（Boris Yeltsin）和其他俄羅斯高官們只有幾分鐘的時間能決定是否要用四千七百顆戰略核彈頭反擊，而他們那根懸在按鈕上的手指頭將可能導致世界末日。人類的命運算是幸運，那枚火箭最後落入海中，而那顆按鈕則原封不動。

1998 年

1 月 26 日

困擾柯林頓的藍洋裝

「政治家會說謊」是人生在世不可或缺的定律，但 1998 年 1 月 26 日，比爾·柯林頓的行為厚顏無恥到實在無可比擬。他強烈否認和某位白宮實習生發生婚外情。

「我想告訴美國人民一件事。」總統漲紅了臉、憤怒地比手畫腳。「你們聽我說，我再說一次：我和那位叫做陸文斯基（Lewinsky）的小姐沒有發生任何性關係。」然而，陸文斯基小姐握有和總統調情的證據，就留在那件事發當時身穿的藍色洋裝上。七個月後，面對此項證據，柯林頓被迫更改說詞：「我和陸文斯基確實有不正當的關係。」他在 8 月 27 日承認道。「事實上，那是一段錯誤的關係。」

1595 年

1 月 27 日

噢，老兄！你為何不願成為蘇丹的手足？

「學學土耳其人吧，王權之側無兄弟。」——亞歷山大·波普（Alexander Pope），《致阿布斯諾特博士的書信》（*Epistle to Dr. Arbuthnot*）

十五世紀中期，兄弟相殘導致鄂圖曼帝國的王位繼承權長期以來紛紛擾擾，蘇丹「征服者」穆罕默德二世（Mehmed II）於是想出了一種

巧妙又簡單的方法來化解凶殘的手足之爭。「無論蘇丹王位傳予我的哪個兒子，只要是為了維持世界秩序的緣故殺害其他兄弟，都是情有可原的。」穆罕默德二世親手勒死他襁褓中的弟弟後頒布了這道法令。大約過了一個半世紀，1595 年 1 月 27 日穆罕默德三世登基後，這條狠毒的法令讓他的兄弟們面臨了慘烈的災難，而他足足有十九個兄弟！那些年輕男子（有些還是嬰孩）全被絞死，然後又被莊嚴地下葬，與他們過世不久的父親長眠於同一座墳墓。

1393 年

1 月 28 日

服裝大戲：史上最慘的火人祭

1393 年之前，法國查理六世就已經出現一些令人憂心的發瘋跡象，直至最終喪失所有理智。國王的醫師建議他從事些能分散注意力的娛樂。因此，眾人以慶祝伊莎貝拉王后其中一名侍女的第四段婚姻為名義，於 1 月 28 日晚間舉辦一場化妝舞會，結果卻發生了著名的火燒人舞會事件，這或許就是壓垮查理神智的最後一根稻草。

傳統上來說，寡婦再婚應該會備受嘲諷。芭芭拉・圖赫曼（Barbara Tuchman）在《一面遙遠的鏡子：十四世紀的災難》（*A Distant Mirror: The Calamitous 14th Century*）中解釋，這種場合的特色就是充斥著各種「放縱、偽裝、失序，以及震耳欲聾的刺耳音樂和鏗鏘的鈸聲」。然而這場化妝舞會中，國王和五名高階騎士都扮成樹林裡的野人，讓整個場面滿佈截然不同的異教風情。他們身上的服裝是用浸過樹脂的亞麻布縫製而成，上頭還覆滿了亞麻，對此圖赫曼這麼說：「他們從頭到腳都毛

茸茸的。」這些人也戴了同樣材質的面具。一切都很有趣、很歡樂，但是呢，哎呀，也極度易燃。

　　正當喬裝成野人的騎士和國王盡情模仿、學狼叫並高喊一些淫穢的詞語時，國王的弟弟奧爾良公爵路易（Louis, Duke of Orléans）醉醺醺地姍姍來遲，還帶了一把其他嘉賓都被嚴格禁止攜帶的火炬。其中一種說法是，公爵走向其中一名舞者，為了想看清他的臉而將火把舉高湊過去。但是他靠得太近了，騎士那身浸過樹脂的服裝立刻著火，火勢快速蔓延至四周的人們身上。當代編年史家聖但尼修士（Monk of St. Denis）繪聲繪影地描寫了接下來發生的事：「四個人被活活燒死，他們著火的生殖器掉到地上，血流成河。」只有一名騎士緊急跳入一個大酒桶內，才得以從這場火燒人宴會中倖存下來。

　　幸好當時查理六世沒有站在舞者旁邊，且他阿姨用身上寬鬆的裙子將他擋住，才得以不被捲入突然竄起的火海。然而，這位法國君王完全變了個人。最終他徹底發狂，再也不宜治理國家。可憐的國王認不得自己的妻子，且餘生都邁著小心翼翼的步伐走動，因為他深信自己就是個玻璃製成的人類。

904 年

1 月 29 日

教宗的霸凌

色爾爵三世（Sergius III）在 904 年 1 月 29 日登上教宗寶座，這對被廢除的利奧五世（Leo V）和對手克里斯多福（Christopher）（現在天主教會認為他是個「偽教宗」）來說是個壞消息。這兩個階下囚的頭銜立即被剝奪，並處以絞刑。另外一位前任教宗在色爾爵任內也沒有好下場。根據十五世紀義大利作家巴托洛梅奧·普拉蒂娜（Bartolomeo Platina）記載，逝去已久的教宗福慕（Formosus）的遺體過去曾被挖掘出來接受駭人的「殭屍審判」（Cadaver Synod），如今又被挖出來斬首，還被扔進臺伯河，因為他「不配獲得人類葬禮此等榮耀」*。

1649 年及 1661 年

1 月 30 日

死了又死：處決與展示

1649 年，在這寒冷的 1 月天裡，查理一世（King Charles I）步出白廳的國宴廳，走上立在外頭的斷頭台。他身後的房間裡有一幅慶祝斯圖亞特王朝榮耀的輝煌壁畫；眼前則是將砍下他腦袋的台子——與議會長期抗爭失敗後，查理一世隨即被處以叛國罪。他既是首位也是唯一遭受

---

* 註：有些史學家反對普拉蒂娜的說法。然而可以確定的是，色爾爵以教宗的身分參與了原先那場殭屍審判，並推崇瘋子教宗斯德望六世（Stephen VI）。斯德望在福慕的墓碑上加上悼文，發起並主持了這場殭屍審判。此種反抗「傲慢的入侵者福慕」的行動獲得色爾爵的大力讚揚。

如此下場的不列顛君王。刑台前聚集了大批群眾，爭相目睹這史無前例的場面。然而這些人卻沒有聽見國王的臨終遺言。「我的王冕將從腐敗之地邁向不朽，騷亂將不復存在。」查理將頭靠上斷頭台之前如此告訴倫敦主教。接著，斧頭一揮，劊子手完成了這項血腥任務。

　　十二年後，已故國王的勁敵，同時也是國王死刑的幕後推手，奧立佛‧克倫威爾（Oliver Cromwell）自己也面臨了公開處刑的命運（這和1月6日被斬首的克倫威爾沒有直接關連）。但事發當時他面無表情，看似對整個過程無動於衷，可能是因為他早在三年前就死去了。

　　即便克倫威爾廢除了君主制，且內心深處有著清教徒的感性，但他在擔任護國公（Lord Protector）時卻仍然活得像個國王。他佔據皇宮，且1658年逝世後與不列顛已故君主一樣葬在西敏寺。話雖如此，他仍舊無法安息。查理二世在1660年恢復王位後，克倫威爾的遺體被挖出西敏寺，並在查理一世遭處決的週年紀念日當天被拖到處決一般犯人的泰伯恩法場。他的遺體被掛上絞刑架後，頭顱被砍下插上長矛，之後二十年都被置於西敏寺屋頂，藉此警示大眾膽敢威脅國王的下場。*

1999 年
1 月 31 日
腳臭：史上最臭的慢跑鞋廣告

　　1999 年 1 月 31 日，大型運動鞋零售商「只為腳」（Just For Feet）在一億兩千七百萬名電視觀眾面前摔了個狗吃屎。這間在全美各地都設

---

* 註：據說有場大風暴把西敏寺屋頂上這嚇人的遺跡吹走了。數個世紀交替後，克倫威爾的腦袋於 1960 年被埋於劍橋大學的雪梨‧薩賽克斯學院。

有店面，總公司位於阿拉巴馬州伯明罕的公司近年來已擴展為零售巨擘，正急切地想改變自身形象。

　　還有什麼方式比得上在超級盃播放壯觀的廣告更有效呢？觀眾們將檢視商品廣告視為某種樂趣，定會如觀看比賽一般仔細審視。廣告成本所費不貲，但曝光率是無價的。「只為腳」幾經考量後下定了決心。

　　「我們要著手打造自己的品牌。」1999 年 5 月薩隆網站於採訪專文中引述了執行長哈洛德・羅德伯格（Harold Rutterberg）的話。「我們希望人們看到廣告後會說：『夥伴，這太讚了。現在我們是你的客戶了，我們想跟你買東西。』」然而，這則在第四節播出的廣告跟「前衛」二字完全扯不上關係，反而顯得「只為腳」是個嚇死人的種族主義者。

　　廣告開場是四個白人男性（其中幾位的種族和性別後來有些爭議）坐在車牌寫著「只為腳」的悍馬車內，正像隻觀望中的獅子一樣，追蹤一排赤腳的肯亞黑人跑者的足跡。這四人趕上跑者後給他喝了顯然摻有某種鎮靜劑的水。跑者吞下水後立即倒地，那些人便趁勢強迫他穿上一雙 Nike 球鞋。接下來，當這位無助的男人恢復意識後，看到腳上的鞋便忍不住大喊：「不——！」最後一幕是他一面逃跑，一面嘗試想要甩掉那雙鞋。

　　群眾立即表示強烈反彈。「未免太遲鈍了。」斯圖亞特・埃利奧特在《紐約時報》中表示。鮑伯・加爾菲德在《廣告時代》雜誌稱這則廣告是「新殖民主義者、文化帝國主義者，而且可能是種族主義者。這些人是瘋了嗎？」《得梅因紀事報》建議「只為腳」應該改名為「只為種族主義」，而其中一篇社論更說了：「負責這則廣告的代理商接獲的要求，應該是要想出一個能展現文化中最糟糕的一面的活動。」很明顯，如此反響絕非「只為腳」首次登上頂級廣告所預期的效果。

　　於是乎「只為腳」提告了發想這則腳本的上奇廣告公司（Saatchi

and Saatchi）。「上奇廣告的表現簡直令人無法接受，更是不專業到令人咋舌。」訴狀中如此寫道。「這導致只為腳的良好名聲一落千丈，更導致了完全意料之外、也非刻意為之的社會觀感，人們會認為我們是一間有種族歧視，或者對種族議題不敏感的公司。」

廣告營銷專員葛蘭特·理查茲絲毫不同情爭論不休的兩方人馬。「想出這種提案的代理商是笨蛋，付錢買這種東西的客戶也是傻子。」他在 2000 年如此告訴《廣告時代》。最後，只為腳的訴狀已經無關緊要，因為這間公司在 1999 年破產，並因一場大規模假帳事件徹底倒閉。

2月

「嘿，怎麼啦。你怎麼一臉 2 月的樣子，冷若冰霜、烏雲密布？」
——威廉・莎士比亞，《無事生非》

2004 年
2 月 1 日
露點新聞

那一天，原本平靜無事的庫德斯坦發生兩起自殺炸彈攻擊，上百名朝聖者在穆斯林的聖城麥加被炸死；達佛的種族屠殺也尚未平息，然而美國和世界其他地區的媒體卻在關注一件毫不相關的事情：珍娜・傑克森（Janet Jackson）在第三十八屆超級盃中場休息表演時短暫露點。事實上，這件事情太過吸睛，甚至打破網路搜尋紀錄，更引發了 YouTube 的觀看熱潮。看來，連恐怖攻擊和大規模饑荒都無法與之比擬。

1685 年
2 月 2 日
被醫死的國王

英國國王查理二世以活力充沛聞名，整體健康狀況如此，房事方面也不遑多讓，和許多情婦生了一大堆皇室混蛋。但在 1685 年 2 月 1 日晚上，著名的「快活王」爬上床後卻感覺不如平常那樣精力旺盛。睡了不安穩的一覺後，隔天一早醒來查理的臉「慘白到跟骨灰一樣恐怖」。侍從說道。「他一個字也說不出來，或者不願意說……臉色白得宛若死人……不發一語。」而多虧了這個國家最好的內科醫師，國王開始了一場極其痛苦、為期五天的磨難。

國王失去意識後，醫生用一把小刀劃開他的血管，排掉裡頭四百五十克的血液。但國王依舊不見好轉，於是更多醫學專家來到現場。「大多人都說他是中風。」麥考利勛爵（Lord Macauley）寫道。「他們就跟印度人處於危急關頭時的做法一樣，花了多個小時折磨國王。」他們發瘋似地開了一堆「藥」，總共約有六十種，包括從山羊胃裡取出的毛糞石和用人類頭骨的精髓混合成的藥水。有些藥的毒性甚至猛烈到灼傷可憐查理的嘴唇和舌頭，還導致

排尿時產生灼熱感。國王被理成平頭，滾燙的熨斗被用來抽出他腦中的壞情緒，身體其他部位同樣也被加熱過的杯子燙到起水泡，且還被迫吞下各式各樣的催吐劑。多次的放血更是不可少——這可是十七世紀的終極萬靈丹。

後來的醫師報告中記載道：即使最忠誠、醫術最高超的內科醫師嘗試了各種治療方式，查理仍舊極其不適。最終他在 2 月 6 日斷氣，但在嚥下最後一口氣前，還語帶嘲諷地道歉：「不好意思啊，拖了老半天才死掉。」

1959 年
2 月 3 日
門前靈耗

幸好威倫・傑寧斯（Waylon Arnold Jennings）沒有搭乘那班被包下的飛機，才得以躲過死劫，還成了叛逆鄉村音樂的傳奇人物。他的樂團團員托米・阿爾薩普（TommyAllsup）因為和理奇・瓦倫斯（Ritchie Valens）打賭擲硬幣輸了也無意間躲過了那場災難。還有在「迪奧和貝爾蒙特樂團」（Dion and the Belmonts）中大放異彩的迪奧（Dion DiMucci）也沒搭上這班死亡飛機，原因單純只是因為他覺得機票太貴了。可惜的是呢，接下來就沒那麼好運了。搖滾樂先驅巴迪・霍利（Buddy Holly）、「大波普」小理查森（J. P. "The Big Bopper" Richardson）和瓦倫斯就沒這般幸運。1959 年 2 月 3 日他們搭乘的飛機墜毀於愛荷華州的玉米田。為此唐・麥克林（Don McLean）在 1971 年的歌曲〈美國派〉（American Pie）中悼念：「這天，音樂悄然隕落。」

1998 年

2 月 4 日

肯定有人很討厭 Windows 98

　　彷彿公眾人物操心個人安危還不夠忙似的，總還有些潛藏的危險伺機打擊他們的尊嚴。就以伊莉莎白二世為例吧。女王先是在 1986 年參訪紐西蘭時遭到蛋洗，其中一顆甚至流進了她的裙子。接下來她去到澳洲，一名建築工人在女王車隊經過時脫褲子，露出屁股挑釁女王；可憐的湯姆·克魯斯在紅毯回答問題時被玩具水槍的水柱射中臉；喬治·布希總統遭到一名伊拉克記者阿拉伯式的極端羞辱，該名記者在記者會進行期間將一雙鞋扔向總統並大喊：「這是伊拉克人民與你的吻別，你這畜生。」（總統成功躲掉這兩顆飛彈。）

　　即使是世上最富有的比爾·蓋茲也曾被迫吃下謙虛派（坦承錯誤）。1998 年 2 月 4 日他至比利時參加商務會議時臉上被砸滿了奶油糕點——真是名符其實的一塊派。

　　但蓋茲不是唯一承受過如此羞辱的人。他的億萬富翁同伴魯伯·梅鐸（Rupert Murdoch）也被砸過派。其他經歷過相同慘劇的人還有舊金山市長威利·布朗（Willie Brown）、從選美皇后變成反同志鬥士的安妮塔·布萊恩特（Anita Bryant）、保守派評論家威廉·巴克利（William F. Buckley）、瑞典國王卡爾十六世、服裝設計師卡爾文·克雷恩（Calvin Klein）（那個派原本是要給同行設計師卡爾·拉格斐的）、美國參議員丹尼爾·莫尼漢（Daniel Patrick Moynihan）、消費者權益提倡者兼永遠的總統候選人拉爾夫·納德（Ralph Nader），以及電影明星席維斯·史特龍，族繁不及備載。

1969 年

2 月 5 日

不適合黃金時段——其他時段也不適合

1969 年 2 月 5 日星期三，ABC（美國廣播公司）首播喜劇小品《Turn-On》，其中一位製作人形容此作品「引人發笑且視覺效果豐富，結合了動畫、錄影帶、停格電影、訊號失真效果、電腦圖學等帶來的感官饗宴，其中的角色更是吸睛」。然而，大致上來看，這其實是齣會被誤認為無聊當有趣的低級黃色笑話節目。事實上，ABC 位在克里夫蘭的附屬電視台 WEWS-TV 非常不高興，在第一次進廣告時就把《Turn-On》抽掉，並發了一封憤怒的電報給網路管理部：「如果你們這些調皮的小男孩非得在牆上寫髒話，那麼請換一面牆。就 WEWS 而言，《Turn-On》已經下檔了。」事後，其他相關電視台也跟著出言抗議。丹佛的 KBTV 甚至懶得費心播放那一集。波特蘭、奧勒岡州的 KATV 及西雅圖的 KOMO-TV 也做了相同的決定。才不到一週，ABC 就按照聯盟其他公司的指示，撤掉了一集都還沒播完的《Turn-On》。

1637 年

2 月 6 日

前景黯淡的球莖：愚蠢又瘋狂的荷蘭鬱金香泡沫

史上最慘烈的市場不景氣並非起因於瘋狂的房地產投機或是高風險的衍生性金融產品交易，純粹只是鬱金香惹的禍。十六世紀晚期，鬱金香被從土耳其引進荷蘭後大受歡迎。由於此種花卉生長速度緩慢，供給

量有限、需求量上升導致鬱金香球莖變得十分昂貴；再加上植物病毒使得某些品種的花瓣出現繽紛條紋，因此人們對於鬱金香的渴望更加強烈。在隨之而來的狂潮中，每個人看似都希望能擁有顆珍貴的鬱金香球莖來彰顯他們的地位。投機者趁機加入。

之後，價格飆得更高了——高到荒謬的地步，人們開始賣房賣地，只為了進入鬱金香的市場。接著，在1637年2月6日，鬱金香泡沫瓦解。顯然，那天沒有人在哈倫城出價買球莖，有可能是瘟疫爆發因此大家避之唯恐不及。緊隨而來的恐慌，加上鬱金香狂潮退燒，此花帶來的財富瞬間化為烏有。大約四個世紀後的今天，只要花點小錢就能買到大量荷蘭出口最有名的鬱金香。

1497 年

2 月 7 日

炙燒佛羅倫斯傑作：虛榮之火事件

1497年2月7日，佛羅倫斯所有讓人心神嚮往的事物都因「虛榮之火事件」（Bonfire of the Vanities）而付之一炬。

為了杜絕城市沉淪於奢侈品、華美糜爛和日夜笙歌的萬惡風氣，在麥第奇家族被暫時驅逐時治國有方的狂熱宣道兄弟會修士吉羅拉莫・薩佛納羅拉（Girolamo Savonarola）強迫佛羅倫斯人交出所有最珍貴的物品，並依言放置於領主廣場的龐大柴堆上。多層柴堆上擺滿了價值不斐的畫作（有些報導聲稱裡頭有波提切利的作品）、雕像，佩托拉克、但丁和薄伽丘的書，家具、壁毯、化妝品、華麗的衣服、樂器、牌桌、撲克牌，以及上千種能為生活畫龍點睛的物品。正當修士的追隨者在堆積

如山的物品旁狂喜地手舞足蹈時，所有東西突然熊熊燃燒。諷刺的是，一年多後薩佛納羅拉被指控為異端並被教宗逐出教會，下場是在同一個廣場被處以火刑。不久後負責監視這個地點的，是米開朗基羅雕刻刀下赤裸的大衛像（修士一定覺得裸體的大衛像很下流）。

1587 年
2 月 8 日

辦事不力的斧頭：糟蹋女王的頭顱

死亡是件苦差事，但對於蘇格蘭女王瑪麗一世而言，死亡絕對稱得上大災難。自從 1586 年瑪麗逃離叛亂的王國後，就被表姑英格蘭女王伊莉莎白一世囚禁將近二十年。接著，她被指控密謀殺害英格蘭女王、意圖奪取王位，最終被判處死刑。

1587 年 2 月 8 日，這位命運已定的君王被領到佛斯林費堡的大廳，斷頭台已經架好，劊子手也正等待她的到來。

一旁聚集的群眾神情嚴肅，全等著瑪麗準備就緒將頭架上斷頭台。如此氛圍之下，行刑者手持斧頭大力一揮，但卻失了準頭。斧鋒沒有砍到頸項，而是砍到了後腦勺。目擊者說，嚇壞的王后在第二記斧頭重傷她的頭顱之前喃喃自語：「我的天啊！」而這位劊子手很氣惱自己竟然如此失職，還得反覆割除殘餘的肌腱才算完成任務。

哎，這場磨難還沒完呢。劊子手處決後通常會拿起頭顱示眾。但是當他抓起女王的頭顱時，頭卻一個滑溜撲通掉到了地上。原來瑪麗王后一直都是戴假髮，很不幸行刑者手抓的剛好就是那頂假髮。

在蘇格蘭女王接受體面的葬禮前，她的遺體被放在城堡內一具封閉

的棺材中腐爛了好幾個月，對她而言無疑是最終的羞辱。*

1973 年

2 月 9 日

不喜歡天空的摩天大樓：幸好是保險公司蓋的

天要塌下來了 —— 看起來好像是這麼回事。1973 年 2 月 19 日，一面兩百二十七公斤重的玻璃帷幕自波士頓約翰・漢考克大廈的外牆從天而降。

這已經不是第一次窗戶玻璃如瀑布般傾瀉而下，最後這棟閃閃發亮的建築外觀將會露出一塊塊黑色的膠合板，就像凹凸不平的痘疤一樣。但是這次事發的時機點特別不幸，因為當時建設公司正巧才說過玻璃帷幕沒有必要換新，然而這場史詩級工程疏失造成的後果證明它肯定是需要換新的。但羅伯特・坎貝爾（Robert Campbell）告訴《波士頓環球報》，窗戶掉落其實是這棟代表性建築諸多問題中最小的一個。

問題該從地下室說起，也就是說這棟斜長方形的摩天大樓在拔地而起前就有問題了，三面鋼鐵製的開挖擋土牆坍塌，衍生而出的連鎖反應影響到了周遭的建築物，其中尤以十九世紀建築珍寶三一教堂受損最為嚴重。「我們永遠不可能恢復到原來的樣子。」教會司庫羅伯特・肯納德（Robert Kennard）於 1973 年如此告訴《波士頓環球報》。「假如他們用直升機把漢考克大廈載到大西洋、把它扔進海中，大部分的教區居

---

* 註：瑪麗原本被葬在彼得伯勒座堂，但她的兒子詹姆士一世把她的遺體移到西敏寺——她精緻的墳墓就在剋星伊莉莎白一世的對面。

民都會很高興。」[*]

　　自此之後，事態每況愈下。竣工後的建築讓裡頭的人彷彿隨時在暈船。「只要吹起普通的風勢，它就加速晃動到令人作嘔。」坎貝爾寫道。「它像一隻舞動的眼鏡蛇，先往前搖擺個幾公分再往後，身軀也跟著擺動不停。」當問題終於解決之後，前景卻讓人氣餒不已：1975 年，漢考克大樓的樓主就接獲通知，這棟建築物有倒塌的風險。建築物不尋常的高度（將近九十公尺）致使它脆弱不堪，而錘球只要稍微移動，整棟建築的重心就會逐漸偏離，直到最後屈服於地心引力，便會朝平行四邊形短邊的方向傾倒。值得慶幸的是，建築物的服務核還有足夠的空間可以安裝一千五百噸的強化鋼筋。

　　但根據《波士頓環球報》報導，奇怪之處在於大廈結構上的缺陷和掉下來的玻璃一點關係也沒有。窗戶玻璃之所以會掉下來，純粹是因為安裝於兩面嵌板之間的反光鉻合金不夠有彈性，承受不了高處的風勢。那些窗戶全都換新了，而這座曾經被嘲笑是「膠合板殿堂」的摩天大樓繼續矗立原地，再次映照天際。

---

[*]　註：教堂最終獲得超過四百萬美元的損害賠償。

我真的很想告你：喬治·哈里森的「無意識抄襲」

喬治·哈里森（George Harrison）又被暱稱為「安靜甲蟲」，但自從 1970 年和所屬的傳奇樂團分道揚鑣後，他帶著幾首超棒的歌曲強勢回歸——含金量相當於三張專輯，這幾首歌展現了他獨到的音樂才華。《滾石》雜誌的本·吉爾松將哈里森的個人單曲〈萬物必將消逝〉（All Things Must Pass）奉為「囊括了虔誠、奉獻與喜樂的華麗巨獻，單就其規模和野心就足以成為搖滾界的《戰爭與和平》」。音樂愛好者欣然接受這張專輯，力促它登上全球音樂排行榜的冠軍寶座。

但哈里森只有不到四個月的時間享受音樂界的多白金唱片認證，隨後這場大獲成功的體驗即因一場官司變了調。

該張專輯首先釋出的單曲是〈親愛的上帝〉（My Sweet Lord），這是一首朗朗上口的聖歌，但讓人輕鬆就能記住的旋律卻與雪紡樂團（the Chiffons）一首雀躍活潑的歌曲〈他是如此美好〉（He's So Fine）極其相似。據說，侵犯著作權的訴訟案於 1971 年 2 月 10 日正式展開。

「在我毫無拘束即興創作〈親愛的上帝〉時，並沒有發現竟跟〈他是如此美好〉如此雷同，」哈里森之後在自傳《就是我》（I, Me, Mine）中回憶這一切。「雖然我的歌曲發行後引起廣播聽眾們的熱烈討論，但之後我不禁這麼想，『我怎麼會沒發現呢？在某幾個段落稍微改幾個音符非常容易，也完全不影響到整首曲子。』」

和〈他是如此美好〉的版權所有人輕快音樂公司（Bright Tunes）經過幾輪和解協商失敗後，最後這個案子於 1976 年進入訴訟程序。哈里森出庭時手裡拿著吉他，當場示範〈親愛的上帝〉的靈感來源與創作過程，

同時間現場有音樂專家專門解析每顆音符。法官的結論是：「很明顯，這兩首歌簡直一模一樣。」不過法官自己也承認，前披頭四成員應該不是故意要模仿雪紡樂團的歌，但著實有「潛意識」抄襲之嫌。

這場曠日廢時的審判再加上替自己辯護的巨額花費對哈里森造成了很大的影響。「這讓我開始在創作時疑神疑鬼。」他後來這麼說。「我不禁想：『天哪，我甚至連吉他或鋼琴都不想碰，免得又用到別人的旋律。』搞不好這個旋律已經被人用過了，我最好小心一點！」

最終，哈里森於 2001 年死於癌症，而他已經對一切釋懷。「我並不覺得有罪惡感或者不好受。」他在自傳中寫道。「事實上，〈親愛的上帝〉拯救了許多海洛因成癮者的生命。我知道我寫這首歌時的初衷，而它的影響力遠遠凌駕於任何法律問題。」

2014 年
2 月 11 日

無論如何，最後都會有很多氣體（天然氣或胃脹氣）

美國賓夕法尼亞州格林縣發生過一次大規模天然氣爆炸，確確實實地撼動了大地，釀造了一處為期五天的恐怖地獄。但是不用擔心，罪魁禍首是液壓裂井，所有人原油大亨雪佛龍提出的補償方式讓當地居民立即眉開眼笑：免費披薩！一百張「專屬特別套餐」的禮券寄到他們家，還附上一張來自雪佛龍的溫馨紙條。《費城每日新聞》部落客威爾‧布區（Will Bunch）表示，如此舉動也可以解讀為：「雪佛龍保證：我們的油井不會再爆炸……不然你們又有免費披薩吃了。」

1771 年
2 月 12 日

北歐式自助餐無限暢飲，吃進停屍間

很不幸地，阿道夫・腓特烈（Adolf Frederick）統治瑞典時君王並沒有實權，所以他大多時間都無所事事。作為一名魁儡，這位國王除了裝飾他的鼻菸盒（他最大的愛好）和吃東西以外，沒有其他事可以做。1771 年的某一餐特別值得紀念，因為那是他的最後一餐，菜色有龍蝦、魚子醬、德國泡菜和燻鮭魚，全都跟著香檳一起吞下肚。結果國王享用完大餐後沒多久就中風去世了，原因除了甜點別無其他：十四份超級甜、被稱作瑞典泡芙（semla）的杏仁鮮奶油圓麵包。

1886 年
2 月 13 日

畫家的粗暴覺醒

雖然湯姆・艾金斯（Thomas Eakins）如今被視為美國最傑出的肖像畫家之一，但 1886 年時他卻只是個無名小卒。艾金斯不落窠臼的藝術指導方式嚇到了大家：他竟敢在一個連女人露出腳踝都很可恥的壓抑年代向男女學生展示裸體。

「當代的主流是遮蓋軀體，艾金斯卻要脫個精光，直探自然與本質。」他的傳記作者洛伊德・古德里赫（Lloyd Goodrich）寫道。艾金斯自己曾經寫過：「觀察大自然最美麗的傑作：裸體，我不覺得有什麼不妥。」而這也令他失去了賓夕法尼亞藝術學院的教職。

長久以來，艾金斯因為一直將裸體融入教學內容而招惹麻煩——還包括了他本人一絲不掛的樣子。但1886年初發生的事件最為棘手，當時他為了向課堂上的女學生展示骨盆確切的運動方式，因而扯掉了男模特兒的腰布。

　　然後他就被拖到學院董事會面前接受有關教學方式的拷問。「這件事簡直是個惡夢。」他事後說道。1886年2月13日艾金斯被勒令辭職，就算大多數忠誠的學生群起抗議，也改變不了這項決定。「我們不會讓艾金斯先生回來。」其中一位董事對媒體說。「整件事已經定案，沒什麼好說了。」

　　對艾金斯而言，失去有名望的教職是非常沉痛的打擊，尤其是他還沒以一位藝術家的身分讓眾人留下深刻印象。「只有艾金斯會收集艾金斯的作品。」有位評論家後來談道。即使他之後會回到課堂上——包括一所由不滿艾金斯被解僱的學生所成立，脫離賓夕法尼亞藝術學院獨立發展的機構——但不論是單純身為人還是身為一名藝術家，他依舊經常遭到奚落，甚至連自己的家人也積極聯合起來反對他。

　　1895年，艾金斯再次因為有違傳統的裸體肖像教學法遭到卓克索大學解僱，之後幾年他再也不願教學了。令人難過的是，他於1916年辭世，自此過了數十年他的才華才終於得到認可。「我的名譽遭到誤解、迫害與忽視。」這位藝術家如此形容自己處境。「此事非我所求，便覺加倍可憎。」

1779 年
2 月 14 日

熟透了的船長：夏威夷的恐怖結局

詹姆士・庫克船長（Captain James Cook）被譽為史上最優秀的海洋探險家，他曾說，他的野心讓他不只「走得比前人更遠，也讓他抵達一個人類所能抵達的最遠之處」。這話講得似乎有點草率，但在當年卻是千真萬確。1770 年代庫克完成著名的三次遠征、和探險團隊航經一片片廣闊且未知的區域，從未知的太平洋熱帶島嶼至南北極險惡的結冰海，沿途紀錄、畫地圖，重塑了歐洲人對世界的印象。但在尋找西北航道的過程中，庫克船長的發現之旅卻在夏威夷突然被迫畫下句點。

庫克遠征隊在夏威夷大島沿岸的凱阿拉凱誇灣找到安全的港口之後，當地居民熱烈歡迎他們。事實上，根據決心號少尉詹姆斯・金恩（James King）的記載，原住民對待庫克的方式「近乎崇拜」。金恩和其他人不知情的是，他們的抵達正巧碰上當地的年度宗教儀式，在此儀式期間，主宰平安、豐收的神明羅諾（Lono）會有一小段時間暫時打贏好戰的神祇庫（Ku）。因此，庫克船長被視為羅諾的化身，如此便能解釋金恩所觀察到的：「眾人為表尊敬，展現出的盡是卑躬屈膝的態度。」

沉浸於夏威夷人的盛情款待幾個月後，庫克動身離開，繼續往北遠征——正好是羅諾被庫擊垮的時間點。結果，英國船隻出航不久就因為其中一根桅杆斷掉而不得不返回凱阿拉凱誇灣維修。不幸的是，夏威夷人，包括原住民酋長卡拉尼歐普（Kalani'opu'u），把庫克（羅諾）預期之外的歸來視為對庫的威脅。原本平衡的權勢陡然間變得凶險。

先前好客的夏威夷人態度變得惡劣。他們朝闖入者扔石頭、暴露了性格的陰暗面，並無恥地偷走客人的東西。「二度踏上這片土地後，我

們觀察到了原住民較強烈的偷竊癖好。」庫克的副手查爾斯·克拉克（Charles Clerke）記載,「事發頻率與日俱增,也愈發大膽魯莽。」

英國人試圖以火力反擊,但補給彈藥的時間過長導致效果有限。接著,原住民的敵意在 1779 年 2 月 14 日達到巔峰,他們抓住庫克船長和其他四名隨行海軍,不斷用棍棒毆打他們、把他們壓進水裡,最後這些遺體被拖拉進了某座建築內。這些人本該被尊奉為戰士,遺體卻慘遭狠毒分解。他們被烹煮、肉被剝下,再分配給當地各個酋長。多方協商後,他們將庫克的殘骸歸還給他的同伴。

以下為金恩的記述:「他（酋長）送來的包裹包裝得非常體面,上面覆蓋一件黑、白羽毛製成的斑紋斗篷,我們知道這些顏色象徵的是哀悼。我們一打開包裹就看到庫克的雙手,那手上有道庫特有的切口,其他還有頭皮、頭蓋骨,但缺了大腿骨和手臂骨頭。那雙手上只剩一團被刀刃挖得滿是坑洞、洞內填塞滿鹽巴的肉;而逃過炙燒,完好的部位僅剩下腿骨、下顎和腳掌。」

1942 年
2 月 15 日

新加坡之役:英國二次世界大戰的羞辱

「這是英國史上最慘烈的災難和規模最大的投降。」首相溫斯頓·邱吉爾回憶起 1942 年 2 月 15 日那天,英國無條件將新加坡的殖民地讓給狂暴的日本軍隊——新加坡本該是堅不可摧的「東方直布羅陀」。

除此之外,二戰早期盟軍還遭受了另一次毀滅性的失敗（見 12 月 7 日及 8 日）,重重打擊了英國的威望。

1899 年

2 月 16 日

衝向終點吧！結果卻是……

法國總統菲力・福爾（Félix Faure）正和情婦瑪格麗特・史坦海爾（Marguerite Steinheil）共度完美愉快的一天，但當他迎向法國人委婉稱為「短暫死去」（la petite mort）的高潮之際，倒霉的事情發生了。

福爾嚴重中風，導致原本他縱情享受的「短暫死去」變成了非常不誘人的「真正死亡」。

1673 年

2 月 17 日

莫里哀：生命「最後的」角色

生活應該從未像 1673 年 2 月 17 日這天一樣，彷彿是一齣惟妙惟肖的藝術作品。當天著名法國演員暨劇作家讓 - 巴帝斯特・波克蘭（Jean-Baptiste Poquelin）（莫里哀 [Molière] 是他為較常見的藝名）最後一次登台演出——真的是最後一次，他在自己滑稽的鬧劇《無病呻吟》（Le Malade Imaginaire）裡扮演憂鬱症患者亞爾根。

詮釋亞爾根心因性的病痛時，莫里哀真的猛咳一陣然後倒在了舞台上，像他這麼經驗老道的演員仍能設法完成表演。但是呢，幾個小時後，他就因為血管破裂、大量出血而死去。

在背後捅刀的間諜

　　邦妮‧漢森（Bonnie Hanssen）即將落入背叛的深淵，其黑暗、恐怖的程度致使她失去言語。2001 年 2 月 18 日晚上，她的丈夫順道載朋友到機場卻遲遲沒有歸來，擔心之下，她去到機場看丈夫是否還在那裡。結果，她沒找到丈夫，而是立刻被一群聯邦調查局探員扣押。那些人說，身為調查局探員的丈夫甫因為間諜行動遭到逮捕。

　　真相水落石出後，原來羅伯特‧漢森（Robert Hanssen）也非普通間諜。相反地，這名調查局反情報特務是美國史上最差勁的叛徒。這個現代版的班奈狄克‧阿諾德（Benedict Arnold）多年來不斷將重要機密賣給蘇聯，嚴重出賣自己的國家，且連帶妻子也無可避免地遭受懷疑。儘管如此，還有另一個可怕的真相正等著邦妮‧漢森，那是關乎她個人最羞辱人、殺傷力最強的背叛。

　　在那致命的 2 月下午，羅伯特‧漢森順道載往機場的那位朋友，也是兩人婚禮的伴郎、六個孩子之一的教父，同時也是家中常客，在邦妮完全不知情的狀況下，透過羅伯特親自安裝的針孔攝影機偷看她和丈夫做愛。從 1970 年開始，這個經常上教堂的間諜就開始將邦妮的裸照寄給後來一起在越南服役的朋友。他很喜歡、也確實經常邀請朋友一起觀看。他還會把過程寫下來發表到網路上，

分享這些真實的偷窺狂故事,而其中一則邦妮和她丈夫的故事標題為「『狀況外』的色情影星」。

「她很震驚,也很恐懼。」大衛・懷斯(David Wise)在其著作《間諜:情報局羅伯特・漢森背叛美國的內幕》(*Spy: The Inside Story of How the FBI's Robert Hanssen Betrayed America*)中寫道。「她回應此事的言論在家族中流傳,原因可想而知。邦妮告訴姊姊的話簡短卻令人印象深刻:『我的丈夫是個叛徒,也是個變態。』。」

1977 年
2 月 19 日
葛萊美最佳新人魔咒!通往不幸未來的獎項

「烈焰已經升空……盡情享受午後歡愉。」這首歌一發表立即蔚為風潮,然而,原唱卻沒有跟著走紅。或許一切都得歸因於 1977 年 2 月 19 日星境合唱團(Starland Vocal Band)獲頒「葛萊美最佳新人獎」。團員塔菲・丹諾夫(Taffy Danoff)接受音樂頻道 VH1 訪問時表示:「這是死亡之吻。我替未來所有這個獎項的得主感到遺憾。」毫無疑問,許多得過最佳新人獎的人都有相同感受,他們原本璀璨的大好前程全都隨著葛萊美獎的榮耀蒸發殆盡,尤其是那些「一張成名」、在星境合唱團之後獲獎的歌手。1978 年得獎的黛比・布恩(Debby Boone)後來怎麼樣了?1979 年得主蜂蜜的味道(A Taste of Honey)又發展得如何呢?

除了披頭四(1965 年)和瑪麗亞・凱莉(1991 年)這種少數例外,葛萊美最佳新人獎通常是張通往悲劇未來的單程車票。《華盛頓郵報》稱此為「克里斯托弗・克羅斯(Christopher Cross)的詛咒」,因為這位

1981 年的得獎者後來發行了十幾張專輯，但可能連他的親生父母親都不會買。

1990 年的得獎者米利瓦尼利（Milli Vanilli）是印證最佳新人獎魔咒的最佳範例。當他們被揭發並未演唱通過多白金唱片認證的專輯《Girl You Know It's True》中的任何一首歌時，葛萊美獎收回獎座。對該年其他入圍者而言很幸運的是，葛萊美評委會決定不另選一位得主。《華郵》表示：「大概是發現所有人都受夠了吧。」

1939 年
2 月 20 日

喬治‧華盛頓‧希特勒？

假如喬治‧華盛頓有參加 1939 年 2 月 20 日於麥迪遜廣場花園為紀念他而舉行的生日派對，肯定會氣炸。當天無疑高朋滿座，約有兩萬人出席，所有來賓都興高采烈。然而，這場派對的主辦人德裔美國人同盟（German American Bund）的意圖似乎是要歌頌阿道夫‧希特勒，而非祝賀真正的壽星。

美國首任總統的巨幅旗幟兩側掛有多張納粹黨徽。魚貫登台的演講者語帶恨意，大肆宣揚反猶太主義，讓這場於紐約中心舉行的盛事幾乎足以媲美德國的紐倫堡會議。

隨著參與的群眾情緒愈加亢奮，同盟會的會長暨集會主持人弗里茨‧庫恩（Fritz Kuhnt）終於現身。在群眾的鼓譟聲中，他不斷把富蘭克林‧羅斯福總統的名字念成「法蘭克‧羅森弗爾德」（Frank D. Rosenfeld），又把他的「新政」稱作「猶太政策」。幸好，這是他最後

一次出現在鎂光燈下。這場集會結束不久，他就因為多項罪名遭到逮捕，包括盜用團隊成員贊助此次活動的公款。而最終他被遣送回德國。[*]

1848 年

2 月 21 日

共產主義者的宣言：有夢最美

柏拉圖在《共和國》中闡述了他的理念、《烏托邦》及《憨第德》則分別是湯瑪斯·摩爾和伏爾泰表達觀點的書籍。這些都是純粹的哲學性思考，很有趣但完全不切實際。而卡爾·馬克思和弗德里希·恩格斯也遵循此道。

不過當《共產黨宣言》在 1848 年 2 月 21 日付梓時，人們真的嘗試把這幅尚未成形的綱領套用（或是強行加諸）在工人階層身上。因此，這個本來只攸關政治理論的學術研究反倒成了二十世紀最邪惡的力量。

這本足以毀滅世界的小冊子幫助毛澤東和史達林這類怪物執掌大權，轉變為遍及全球的極權主義政體，最終導致大約一億人命喪於謀殺和大規模饑荒。雖然北韓和其他地區持續上演著這些悲劇，但馬克思和恩格斯竭力提倡的社會主義體制終於在 1848 年因其本質上的難以實踐性而瓦解。

「我們別談共產主義了。」俄羅斯總統鮑利斯·葉爾欽在蘇聯垮台後宣布。「共產主義只是個理念，那只是不切實際的空談罷了。」

---

[*] 　註：如果庫恩原本期待可以凱旋歸國，那麼必然是大失所望。納粹黨覺得他丟人現眼。「愚蠢、聒噪又荒謬。」德國駐美大使漢斯·迪克霍夫（Hans Dieckhoff）如此形容。他於 1951 年 12 月 14 日死在慕尼黑。「可憐又默默無名的化學家，」《紐約時報》如此報導，「無人知曉、沒人傳頌。」

1983 年
2 月 22 日
百老匯最震撼的震撼彈

1983 年 2 月 22 日，亞瑟・貝克內爾（Arthur Bicknell）的《穆斯謀殺案：由兩個幕次組成的神秘鬧劇》（*Moose Murders: A Mystery Farce in Two Acts*）在百老匯上演，同時也在這天宣告結束。《紐約時報》如此描述這顆傳奇震撼彈：「這齣戲的可怕程度凌駕所有百老匯的失敗經驗。」戲劇評論家一向毒舌，法蘭克・里奇（Frank Rich）後來這麼說：「這是我在百老匯看過最爛的戲劇。」其他負評如下：

- 「假如你也叫亞瑟・貝克內爾，快去改名吧。」——WCBS 丹尼斯・康寧罕
- 「糟糕到我不想浪費任何人的時間聽我描述。」——《紐約郵報》克里夫・巴恩斯
- 「換作是我，我不會和那些等候直系親屬道賀的卡司相認。」——《美聯社》傑・沙伯特
- 「在接下來的日子裡，觀賞《穆斯謀殺案》的觀眾可分為兩派：百老匯災難的鑑定家和單純來湊熱鬧的人。」——《紐約時報》法蘭克・里奇
- 「這會侮辱由變形蟲所組成的觀眾群的智商。」——《紐約時報》布蘭登・吉爾
- 「有不好的劇、糟糕的劇，還有像《穆斯謀殺案》這樣的劇。」——《綜藝》

至少克里夫・巴恩斯對女演員伊芙・阿爾登（Eve Ardan）有其他頻論，說她在戲劇開演前就趕緊離開相當明智。「有些人就是這麼幸運。」

他寫道。但是霍蘭德‧泰勒（Holland Taylor）很不幸地得代替她上場。她告訴《紐約時報》：「有些事情我可以踩煞車即時做出改變。但有些事情我無能為力，比如說這齣劇。」

「真的這麼糟糕嗎？」貝克內爾問道，然後這位劇作家回憶起家人和演員們在首演那晚，從舉辦派對的薩帝餐廳逃之夭夭。「答案是，真的很糟。」

1669 年

2 月 23 日

親吻（死透的）王后

身為國王們的女兒、妻子、母親和祖母，瓦盧瓦的凱薩琳原本應該期望 1437 年去世後仍可保有尊嚴。哎呀，但事與願違，她的孫兒亨利七世在統治期間為了興建雄偉的新教堂而破壞了凱薩琳在西敏寺的墳墓。之後數個世紀，王后的遺體暴露在外，薄薄一層皮肉像是破碎廢棄的焦黑皮革一般包裹著嶙峋的骨頭，讓此處成了一個令人背脊發寒的旅遊景點。

「英格蘭王后凱薩琳躺在這裡。」文物研究專家約翰‧韋弗（John Weever）於 1631 年寫道。「躺在一個蓋子鬆脫的木箱或棺材裡，等著有誰願意來探望及處理這件事。」

可憐的凱薩琳無助地躺在那裡接受觀眾的注目禮，有部分乾枯的皮膚被淘氣的男學生們拿走。但其中最大不敬的行為發生在 1669 年 2 月 23 日，著名的日記作者賽謬爾‧皮普斯（Samuel Pepys）藉由騷擾死去的王后來慶祝三十六歲生日。

「出於特殊癖好，我們來到凱薩琳王后的遺體旁。」皮普斯寫下那個場景。「我抱起她的上半身，親吻她的嘴，心想：我真的親吻了一位王后。」

直到 1878 年（她死後將近四個半世紀），瓦盧瓦的凱薩琳終於在寺中有了合適的安息之處，就在她的丈夫亨利五世旁邊。但凱薩琳部分的身體仍然暴露在眾人面前。她的葬禮遺像、一小撮頭髮和身體多個部位，仍展示於寺院博物館。

1868 年

2 月 24 日

安德魯・詹森：對災難含糊其辭

安德魯・詹森（Andrew Johnson）宣誓任職亞伯拉罕・林肯第二任副總統之前，乾了三杯威士忌。詹森喝得爛醉、臉漲得通紅，搖搖晃晃走向參議院的講台，發表一場原本該是關於裁縫師轉戰政壇最成功的演說。但相反地，那是一次不著邊際且上下文不通的激烈發言，內容是關於他的「平民背景」。倫敦《泰晤士報》報導，這場演說使用的是「小丑的語言」，還搭配了「狂亂的手勢和尖叫」，演說者「表現得像是不識字、粗鄙且喝醉酒的無賴」。參議員札哈里・錢德勒（Zachariah Chandler）是在場嚇壞的目擊者之一。「我一生中從未如此窘迫。」他在寫給妻子的信裡這麼說。「要是找到一個洞，我絕對要鑽進去然後就地消失。」

亞伯拉罕・林肯發表完連任就職演說後（人們普遍認為這是史上最非凡的演說之一），還得被迫為自己挑選的副總統辯護。「我認識安迪・

詹森很多年了。」他說。「他前幾天有些失態，但無須恐慌；安迪不是酒鬼。」一個月後，總統死了，這個固執且自負的繼任者必須一肩挑起重任，整頓如一盤散沙般的美國。就職典禮那天驚世駭俗的表現之後，安德魯·詹森宿醉的老毛病也預示他之後的總統任期將會非常多舛，1868 年 2 月 14 日的彈劾事件替此坎坷的總統之路劃上句點。

這位新任總統是南方民主派，他的首要目標是盡可能快速且手段溫和地讓叛變的州回歸聯邦。此時許多被解放的黑人仍深陷勞役之中，其殘酷程度與奴隸制僅有一步之遙，但詹森對此無動於衷。「無論安德魯·詹森是什麼東西，他絕對非我族類。」弗雷得里克·道格拉斯（Frederick Douglass）在副總統就職典禮見到詹森時，就很有先見之明地如此評論。

總統幾乎否決掉每項能促進自由的立法，從選舉權到永久居留權等無一倖免。這使得議會中的共和黨人士對他心生不滿，也間接導致了彈劾事件。「安德魯·詹森就是暴虐的奴隸制（Slave Power）的化身。」參議員查爾斯·薩姆納（Charles Sumner）表示。「奴隸制因他而復活。」

然而，總統企圖解僱國防部長艾德溫·史坦頓（Edwin Stanton）才是導致他立刻被彈劾的最後一根稻草。部長自林肯執政時期即身居此位，同時也是共和黨可靠的盟友。詹森害怕若議會將南方納入軍事統治，史坦頓會坐擁過大的權力。

開除部長的舉動（其實他拒絕辭職，並把自己鎖在辦公室）直接違反了《總統任期法》（Tenure of Office Act），這個法案禁止總統在未經參議院的同意下開除任何內閣成員。和史坦頓爭鋒相對的後果總統再清楚不過，但仍舊固執己見。「彈劾我的人會下地獄。」他輕蔑地說。議會於是做出回應。

「我同意終止安德魯·詹森的政治生涯。」印第安納議員在眾議院辯論會時表態。「以酒醉開啟總統生涯的人終究因犯罪而下台，對此我

毫不意外。」

隨之而來的是各種謾罵。一名議員形容詹森是「卑劣、昏愚、背信忘義的人……刺客的子彈讓他不小心當上總統。」另一人則說他是「蠱惑人心的政客，披著高官的袍子遊走在叛國的邊緣和汙穢之中。」甚至有人將總統與瘋狂的羅馬皇帝尼祿相比較。

詹森拒絕出席彈劾聽審，並輕蔑地將那些惡毒的控告稱為「表演」。這導致未來的總統詹姆士・加菲爾德（James A. Garfield）發表以下言論：「這裡有一群瘋狂熱愛公開談話的人……我們在無止盡的話語聲中艱難跋涉……但前方還有整整半條混濁的溪流等著我們。」

但是到頭來，光有這道話語浪潮是不夠的。安德魯・詹森最後以一票之差僥倖保住了自己的職位。

1836 年
2 月 25 日
P. T. 巴納姆：解剖真相

身為馬戲團表演者 P. T. 巴納姆（P.T. Barnum）的第一件展覽作品，喬絲・赫斯（Joice Heth）在這場餘興節目中成功吸引了大眾的目光——她在西北部一群詭異的觀眾面前冒充喬治・華盛頓嬰兒時期那位一百六十一歲的奶媽。因此，當這位幾近失明、快要完全癱瘓的老奴隸死去時，巴納姆想到了進一步利用這女人的機會。他策劃要在 1836 年 2 月 25 日這天，於紐約一間小酒館公開解剖赫斯，並以「世上最偉大的自然與家國奇觀」之名來招攬觀眾。總共有超過一千人付五十分錢買門票，聚集觀看外科醫師大衛・羅傑斯（David L. Rogers）公開操刀這血淋淋

的手術。結論是赫斯是個騙子，這位老女人其實只有八十歲。儘管當時《紐約太陽報》這麼說：「對那些輕易上當的人而言，他真的是最討人厭的騙子，」但巴納姆不為所動。他完全沉浸在媒體瘋狂報導解剖事件帶出的免費宣傳。他甚至暗示一個毫不起疑的編輯，說赫斯其實還活著，而且還住在康乃狄克州。

1577、1616、1815、1860、1918、1936、1965、1987、1993、和 1995 年

2 月 26 日

第二個聲名狼藉的日子

富蘭克林・羅斯福總統曾在 1947 年 12 月 7 日表示：「這將會是個聲名狼藉的日期。」2 月 26 日也沒好到哪去——每一年都一樣。考量到這天是歷史上讓人倒盡胃口的日子，所以得把事件一一記錄下來。請看：

- 1577 年：發瘋且遭罷黜的瑞典國王埃里克十四世在監獄裡吃下最後一餐：一碗摻毒的豌豆湯。

- 1616 年：哥白尼發現地球是繞著靜止不動的太陽運行，但羅馬宗教法庭一致認為這個觀點：「從哲學角度看來既愚蠢又荒謬，明顯和聖經諸多地方相互牴觸，無疑是異端妖言」。教宗保祿五世（Pope Paul V）下令伽利略必須遵從教會此項決議，並要他「完全放棄教學、不得為這個學說辯護或發表意見，也不得討論此事。」

- 1815 年：拿破崙・波拿巴是歐洲的禍害、國王的惡夢，他逃離位於地中海的流放地厄爾巴島，未來一百多天再次大搞破壞，

直到最後在滑鐵盧之役慘敗為止。

- 1860 年：加州尤里卡附近的印第安島上，約有一百名愛好和平的維約特（Wiyot）部落居民因為睡在白種殖民者隔壁而遭到屠殺。《北加州》報導這場大屠殺：「四處都血流成河；小屋的牆上沾染血跡、草地被染成紅色。屍橫遍野，男、女、老、幼無一倖免。有些人的腦袋被斧頭砍為兩半，有些人被棍棒打成肉醬，有些人被布伊刀（bowie knife）刺穿或剁碎。有些人在深陷泥淖時被擊倒；其他人則在快到達水邊時被追趕上，接著慘遭屠宰。」

- 1918 年：香港賽馬會發生有史以來最慘的運動災難。超過六百人在賽馬期間因為看台坍塌、起火燃燒而喪命。

- 1936 年：日本面臨現代史上最大規模的叛亂，當時一群激進的青年軍官帶領一千四百名軍人，命令他們攻擊首相住所及東京政府和軍事建築，刺殺了內政部長齋藤實、財政部長高橋是清和陸軍軍事訓練總督察長渡邊錠太郎。

- 1965 年：林登・強森總統同意美國陸軍進入越南，全然不顧大使馬科斯維爾・泰勒（Maxwell Taylor）犀利的言詞警告：「白種軍人這種武裝、裝備和訓練，不適合在亞洲樹叢和雨林中當游擊戰士。法國軍隊試過，結果大敗。我猜美國軍人下場不會好到哪去。」一得知海軍陸戰隊部署完畢，總統立即嘲笑北越領導人：「胡志明的命根子是我的囊中物了。」結果證明這話說得太早了。

- 1987 年：隆納・雷根總統在托爾委員會（Tower Commission）最終報告中受到嚴厲譴責，而成立該委員會的目的是為了調查軍售伊朗醜聞。這則醜聞是樁複雜的案件：美國販售武器給伊

朗，藉此交換被囚於黎巴嫩的美國人質，部分收益用來資助尼加拉瓜反叛軍，以對抗該國的左翼政府。雖然委員會沒有明言雷根是決心破壞法律的瘋狂陰謀者，但另一種說法也夠糟了：他基本上就是一個心智衰退的笨老頭，根本不知道政府人員已經敗壞，和恐怖分子打交道還資助一場外國的戰爭。

- 1993 年：蓋達組織安裝在紐約世貿中心北塔車庫的炸彈裝運車被引爆了。雖然恐怖攻擊並未讓北塔和南塔一起倒塌（這是他們原本的目標），但有六人喪命，超過一千人受傷。

- 1995 年：英國歷史最悠久的霸菱銀行倒閉了，同時這也是女王伊莉莎白二世存錢的地方。不可思議的是，這場災難的罪魁禍首是一名衍生性金融商品的騙子交易員尼克・李森（Nick Leeson）。他那詐欺、未經授權的投機交易導致總損失高達十三億美元。

1859 年

2 月 27 日

法蘭西斯・史考特・基的兒子應該管好自己的命根子

這個國家的首都已經見證過多起性醜聞，一年到頭有好幾天都在紀念那些下流齷齪之事。但華盛頓此地有一起風流韻事堪稱最為聳動，也最富娛樂效果。不必多說，因為最後主角死了。

菲利浦・巴頓・基伊二世（Philip Barton Key II）是〈星條旗〉（The Star-Spangled Banner）作詞者法蘭西斯・史考特・基伊（Francis Scott Key）的兒子。他和議員朋友丹尼爾・施克萊斯（Daniel Sickles）的年輕

妻子展開了一段熾烈、輕率的婚外情。而施克萊斯本身也不太檢點,曾在白金漢宮接待外賓時將開設妓院的情婦法尼‧懷特(Fanny White)介紹給維多利亞女王認識。雖然幾乎整個華盛頓都在謠傳他們在施克萊斯位於拉法葉廣場的家中明目張膽地幽會,但這位被戴綠帽的議員卻完全被矇在鼓裡。後來有一天,他收到一封匿名信,上頭詳述了這整起淫亂的外遇事件。「我向你保證,」信上寫著,「你如何操你的妻子,基伊就如何操你的妻子。」

隔天,1859 年 2 月 27 日,毫無戒心的基伊出現在施克萊斯家外頭,向情婦示意他已蓄勢待發。然而,這次跑出來的卻是情婦那怒火中燒、手握兩把德林加槍的丈夫。「基伊,你這爛貨!」施克萊斯在光天化日之下跑過拉法葉公園,一面大喊一面追趕他往日的好友。「你玷汙了我的房子——你去死!」同時間他扣下扳機,但子彈只是輕擦過目標物。「殺人啊,殺人啊!」基伊尖叫。他不斷大聲求饒時,好幾發子彈打中了他的鼠蹊部和胸口。下一秒他倒下了。「這爛人死了嗎?」施克萊斯問旁邊一位目擊者。「他玷汙了我的床!」

同時間有一名叫波尼茲的年輕男孩跑到不遠處的白宮通知詹姆斯‧布坎南總統他的老朋友剛剛的所作所為。布坎南相信波尼茲是這起殺人事件唯一的目擊者,便要求他不得張揚。總統警告這天真的男孩,若是說出去就得出庭作證,那將會非常痛苦——包括在進行過程中被關起來,而且不能交保——並強烈建議這位年輕人逃回南加州的家鄉,好避免這種磨難。

結果顯示,布坎南根本沒必要為了朋友大費周章,因為毫無悔過之意的施克萊斯立刻就自首了。

「我當然要殺了他,」議員告訴朋友們。「他活該。」隨之而來的三週審判造成大轟動,尤其是代表施克萊斯的律師所捏造的新奇辯詞,

他說施克萊斯只是暫時失去理智。陪審團深思熟慮一個多小時後，宣判殺人者無罪。

整座城市為此結果歡欣鼓舞。但接著，被釋放的凶手做了件難以置信的事：他和妻子重修舊好，但是報復行動後油然而生的善意一下子就蒸發了。「假如施克萊斯夫人在基伊死去之前有罪，那麼現在仍然有罪。假如現在原諒她，那麼也應該在 2 月時原諒基伊。」費城《報社》的華盛頓特派記者這麼寫道，而這也反映出大眾的普遍感受。

施克萊斯在議會改選時落選，正確來說他是被轟出城外。但有一部份的他仍然留在首都。他在南北戰爭時斷掉的腿目前展示於美國國家衛生與醫學博物館。

1927 年

2 月 28 日

偽科學家的侵犯

1927 年，科學很詭異地不進反退。伊里亞·伊萬諾維奇·伊萬諾夫（Ilya Ivanovich Ivanov）有了蘇聯政府當靠山，首次嘗試要創造出一種超乎人類演化範圍外的生物：人類和猩猩的混合物種。追求「猩猩人」的計畫歷經多年失敗後，伊萬諾夫終於獲得一個機會：法屬幾內亞的州長准許他自由在首都柯那基里附近的植物園執行駭人聽聞的繁殖計畫。

2月28日，偽科學家和兒子帶著兩隻抓來的雌性黑猩猩巴貝特和席薇特，用網子制伏後再將從身分不明的當地男子身上取來的精液注射進牠們體內。

　　「這兩個人做實驗的方式特別殘忍且匆促。」俄國學者基里爾·羅西諾夫（Kirill Rossiianov）寫道。「這讓整起事件描述起來像是一樁強暴案。」

　　幸好人類的命運未受影響，兩隻猩猩都沒有受孕，第三隻在6月時被氯仿迷昏、被迫進行人工受精的黑猩猩布萊克也沒有。因此伊萬諾夫決定改變策略。他和州長商量，想把黑猩猩的精子放入不知情的住院女患者體內。伊萬諾夫在日記如此寫道：「州長拒絕這項提議時，簡直晴天霹靂，對我來說這打擊實在太大了。」

　　伊萬諾夫很沮喪，於是轉而尋求蘇聯協助，並獲准讓那裡的女性受精——如果她們願意被隔離一年的話。不可思議的是，他竟然找到一名志願者。「我的私生活全毀了。我看不到活下去的意義。」一個只署名G的女人寫信給伊萬諾夫。「但一看到可以為科學貢獻心力的機會，我立即有了聯繫你的勇氣。拜託請別拒絕我。」

　　當時伊萬諾夫只剩下一隻名叫泰山的猩猩可用來執行交配實驗。但是當泰山突然死於腦出血時，這個人猩雜交的計畫也跟著胎死腹中。在那之後，政府官員不再支持這項恐怖實驗；可想而知，他們以違逆自然演化的罪名將他打入大牢。1930年，伊萬諾夫出獄後不久就死了，幸好他沒有留下人猩，或猩猩人之類的產物。

3月

「3月是上帝設計來讓不喝酒的人體驗宿醉是什麼感覺。」
——加里森·凱勒（Garisson Keillor）

1938 年
3 月 1 日
超人的創作者們一躍成了傻瓜

　　傑里·西格爾（Jerry Siegel）和喬·舒斯特（Joe Shuster）創作了全世界最具代表性的超級英雄：超人。接下來，他們以僅僅一百三十美元售出版權，販售所得還得兩個人平分。《超人：鋼鐵英雄》替新任版權主人賺進幾十億美元時，西格爾和舒斯特卻瀕臨破產。要麼雷克斯·路瑟（Lex Luthor）認為「將來自氪星的超人的著作權偷走」這樣的盜取行為很值得，要麼就是這兩個年輕男子太渴望讓全世界認識他們的作品、過度天真爛漫的結果。

　　西格爾來自美國克里夫蘭，是個孤獨的邊緣人，在他遇見同為獨來獨往的夢想家舒斯特之前，有關超人的想像力已經凋萎已久。是舒斯特栩栩如生的繪畫讓這個來自另一個世界、完美結合力與美德的角色躍然

於紙上（還有呆頭呆腦的另一個身分：克拉克‧肯特，以及力與美德只擇其一的露薏絲‧蓮恩）。

「我和喬第一次見面，就產生正確的化學反應，」西格爾回憶道。問題是其他人才不在乎。整整六年以來，超人被一個個出版商拒於門外，直到他終於遇見全國聯盟出版（DC 漫畫的前身）的編輯沙利文（Vin Sullivan）。沙利文同意讓超人登上 1938 年 6 月出版社發行的《動作漫畫》創刊號封面。超人終於起飛，但西格爾和舒斯特沒能在他身旁一起翱翔。

1938 年 3 月 1 日，這位超級英雄即將轟動全球之際，兩位年輕人將創作權售出，換來的一百三十美元支票上兩人的名字還被拚錯 *。但他們同意讓超人繼續替出版商工作，讓他得以再繼續翱翔於天際十年。這是毀滅性的大錯誤，也換來了一場災難，導致他們花了數十年時間上法庭爭搶著要收回此代表性角色的著作權。終於，來到 1970 年代，超人最終的特許經銷所有人華納通訊（Warner Communications）每年各發給他們兩萬元補助金和健康津貼，好舒緩這兩人經濟上的困難。

「我們沒有法律義務。」當時華納的副總經理傑‧艾密特（Jay Emmett）告訴《紐約時報》。「但我真心覺得應該盡些道德上的義務。」

喬‧舒斯特死於 1992 年，傑瑞‧西格爾則死於 1996 年。然而，許久之後他們的後代仍在打這場法律戰爭。與此同時，超人活躍於這些爭論之外，繼續追尋有利可圖的真相、正義以及美國之道。

---

* 註：那張作廢的支票在 2012 年以十六萬美元的價格拍賣掉了。同時，許多收藏家都想把非常稀有的第一集超人漫畫收入囊中，其中一人在 2011 年花超過兩百萬美元買下該期漫畫。

3 月 2 日

褻瀆神明也很費力：塔利班的佛像屠殺

貝里斯的馬雅神廟因為道路建設而被推土機夷平……古代埃及木乃伊受竊賊侵擾……伊拉克無可取代的古物受到劫掠。發生於當代的文化褻瀆案例似乎證實了文明社會是個多麼虛假的概念——但這些例子全都遠遠不如發生在阿富汗的事件。2001 年 3 月 2 日，塔利班政權發動一場攻擊，對象是世界最壯麗的珍寶：極具歷史價值的巴米揚大佛。

這些雕像刻鑿在山腰，坐落於原本佛教朝聖地的位址，其中一座高約五十三公尺，另一座高約三十六公尺。它們在該區屹立至少已有十五世紀之久，但塔利班僅僅花了幾週就將之毀壞。「這些偶像是異教徒的神明。」下令摧毀神像的塔利班首領毛拉·穆罕默德·歐瑪（Mullah Mohammed Omar）宣稱。「阿拉才是唯一的真神。」

國際間倡導保存巨大神像的聲音被忽視後，全世界都驚恐地看著這些神像遭受高射砲的攻擊。「這種毀壞工作不如人們所想那麼簡單。」塔利班資訊部長卡德拉·卡馬爾（Qudratullah Jamal）感嘆道。「當兩座神像都被深刻進峭壁裡頭時，你沒辦法透過轟炸來拆除它們。它們和山脈緊密相連。」最後，他們得有策略地安置炸彈才能完成這次的毀壞任務，事後現場只剩下兩座空盪盪、曾經保護過大佛的壁龕。「穆斯林應該以粉碎偶像為榮。」毛拉·歐瑪當時這麼說。「毀壞它們是種對神的讚美。」

然而，聯合國教科文組織總幹事松浦晃一郎反映出了大眾普遍的想法，直指此次毀壞之舉是種違反文化的罪行。「親眼目睹他們冷酷且蓄意破壞屬於阿富汗人民和所有人類的文化資產，此舉真是可惡至極。」

2006 年

3 月 3 日

阿諾史瓦辛格州長的西裔政策：她們都很辣

「她要不是波多黎各裔，就是古巴裔，我的意思是：她們都很辣。她們有部分黑人血統，也有部分拉丁血統，如此混血才能風情萬種。」──阿諾史瓦辛格州長（Governor Arnold Schwarzenegger）

2006 年 3 月 3 日，他在某場不公開的會議中所描述的人不是他私生子的母親蜜戴德・巴埃納（Mildred Patricia Baena），而是加州女議員邦妮・賈西亞（Bonnie Garcia）。該錄音檔不久後遭流出。

1841 年

3 月 4 日

無聊得要命：致命的就職演說

威廉・亨利・哈里森（William Henry Harrison）是美國首位被「製造」出來的候選人。他原先是維吉尼亞州的貴族，後來被惠格黨塑造成一個狂飲蘋果酒、住在小木屋裡的普通人。當然了，他在 1812 年的戰爭期間擔任過精明幹練的將軍，也對抗過特庫姆塞酋長率領的印第安聯盟，但在之後幾十年卻幾乎沒有任何可以歌頌的政績。事實上，反而是因為如此平淡無奇，才讓他成為角逐總統的最佳人選，因為他就像一塊可以任由惠格黨盡情塑造全新形象的白色帆布。因此，哈里森成為前線傳奇，也成了原本鮮為人知的提批肯努河畔戰役英雄。與現任總統馬汀・范布

倫（Martin Van Buren）角逐下一任白宮主人時，他唯一需要做的就是避開任何有爭議的話題，還有閉緊嘴巴。

哈里森一絲不苟地遵守禁言令，民主黨因此稱他為「將軍媽媽」。結果這個綽號沒有維持太久。哈里森和搭檔約翰·泰勒（John Tyler）輕取了范布倫（他們倆還被寫入了受歡迎的歌曲〈提批還有泰勒〉中）。而這個沉默的候選人肯定累積了滿腔話語，才會在就職演說時發表了史上最長、無聊到令人難以忍受的演講。

群眾在冷冽的 3 月初 * 聚集在美國首都，當他們聽到哈里森演說的開頭是這種詰屈聱牙、矯揉造作的句子時，一定感受到某種折磨正在步步進逼：「我從原先等待終老的退休生活中被召回，來擔任這個偉大、自由之國的總統。我的人民夥伴們，站在你們面前，我依照憲法規定進行宣誓，以符合執行此義務的必要資格。我必遵循當代內閣的慣例，也必將達成你的期望。我將讓你們明白何謂原則，也就是我在履行受託之責時，所要依循的原則與義務。」

哈里森在接下來兩個多小時內繼續滔滔不絕，整場演說不斷提及古羅馬。但其實原本的內容可能更糟。這位總統當選人允許丹尼爾·韋伯斯特（Daniel Webster）編輯他的講稿，稿子至少有被改得稍微短一點了。

韋伯斯特後來相當自豪地說，他砍了「十七個羅馬地方總督，每個都和美洲胡瓜魚一樣死透了。」

對聽眾而言，這場演講是永遠不會結束的苦難，對哈里森本人來說更是要命。他演講時沒穿外套，結果感冒了，這場感冒後來變成肺炎，且在一個月之內，哈里森成為第一個在任內去世的美國總統──名符其實的無聊到死。

---

* 　註：總統就職典禮以往皆於 3 月 4 日舉行，直到 1933 年正式簽署的二十條憲法修正案後，才把總統登基日提前到 1 月 20 日。

1854 年

3 月 5 日

紀念碑的偏見：黑色石頭倒楣的一天

1854 年時還只是斷壁殘垣的那座方尖石碑如今是華盛頓宏偉的紀念碑。這都得歸功於美國人黨（或稱「一無所知黨」）反天主教、反移民的政治煽動行為，這座紀念碑就這樣立在原地屹立了超過二十年。

自從教宗庇護九世（Pope Pius IX）捐贈了一塊從羅馬廣場協和神廟取來的黑色大理石作為紀念品後，麻煩就開始了。雖然其他州和機構也曾捐獻刻了字的石板作為建材，但美國人黨卻把教宗的禮物視為一種可憎的宣言，宣告梵諦岡意圖透過輸入大量天主教移民來控制美國。

有一幫美國人黨的暴民將教宗的舉動腦補成羞辱，於是 1854 年 3 月 5 日深夜，這群人出現在工地、制伏警衛，並奪走梵諦岡的石頭。有些說法是，後來他們剝下一些碎片當作紀念品，然後把剩下的石頭全扔進波多馬克河。無論實情如何，再也沒人見過教宗的禮物。美國人黨並不滿足於如此魯莽的偷竊行為，他們還透過黑箱選舉來獲得華盛頓國家紀念公會的掌控權，接管了建設工作。但他們沒有機會動太多手腳，因為在震驚不已的議會停止資助這個項目前，他們只裝設了幾層劣等的大理石（之後必須被替換掉）。

這項工程被棄置十幾年後，馬克·吐溫將這塊未完成的紀念碑描述為「難看的老舊煙囪……完全派不上用場，也沒辦法做裝飾。它的大小和形狀

都很普通，其價值大約等同於糖廠煙囪……它是人們的眼中釘。如果沒有要拆除，就該把它建造完成。」

直到 1877 年，美國人黨已經消失許久，華盛頓紀念碑的工程才得已繼續。最後於 1884 年完工，成為世界上最高的獨立式石造建築。但是美國人黨幹的好事仍然清晰可見：方尖碑外層有兩種截然不同彩度的大理石。因為多年後已經找不到第一階段建造時使用的那種石頭了。

1835 年
3 月 6 日

友情不怕火煉

1835 年 3 月 6 日晚上，英國哲學家約翰・史都華・彌爾（John Stuart Mill）面臨了一項棘手任務。他得告訴朋友一個晴天霹靂的壞消息，承認一項難以啟齒、只有最高尚之人才有「可能」原諒他的錯誤。彌爾緊緊抓著被火燒到只剩一丁點殘骸的焦黑文稿，這份文稿是湯馬斯・卡萊爾（Thomas Carlyle）放心交給他、唯一一份具有絕對權威性的法國大革命歷史稿件。這位歷史學家後來寫道，彌爾來到自己位於倫敦的家中時，臉色蒼白到像是古希臘英雄赫克特的鬼魂。

彌爾絕望地拚命顫抖，一面解釋原稿是被女僕不小心燒掉的。然而，雖然卡萊爾無數小時嘔心瀝血的成品付之一炬，但卻是他反過來安慰朋友直到深夜。「可憐的彌爾，他傷透了心。」羞愧不已的哲學家終於離開後，卡萊爾才對妻子說：「我們必須竭力不讓他知道這件事對我們而言有多嚴重。」

果然，卡萊爾隔天寫了一張最仁慈的字條給彌爾。「我沒法一時忘

懷你昨晚離去時臉上的表情。」他寫道。「我可以為你做些什麼，好減輕你的痛苦嗎？因為我覺得你的悲傷必定遠大於我的……我的朋友，務必堅強！」

彌爾提供的筆記大大彌補了卡萊爾化為煙灰的努力成果。雖然歷史學家很感激地接受了這份筆記，但重寫的浩大工程仍舊超乎想像。作者認為自己辦不到。「我現在能記起的內容比先前我埋首寫下的內容少太多了。」他惋惜道。「它消失了。」他的筆記也沒了，因為早就銷毀了。然而，他設法度過這關；「這一定是我所做過最沉重、最令人沮喪，也最艱鉅的工作。」他這麼告訴自己的兄弟。

最後，靈感直接「從心底迸發」，湯瑪斯·卡萊爾完成英國文學史上最傑出的作品。一如人們所預期的，約翰·史都華·彌爾為此寫了篇精采萬分的評論。

1997 年

3 月 7 日

「香腸全拿」（Wiener-take-all）：陽具失竊案

搞不好海因里希·克雷爾（Heinrich Kramer）其實沒那麼瘋癲。在他那權威性的世界女巫指南：《女巫之槌》（*Malleus Maleficarum*）中，這位十五世紀的裁判官警告世人，與撒旦勾結的邪惡男性重要部位會消失。五個世紀後，「偷取陽具」的風潮席捲許多巫術仍舊相當盛行的西非國家。幸運的是，象牙海岸的人們因為聽說迦納已有多起陽具消失的案例而有所防備。1997 年 3 月 7 日，有個法師在寇瑪斯被燒死，還有一人在布埃港被活活打死。老天爺呀，這些暴力行為都阻擋不了盜取陽具

的歪風蔓延到鄰近的貝南，但至少那些恐慌的當地人已準備好石油、彎刀和神奇的靈丹妙藥來應付威脅。幸好有更多名竊賊法師被殺才得以保住無數人們的陽具。那年夏天這個問題重現於塞內加爾，但至少在那之前一切都還算太平。*

1702 年
3 月 8 日

敵人就在你腳下：小鼴鼠大功臣

威廉三世是個重要的歷史人物，對他而言，一座鼴鼠丘的威脅性遠高於任何一座山。此話不假，這位英國國王當天就是因為他的馬絆到一座鼴鼠丘，而致使他摔死。因此，威廉三世的政敵舉杯致敬這隻毫不起眼、負責築起致命土丘的齧齒動物，牠成為威廉三世死亡的代理人：「敬穿著天鵝絨衣裳的小紳士」。

1974 年
3 月 9 日

二十九年前我們就輸了，趕快回家看你的彩色電視吧

1945 年 8 月 15 日，日本天皇歷經慘敗後首度登上電視螢幕，以微弱的嗓音向人民喊話：「忍辱負重。」這種低聲下氣的屈辱感打擊了多

---

* 註：現實中的確有種心理症候群叫作「縮陽症」（Koro）。患此病的男人們會群起恐慌，深信自己的陽具已經皺縮或者消失。

數日本人，但卻絲毫沒有影響到小野田寬郎。事實上，這位忠誠的軍人並不知道日本在二戰時無條件投降，還繼續在菲律賓打了約三十年的游擊戰，直到 1974 年 3 月 9 日，這位軍人終於迎來了可怕的覺醒之日。他的前任指揮官出現在他面前，向他保證戰爭真的已經結束了。「突然間世界漆黑一片。」小野在他的書《絕不投降》中回憶道。「有場風暴開始在我心裡肆虐。我覺得自己像個蠢蛋，準備和前任指揮官會面前還那麼緊繃又小心……更慘的是，這些年我到底在幹嘛？」

1962 年

3 月 10 日

艾迪・費雪從《埃及豔后》得到報應

伊莉莎白・泰勒（Elizabeth Taylor）和未來第五任（也是第六任）丈夫李察・波頓（Richard Burton）之間火燙的緋聞——發生於拍攝史詩級電影《埃及豔后》的羅馬片場——燙到足以在第四任丈夫艾迪・費雪（Eddie Fisher）臉上煎顆蛋了。1962 年冬天，這位失寵的另一半無預警造訪拍片現場時目睹妻子紅杏出牆。

「就算我有事先告知抵達的時間也於事無補。」費雪回憶道。「他們的雙眼根本離不開彼此，更別說他們的手了。」

這種羞辱人的背叛行為和費雪當初為了泰勒而離開前妻戴比・雷諾（Debbie Reynolds）如出一轍，但如今這位被戴綠帽的情歌王子卻無能為力。他送鑽戒當作伊莉莎白的生日禮物沒有用；把槍抵在她頭上也沒用。他唯一還能做的就是隱瞞這段熾熱的婚外情，好維持自己表面的尊嚴。另一方面波頓則是樂得開心。哎，費雪在這一局敗得一塌糊塗。

「這是真的。」好萊塢八卦專欄作家盧埃拉·帕森斯（Louella Parsons）在 3 月 10 日報導中寫道。「伊莉莎白瘋狂愛上李察·波頓。小莉和艾迪·費雪沒戲唱了。」

當天費雪即否認了這則報導，但他離開羅馬、前往紐約不久後，就因為服用過量安非他命住院。

出院後，這名歌手最後一次公開否認波頓聲稱的「那個醜聞」。

「伊莉莎白·泰勒和李察·波頓之間唯一的情感，就像是馬克·安東尼和克麗歐佩脫拉那樣的愛。」他告訴一群記者。「可以說這種愛很偉大。」接著，記者會進行途中，費雪接起泰勒從羅馬打來的電話。他早些時候要求她打來證實他的說詞，但小莉拒絕平息那些謠言。

「你懂的，」歌手尷尬地說道。「你可以要求女人做某些事，但她不一定會照做。」

222 年
3 月 11 日
史上最冥頑不靈的小孩

竟然有小男孩邪惡到能與惡名昭彰的祖先尼祿和卡利古拉相匹敵，這聽起來實在很荒謬。但自 218 年算起，羅馬皇帝埃拉加巴盧斯（Elagabalus）執政四年就辦到這點了，他即位時年僅十四歲。

或許是因為這個青年有過五段婚姻，其中包括強娶一名神聖的維斯塔貞女（Vestal Virgin），才導致他失去民心。或是因為他擁有無數個男友；也可能是因為他有變裝癖，喜歡扮成妓女，行為也像個妓女。不然也可能是因為人們不欣賞他「微妙」的幽默感，尤其是早上醒來時發現

有野生動物在房裡閒逛，或是坐到皇帝放的放屁椅墊始祖的時候。無論如何，埃拉加巴盧斯都完蛋了。他非常不受歡迎，事實上，連他的祖母都和這位年輕皇帝不對盤，還協助策劃暗殺他。

222 年 3 月 11 日，十八歲的皇帝與表弟亞歷山大（Alexander）一同出現在公開場合。皇帝一直懷疑表弟比他更受愛戴，事實證明的確如此，因為當軍人開始為亞歷山大歡呼時，埃拉加巴盧斯完全被冷落了。

埃拉加巴盧斯對於這種不知分寸的不服從行為感到憤怒，便下令處死所有人。但是最終被殺害的卻是他自己。古代作家卡西烏斯·狄奧（Cassius Dio）為埃拉加巴盧斯的殘暴報復行為寫下生動的紀錄：

「他的母親緊抱著他，和他一同死去；他們的頭顱被砍下，衣服被剝光。他們的屍體先是赤裸地被拖往城內遊街，接著，母親的屍體被隨意丟棄，埃拉加巴盧斯的屍體則被扔進臺伯河裡。」

1951 年

3 月 12 日

不只卑鄙，還會扯謊：艾瑟爾·羅森伯格的弟弟

1940 年代，艾瑟爾·羅森伯格（Ethel Rosenberg）和丈夫朱利葉斯·羅森伯格（Julius Rosenberg）有很大的嫌疑，可能密謀將國家出賣給蘇聯，但是政府卻沒有足夠證據能證實他們的罪行。直到她的弟弟——招認洩漏原子情報的戴維·格林格拉斯（David Greenglass）當庭作偽證，才直接將姊姊送上新新懲教所的電椅。

格林格拉斯在曼哈頓計畫（美國在二戰期間發展核彈計畫）中擔任較低階的軍隊機械師，他承認從新墨西哥州洛斯阿拉莫斯市洩漏機密，

並冒著極大風險指控姊姊。他已經被起訴，但尚未被定罪。他和妻子兼共謀露絲都有可能被從輕量刑。事實上，他的配合態度讓她妻子仍能維持自由之身。而法官希望他能有所回報，於是 1951 年 3 月 12 日，戴維·格林格拉斯第二次出庭作證時親口供出了他的親姊姊。

在那之前，還沒有什麼證據指出艾瑟爾從事任何違法行為。沒錯，她是一個活躍的共產黨員，但邏輯上來說，她應該知道丈夫朱利葉斯的間諜行動。然而所有攔截到以及成功破解的蘇聯電報（後來稱作「維諾那計畫」）都沒有顯示她有參與其中的蛛絲馬跡。「司法部門並沒有足夠證據可以起訴艾瑟爾·羅森伯格。」聯邦調查局的威廉·韋侖（William Whelan）說明。但為了強迫朱利葉斯（他是蘇聯主要間諜）供出更多人名，她還是被當成人質遭到逮捕。

但這兩人都不肯配合，因此有必要讓艾瑟爾立即被定罪。對政府當局而言幸運的是，逍遙法外的露絲開庭前突然想起之前一直忘記提到的細節。她說，是她的大姑艾瑟爾用打字機記下戴維從洛斯阿拉莫斯市得到的筆記與情報概要。這次終於罪證確鑿了。戴維露出虛弱的微笑在台上盡責地照本宣科。殊不知一切都是謊言。

檢察長歐文·沙波爾（Irving Saypol）在審問結束時誇張的重述格林格拉斯的假供詞：「那份交給蘇聯的原子彈情報，是由被告艾瑟爾·羅森伯格打出來的……無數時刻，就是她坐在那台打字機前一字一字地敲著鍵盤，為了蘇聯的利益而出賣自己的國家。」

兩年後，艾瑟爾和丈夫用盡一切上訴機會、請求總統特赦但都遭到否決後，兩人於 1953 年

6 月 19 日在新新懲教所被處決。而把她送上電椅的弟弟則懊惱地入監服刑十五年，但同時他也心懷感激，因為他的妻子和同謀都不用入獄。十年後他出獄，從此隱姓埋名，只留下卑鄙小人的臭名聲。

「你知道嗎，我後來幾乎不再說『姊姊』這兩個字。」幾年後，格林格拉斯告訴記者山姆・羅伯茲，同時也承認關於艾瑟爾的證詞是假的。「我把她從心裡抹去了。」

1881 年
3 月 13 日
沙皇跑了，好運沒了

恐怖分子朝他扣下一槍又一槍、安裝炸藥在火車上、甚至炸掉他在冬宮的飯廳，但即使用盡一切殘忍手段，仍舊殺不死精神已經耗弱的俄羅斯沙皇亞歷山大二世。又一次暗殺失敗後，沙皇顫抖著大喊：「我真的有像野獸一樣嗎，有需要如此獵捕我、置我於死地？」哎呀，真的有其必要。1881 年 3 月 13 日，殺手終於轉運了。亞歷山大二世的馬車駛經聖彼得堡街道時，有個年輕人朝他扔一顆炸彈。炸彈引爆殺死並重傷幾位旁觀者，但沙皇毫髮無傷。然而，當他從嚴重受損的馬車出來欲與嫌犯對峙並查看損害時，第二位刺客扔來另一顆炸彈。這回正中紅心。

因為解放俄羅斯長期受苦的農奴而被稱為「沙皇解放者」的亞歷山大二世雙腿被炸得粉碎，被帶回冬宮，在那裡流血至死。

1899 年
3 月 14 日
把自己的隊伍搞垮的老闆

克里斯·馮·德阿爾（Chris von der Ahe）是棒球界真正的元老級人物之一，他是聖路易布朗隊（紅雀隊的前身）愛管閒事的老闆。他對棒球幾乎一無所知，性格像是個愛賣弄吹噓的表演者，簡直就跟豎立在自己棒球場外的自身巨大雕像一樣浮誇。「我是『卜』朗隊的『腦』闆。」他操著濃厚的德國腔驕傲地說。令人難過的是，阿爾在 1899 年 3 月 14 日失去他所愛的「卜朗隊」，因為無數名債權人在聖路易法院強迫他賣掉這支隊伍。

這位和藹可親的老闆傷心不已——後來查爾斯·柯米斯基（Charles Comiskey）讚揚他是「棒球界最偉大的人物」。然而，售出布朗隊對他造成的影響遠不如對克里夫蘭蜘蛛隊造成的影響。

在那個壟斷行為完全合法的年代，布朗隊被法蘭克·狄哈斯·羅比遜（Frank DeHaas Robison）收購，而他恰巧也是正派球隊蜘蛛隊的老闆，這支隊伍中有幾位相當出色的球員，包括後來的名人堂成員賽·揚（Cy Young）。蜘蛛隊唯一的困擾是球迷們的反應相當冷淡，以及他們看比賽時那心不在焉的態度。他們討厭羅比遜，他也討厭他們。布朗隊的情形卻恰好相反：一座熱情的棒球城市與一個失敗的球隊。羅比遜為解決這個問題，便讓蜘蛛隊最好的隊員（包括賽·揚）改披聖路易斯隊的戰袍。這個手段對克里夫蘭造成了難以挽救的傷害。是的，蜘蛛隊從 1899 年球季開始便成了棒球史上表現最差的球隊。*

---

* 註：蜘蛛隊實在可悲，最後半個球季都在四處遊走，和無情的「球迷」離得遠遠的。這個球隊因此被記者們取了許多難堪的綽號：格格不入者、被流放者、被拋棄者、剩餘者、棄兒、漂流者、遊蕩者、流浪漢、闌尾、無家可歸者。

西元前 44 年、1917 年

3 月 15 日

的確該當心：兩個 15 日，兩個皇帝

「當心 3 月 15 日。」——《凱撒大帝》（*Julius Caesar*）第一幕，第二場

多虧莎士比亞那永垂不朽的詩詞，西元前 44 年那倒楣的一天，是凱撒獲得最多關注的日子。他在 3 月 15 日這天遭到布魯特斯背叛、在羅馬參議院被刺死。而同一天對俄羅斯尼古拉二世來說也不是鬧著玩的。俄羅斯二十多年來的動盪不安因一場大型革命來到沸點。這場革命起因於食物短缺，以及不滿第一次世界大戰慘淪為戰敗國。這位沙皇被迫於 1917 年 3 月 15 日退位。因此，尼古拉成為幾世紀以來的末代皇帝。*

1861 年

3 月 16 日

削木頭的真男人：山姆・休士頓反抗分裂派的最後一搏

山姆・休士頓（Sam Houston）英勇地促使德州脫離墨西哥成功獨立、二度任職德州共和國總統、將德州納入聯邦、成為美國參議院德州代表，並當上德州州長。許多層面來說，山姆・休士頓「就是」德州。但在 1861 年 3 月 16 日，德州人民群起反抗他。

---

* 註：隔年，1918 年 7 月 17 日，這位年輕時親眼目睹祖父亞歷山大二世被炸彈炸到後流血至死（詳見 3 月 13 日）的被廢黜君主，全家人在凱薩琳堡外面遭到布爾什維克黨謀殺。

1860 年亞伯拉罕‧林肯參選總統後，分裂主義者的狂熱日趨高漲。休士頓強力反對這項運動，不是因為他是廢奴主義者（他自己就有黑奴），也不是因為對州的權利舉棋不定，單純只是因為他深信這會導致一場極為嚴重的災難。但沒人理他。

事實上，州長的反對聲不只被忽視，還被比他龐大的勢力陷害。1861 年 2 月 1 日，代表團違法召開會議，宣布德州脫離美國，且這個決定後來還有人民公投背書。現在就等休士頓是要正式同意這項決定、宣誓對南方聯盟效忠，還是要承擔否決此決定的後果。

3 月 16 日早上，州長經過一夜痛苦掙扎後下定決心。「瑪格麗特，我絕不會這麼做。」他對妻子說。接著他來到參議院大廳、在辦公室坐下、開始專心削木頭，等著無可避免的撤職與羞辱。

在被無禮地逐出辦公室之前，休士頓有話要對德州人民說：「同胞們，以你們已遭踐踏的權利與自由為名，我拒絕宣誓德州脫離美國。但我是如此深愛德州，我不願將爭鬥帶上這片土地，也不願見到她被鮮血玷汙。我不該再緊握著州長的權力……我……我被擊垮了，因為我不願放棄這些我努力爭取來的原則……最痛苦的是，這記重擊竟然來自於德州本地。」

1990 年

3 月 17 日

阻擋閃電降下：裁判的卑劣行為

這場拳擊賽的海報標題為「雷霆與閃電」，是兩名勢均力敵、不敗的世界冠軍胡里奧‧賽薩爾‧查維茲（Julio César Chávez）和梅爾德里

克・泰勒（Meldrick Taylor）輕中量級的最後一戰。一回合接著一回合，每個拳頭落下的瞬間都值得成為宣傳炒作的話題。查維茲使出雷霆般的猛擊，泰勒則以他獨有、炫目且迅如閃電的重擊回應。

計分板上顯示泰勒領先，但查維茲無情的重擊也帶給他龐大的傷害。接著，來到第十二回合，這場早已令人緊張激動萬分的比賽成了歷史上絕無僅有的一刻，無關雷霆或閃電，而是攸關理查・史帝勒（Richard Steele），他是群眾公認最沒有時間概念的裁判。

當時查維茲只要再讓對手倒地一次就能贏得比賽，而泰勒也只要撐過那回合就行了，但他的支持者鼓譟地要他不要再打安全牌。此時的泰勒雖已筋疲力盡、滿身是血，仍舊聽到了觀眾的要求，開始猛烈進攻。突然間他被查維茲以一記右拳打倒在地，雖然隨即爬起，但可能是太過暈眩或是分心而沒有回應裁判問他的問題，於是裁判史帝勒認為他已無法繼續比賽，便在僅剩兩秒鐘時宣佈了比賽結果。那一刻，裁判做出的是拳擊史上最受爭議的裁決，直至今日還是有人說這個決定奪走了本屬於泰勒的榮耀。

1990 年

3 月 18 日

盜竊萬歲：波士頓博物館的惡作劇

毫無疑問，1911 年羅浮宮的《蒙娜麗莎》遭竊絕對是爛事一樁，但當竊賊（博物館員工）將之藏匿於車廂兩年多後，李奧納多・達文西筆下那位謎樣的女子就被歸還回巴黎美術館裡她應得的位置。然而，波士頓伊莎貝拉嘉納藝術博物館遭竊的名貴畫作及藝術品就沒麼這麼幸運

了。這是美國史上最大宗的私人財產竊盜案。

1990 年 3 月 18 日午夜,兩名竊賊喬裝成波士頓警察出現在博物館,透過館內通訊設備宣稱他們是聽到騷動聲而來。

一個總是神情恍惚的保全開門讓他們進去。成功突破第一道防線後,兩人用一張偽造的逮捕令成功騙過第二名警衛,假裝認出該名警衛就是欲逮捕的嫌犯,並要求他離開櫃檯。警衛乖乖照辦,壓根沒想到要按無聲警報器。如此一來,闖入者暢行無阻了。

兩人把警衛和保全綑綁起來,將他們和地下室的管線銬在一起後便開始在充滿寶藏的博物館內撒野,他們將林布蘭、維梅爾、馬奈和竇加的作品扯下畫框、偷走了華貴的中國文物和拿破崙絲質旗幟頂端的飾物。雖然聯邦調查局追蹤過為數不少的可靠線索,但至今仍然沒人再看過這些偉大作品。

「想想看它們該有多無聊。」小說家約翰‧厄普代克(John Updike)在一首關於失竊畫作的詩裡這麼說。「它們被堆放在倉庫某處,就假設在馬塔潘吧。這些傑作們面對的只是牛皮紙的背面,而非那些藝術狂熱者入迷且喜悅的臉龐。」曾經乘載藝術傑作的空畫框如今仍高掛原處,提醒著大家這起代價高昂的慘痛教訓,一方面也盼望畫框的主人最終能平安歸來。

1919 年
3 月 19 日

山姆大叔「需要」你!

對當時的美國海軍來說,這似乎是個很棒的消息:位於羅德島州紐

波特的海軍基地內有則傳言，說某些水手和別人亂搞——不是和鎮上的女人，而是和同為海軍的弟兄們。針對此事，1919 年 3 月 19 日的開庭結論是：政府必須付出「必要的花費和時間」，讓經驗老道的調查員執行「最徹底的搜索調查」。那麼該由誰擔任英勇的調查員呢？還用說嗎，當然是軍中其他水手們。如同調查首長表示，那些十九至二十四歲、「長得好看」的男人最適合做這類「變態的工作」。

但光是招募這些年輕人做臥底、要他們滲透進祕密同性戀圈子抓出不守規矩的同伴是不夠的。他們接獲指示，必須要身體力行與那些被鎖定的對象「親密」互動才能提供有效的證據。海軍助理祕書（後來的美國總統）富蘭克林‧羅斯福批准此項計畫後，這批年輕的任務執行者就抱著熾熱的愛國之心上陣了。有了這些祕密特務們提供的聳動證詞，落網的水手們後來都被軍法處置。

此次臥底行動非常成功，海軍進而如法炮製，以相同圈套拘捕紐波特人民。但這次他們遇到麻煩了。有位很受歡迎的地方部長遭到逮捕，以至於他的朋友和支持者們寫了一封信給伍德羅‧威爾遜總統以表憤怒，其內容也刊登於《普羅維登斯日報》：「任何思慮周全的人都看得出來，用這種惡劣方式必然會毀了那些倒楣青年的品格、打擊他們的士氣，且讓此地區的所有人民都難逃猜忌與誹謗。這將導致這座城市遭受無端指責，還將導致人民不信任海軍行政團隊的智慧及廉正。」

接下來是一連串的正式聽證會，參議院的調查更是讓此事件惡化到極點。此次調查不是針對同性戀水手，而是針對上級用來根除他們的方式。羅斯福因為批准這個計畫而受到嚴厲譴責。調查委員會稱之為「最骯髒、最可恥也最反常的行動」。《紐約時報》以一句刺眼的標題做出結論：「海軍醜聞應歸咎於 F. D. 羅斯福……細節不宜刊印」。

1966 年

3 月 20 日

英國連半個世界盃冠軍都沒拿過

英國的國族榮耀於 1966 年 3 月 20 日遭受重創，雖然不如大英帝國逐步失去領土此事實那麼糟，但也相差不遠了。

當天上午大約十一點至正午之間，幾個竊賊成功從照理來說固若金湯的倫敦衛理公會中央禮堂的陳列櫃偷走原本是要頒發給世界盃冠軍、極為珍貴的雷米金盃（Jues Rimet Trophy）。那年夏天世界盃的主辦國家竟如此草率地對待這座備受尊敬的獎盃，令足球界震驚不已。

「這種事絕對不會發生在巴西。」歷屆冠軍巴西隊成員阿伯林・特貝爾（Abrain Tebel）這麼說。「在巴西就連小偷都熱愛足球，他們不會犯下這種褻瀆罪。」

幸好一週後就找到獎盃了。有隻名叫皮克斯（Pickles）的狗和主人出外散步時嗅到了獎盃的氣味。皮克斯意外成為國民英雄，挽救了英國受損的形象。但雷米金盃後續的遭遇還是不太順遂。它被送到巴西，雖然特貝爾曾誇下海口宣稱足球在這個國家的神聖地位，獎盃還是在 1983 年遭竊，且再也沒有出現過。

1349、1556、1861、1925、1933 和 1960 年

3 月 21 日

「無可饒恕日」快樂

假如真有「國際無知與無可饒恕日」，3 月 21 日當之無愧。畢竟，這個慘兮兮的日期多個世紀以來見證了太多理性、正義和基本人權尊嚴遭受打壓欺凌的案例，無論如何都可說是實至名歸。

- 1349 年：數千名猶太人被指控是毀滅性瘟疫黑死病的罪魁禍首，在德國艾爾佛特塔遭到屠殺。

- 1556 年：曾經領導英國改革派和編纂《公禱書》（*Book of Compiler*）的大主教湯瑪斯‧克蘭默（Thomas Cranmer）被「血腥」瑪麗王后一世以異端的罪名處以火刑。

- 1861 年：美利堅聯盟國副總統亞歷山大‧史蒂文斯（Alexander Stephens）在他所發表的〈基石演說〉（Cornerstone Address）中聲明：「我們的新政府是建立在與美國憲法截然不同的觀點上。一個偉大的真理乘載著此政府的根基與柱石，此真理即是黑人和白人不相等；奴隸生來即是上等種族的附屬品，此事再正常不過。」

- 1925 年：田納西州的州長奧斯汀‧佩伊（Austin Peay）簽署《巴特勒法案》（*Butler Act*），正式宣佈但凡公立學校提出任何「與聖經中神聖創造論背道而馳」的理論，或是宣揚「人類起源於較次等的動物」皆屬違法。換句話說：達爾文的進化論被撐出課堂外了。

- 1933 年：納粹黨宣布第一個集中營於達豪正式啟用。

- 1960 年：南非沙佩維爾警方朝一大群反對白人政府嚴格的種族

隔離政策的示威人民開槍。結果造成六十九人死亡、一百八十人受傷，死傷之慘重以至於某位警官稍後試圖想將之合理化。「當地人沒有和平示威的概念。」皮納爾中校堅稱。「對他們而言，聚集示威就是要暴力相向。」

要是 3 月 21 日還不夠格被視為人類癲狂行為的紀念日……別擔心，我們還有 3 月 22 日呢。

1144、1630、1692、1871、1943 和 1984 年

3 月 22 日

等等，還沒完呢！

或許 3 月 21 日可以作為「國際無知與無可饒恕節」的前夕，如此一來，3 月 22 日這天所發生的人類惡行也能被看見。畢竟這數量實在多到不容忽視：

- 1144 年：有具名叫威廉的男孩屍體在英格蘭諾維奇城外的樹林裡被發現。在那個黑暗殘忍的年代，這類案件屢見不鮮，直到一位名叫蒙茅斯的托馬斯（Thomas of Monmouth）的熱情修士出現才讓男孩得以成為殉道者。在修士所著的史詩級傳記《諾維奇的威廉：生命與熱忱》（*The Life and Passion of William of Norwich*）中，他陳述道，這個孩子是在一場嘲笑耶穌被釘上十字架的恐怖儀式中被猶太人當作祭品，而此荒謬的故事就這麼導致了無可挽回的後果。許多專家認為，歷史學家阿倫·丹德斯（Alan Dundes）所說的「血祭誹謗」（Blood Libel）正是源於這本傳記，因為這則故事是「人類的想像力所能創造出最怪

誕、最危險的傳說」。

猶太人被認為會在例行的祕密儀式中殺害基督徒孩童，如此普遍的信念存在了將近九個世紀，進而影響了包括馬丁‧路德和阿道夫‧希特勒在內等反猶太主義者，並導致多個世紀以來幾百萬無辜人民遭逢無數起悲劇。

- 1630 年：安娜‧哈欽森（Anne Hutchinson）被殖民地總督約翰‧溫斯羅普（John Winthrop）稱為「撒旦的器皿」，她因為勇於挑戰殖民地的神權治理而被驅逐出麻薩諸塞州。哈欽森相信人們可以透過個人直覺與神連結，而不一定要遵循體制化的法律和部長的命令。「我真的懂，」她寫道。「那些前途黯淡的人才需要法律、命令、規則和法令。」

- 1692 年：還有一些啟發同樣來自麻薩諸塞州總督溫斯羅普所說的「山巔之城」（Shining City Upon a Hill）：一群賽勒姆居民到蕾貝卡‧納斯（Rebecca Nurse）的家中，告知她有人指控她施行巫術。同一天，蕾貝卡的鬼魂突然出現，是為了要看看安‧普特南（Ann Carr Putnam）。根據普特南的說詞，納斯威脅她，若是拒絕服事撒旦，就要將她的靈魂從身體裡挖出來。

- 1871 年：北卡羅萊納州的威廉‧伍茲‧荷頓（William Woods Holden）成為美國首位被免職的州長。他的罪名是：對三 K 黨的懲罰有點太過嚴厲了。

- 1943 年：納粹黨將白俄羅斯哈廷村所有人都聚集到一間小屋內，用稻草覆蓋那棟建築物後放火焚燒，而成功逃出煉獄的人也立刻被槍殺。

- 1984 年：加州曼哈頓海灘爆發集體歇斯底里事件，一直到七名麥克馬丁幼稚園的教師和行政人員被起訴後才終於平息下來。

他們因為數百起兒童虐待案遭起訴。經由國際兒童學會的「專家」勸說哄騙，孩子們不只道出了性虐待事件，還有肢解嬰孩以及挖掘屍體的撒旦崇拜儀式。「麥克馬丁七人案」是史上最費時、費用最昂貴的審判，最後所有被告都被證實有罪。但思及那些殞落的生命，這真是場膚淺的勝利。

1989 年

3 月 23 日

巨大的困惑：科學家們興趣缺缺的「新發明」

表面看來，這是該世紀的科學大突破。1989 年 3 月 23 日，兩名備受尊崇的化學家，猶他大學的化學教授史丹利・龐斯（B. Stanley Pons）和英國南安普頓大學的同事馬丁・弗萊希曼（Martin Fleischmann）在記者會上宣布他們倆完成了一項獨一無二的創舉，藉由一個名為「冷核融合（cold fusion）」的技術成功複製了太陽的能量。更令人驚訝的是，他們在常溫環境，僅僅用了一個玻璃罐的水就成功完成實驗。「我們創造了一種持久的融合反應，方法比傳統技術簡單很多。」龐斯教授宣稱。

這項成就背後的意義相當驚人：冷核融合不像傳統核反應爐是利用原子碰撞與分裂的原理來產生能量，而是在一個相對簡單的過程中迫使原子相結合。如此技術將提供世界取之不盡、便宜且乾淨的能源。

《華爾街日報》和其他主流新聞報社都在頭版慶賀這項發明，但其他科學家則抱持著懷疑態度……且「非常」懷疑。其中一位是加州理工學院的史蒂芬・庫寧博士（Dr. Steven E. Koonin），他直言不諱地堅持自身觀點，表示冷核融合不過就是反映了「龐斯和弗萊希曼的無能和妄

想」。

　　兩位科學家舉辦記者會後立刻引發爭議。科學界絕對不是藉由大眾媒體來獲知重大發現。通常這類題材會先刊登在學術期刊上供人評論，但龐斯和弗萊希曼在猶他大學的資助者卻直接略過了這個步驟。更糟的是，他們拒絕回應某些疑問，也不願提供冷核融合過程的相關細節。

　　「這不單只是不守規矩。」《巫毒科學：從愚蠢到欺騙》（*Voodoo Science: The Road From Foolishness to Fraud*）的作者羅伯特‧帕克（Robert L. Park）寫道。「科學的完整性在於科學家願意正面接受科學界同儕的檢驗，藉此應證實驗的想法和結果。而猶他大學公然違背了這條科學行為的準則。」另外還有關於核輻射的小問題。原子核物理學家法蘭克‧克洛斯（Frank Close）表示，假如龐斯和弗萊希曼所宣稱的皆屬實，那麼他們的實驗室就會是「車諾比以西最滾燙的輻射源」。甚至連猶他大學的物理學家都拿他們同事的可疑發現來開玩笑：「你聽說關於龐斯實驗室研究助理的壞消息了嗎？他還健在呢。」

　　儘管科學界對此實驗嗤之以鼻，但全世界卻興起一陣實驗室狂潮，試圖透過蒐集到的一丁點資訊來複製冷核融合的實驗。所有人皆以失敗收場。但原先的問題還在：究竟龐斯和弗萊希曼是刻意讓這場大型惡作劇延續下去，還是單純錯誤理解重要數據？「我有一陣子深信這絕對是場騙局。」麻省理工學院的融合科學家李察‧佩塔索（Richard D. Petrasso）在 1991 年的《紐約時報》訪談中這麼說。「但現在我的態度軟化了。他們可能對自己做的事情深信不疑。」

3 月 24 日

雷厲風行的雷利爵士

伊莉莎白一世很喜歡瀟灑的朝臣華特・雷利爵士（Sir Walter Raleigh）[*]，這個男人應該可說是建立大英帝國的最重要功臣。

至於女王的繼任者詹姆士一世呢，呃，簡單來說，君王對雷利的尊敬隨著伊莉莎白一同逝去了。「雷利、雷利，我對你的名字感到生疏^{**}。」新任國王初次見到這位偉大的詩人及探險家時這麼說，明顯用他的名字玩帶有貶義的雙關語。確實，雷利在伊莉莎白的宮廷裡樹立許多會暗箭傷人的仇敵，他們嫉恨他的權力及對女王的影響力，便無所不用其極挑撥新任君主與他的關係。因此，伊莉莎白去世、詹姆士於 1603 年 3 月 24 日登基後，雷利的好運就開始快速走下坡。然而還要再過十五年，他才會真的被斬首。

詹姆士國王首先針對雷利擁有的特權展開一場小規模的突襲，以此作為治理國家的開端。他剝奪能替雷利賺大錢，同時也是他主要收入來源的壟斷權，並強迫他搬離倫敦的住處達勒姆宮。四個月後，「自負到氣死人」的雷利面臨攸關生死的審判，據說他與西班牙共謀要推翻詹姆士一世，打算讓表親阿爾貝拉・斯圖亞特（Arbella Stuart）上位，因此被以叛國罪名起訴。後來其中一位法官坦承這其實是場假訴訟，「英格蘭的司法從未遭受此等屈辱與傷害。」

原告愛德華・柯克爵士（Sir Edward Coke）決意要取得詹姆士國王

---

[*]　註：這並不表示伊莉莎白和雷利沒有發生過衝突，尤其是在 1591 年，當他未經女王允許就和女王侍女訂終身時。他和新娘的新婚禮物就是被女王囚禁在倫敦塔裡。

^{**}　譯註：原文中生疏（rawly）音近似 Raleigh。

一心渴望的判決結果，因此朝著象徵伊莉莎白輝煌年代的被告吐出各式各樣謾罵的話語：「陰險惡毒……英格蘭徹頭徹尾的叛徒……地獄的蜘蛛……怪物……來自地獄最底層的無底洞，最險惡之事的始作俑者。」但事實上柯克根本搞不清楚狀況，這些都只是從雷利的仇敵那邊聽來的。被告請求與主要原告人正面對峙，卻被斷然拒絕。「絕對不能有機會讓國王（亦即國家案件）遭受傷害。」首席法官宣布。

儘管判決結果老早就已內定，雷利在整個黑箱審判過程中始終舉止得宜。「沒有任何人能像他那樣為自己辯護。」一個當代觀察家回憶道。「他表現得如此可敬、明智而且溫和，不出半日，所有人的心情都從極度憎惡轉為無比同情。」

處決前一天，國王給予雷利（勉強算是）緩刑的機會。他沒有被送上斷頭台，而是被送到倫敦塔。他在接下來的十三年都被囚禁在那，寫下具權威性的《世界史》。接下來，他在 1616 年獲釋，並再次奉命航行探索新世界，找出傳說中的黃金國之城。這座謎樣之城的黃金顯然比國王長期以來的怨恨有吸引力得多。然而那裡沒有所謂的金銀財寶，只有等待羊入虎口的復仇之計。

在這場災難性的遠征途中，英國探險家和南美洲的西班牙人起了衝突。雖然雷利沒有參與這場爭鬥（他的兒子在爭鬥中喪命），西班牙大使卻極欲懲罰他，詹姆士更是興奮地推波助瀾。這次不再有公審，因為詹姆士清楚記得「雷利是如何運用機智將人們的恨意轉為憐憫」。基本上，他會因原先的叛國罪即刻面對死刑。

1618 年 10 月 29 日，即使國王的妻子為雷利求情，還是換不回他的項上人頭。雷利看著那即將斬下他頭顱的斧頭，有人聽到他若有所思地說：「這真是一帖猛藥，但卻是治療一切疾病與不幸的良方。」

1988 年

3 月 25 日

……而伊波拉病毒是隻免寶寶

「這種病毒不過就是隻淘氣小貓。」柏克萊加州大學分子生物學教授彼得·杜斯伯格（Peter Duesberg）於 1988 年 3 月 25 日的《科學》期刊中如此表示，並否認人類免疫缺乏病毒（HIV，又稱愛滋病毒）會導致後天免疫缺乏症候群（AIDS）。

1953 年

3 月 26 日

約納斯·沙克來說，沒有疫苗救得了批評者

「他是國民英雄，雖然他……不是很聰明。」知名科學家羅格·雷維爾（Roger Revelle）如此評論小兒麻痺疫苗研發者約納斯·沙克（Jonas Salk）。

當脊髓灰質炎（小兒麻痺症）病毒持續使數千名年輕人癱瘓、其中有些人必須罩著鐵肺才能呼吸時，強烈的恐慌無邊無際地蔓延開來。但在 1953 年冬天，也就是美國又新增三萬五千起案例的那年，疫苗研發成功的新聞自匹茲堡流傳出來後，這場可怕禍害似乎終於有藥可解。此波疫情讓約納斯·沙克憂心不已；但另一說法是科學界發出一陣批評聲浪，直指沙克很興奮想藉此出名。這位年輕研究員確實從實驗中獲取一些不錯的結果，但疫苗本身還不夠完善。因此沙克向贊助人巴茲爾·奧康納（Basil O'Conner）尋求協助，並爭取到上廣播節目的機會，巴茲爾曾和

富蘭克林‧羅斯福總統共同創辦「出生缺陷基金會」。這麼做的目的要嘛是如他自己宣稱的「為了緩和大眾期待的心情」，要嘛就是像他敵人堅稱的，是為了提前獲得讚揚。

果不其然，1953 年 3 月 26 日國家廣播節目獲得的反饋明顯劃分成正反兩極。

「沙克是疫苗的化身，很快地他就會拯救世界脫離小兒麻痺症。」保羅‧奧菲特（Paul A. Offit）寫道。「對大眾而言，他成了即時英雄。但科學界的成員批評沙克不該為迎合媒體而談論未出版的數據。自此次廣播發言開始，餘生他都將承受無盡的敵意和怨恨。」

確實，沙克的科學家同伴們因嫉妒和怨恨而大為光火。「無論約納斯相不相信，那晚他在廣播中鞠躬答謝的同時已經成為全民英雄。」一位評論家觀察道。「這就是他後來的形象。」阿爾伯特‧沙賓（Albert Sabin）*是沙克在研究小兒麻痺疫苗時的對手，為此他特別忿恨不平。「這根本只是廚房科學。」沙賓後來說道。「他根本就沒發現任何東西。」

沙克在同事眼中只是個無足輕重又愛賣弄的人，之後所做的研究幾乎沒有被認真看待。他從未贏得諾貝爾獎，也沒被邀請進入有名望的美國國家科學院。遭受如此冷落該是令人耿耿於懷才對，但沙克於 1995 年死去的前幾年看似過得相當豁達。

「我受到過多關注和認可，這和我的科學貢獻不成比例。」1991 年他在訪談中這麼說。「人們期盼能擺脫恐懼，便排山倒海般將注意力放

---

*　註：沙賓研發的小兒麻痺口服疫苗含有病毒抗體，有段時間取代了沙克的「不活化（死病毒）」疫苗。

在我身上。這是所有民眾都會有的正常反應。但從科學界的角度來看則稍有不同。這種關注是種有弊無利的副作用，但同時也提供了不同形式的機會。這些都是代價；不論好壞總是需要付出代價。」

1908 年
3 月 27 日
來談談所謂的「縱容」！

要說眾議院成員「棉花湯姆」詹姆斯・托馬斯・赫夫林無法忍受哪兩件事（除了女性投票權以外，詳見 1 月 12 日），那就是黑人和白人共同搭乘大眾運輸工具，還有聚在一起喝酒。因此，1908 年 3 月 27 日，這位阿拉巴馬州禁酒主義議員在首都附近搭上電車準備前往參加戒酒會議，當他在車廂內看到路易斯・勒姆比（或湯瑪斯・勒姆比），且對方還正在喝威士忌時，心情頓時很煩躁。畢竟他才剛在華盛頓特區* 推行電車種族隔離政策未果。

《紐約時報》報導，當赫夫林勸誡對方放下酒瓶卻遭「黑鬼惡意咒罵」時，簡直勃然大怒，便動手將勒姆比趕出電車外。對方被趕下車後在街上繼續回嘴辱罵，議員便理所當然地朝他開槍。但子彈沒有擊中目標，反而打中旁觀者的腳趾頭。赫夫林無動於衷再次扣下扳機，這次傷及了勒姆比的頭部。他遭到逮捕、被以蓄意殺人攻擊未遂的罪名起訴，但他在警察局獲得禮遇，交保後被釋放。棉花湯姆從未因槍擊案受審，後來自己還把此事列為生涯中最大的成就。在眾議院任職十二年後，他獲選為參議院議員，同時也忙於三 K 黨事務。

---

* 註：他曾經驕傲地宣稱「全能上帝的旨意就是要讓黑鬼做白人的奴僕」。

193 年
3 月 28 日
一次、兩次、成交！

將近一個世紀以來，羅馬帝國多次遭遇暗殺事件，193 年 3 月 28 日皇室聲譽掉落到了前所未有的低谷。當時神氣的菁英羅馬禁衛軍為恢復羅馬帝國往日的階級秩序與紀律，殺害了僅即位三個月的皇帝佩蒂奈克斯。同一天禁衛軍還做了另一件更差勁的事：他們把皇位拍賣給出價最高的人。

敘利亞的古歷史學家赫羅狄安（Herodian）寫道：「發布公告後，那些較正直、有勢力的參議員，以及所有出身高貴的名門望族都不願靠近禁衛軍的軍營，避免提供金錢給那些以惡劣方式糟蹋君權的人。」

但是呢，有權勢的參議員尤利安努斯（Didius Julianus）沒有如此高尚的情操，也不是什麼特別重要的角色（以結果來看確實如此），事實上，他之所以出名全因那不檢點的行為。尤利安努斯受到野心勃勃的妻子與女兒教唆，衝到禁衛軍的軍營外出價，但禁衛軍禁止他進入。於是他站在營區外，對著裡頭的競標者喊價，而這位競標者正好是慘遭謀殺的皇帝的岳父。

尤利安努斯高價贏得競標，雖然在此案例中，所謂的高價只是兩相比較之下的結果。羅馬人民對這種裝模作樣的把戲感到噁心，不僅沒有向他敬禮，還用石塊扔這位新任羅馬皇帝。如赫羅狄安所述：「羅馬人民喝斥並辱罵他，唾棄他在拍賣會上用骯髒臭錢買下王位的行為。」兩個月後，塞提米烏斯·塞維魯斯（Septimius Severus）廢黜他的王位。據說尤利安努斯被拖去斬首前大喊：「我有做錯什麼嗎？我殺誰害誰了嗎？」

1683 年

3 月 29 日

熾熱的愛：東京版賣火柴的小女孩

八百屋於七沒什麼過人之處，只是十七世紀日本一位雜貨店老闆的女兒。確實，要不是她的死狀相當特殊，關於她的記載或許就會消失在歷史洪流裡。而直至現在這位十六歲女孩淒美的愛情故事一直被珍藏於日本文學及電影中。

1682 年，伊多（現名東京）一場大火迫使八百屋和家人逃到當地寺廟避難。她在那裡遇見並愛上廟裡的男孩鬱田之介。然而，令人難過的是，這段剛萌芽的愛情註定在一家人離開寺廟後凋萎。八百屋和家人回到家後，這對年輕的情侶就分開了。女孩迫切想再見到他，於是便做了一件只有害相思病的青年會覺得合理的事：她放火燒了自己的家，希望重現與鬱田初次相遇的場景。

當時的日本，縱火罪會被判處火刑，但只適用於十五歲以上的犯人。審理八百屋案件的地方法官出於憐憫之心，想幫助女孩免於可怕的刑罰。「你應該是十五歲，對吧？」他問。但是呢，八百屋誤會他的意思了，回答對方說自己其實是十六歲。法官惱火地再試一次。「你一定是十五歲，沒錯吧？」他語氣堅定重複這個問題，而嚇壞的八百屋再次說出真實年齡。她的答案足以奪走自身性命。1683 年 3 月 29 日，這個聽不懂暗示的女孩便被火焰吞噬了。

1750 年
3 月 30 日

奪走兩位偉大作曲家視力的外科醫師

約翰・泰勒（John Taylor）宣稱自己是名人御用眼科醫生，舉凡英國喬治二世和教宗這類傑出人物都是他的忠實客戶。他自己是這麼說的。但事實上，這人不過就是個擅長自我推銷的騙子，如同知名作家山繆・約翰遜（Samuel Johnson）所描述：「愚昧伴隨狂言而來。」泰勒打著「騎士」或「皇室眼科專家」的名號、乘著馬車（以彩繪眼球裝飾）到各個城鎮，在每場手術前向群眾發表華而不實的演說，吸引多位盲人慕名而來，其中一位患者叫作約翰・賽巴斯蒂安・巴哈。

這位偉大的作曲家長久以來一直深受視力模糊所苦，情況惡化之際，他很不幸地遇到了正在巡迴看診、大張旗鼓抵達萊比錫的泰勒。1750 年 3 月 30 日，這名眼科醫生把尖銳的器具戳進音樂奇才的眼睛，接著塗上鴿子血製成的敷劑、磨成粉狀的鹽，還有一點點水銀。幾天後他重複這整個過程，但是完全沒效。巴哈就這樣什麼也看不見，還得忍受劇烈疼痛，四個月後便撒手人寰了。但不止這位傑出音樂家慘遭「騎士」泰勒的毒手。八年後，他又讓韓德爾永遠失明。

「呃」斯卡獎：挪揄好萊塢最差電影的金酸莓獎

　　從前有段時間，爛電影和爛演技會自然而然消失在人們的視野，最好的狀況就是沒什麼人注意到。但接著金酸莓獎出現了。它嚴厲地將焦點放在這些令人尷尬的電影上，並歡慶這些電影榮獲好萊塢最糟影片的殊榮。1981 年 3 月 31 日，第一屆羞辱感十足的典禮隆重開幕，之後彷彿是為了凸顯出色與惡劣作品之間的區別，一律於奧斯卡金像獎的前一夜舉行。此典禮於是成為許多爛演員的惡夢。

　　瑪丹娜和席維斯·史特龍尤其以呆版的演技聞名，因此他們倆都是金酸莓獎的常客。他們說物質女孩*瑪丹娜應該專注在音樂上就好。她入圍金酸莓獎十五次，並憑藉《浩劫妙冤家》和《肉體證據》等多部電影的「演技」九度贏得獎項。她甚至連在《真心話大冒險》中飾演自己都會讓人看到睡著。史特龍也不遑多讓：他藉由分不清是在演洛基還是藍波的演技獲得三十次提名，並十度贏得金酸莓獎。為了向他們成功連莊金酸莓獎致意，兩位在 2000 年獲得特別獎項，以茲紀念整個二十世紀中最差的演員與女演員。但兩人都沒有出席頒獎典禮。

---

*　譯註：取其專輯名稱 The Material Girl 雙關。

4月

「4月是最殘忍的月份。」
——T. S. 艾略特，《荒原》

1998 年
4 月 1 日

4 月殘忍節

有人知道烏代·海珊（Uday Hussein）其實很搞笑嗎？若他沒有為了獲得快感而將人折磨至死，也沒有侵掠政府以資助他揮霍無度的生活方式的話，這位伊拉克獨裁者薩達姆·海珊（Saddam Hussein）之子顯然是個綜藝咖。還有什麼時機比愚人節——伊拉克稱為「4 月謊言」（Kithbet Neesan）——更適合來點讓人捧腹大笑的暴君式荒唐呢？

就在 1998 年的那一天，烏代創辦的報紙《巴比爾》在頭版刊登一篇文章，宣布美國將取消伊拉克入侵科威特後所該面臨的聯合國懲罰。接著在第二頁，讀者才知道這不過是個玩笑，而這無疑讓數以千計貧困且營養不良的伊拉克人民笑到上氣不接下氣。

其實就連烏代自己都想不出比這次更高明的惡作劇，但他隔年又設

法在《巴比爾》中宣布食物供給不足，因此會以香蕉、巧克力和汽水作為替代品。哈哈！

雖然烏代真的很搞笑，但靈感似乎已經枯竭，後來連續兩年他只是重複相同的玩笑。但謝天謝地，這個日子的搞笑精神沒有完全消失。2003 年 4 月 1 日，伊拉克駐俄大使阿巴斯·哈拉夫·昆弗斯（Abbas Khalaf Kunfuth）在記者會上很明顯地承襲了烏代的古怪行為，而這件事發生在以美國為首的聯盟以武力侵略伊拉克的幾週後。這位大使舉起手中那張份據說是路透社的報導，並朗讀出來：「美國人意外發射核導彈，導致七名英軍喪命。」

他停頓一下，讓在場媒體消化一下這則震驚的消息，接著大喊：「愚人節快樂！」

1992 年

4 月 2 日

約翰·高蒂：鐵氟龍教父出局

約翰·高蒂（John Gotti）是黑幫界的搖滾巨星 —— 小報媒體因為他的昂貴西裝和迷人儀態而稱他為「華衣教父」（Dapper Don）。但身為甘比諾黑幫家族的老大，約翰·高蒂同時也是逍遙法外多年的冷酷殺手。在多起備受矚目的審訊中，三度無罪釋放只是更添他神氣活現的光彩，因此他贏得了另一個綽號：「鐵氟龍教父」。這個名號一路伴隨他到 1992 年 4 月 2 日，第四場審判的判決終於證實高蒂並非無法可管。

甘比諾家族的第二號人物「公牛沙米」撒發托爾‧格拉發諾（Salvatore Gravano）轉當聯邦調查局臥底後的有力證詞，以及證明高蒂罪行的對話錄音檔無比銳利地刺穿了鐵氟龍表面，最終讓高蒂背負十三條罪名（包括謀殺罪及詐欺罪）以及被判處無期徒刑[*]。聯邦調查局紐約辦公處的副主任詹姆斯‧弗克斯（James Fox）於審判後說道：「教父現在全身上下都是魔鬼氈，上頭黏著每一項罪名。」

1985 年
4 月 3 日

無計可施：奧斯卡‧王爾德垮台

作家兼劇作家奧斯卡‧王爾德達成偉大的藝術成就後，立即因為經常嘲諷維多利亞晚期的社會規範而遭到群體圍剿。這都得拜王爾德的親密夥伴阿爾弗雷德‧道格拉斯勳爵（Lord Alfred Douglas）所賜，因為他在一首詩中這麼寫道：「這是一份不敢明說的愛」。

道格拉斯的父親昆斯伯里侯爵（Marquess of Queensberry）是王爾德迅速身敗名裂的元凶。他來到作家住處，憤怒地與王爾德爭論有關兒子與他私通的謠言，並在 1984 年 6 月發起一場惡劣的活動。王爾德和他吵得不可開交，雙方都威脅要傷害對方，後來王爾德把侯爵趕出家門，禁止他再次出現。

這場衝突過了七個半月後，這位劇作家的傑作《不可兒戲》（*The Importance of Being Earnest*）於 1895 年 2 月 14 日在倫敦首演，立即博

---

[*] 註：高蒂被定罪十年後死於獄中。

得滿堂喝采。

昆斯伯里本來計畫要將一把腐爛的蔬菜扔到台上搞砸首演，但王爾德事先就知曉這個詭計，並成功攔阻他進入戲院。然而，四天後，昆斯伯里丟出一樣更聳動的東西：他在王爾德的俱樂部留下一張名片，上頭寫著：「給雞姦者奧斯卡・王爾德」。當時雞姦在英國屬違法，昆斯伯里意就是在公開指控王爾德犯罪。跟父親不合的道格拉斯勛爵鼓勵王爾德向昆斯伯里提出誹謗訴訟。

這場審判始於 1895 年 4 月 3 日，而此事只是接下來一連串事件的開端，最終結局則是王爾德在獄中服勞役。為了成功撤銷誹謗的控訴，昆斯伯里必須證明他對王爾德的指控是真的，也要證明他是為了大眾利益著想才揭發他。他的律師緊抓這點不放，並拿出堆積如山的證據來證明王爾德是同性戀捕獵者，必定會敗壞倫敦的青年。無論王爾德在法庭上多有說服力，證據已經多到足以讓他在審判過程中撤銷訴訟。接下來，這起誹謗官司有了足夠的證據，王爾德立刻遭到逮捕，罪名是「嚴重傷風敗俗」。

該場訴訟於 1895 年 4 月 26 日、在媒體危言聳聽的報導中於焉展開。王爾德替自己辯護時雄辯滔滔，以至於陪審團遲遲無法下判決。然而，隔月第二次審判時王爾德被定罪了，且必須服兩年勞役。隨之而來的監禁令他的生理狀況惡化，但在某種程度上卻讓他精神大振。他在一封寫給道格拉斯的信裡慶賀擁有這種經歷，這封信後來以《深淵書簡》的書名出版：「我想要嚐遍全世界花園裡每棵樹上的果實……我確實走到了外頭，也因此活了過來。我唯一犯下的錯誤是，我把自己侷限在花園裡那些看似有陽光照耀的樹，而避開黑暗有陰影的另一側。」

1897 年王爾德出獄後又自我放逐了三年，受人鄙視且身無分文。1900 年死去前，他向所剩無幾的朋友雷吉納德・特納（Reginald

Turner）述說他做的惡夢。

「我夢到我死了，而且正在和其他死者們共進晚餐！」王爾德說。

「我敢說你一定是派對上的靈魂人物。」特納回答。

1868 年

4 月 4 日

歌劇院的疏失：建築師的致命評論

歷史學家馬叟‧普拉維（Marcel Prawy）在 1969 年的著作《維也納歌劇院》中十分大方讚賞兩位建築師：愛德華‧凡‧德努爾（Eduard van der Nüll）和奧古斯特‧西卡特‧馮‧西卡特布爾格（August Sicard von Sicardsburg）。普拉維寫道：「他們已經設計出維也納一流的歌劇院，將美學和純然的功能主義完美結合。」然而一個世紀以前，人們針對這棟知名建築物的評語與普拉維的讚美大相徑庭，結果導致了設計團隊的悲慘下場。人們批評維也納國家歌劇院在周遭華美的環境襯托之下顯得過於普通。「就像個被埋沒的藏寶盒。」有些人如此評價，聽說奧地利皇帝法蘭茲‧約瑟夫（Franz Josef）也同意這個說法。1868 年 4 月 4 日，凡‧德努爾實在承受不了這些言語，尤其是皇帝的評論，便如歌劇的最後一幕般，上吊自殺結束了自己的人生。十週後，據說他的密友兼工作夥伴西卡特布爾格也傷心致死。

皇帝因為自己的一番話釀成凡‧德努爾的悲劇而心神受創，據說從此以後他不管看到什麼都會讚美一番，並重覆同樣的話：「這很美，我非常喜歡。」

1993 年

4 月 5 日

密西根五虎難熬的一夜

這五位密西根大學狼獾隊的明星球員都是大二生，正蓄勢待發準備好套上寬鬆短褲、黑色 Nike 球鞋和拉得過高的黑長襪。早前一年，「密西根五虎」（Fab Five）就以全員大一生的隊形挺進國家大學體育協會冠軍賽（NCAA）而頗負盛名。他們曾敗給杜克大學，但如今強勢回歸。這五人信步進場預備和北卡大學焦油腳隊一爭高下時顯得太過狂妄且具侵略性。「你們會輸。」NCAA 全美男籃第一隊成員、密西根前鋒克里斯·韋伯（Chris Webber）口出狂言。

然而，這夜走向尾聲前如此傲慢的言論最終反咬了韋伯一口，促使他難堪到無地自容。

此刻距離比賽結束不到三十秒，密西根隊落後兩分，韋伯搶下一個防守籃板。這時狼獾隊其餘球員皆已在另外半場，韋伯將球運往該方向的底線。但被包夾之下，他犯下了籃球史上最驚人的失誤：韋伯在暫停次數已用光的情況下喊了暫停。

焦油腳隊因為對手技術性犯規而多得兩分，隨後又成功投進兩顆罰球，最後便以七十七比七十一的比數收下冠軍。當密西根五虎其他隊員呆立原地時，韋伯哭喊道：「都是我害的。」*

---

* 註：結果證明韋伯不只害他的球隊輸了冠軍，還失去在歷史上的地位。韋伯和其他某幾位成員多年來收賄的醜聞爆發後，密西根大學遭受嚴峻懲罰，其中有些人是自願接受懲處。懲處內容包括：刪去密西根五虎所有成就紀錄，並摘掉克里斯勒中心內紀念他們兩度打入四強的橫幅。彼得·撒摩爾（Pete Thamel）後來在《紐約時報》中寫道：「密西根五虎的黑襪已經變成黑色汙點。他們的神氣被恥辱取而代之，徒留一團混亂給密西根籃球校隊。」

1199 年

4 月 6 日

你的罪被赦免了……但不是全部

　　驍勇善戰的「獅心王」理查一世並非如眾人預期戰死沙場，而是在某個乍看之下不會有敵人出現的日子喪命。當時他未著戰服，悠閒地走在法國沙呂的城堡外圍。

　　突然之間，有個年輕人從矮牆上發射一支弩箭，倏地擊中國王的肩膀。這一箭雖然沒有立即奪去國王的性命，傷口卻逐漸壞死，理查很快地便察覺到自己命不久矣。根據許多當代編年史記載，國王當時做了出乎眾人意料之外的決定：他下令將那個弓箭手帶到眼前，然後原諒了這個凶手並下令釋放他。此一舉動不像是實際上相當無情的君王，反而讓人聯想到羅賓漢故事中仁慈的君主。這要是發生在另一個時間點，雙方和解如此美麗的戲碼或許就此告終。但這可是歐洲黑暗時代末期，這類溫柔的憐憫之舉毫無立足之地。理查國王的隨從無視他的死前願望，在國王嚥下最後一口氣後，抓住那個年輕人，活活剝了他的皮。

1990 年

4 月 7 日

藝術警察的霸凌

　　這是一場空前絕後的開幕儀式，至少對美國來說是如此。1990 年 4 月 7 日的早上九點二十五分，藝術家羅伯特・梅普爾索普（Robert Mapplethorpe）的旅行回顧展覽在辛辛那提當代藝術中心開幕，展覽名

為《完美時刻》（*Perfect Moment*）。當天傍晚，辛辛那提當局帶著大陪審團的起訴狀前往會場，勒令暫時關閉美術館。問題並非在於梅普爾索普那些極其逼真的花之意象，而在於以同性戀為主體的作品，當中有些畫作十分寫實。在這座成功杜絕色情作品的保守城市裡，有些人將之視為汙穢至極的意象。

「這個社區不歡迎這些照片。」警察局長勞倫斯・沃倫（Lawrence Whalen）表示，他身陷開幕後隨之而來的爭議漩渦中。「這個社區的人們不會迎合那些把色情描繪成藝術的人。」

對某些焦慮不安的公民而言，梅普爾索普的展覽直接衝擊到他們的價值觀。但對其他人來說，警察的突襲同時也妨害了藝術的自由與表達。博物館館長丹尼斯・巴里（Dennis Barrie）後來因為展出妨害風化的作品遭受審判，但最後獲判無罪。之後他氣憤表示，當警察突然闖進當代藝術中心時，「他們同時也象徵性地走入了這個國家的所有藝術機構。」

1991 年

4 月 8 日

基蒂的爪子：長舌婦再次出擊

名人傳記作者基蒂・凱莉（Kitty Kelly）徹底毀了賈姬・甘迺迪和伊莉莎白・泰勒後，這次她的爪子比以往更加銳利，也更致命。1991 年 4 月 8 日，西蒙與舒斯特出版社替她發行了篇幅長達六〇三頁、重擊前第一夫人南西・雷根（Nancy Reagan）的驚人著作。凱莉所揭露的腥羶色事蹟包括：與法蘭克・辛納屈（Frank Sinatra）（另一個凱莉出書攻擊的對象）調情、作為女演員時的知名陪睡技巧、如電影《親愛的媽咪》

（*Mommie Dearest*）中女主角一般痛打女兒派蒂，且私底下還惡意中傷隆納・雷根的副手喬治・布希。

　　事實證明，媒體無法抵擋凱莉在書中端出的豐盛佳餚，甚至連穩重端莊的《PBS 新聞一小時》也忍不住開始狼吞虎嚥，《紐約時報》也跟著在頭版刊登如此有趣的花邊新聞。

　　不用說，雷根自然是很不高興。「我和南西都因為基蒂・凱莉書裡的一派胡言感到非常沮喪與憤怒。」雷根在回覆前總統理查・尼克森捎來的慰問信時寫道。「你的來信有助於避免讓南西憂心成疾。她是凱莉筆下的主要受害者，她真的很難過。」

　　其他朋友與合夥人的慰問也紛紛湧入雷根家中——其中有些人是凱莉的線民。隨之而來的是大眾對該書的譴責。「她在謝辭中把我列為消息來源之一。」《雷根總統：一生的職分》作者盧・卡農（Lou Cannon）向《娛樂週刊》抱怨。「但我們從來沒有說過話。從來沒有。」

　　凱莉興高采烈地拿出與其中幾位線民的訪談音檔，此舉打臉了那幾個忿恨不平的人，其餘的線人則是根本沒被放在眼裡。除了報導內容的完整性，凱莉還有在乎別的事嗎？她撰寫了一本超級暢銷書，還有至少三百萬的預付版稅。再者，她還有其他名人可以大快朵頤呢。敬請期待：英國皇室、布希家族，以及全能歐普拉。

理查三世：「狡猾迪克」的原型

　　理查三世本該不是英國皇室史上最邪惡的叔父 *，然而，由於莎士比亞的同名戲劇，理查三世因其殺害姪子的殘酷暴行而獲得了此臭名昭彰的冠冕。

　　吟遊詩人把他描繪成一隻詭計多端的蜘蛛，為搶皇冠爬過一具具屍體，包括他哥哥的兩個兒子愛德華五世和約克公爵理查。但這部分一直備受爭議，尤其理查三世學會的成員將這位中世紀君王視為王者典範，只不是無端受到莎士比亞及歷史的汙衊罷了。

---

* 　註：這份榮譽或許該留給他的祖先約翰國王。據說他下令戳瞎並閹割他的姪兒兼對手阿爾蒂爾一世，但手下卻違背他的命令。最後約翰在酒醉盛怒之下殺了姪兒，並將屍體綁上石頭扔進塞納河裡。「我只知道，要是我活在十五世紀，理查會聽取我的請求借我一杯蜜糖。」學會季刊編輯卡羅‧里克（Carol Rike）滔滔不絕地說道。
　　然而，儘管沒有確切證據顯示理查三世一手策劃殺害年輕的姪子，但愛德華四世於 1483 年 4 月 9 日去世後，理查確實讓姪子們沒有好日子過，此點無可辯駁。新任國王愛德華五世在前往首都的途中被理查攔住去路，後者將這位十二歲的君王關進倫敦塔，後來把他弟弟也一併關進去。隨後理查宣布這兩個年輕人是庶子，沒有資格繼任王位，並將冠冕佔為己有。那兩名年輕王子後來的下場只能靠臆測。唯一可以確定的是，再也沒人見過他們。
　　1674 年，兩位年輕人（據信是愛德華五世和約克公爵理查）的骨頭從倫敦塔階梯下被挖掘出來、經過修復後，被以應有的禮儀下葬於西敏寺。他們的叔父真的如許多歷史學家所說的下令殺害他們嗎？這大概永遠是個謎。但卡羅‧里克大概是做了什麼好事，才有幸躲過理查的那杯蜜糖。

1917 年

4 月 10 日

德國的祕密武器：列寧

俄國革命已經推翻沙皇尼古拉二世，但仍按照原定計畫向德國發動野蠻戰爭。

接替尼古拉的俄國臨時政府領導者沿用已退位君主的鷹派政策。然而，德國在瑞士藏了一樣祕密武器，殺傷力之兇猛足以徹底結束從 1914 年開始的所有爭鬥。那個武器叫做佛拉得米爾‧伊里奇‧列寧（Vladmir Ilyich Lenin），這位偏激的布爾什維克黨煽動者公然宣稱他的目標是要讓俄國進入紅色恐怖，同時也逼得這動盪的國家退出第一次世界大戰。

1917 年 4 月 10 日，列寧在蘇黎世搭上某班將偷偷經過德國、載他回到俄國的火車（他被放逐出俄國），好讓他發起一場改變歷史的血腥叛亂。溫斯頓‧邱吉爾幾年後在演說中回顧這起事件時說道：列寧被德國人送回俄國的方式，就跟你把裝有傷寒、霍亂培養菌的小藥瓶中的液體倒入大城市的供水系統一樣，非常精準又有效。

2003 年

4 月 11 日

難免會發生事情──難免不會

「世事難料。」2003 年 4 月 11 日，國防部長唐納德‧倫斯斐（Donald Rumsfeld）在記者會上語出驚人，敷衍回應巴格達在美國入侵伊拉克、

薩達姆・海珊垮臺之後爆發的混亂與搶劫。*

1945 年
4 月 12 日

愛蓮諾・羅斯福衰事三連莊

　　1945 年 4 月 12 日這天，愛蓮諾・羅斯福（Eleanor Roosevelt）準備遭受劇烈衝擊。事實上，是「三個」衝擊。那天下午第一夫人接到家裡的緊急電話時正在華盛頓開會。「上車後，我在往白宮的路上一直緊捏著自己的手。」她後來回憶道。「在心裡最深處，我知道發生了什麼事。」當天稍早，富蘭克林・羅斯福總統人正在喬治亞州的暖泉休假修復體力時，突因嚴重中風猝死。

　　羅斯福夫人當天深夜抵達暖泉，卻因其他駭人的消息再次深受打擊。她的丈夫死亡當下並非獨自一人，而是有露西・莫瑟爾・拉瑟弗德（Lucy Mercer Rutherford）相陪。三十年前，這位第一夫人發現丈夫和露西的情書，進而得知這段婚外情。這痛擊了他們的婚姻，直到富蘭克林承諾不再和情婦見面後婚姻才得以維持下去。現在愛蓮諾的悲傷中夾雜了沉痛的背叛感，但隨後整起事件更是雪上加霜。

　　總統的表親蘿拉・迪拉諾（Laura Delano）人也在暖泉，而且是她將露西在場的事情告知愛蓮諾——有人說她根本是幸災樂禍。隨後她又繼

---

* 　註：插個話，四十九年前的這天沒有發生任何事情，至少 2010 年英國電腦科學家威廉・藤斯托─佩多（William Tunstall-Pedoe）所做的電腦分析顯示如此。他觀察道：「沒什麼重要人物在那天（1954 年 4 月 11 日）死亡，也沒發生什麼重大事件。雖然二十世紀幾乎每一天都有許多名人出生，但出於某種原因，那天或許只有一人稱得上有知名度——土耳其學者阿布杜拉・阿塔拉爾（Abdullah Atalar）。」所以說，要是有讀者剛好在這個最無聊的日子出生，現在你知道派對上大家都避開你的原因了。

續往愛蓮諾的傷口上灑鹽，說總統多年來從未停止和那個情婦見面，且他們的幽會（包括這次）都是由愛蓮諾的女兒安娜一手安排。

「這堆事讓我母親氣壞了，現在她很生我的氣。」安娜回憶道。「她生氣時的表情說有多恐怖就有多恐怖。」而安娜的兒子柯爾提斯（Curtis）完全可以理解祖母：「他是她的丈夫，而她是他的妻子。他是總統，她是第一夫人。安娜介入了他們之間的關係，讓露西有機會回歸到總統的生活中。如此行為絕對不可饒恕。」

1981 年

4 月 13 日

問題是，這不是普立茲小說獎

論及新聞界，普立茲獎是最令人欽佩的獎項。1981 年 4 月 13 日，《華盛頓郵報》新聞編輯部歡慶記者潔妮特・庫克（Janet Cooke）憑藉精彩的頭版故事〈吉米的世界〉（Jimmy's World）贏得這座備受尊崇的獎項。這則獲獎的故事是關於一名海洛因成癮的八歲小孩。然而幾天後，這份殊榮顯然成了《華郵》創報以來遇過最糟糕的事。

〈吉米的世界〉於 1980 年 9 月 28 日出版當天立刻造成轟動。讀者著迷於庫克的敘事筆法。故事一開頭寫道：「吉米是個八歲孩童，也是第三代海洛因成癮者。這個早熟的小男孩有一頭黃棕色頭髮、天鵝絨般的棕色雙眸、瘦削的棕色手臂包裹著宛若新生兒般的光滑皮膚，遍佈肌膚的是滿滿的針孔。」這是則大有收益的新聞，《華郵》驕傲地將之交給普立茲評委會。

然而，幾乎在獲獎的那瞬間，潔妮特・庫克的真面目即開始被揭發。

這位年輕漂亮的記者是《華郵》的優良員工，因為她能為新聞編輯部增添多樣性：她是位聰明、有野心的黑人，擁有無可挑剔的資歷和出色的文筆。但如同執行編輯班傑明・布萊德利（Benjamin C. Bradlee）後來所說，她同時也是「萬中選一的騙子」，當其他新聞機構著手為庫克的普立茲獎製作專題報導時，此驚人的真相逐漸浮出水面。他們從庫克看似完美的履歷中發現無數矛盾，並全數回報給《華郵》。

　　庫克並沒有如她所說的讀過索邦大學，也沒有取得托雷多大學的碩士學位。她在瓦薩學院僅待了一年就離開，根本沒有所謂以優等成績畢業這回事。接下來，布萊德利用法文問庫克一連串問題，發現她就連能流利說四種語言這件事也是假的。不久之後，編輯群發現庫克如法炮製，以捏造履歷的手法虛構了吉米這個人物。

　　「某方面看來，她這人和筆下的報導都太完美了，不可能是真的。」之前才和卡爾・伯恩斯坦（Carl Bernstein）一同揭露水門案而聲名大噪的《華郵》編輯鮑勃・伍德沃德（Bob Woodward）這麼說。「我看著她處理一則複雜的報導，一個小時後就能交出一篇文筆優美的故事。這篇報導寫得真好，整體無懈可擊，以至於我腦內的警鈴沒有響。我的懷疑本能離我而去。我太大意了。」

　　不是只有伍德沃德這樣。雖然編輯部有幾位成員一直都對庫克撰寫的故事抱持懷疑，〈吉米的世界〉卻一路過關斬將到達執行編輯手中。如同報社獨立特派員比爾・格林（Bill Green）所說：「這篇大獲成功的報導穿透了布萊德利這最後一道、最強大的濾網。」

　　因此，布萊德利在自傳中將此事喻為「我的報社生涯中最黑暗的一章」。最終這篇報導的普立茲獎被沒收，報社的聲望也慘遭蹂躪。「事實上，」《華郵》一篇社論寫道。「讀者們可能對此次吉米的故事和後續引發的喧囂感到不滿，身處這家報社的我們感同身受，我們無比憤怒、

苦惱、遭到濫用，決意要持續揭發庫克小姐的假面具，也勢必要保有且尊崇一篇誠實且公允的報導所該擁有的最高標準。」

1865 年

4 月 14 日

林肯被槍擊當晚的另一起攻擊

1865 年 4 月 14 日晚間，美國首都陷入了一種恐怖狀態。但約翰・布斯（John Wilkes Booth）近距離槍殺林肯總統的福特劇院並不是唯一一處深陷如此氛圍的地方。

是的，就在劇院不遠處，國務卿威廉・西華德（William H. Seward）在自家住宅遭到路易斯・鮑威爾（或稱路易斯・潘恩）殘忍的攻擊，而鮑威爾正是布斯的共謀。

刺客原本計畫要藉由殺害總統、副總統和國務卿來癱瘓政府。為達此目的，鮑威爾被派到西華德位於拉法葉廣場的家中，當時國務卿正躺在床上休養，欲從九天前那場差點喪命的馬車意外中康復。晚上十點過後，殺手出現在門口，假裝替西華德的醫師送處方箋過來。僕人不讓他進去，並解釋說國務卿正在睡覺，但鮑威爾硬是闖進去且直奔樓上。然後他遇見西華德的兒子福列德里克，後者要求剽悍、面紅耳赤的鮑威爾不要打擾他父親。

「好的，先生。」鮑威爾回答後作勢離開。「我會離開的。」但下一秒他突然一個轉身掏出藏匿的手槍，朝福列德里克的頭部扣下扳機，但卻失了準頭。鮑威爾盛怒之下用槍柄重擊福列德里克，打裂了他的頭蓋骨。福列德里克無助地抓著他，努力阻止這個比他強壯太多、殺氣騰

騰的男人繼續前進。

鮑威爾闖入西華德臥室，朝著負責守衛的二等兵羅賓遜瘋狂砍擊，這位二等兵的額頭被劃傷且暈眩不止。兇手接著推開西華德的女兒凡妮、撲向國務卿的床，他單手抓住西華德，不停猛刺他的頭部和頸部，受害人的臉幾乎被剖了開來。這時羅賓遜已經從刀擊中恢復，便和西華德另一個兒子奧古斯特一起撲向兇手。鮑威爾在衝出房子前刺了羅賓遜的肩膀一刀，又刺了奧古斯特頭部一刀，還差點殺死剛剛抵達的國務院信差。

不可思議的是，那晚被路易斯・鮑威爾重傷的五個男人全都活了下來，可惜的是國務卿就此毀容。

「他看起來就像是剛放過血的屍體。」暗殺行動後，西華德的醫師立即趕到現場，並如此描述國務卿的慘狀。「我靠近他時，整隻腳都浸泡在血泊中。自一道狹長傷口湧出的鮮血流進了他被剖開的臉頰。」結果顯示，車禍後被用來固定西華德下巴的金屬夾板很可能是保住他性命的關鍵。*

然而，雖說西華德自這場致命攻擊中死裡逃生，之後還因為替美國買下阿拉斯加而享有盛名，但如此慘劇卻非他的妻子法蘭絲所能負荷。「西華德先生和福列德里克的事情使我焦慮萬分（被打碎頭骨的福列德里克尚未脫離險境），我已筋疲力盡。」她在給朋友的信中如此寫道。這起攻擊過後兩個月，法蘭絲去世了——說不定她是唯一死於路易斯・鮑威爾的惡行的人。

---

* 　註：更幸運的人是副總統安德魯・強森（Andrew Johnson）。被派去殺他的殺手喬治・阿特澤羅特（George Atzerodt）顯然害怕到不敢執行這項致命任務。不過呢，三個月後阿特澤羅特還是跟路易斯・鮑威爾一起被送上絞刑台。

4 月 15 日

死亡、稅收和死亡

在這可怕的日子裡，所有事情都已成定局，無可挽回：亞伯拉罕‧林肯於 1865 年死於刺客製造的傷口；鐵達尼號於 1912 年 4 月 15 日沉沒；美國史上最嚴重的密西西比河洪水氾濫發生在 1927 年 4 月 15 日；2013 年的這天，波士頓馬拉松的炸彈客發動了一起恐怖攻擊。但是呢，為了讓 4 月 15 日的精神永存，並帶給人切身相關的感受，政府在此提醒您，記得於午夜之前完成繳稅。

1865 年
4 月 16 日
敵意四散

1865 年 4 月 14 日發生林肯遇刺事件，幾天後兩位前任總統受到了反彈效應（ricochet effect）的影響。這是美國史上頭一回總統遭到謀殺，四處遊蕩的暴民為了發洩滿腔的悲憤，便到處攻擊那些可能同情南方政治主張、或者沒有表現出適當敬意的人。國內到處都有人被毆打、刺傷，甚至還有人被劫盜者以私刑處死。而其中有些劫盜者在 4 月 16 日出現在前總統富蘭克林‧皮爾斯位於新罕布夏州康柯特的家中。

皮爾斯曾經激烈抨擊林肯，稱他為這個國家「萬惡的根源」，並指責《解放奴隸宣言》（*Emancipation Proclamation*）「愚蠢邪惡至極」，因為此宣言「鼓吹所有黑人們，不論男女老少皆起身大肆殺戮搞破壞」。現在總統死了，這群暴民要求皮爾斯解釋為何家中不像其他幾千人一樣

掛上黑色簾幕，以及為何沒有飄揚的旗幟。這位前總統出來和這些煽動者對峙，說自己同樣為林肯的死感到哀傷。接著他以堅定的口吻指責他們，表示自己愛國的心不需要透過旗幟來證明。見聞他如此強而有力的態度，暴民們一哄而散。

同一天，另一位前總統米勒德・菲爾莫爾（Millard Fillmore）也在水牛城陷入同樣危險的處境。他和皮爾斯一樣曾嚴厲批評過林肯，譴責林肯是「令我血液沸騰的暴君」。他同樣沒有用黑幕裝飾家裡。有一群人被這個放肆之舉激怒，於是用黑色油漆塗滿他的住處。菲爾莫爾出來道歉，並解釋他是因為忙於照顧生病的妻子後，才免於遭受更嚴重的暴力行為。

就連茱莉亞・泰勒（Julia Tyler）也受到波及。她已故的丈夫是前總統約翰・泰勒，他曾提倡脫離主義，並且後來獲選進入美利堅聯盟國國會，但是他在就任之前就去世了。當人們開始謠傳第十任總統的遺孀在史泰登島的家中掛有聯盟國的旗幟時，一幫揮舞著棍棒的暴徒衝進她家，還搶走了他們認為是象徵反叛的旗幟。

「那面被強行奪走的旗幟是十多年前製作的，上頭有三種華麗的顏色。」泰勒女士不久後寫道。「那間屋子裡的唯一旗幟是一面相當巨大的美國國旗，就掛在一幅畫上方作裝飾。」

1961 年
4 月 17 日

《邊城英烈傳》？甭提了吧！

約翰‧甘迺迪總統發起災難性的古巴豬玀灣入侵事件當天，「公爵」約翰‧韋恩也正忙著收拾自己的殘局。他傾注心血與泰半個人財產大規模製作了電影《邊城英烈傳》（*The Alamo*），並身兼製作人、導演和主角。該片入圍七項奧斯卡獎項，但是除了最佳音效獎以外全數落選。「王八蛋。」韋恩當晚酒過三巡後向朋友哀嘆。「付出這麼多努力，我以為至少能贏回一點東西。」

究竟為何這部有點浮誇、愛說教卻但無疑非常用心的作品會在 1961 年 4 月 17 日的金像獎受到激烈抨擊、全部中箭落馬呢？公爵對此自有一套說法。「東岸的左翼評論家老是跟我過不去，他們不喜歡我『擺脫獨裁統治獲得的自由是以鮮血作為代價』這個論點。」他如此告訴傳記作家麥可‧孟恩（Michael Munn）。「他們不喜歡我用阿拉莫（美國德州聖安東尼奧市區的一座由傳教站擴建成的要塞）來隱喻美國。雖然我表面上尊敬墨西哥人，但實則是在警告大家防範任何有可能偷走『自由』的東西，沒錯，共產主義就是其中之一。他們不喜歡這些。他們批評的是我的政治觀點，而非我的電影。」

《邊城英烈傳》於 1960 年秋天上映時確實受到評論家的無情抨擊。《新聞週刊》稱之為「最鋪張浪費的 B 級電影，這裡的 B 指的是庸俗（banal）」，而《紐約客》則說韋恩把「歷史上輝煌的一章變成了多愁善感、荒謬可笑的胡言亂語……《邊城英烈傳》裡頭沒有一件事是認真的……沒有一件事是真的。這部電影完美解釋了何謂扭曲與通俗」。然而，除了這些備受爭議的特點，許多影視史學家認為《邊城英烈傳》最

後敗北另有其他原因：這是奧斯卡史上最過分的票選活動。

為了向奧斯卡推銷《邊城英烈傳》，韋恩半路攔截羅素‧伯德威爾（Russell Birdwell），這位導演先前最著名的宣傳手段是讓珍‧羅素（Jane Russell）的胸部成為霍華‧休斯執導的（Howard Hughes）《不法之徒》（_The Outlaw_）的焦點。現在，伯德威爾積極向大眾還有奧斯卡傳達的概念是純粹的愛國主義。本質上來說，去看《邊城英烈傳》是所有美國人的責任，而每個奧斯卡委員都應該把票投給這部電影——邁向民主就靠現在了。一張磨損的電影海報上掛著寫有這句問句的橫幅：「今年奧斯卡會向世界傳遞什麼訊息呢？」另一則廣告則說：「一切取決於奧斯卡！」而公爵本人則在伯德威爾掛滿旗幟的活動上說：「這是個危險的時代。全世界都看著我們。我們必須把美國介紹給那些受共產主義主宰的國家。有些美國人心懷感激，感謝祖先不顧一切奮鬥讓現在的我們得以享有珍貴的自由。對這些美國人來說，這是一部重要的電影。」

這種強行施加觀點的手段對洛杉磯《鏡報》的專欄作者迪克‧威廉斯（Dick Williams）而言太過頭了。威廉斯反對這種公然的愛國試探，也反對他們暗示「若不投給《邊城英烈傳》，等同於在質疑美國主義」。這麼說真的很不公平，人們明明有權利在熱愛美國的同時，也認為這是部很平庸的電影。

然而，伯德威爾的啦啦隊活動和齊爾‧威爾斯（Chill Wills）被提名奧斯卡最佳男配角後發起的活動相比，簡直是小巫見大巫。威爾斯在《邊城英烈傳》中飾演酗酒的養蜂人。在一次影視產業發表會上，威爾斯的公關拿出一張列滿奧斯卡成員名字的廣告單。「輸、贏或平手，」那張宣傳單寫道。「你們仍是我的表親，我愛你們。」格魯喬‧馬克思（Groucho Marx）在《綜藝》雜誌中的廣告上挖苦地說：「親愛的齊爾‧威爾斯先生，我很高興能做你的表親，但我要投給你的對手薩爾‧米涅

奧（Sal Mineo）」。

　　還有一則廣告是一張圖片，畫面裡有《邊城英烈傳》所有演員，一旁則有尊巨大的齊爾肖像。有些人（尤其是德州人）覺得那既荒唐又侮辱人，因為上頭寫著：「《邊城英烈傳》的演員勤於禱告的程度更甚於正統德州人為他們在阿拉莫的生活禱告的程度。我們祈禱齊爾‧威爾斯能贏得奧斯卡最佳男配角獎，齊爾表兄的演技真棒。阿拉莫的表親敬上。」

　　這種自我吹捧（又褻瀆神聖）的廣告換來了激烈的反應，逼得約翰‧韋恩不得不出來滅火：「我想說的是，齊爾‧威爾斯的廣告……是不正確而且應該受譴責的言論。無論是貝特捷克公司（韋恩的製作公司）或羅素‧伯德威爾辦公處都沒有人參與這次的產業報紙的廣告宣傳。我不願意用更強烈的字眼，因為我相信他的本意不像他的品味那麼糟糕。約翰‧韋恩敬上。」

　　儘管公爵試圖降低傷害程度，還是惹毛奧斯卡了。對此韋恩的態度始終如一的尖酸刻薄。「想拿奧斯卡不容易，」他告訴麥可‧孟恩。「一直都是，未來依然如此。但唯一一部因為奧斯卡而身敗名裂的電影就是《邊城英烈傳》。為什麼會這樣？當年是哪一部電影得到最佳影片獎？是《公寓》，那部喜劇片在探討『讓老闆利用你的公寓來搞外遇』有多麼有趣。《邊城英烈傳》則是關於勇氣、正義和自由。你說我酸葡萄心理嗎？說得沒錯。」

鐵達尼號經理：救生艇也救不了他的名聲

約瑟夫・布魯斯・伊斯梅（J. Bruce Ismay）確實逃過了鐵達尼號沉船事件釀成的死劫，但他的名聲卻和這艘郵輪一同沉入了海底。就在他和其他七百五十名乘客（多數是四天前成功逃出注定沉沒的鐵達尼號的女人和孩童）踏出救命客輪卡伯菲亞號（Carpathia）的那一刻，媒體便開始窮追猛打。這位白星航運的董事長兼總經理立刻成為世上最受唾棄的男人，他不只被痛罵儒夫，還因為沒有配置足夠救生艇而成了災難的罪魁禍首。據說他還曾命令鐵達尼號船長加速前進，以便更快抵達紐約。

「無論他周圍有多少勇敢的男人、尊貴的女人和無助的孩子因為救生艇不足而被迫囚禁於船上、最後死亡，這個『男人』卻總有脫逃的餘地。」《丹佛郵報》4 月 18 日如此厲聲抨擊。當時頭版以此控訴作結：「約瑟夫・布魯斯・伊斯梅——記得這個名字——他是海上的班奈迪克・阿諾德。」

之後幾天，攻擊聲浪變得更加尖酸刻薄。赫爾斯特企業聯盟刊登一整面的漫畫，描述伊斯梅坐在救生艇上看著鐵達尼號沉沒，圖說寫著：「這是約瑟夫・布魯斯・伊斯梅。」以及「我們真誠建議，應該把白星航運的標誌換成黃色的肝臟。」

到底伊斯梅在這場災難中扮演了怎樣的角色，紐約和倫敦即使開庭後仍無法下定論。沒有證據能證明他曾魯莽地要求鐵達尼號

全速前進，再者救生艇的數量其實已經高過當時出航的基本要求。儘管如此，伊斯梅光是身為倖存者就成了眾矢之的——即使真如他聲稱的，自己登上救生艇時身邊沒有其他女人和孩童。正當許多故事描述勇敢的男人有尊嚴地面對受凍的命運時，人們也會不禁想起這個偷偷摸摸溜到安全之處的男人。確實，他的餘生都被這朵代表恥辱的烏雲覆蓋，而這次沒有救生艇帶他逃離苦海。

1912 年
4 月 19 日
怠慢就是怠慢

備受讚譽卻也難以捉摸的作者葛楚・史坦（Gertrude Stein）收到一封回絕信件。寄件人是倫敦出版商亞瑟・菲爾德（Arthur C. Field），他殘忍地嘲笑她不拘一格的寫作風格。寄件日期為 1912 年 4 月 19 日：

親愛的女士：

我只是一個人、一個人、一個人。一次就是一個人。沒法分身成兩個或三個，就是一個。我只有一輩子能活，一小時只有六十分鐘。我只有一雙眼睛。只有一顆腦袋。我只是一個人，只有一雙眼睛，只有一段人生、只有一次生命可活，因此我無法閱讀您的《M.S.》三或四次。甚至一次也不行。看一眼，只消看一眼就夠了。這本書在這裡一本也賣不出去。一本也沒辦法。一本也沒辦法。

非常感謝您。我會用掛號郵件將《M.S.》寄還給您。一次只寄還一本《M.S.》。

1889 年
4 月 20 日

希特勒孵化之日

　　這天，阿道夫‧希特勒出生於奧地利因河畔布勞瑙。要是他的命運和其他手足一樣就好了——古斯塔夫、依達、奧圖和愛德蒙全都在六歲前就夭折。事與願違，這個穿著燈籠褲的小納粹黨員不僅撐過童年，還熬過了一戰時期所受的兩次重傷，且在 1933 年正式掌權「之前」躲過了至少六次暗殺。擁有這足以媲美蟑螂的生命力，這位二流畫家硬生生將自己變成了世界上首屈一指的怪物。

　　有個名叫亨利‧坦迪（Henry Tendey）的英國人可能無意間推了這個未來領袖一把，當時他們兩人在 1918 年馬爾寬戰役中身處敵對陣營。受傷的希特勒踏入坦迪的射擊範圍。「我瞄準他。」多年後他回憶。「但我沒辦法對傷者開槍，所以只好放過他。」

　　這個基於人道的決定往後餘生都緊緊糾纏著這位士兵。「要是我知道他將來會變成什麼模樣就好了。」坦迪說道。「每次看到他殺害和傷及人民（包括女人和小孩），我都因為放走他而對上帝感到抱歉。」[*]

---

*　註：這裡應該說明一下，雖然沒有人反駁過這段內容，但關於經典的一戰故事有些部分仍有待商榷，。

2003 年

4 月 21 日

搞砸重要時刻

2013 年 4 月 21 日，菜鳥新聞主播 A. J. 克萊門特（A. J. Clemente）在北達科塔州俾斯麥 NBC 附屬公司 KFYR 毀了自己才剛開展的主播生涯。這無疑稱得上是他職涯中最糟的一天。「去他＊的王＊蛋。」緊張不安的主播喃喃自語，顯然不知道新聞轉播（也是他的最後一次播報）在幾秒鐘前就開始了。「沒有比這更糟的了！」克萊門特在推特上寫道。這大概是電視新聞史上為期最短的職涯，克萊門特後來跑去當酒保，這份工作應該讓他不乾淨的嘴巴有較多發揮的空間。

和克萊門特的失敗相反，新聞記者傑拉多・李維拉（Geraldo Rivera）的職涯反而在電視史上最慘烈的失敗後蒸蒸日上。克萊門特悲劇性的首播過了十七年後，同一天李維拉氣喘吁吁地主持了兩小時黃金時段的直播節目，最後打開黑幫分子艾爾・卡彭的祕密金庫後卻發現裡頭「空無一物」。但李維拉和克萊門特不同，他從這場災難，甚至是另一次轟動的鬧劇（詳見 11 月 3 日）中生存下來。「我知道我的職涯尚未結束，一切才正要開始。」李維拉在自傳中寫道。「鋒頭都被那個愚蠢主播的爛開場搶走了，導致節目內容未能引發轟動。」

2009 年

4 月 22 日

沒錯，但若過量導致整顆星球過熱，那就有害了

「事實上，二氧化碳是被刻意塑造成有害氣體的！根本沒有研究顯示二氧化碳是有害氣體，因為事實本就不是如此，它是無害氣體。二氧化碳是天然的。它無害。它是地球生態循環的一部份。」2009 年 4 月 22 日世界地球日，米歇爾‧巴赫曼（Michele Bachmann）於美國眾議院的發言。

1014 年

4 月 23 日

布賴恩‧博魯：以豎琴訴說失敗

對布賴恩‧博魯（Brian Boru）而言，1014 年 4 月 23 日這天有好消息，也有壞消息。好消息是：強大的愛爾蘭國王在慘烈的克朗塔夫之戰擊潰敵人（包括侵入國土的維京人）。壞消息是：國王、兒子與孫子都因此喪命。這天的矛盾是如此鮮明，促使一位北歐詩人寫下：「Brjánn fell ok helt vell——布賴恩陣亡了，也贏得勝利了。」

更壞的消息姍姍來遲。儘管多個世紀以來博魯一直被視為愛爾蘭英雄，但現代修正派歷史學家開始詆毀他的聲譽。他們堅持，發生於克朗

142　衰爆大歷史

塔夫的衝突對丹麥遊牧民族而言並非重大失敗,那只是和敵方國王在自家地盤發生的其中一次爭吵。博魯的傳記作者肖恩・達菲(Sean Duffy)否認這種說法。在他看來,傳奇故事記載的那些殊榮,國王實至名歸。

「希望在今年(2014 年)舉辦的一連串紀念活動中,人們不要忘記真正的布賴恩・博魯及他真正的成就。」達菲在《愛爾蘭時報》中寫道。「他存在於所有愛爾蘭人的想像之中,因此象徵這個國家的國徽——從硬幣、總統的旗幟到健力士啤酒,以及三一學院所展示的圖樣——全是布賴恩・博魯的豎琴圖案。很難想像換成別的圖案會是什麼樣。」

1975 年
4 月 24 日

壞手指樂團的經紀人,過來拿吧

很少有搖滾樂團一出道就和「壞手指」(Badfinger)一樣幸運。披頭四很欣賞他們,並於 1986 年簽下經紀約。保羅・麥卡尼還為他們創作及製作第一首轟動一時的〈過來拿吧〉(Come and Get It)。而主唱與吉他手彼得・漢姆(Pete Ham)也展現令人印象深刻的寫歌才華,接連創作出熱門歌曲〈無論如何〉(No Matter What)、由喬治・哈里森製作的〈日復一日〉(Day After Day)和〈淡藍〉(Baby Blue)。漢姆也和團員湯姆・伊凡斯(Tom Evans)共同寫下〈沒有了你〉(Without You),麥卡尼稱這首歌是「史上最迷人的歌」,也是最成功的歌曲之一。*

---

* 註:雖然壞手指樂團在 1970 年發行的專輯《不可能》(*No Dice*)中收錄了這首〈沒有了你〉,但卻是由哈利・尼爾森(Harry Nilsson)翻唱才讓這首歌曲風靡全球。隔年,1994 年,瑪麗亞・凱莉也以不同風格翻唱了這首歌(根據美國作曲家、作家和發行商協會:該首歌共有一百八十個版本)。

壞手指樂團前程似錦,然而 1970 年,他們和一個叫做史坦·波利
(Stan Polley)的狡猾傢伙簽下經紀合約。這份惡魔契約不僅在五年內
就害樂團陷入財務危機,更導致兩名最有才華的團員悲慘死去。

「彼得·漢姆和經紀人在紐約簽約時非常興奮。」樂團經紀人
布萊恩·史萊特(Brian Slater)告訴傳記作者丹恩·馬托維那(Dan
Matovina)。「他覺得自己不必再為錢煩憂;這個新夥伴會把一切都打
理好。」沒錯,波利確實把一切都打理好了——為自己打理好。他從樂
團和 Apple 旗下的唱片公司那裡私吞款項,害得壞手指樂團被捲入排山
倒海而來的財務糾紛與官司之中,最後被迫中止一切創作與表演。漢姆
心碎、沮喪、感到被遺棄了。1975 年 4 月 24 日,正是漢姆二十八歲生
日的前三天,他在車庫上吊自殺。「我被剝奪了愛人、信任每一個人的
能力。」他在遺囑中寫道。「這樣比較好。」信末還有句附註:「史坦·
波利是個沒有靈魂的混蛋。我會把他一起帶走。」[*]

1989 年
4 月 25 日
學校的淘汰賽?

俄亥俄州的中央州立大學授予非常惹人厭的拳擊運動贊助人唐·
金(Don King)榮譽博士學位隔年,再次賦予唐·金當時的客戶麥克·
泰森(Mike Tyson)同樣的榮譽。泰森高中輟學,還有一長串令人難
以忘懷的犯罪紀錄。頒發該學位時,大學校長亞瑟·湯瑪斯(Arthur

---

* 　註:八年後,漢姆的另一名團員湯姆·伊凡斯也自殺了。

Thomas）表揚這位世界重量級冠軍為年輕人帶來正面的影響，同時殷殷
期盼這位壞脾氣拳擊手捐出承諾過的兩萬五千美金。

因此，1989 年 4 月 25 日這天──湯瑪斯校長的助理華特・賽勒斯
（Walter Sellers）稱此為「莊重且具歷史意義的場合」──泰森博士穿
戴著酒紅色與金色的帽子與禮袍，站在台上對大學畢業生發表了一場引
發騷動的演講。「我不知道我是什麼博士。」他說。「但看到在場的美
麗女孩們，我很掙扎要不要轉行當婦科醫生。」

2007 年
4 月 26 日
李察・吉爾在印度有點太大膽了

親吻沒什麼大不了，除非你人在印度。在印度，若於公開場合卿卿
我我，通常都會引來撻伐。

因此當美國演員李察・吉爾（Richard Gere）在新德里的關注愛滋活
動過程中給印度女演員希爾柏・謝迪（Shilpa Shetty）一記濕吻時，某些
人就有點抓狂了。印度的多個城市燒毀了吉爾的肖像，且在 2007 年 4 月
26 日，拉賈斯坦西北部的法官發佈了他和謝迪的逮捕令。法官宣布，這
個吻「肉慾十足，庸俗到無法無天。」對所有相關人員來說幸運的是，
印度最高法院隔年就撤銷了拘捕令。

1578 年
4 月 27 日

玩酷失誤：男寵的對決

　　法國亨利三世熱愛女人。更精確地說呢，他愛那群外貌和舉止都和女士們沒有兩樣的年輕紈褲子弟。國王這群親密夥伴被稱為「寵臣」（mignons），會為了擁有美麗外貌使出渾身解術、毫無顧忌。

　　「他們頂著一頭長髮。」當代編年史家皮耶・德・雷斯托（Pierre de L'Estoile）記載。「他們用一些技巧弄捲頭髮，跟妓院的妓女一樣戴著天鵝絨小帽子。亞麻衣裳的荷葉邊由硬挺的華麗飾物縫製而成，整身服飾長約半呎，讓他們活脫脫像是印在大盤子上的先知施洗約翰。」

　　這些緊黏國王的男寵對君王產生的影響力引起了法國最古老、最強勢的家族的高度不滿。如此致命的影響力也下滲到了群眾之中。對此雷斯托這麼寫道：「『男寵』這個字開始在民間流傳，令人們倒盡胃口。那些人很愛開玩笑、行為傲慢，妝容陰柔而且低級庸俗……他們的職業是賭博、褻瀆……與人私通、國王走到哪就跟到哪……他們的言行舉止全是為了取悅國王，絲毫不把上帝或美德放在眼裡。他們為了得到主人恩寵而彼此鬥爭，他們敬畏、榮耀國王更甚於上帝。」

　　男寵崛起之時正好是法國面臨劇烈宗教衝突的年代，當時社會上最尊貴的階層唾棄亨利三世和他的民兵團，原因是他們反對以吉斯公爵為首的極端天主教派別。

　　1578 年 4 月 27 日，「寵臣的鬥爭」（Duel of the Mignons）一觸即發。衝突的導火線眾說紛紜，但不爭的結果是六名參與者中有四人死亡。其中一名寵臣路易・德・莫吉隆（Louis de Maugiron）死於戰鬥中，另外雅克・德・凱勒斯（Jacque de Caylus）在劇痛中苟延殘喘了一個月才

死去。亨利三世因為失去兩位親近的夥伴而傷痛欲絕。

「國王和莫吉隆、凱勒斯的友誼令人訝異。」雷斯托寫道。「因為在他們臨死前，國王親吻了他們，還剪下兩人的金髮保存起來；同時國王還取下了先前送給凱勒斯並親手為他戴上的耳環。」

1983 年

4 月 28 日

藍波：第一根菸——史特龍招攬大型菸草商

知名卡通人物《摩登原始人》主角弗萊德・弗林斯通（Fred Flintstone）、巴尼・魯伯（Barney Rubble）和威爾瑪（Wilma）被逮到在卡通裡吞雲吐霧，讚嘆贊助該節目的菸草商。弗萊德滿足地說：「雲絲頓牌香菸味道真好，香菸就該這樣。」棒球英雄米奇・曼托（Mickey Mantle）不僅推銷總督牌香菸，同時也為駱駝牌打廣告。甚至連聖誕老人都愛抽菸，上百個香菸廣告上都印有聖誕老人快樂吸菸的模樣，讓孩子們深信聖誕老人就是如此。

隨後，1983 年 4 月 28 日，「洛基／藍波」席維斯・史特龍用以下字條表示他願意為菸草業十幾年來致力於滲透青年市場盡一份心力。此信的收件者是聯合電影推廣協會的鮑勃・科沃洛夫（Bob Kovoloff）：

親愛的鮑勃：

如同先前討論過的，我保證會在接下來主演的至少五部電影中手拿布朗威廉姆森（Brown & Williamson）公司的菸草商品。

據我了解，布朗威廉姆森公司將會支付五千萬美元的費用。

靜候佳音。

誠摯的

席維斯・史特龍

1996 年
4 月 29 日

FDA：致命（Fatal）飲食（Diet）懈怠（Apathy）局？

「我說：『呃，你可以試試看。但是這玩意絕對不會進入這個國家。美國食品藥物管理局（FDA）絕不允許美國市場出現這種低收益、高風險的藥物。FDA 是替你的健康把關的守門員，他們的主要職責就是確保人民的健康安全。』」針對美國家庭產品公司（現名 Wyeth）生產及銷售的減肥藥芬氟拉明（Redux，俗稱芬酚），FDA 獨立顧問斯圖亞特・里奇博士（Stuart Rich）如此回應。

1996 年 4 月 29 日，FDA 內部經過多次激辯後，仍然決定批准使用芬氟拉明。

如同里奇醫師和其他人先前發出的警告，許多患者服用了這種被廣泛使用的藥物後都出現嚴重的心臟瓣膜缺損症狀，同時也無法避免那足以致命的肺高壓。「我對此（FDA 的決定）感到絕望，」里奇醫師告訴《前線》。「為何是絕望？我的專長是治療肺高壓患者，肺高壓是心血管疾病中最為嚴重的一種……這是一種死刑，且死去的速度極為緩慢，想像一下，那感覺就宛如溺水了數月甚或數年才終於死亡。」

1978 年
4 月 30 日
我們還是不會讓她演貓女

　　亞力克・威登斯坦（Alec Wildenstein）是顯赫的藝術商家族的富二代，在 1978 年 4 月 30 日與喬斯琳・佩里榭（Jocelyn Périsset）共結連理，女方後來因為把臉整型成貓的模樣而聲名狼藉。威登斯坦花了二十五億美元後，才終於在 1999 年結束這場婚姻。必須一提的是，這筆財富足以讓被諷刺為威登斯坦新娘的喬斯琳喜上眉梢，開心地舔著臉上的鬍鬚。

5月

「勁風確實撼動了 5 月的可愛花蕾。」
——威廉・莎士比亞,〈十四行詩第 18 首〉

1948 年
5 月 1 日
1961 年、1963 年
5 月 14 日

憤怒的公牛康納

在 5 月這樣一個歡樂的月份裡,一定有什麼原因讓西奧非勒斯・尤金・「公牛」康納(Theophilus Eugene "Bull" Connor)熱血沸騰。空氣中洋溢著春天的氣息,而這位主張極端種族隔離主義的阿拉巴馬州伯明罕公共安全局長,在這個時節精力似乎格外旺盛,表明要不計一切代價延續種族不平等的狀態。

1948 年 5 月 1 日起,愛達荷參議員格倫・泰勒(Glen H. Taylor)去到伯明罕,那個被馬丁・路得・金恩博士稱為「美國種族隔離最嚴重的城市」。他本來要從留給黑人的入口進去參加南部黑人青年大會,而非

走「白人專用」的通道。這位參議員當時正代表進步黨競選副總統,卻突然被康納手下的警察抓住。「老兄,閉上你的嘴巴。」他們把泰勒拖到監獄前命令他。*

接下來,1960 年代早期的 5 月又發生一件更「振奮人心」的事情,當白人的優越感面臨到全新的挑戰時,康納的偏執再次滿腔憤怒地爆發了。「自由乘車者」(1960 年代反抗美國南方種族隔離的人士)來到鎮上,而康納已經準備好對付他們。他和三 K 黨策劃了一場歡迎派對,時間就在 1961 年 5 月 14 日母親節當天。

根據三 K 黨內部的消息來源,聽令康納的的警局保證這些黨內恐怖分子將有十五分鐘的時間可以盡情「燒毀、炸毀、殺戮、重傷別人,我他媽的不會管你們……我保證你們當中沒有人會在那十五分鐘裡被逮捕。」三 K 黨將時間分配得恰到好處,高舉鐵管、棒球棍和鐵鍊朝自由乘車者展開野蠻攻擊。

兩年後的 5 月第一週,當上千名伯明罕的孩子上街和平示威時,公牛康納的怒火再度被點燃。他除了追捕大量示威者,還全面使用消防水管和軍犬攻擊他們,這些影像被拍下來後傳播到了全世界。對康納而言,隨之而來的媒體關注和國際撻伐讓那年 5 月的伯明罕變得熾熱難耐。空氣瀰漫著某種討人厭的變化,是他自己不小心招致的改變。他在月底前失業了。更糟的是,康納兇殘的行徑促使原本漠不關心的甘迺迪政府終於開始正視南方可怕的不平等情形,而他行惡的伯明罕地區正是代表了整個南方的慘況。

「民權運動應該感謝上帝,感謝有公牛康納。」甘迺迪總統說道。

---

* 註:康納在十年前就已經透露了自己對於種族混合的想法,他當時用一種幽默的雙重否定語法阻止了新成立的南方人類福利會議舉辦的聯合會議,他這麼說:「在這座城鎮裡,沒有黑人和白人會被隔離在一起。」

「他帶來的幫助和亞伯拉罕・林肯一樣弘大。」

2004 年
5 月 2 日

小格達費：犯規球員

　　像格達費這樣令人憎惡到底的人絕對有資格被貶為家族的害群之馬。這位利比亞獨裁者的第三個兒子薩阿迪・格達費（Al-Saadi Gaddafi）因行為不檢而臭名遠播，也是史上最差勁的職業足球員之一。

　　小格達費在 2004 年 5 月 2 日首次（也是唯一一次）於義大利佩魯賈隊替補上陣時，《義大利共和報》如此觀察道：「即使將他目前的速度乘以兩倍，也不過是加快兩倍的『慢速』而已。」

　　更糟的是這頭小怪獸那差勁到使人屏息的運動精神，這點在他那短暫、毫無必要且無疑是基於政治因素露面的大聯盟職業生涯前四年被展現得淋漓盡致。

　　儘管毫無天分，且除了他之外沒人在乎，薩阿迪・格達費依然很認真看待他的足球職涯。透過家族關係，當然，這裡指的是國家獨裁者的權威，小格達費不僅是的黎波里隊長，還是利比亞足球協會的主席。但格達費不只想贏，他還想當明星，他想當利比亞的大衛・貝克漢。因此，為了讓自己的名號足夠響亮，其他球員被禁止穿上繡有名字的球衣。如此一來，主播就只能透過號碼辨識他們。

　　但是呢，就算格達費用這種專橫的手段控制利比亞足球，班加西阿爾艾里隊的球迷和球員仍舊不斷削弱他的信心，最後在 2000 年夏天將他逼得暴跳如雷。利比亞第二大城一直都對老格達費政權強烈不滿（最終

引發革命，並於 2011 年顛覆政權），但人民分外輕視的是那個沉迷足球的兒子。班加西球迷已經忍受黑箱操作和莫名被吹犯規多時，不滿的情緒終於在某場比賽中爆發。當時觀眾席中有許多非洲達官顯要，球迷一面發出噓聲、嘲弄，一面湧入球場和整座城市。接著他們做了一件真正令人難以忘懷的事：他們替一隻驢子穿上和薩迪一樣的足球衣，並拉著牠在城中遊行。小格達費氣炸了。

「我會毀了你們的俱樂部！」根據《洛杉磯時報》報導，他對著當時的班加西主席尖叫。「我會把它變成貓頭鷹的巢！」在一連串大規模逮捕行動後，格達費履行了他說出口的威脅。當班加西的人民在祈禱時，一台推土機開始執行他的復仇計畫。「球場慘遭搗毀時，格達費的手下逼迫年輕男孩和女孩高聲歡呼。」前阿爾艾里球員阿哈邁德·巴申告訴英國《衛報》。「我們所有的紀錄、檔案、獎盃和獎牌都被破壞殆盡。」

2003 年

5 月 3 日

搖滾巨「石」的殞落：山中老人倒下了

失去老友的感覺肯定不好受。但當新罕布夏州的人民最健壯、屹立最久的同伴突然於 2003 年 5 月 3 日倒塌時，悲傷的情緒顯得特別強烈。人們將這座花崗岩峭壁稱為「山中老人」，它擁有不可思議的人類特徵，數千年來一直鎮守於此，最後被銘刻在新罕布夏州的硬幣上。美國國務卿丹尼爾·韋伯斯特（Daniel Webster）曾經這樣描述它：「人們以專屬的標誌代表各自的行業；製鞋商秀出一隻巨大的鞋；珠寶商的是一支龐大的錶；牙醫秀出一顆金牙；但在新罕布夏州的山中，全能上帝交出的

印記證明祂真的創造了一個人。」

　　一個世紀前山中老人就開始出現一些令人擔憂的老化、腐朽跡象，因此人們開始用纜繩和水泥來支撐它巍峨的臉龐，但最終所有大自然的元素有一套自己的辦法。

　　「豪雨、強風和低溫加起來讓它變得鬆散。」州立公園的官員麥可．佩爾查告訴《美聯社》。「我們總認為是上帝的手將它高高抬起，而現在祂放手了。」

1933 年
5 月 4 日

要不要壁畫？洛克斐勒 vs. 里維拉

　　若沒有列寧，洛克斐勒中心位於紐約美國無線電公司（RCA）大樓的大廳中可能還會有世界知名壁畫家迪亞哥．里維拉（Diego Rivera）的傑作為它添色。洛克斐勒家族（骨子裡是資本家）委託里維拉（他曾公開表達支持共產黨）替新建築繪製一幅戲劇化的中央擺飾，其崇高的主題訂為：「站在十字路口的人們憑藉希望及遠見選擇一個嶄新、美好的未來」。這代表的是經濟大蕭條期間社會上的兩個對立觀點，一端是資本主義，另一端是社會主義。許多人聽到這個可能引戰的主題都需要多加考量，但女負責人艾比．洛克斐勒（Abby Rockefeller）相當欣賞這個名藝術家，即便他們政治觀點不同，而且他曾經在其他作品中嘲笑過約翰．洛克斐勒（John D. Rockefeller），也不影響此崇拜的心情。因此，里維拉著手執行他的創意計畫，而他的錦囊中還有一個大驚喜。

　　製作壁畫的過程中，未來的紐約市長兼美國副總統尼爾森．洛克斐

勒（Nelson Rockefeller）一如往常去確認里維拉的進度。但這一次他卻在作品中發現某個完全意料之外的東西：列寧的肖像。洛克斐勒嚇壞了，便在 1933 年 5 月 4 日寫信給藝術家表達自身感受，並要求他把列寧的臉換成一個不知名的人物。

果不其然，里維拉並不想改變自己的藝術觀點。這位藝術家在收到洛克斐勒信的同一天便回覆道：「與其毀壞這個創作概念，我更情願砸毀這幅作品。」如此情況下，里維拉口中的「洛克斐勒中心之戰」開打了。這位藝術家被下令中止這個計畫，但仍會收到全額費用。

在隨之而來的藝術界騷亂中，尼爾森·洛克斐勒建議撤掉以膠合板覆蓋的壁畫，並捐給現代藝術博物館。但博物館受託人太膽小了，不敢蹚這灘渾水。接著，隔年 2 月，里維拉的作品突然被意外打碎，還被丟入木桶中，此舉被評論家描述為「藝術謀殺」。洛克斐勒家族宣稱這次破壞並非蓄意，是因為沒法完好無缺的撤走藝術品才不小心釀成意外。但里維拉才不相信，許多藝術鑑賞家也不信。他從墨西哥城（後來他在那裡重製受損的壁畫）寄出一封電報，語氣激動地說：「洛克斐勒破壞我的畫作是犯了文化破壞罪，應該要訂立司法遏止有人暗殺人類的創造力和品格。」

1806 年

5 月 5 日

火葬堆中的寡婦

馬哈拉尼·拉結·德維（Maharani Raj Rajeshwari Devi）是最有權勢的女性，她不僅是尼泊爾王后，也是小兒子登基時的攝政王。但在她丈

夫死後十天（1806 年 5 月 5 日），她也不得已跟著去世了。當時全世界的女性都異常受輕視，尤其尼泊爾和印度的寡婦的處境更為堪憐。她們通常會被迫參與一個叫作「殉節」的古代儀式。寡婦會被綁在丈夫的火葬柴堆上一起被燒死。幾世紀以來，成千上萬名女性都是這樣面對人生終點——可能有些人是自願的，而微不足道的補償就是死後被紀念，並被稱為神聖的殉節者。

「假如妻子必須向丈夫證明自己的忠貞和專一的奉獻，那麼丈夫也必須證明他們對妻子的忠貞不渝。」聖雄甘地在 1931 年某場殉節儀式後如此評論。「但我們卻從未聽過丈夫爬上已故妻子的火葬堆。因此，可想而知，這種寡婦在丈夫死後犧牲自我的行為是源於男人的迷信、無知和盲目的利己主義。」

可別以為殉節這種背離常軌的行為只會出現在民智尚未開化的過去：1987 年 9 月 4 日，印度拉賈斯坦邦十八歲的魯普·坎沃爾仍在已故丈夫的火葬堆上被活活燒死。

1983 年

5 月 6 日

豬頭日記

以下出自一個瘋子的日記：「如同愛娃所期望的，我找醫師做了徹底的檢查。因為新藥物害我的胃嚴重脹氣，且愛娃說我有口臭。」這個紀錄顯然非常乏味，但卻是則誘人的小趣聞。這日記就像一座歷史寶庫，讓人們一窺這位世上最邪惡的男人。

1983 年 4 月 22 日，德國新聞雜誌《亮點》宣布出價上百萬元買下

阿道夫‧希特勒保密多時的私人日記，總共六十冊，時間橫跨自 1932 年至 1945 年。這是筆驚人的數目，但這起獨家報導換來的名聲才是無價之寶。澳洲媒體大亨魯柏‧梅鐸是其中一位看出這本日記具有潛在龐大利益的人，因此想在倫敦《泰晤士報》中連載日記。他派出一位專精十六至十七世紀歷史卻不太會說德文的英國歷史學家休‧特雷弗羅珀（Hugh Trevor-Roper）去考證這些文件的真實性。《亮點》編輯講述這些日記是如何從 1945 年的墜機事件中被取回、如何被東德高層官員偷走，接著一一檢視這大一疊日記本，特雷弗羅珀聽完之後「非常滿意這些文件的真實性」。

全世界都焦急地想要一窺這個變幻莫測的怪物的內心世界，但懷疑者對此仍持保留態度。希特勒的傳記作者威爾勒‧馬瑟（Werner Maser）當時這麼告訴路透社：「一切都是假的。這純粹只是在譁眾取寵。」當《亮點》於 4 月 25 日出版一集內容豐富的特刊作為預告，並舉辦記者會大肆宣揚時，懷疑的聲浪逐漸增長。

編輯並未迎來預期的歡呼聲，反倒被質問有關日記真實性的惱人問題。而面對這些提出懷疑的媒體，特雷弗羅珀的回應完全無濟於事：「身為一名歷史學家，我很遺憾那個，呃，這一次，呃，可能是為了成為獨家新聞的關係，歷史文件的標准考證程序被忽略了。」

5 月 6 日，德國聯邦檔案局宣布這些日記是「粗糙的贗品」，是「智力有限」的偽造者以「令人匪夷所思的膚淺」捏造出來的東西。這次的揭露是一場災難，亦是空前的打擊。

原來，《亮點》是被一個叫作康拉德‧庫喬（Konrad Kujau）的人給騙了。作家羅伯特‧哈里斯（Robert Harris）說他是個「活潑且滑稽的人」，但顯然沒花什麼時間和心力在作品上。偽造的痕跡十分明顯，庫喬用的紙張、墨水和膠水都是在 1945 年希特勒死後才製造的，而內容則

是他從一本收錄希特勒演講和宣言的書中直接抄下來的。庫喬甚至連這仿冒品皮革書封上的哥德體縮寫都寫錯了，把「AH」寫成「FH」。

「發生這種事，我們有充分理由感到羞愧。」日記事件搞得一塌糊塗後，《亮點》出版商亨利‧納能（Henri Nannen）這麼說。確實如此。確實是雜誌編輯群允許他們的記者戈爾特‧海德曼（Gerd Heidemann）不受控地捏造故事，沒有堅持要他說出消息來源，且也忽視了出版前接獲的無數警告。但至少讓納能和同事比較欣慰的是，「日記」中有一部分內容的確是真的。這位領袖確實有醫生所描述的以下症狀：「大腸脹氣……我之前很少遇過這麼嚴重的脹氣。」還有，很可怕的口臭也是真的。

1945 年
5 月 7 日
杜魯門白宮裡的潑婦

蜜月之旅太過幸福，之後幾年，哈瑞‧杜魯門只需要在信中提到「休倫港」就能讓妻子貝絲回想起他們在五大湖區度過的浪漫時光。但這一切在新婚夫婦回到密蘇里州獨立城、並與貝絲跋扈的母親瑪格麗特‧蓋茲‧沃利絲（Margaret Gates Wallace）同住後斷然結束。從那天起，這個未來的總統就一直和吹毛求疵的岳母困在同一個屋簷下，她從未試圖隱藏對他的刻薄與輕蔑，在白宮內同樣如此。

城中有個當地人將她描述為「獨立城有始以來最頤指氣使的女人」，而對沃利絲而言，杜魯門只是個農奴，一個膽敢爬到現在的位置，還娶了她女兒的髒兮兮農家男孩。「沃利絲非常、非常難相處，她瞧不起城中所有人。」

　　哈瑞和貝絲的教師潔妮·齊爾絲（Janey Chiles）則回憶道：「當時我不認為哈瑞·杜魯門是個前途無量的青年。」

　　沃利絲對女婿的輕蔑從未改變，甚至當他的政治生涯開始走上坡時也一樣。杜魯門在 1934 年當選美國參議員後，她也跟著到了華盛頓，這已經夠糟了。但是在富蘭克林·羅斯福總統猝逝一個月後，杜魯門於 1945 年 5 月 7 日當上總統、搬進白宮，她惱人的存在更是變得讓人難以忍受。

　　惡劣的瑪姬毫不在乎自己是辦公室裡的拖油瓶，一刻也閒不下來地瘋狂批評總統。「他幹嘛不讓麥克阿瑟將軍用自己的方式打韓戰？」杜魯門將不服從的聯合國軍總司令革職後，她不斷大聲嚷嚷出心裡的疑惑。「真難想像一個國民兵隊長竟對堂堂西點將軍指指點點！」

　　1948 年杜魯門總統與湯瑪斯·杜威州長（Governor Thomas Dewey）競爭，選情已經很不樂觀了，瑪姬竟然還堅定地為對手背書。「為什麼哈瑞要反對那麼仁慈的杜威先生呢？」她大聲地質疑道。「我認識一堆比杜魯門先生更適合待在白宮的人。」

　　「沃利絲女士一直覺得哈瑞·杜魯門成不了氣候。」總統的侍從說過。「看到他入主白宮、治理國家時，她簡直氣炸了。」

1632 年

《此非聖經》

有些 1631 年《欽定版聖經》的讀者看到〈出埃及記〉的第七誡時十分震驚（或驚喜）。上頭寫著：「可犯姦淫」。而〈申命記〉第五章也有一處明顯的褻瀆：「耶和華向我們展現了祂的榮耀和大屁股（great asse）。」而正確的字詞應該是「大能」（greatnasse）。

因為這些極其嚴重的錯誤，1631 年的這個版本被稱為《惡經》或《非法聖經》。1632 年 5 月 8 日，印刷商因為此等褻瀆神聖之大錯被拖到可怕的星室法庭，另外又被加上一條「選用劣質紙張印製《聖經》」的罪名。

「我記得有段時間人們相當看重印刷品質，其中最為重視《聖經》的印製成果。」坎特伯雷大主教很震驚地說。「過去那些優秀的排版工人和最傑出的校對者皆非常嚴肅且博學多聞、選用的紙張和字體也都相當稀有，總之各方面都是最好的。但如今紙質一點也不特別、排版的只是些小男孩，負責校對的人也才疏學淺。」他說，更糟的是，心懷恐懼的天主教徒更看重的是「迷信書籍」。

印刷商被罰了巨額罰金並被勒令停業，但他們已經算是幸運了，不用被斷手斷腳或接受其他類似的刑罰。另一方面呢，歷史並未記載《惡經》的「恩典」究竟摧毀了多少段婚姻。

1914 年

母親劫

　　安娜‧賈維斯（Anna Jarvis）對母親的愛強烈到被人們認為是不正常的迷戀。這份愛意促使這位單身教師持續不懈地想成立一個用以紀念母親的國家紀念日（尤其是她母親），因此當她發現母親節逐漸變為粗暴的商業巨獸時，簡直嚇壞了。

　　故事始於 1908 年 5 月的西維吉尼亞州格拉夫頓，賈維斯為她三年前去世、摯愛的母親安排了一場追悼會。她訂了五百朵母親最愛的康乃馨，並發給每位教會會眾。因著商人及慈善家約翰‧沃那梅克（John Wanamaker）的資助，賈維斯開始推動國家紀念日以向她生命中的女英雄致上永遠的敬意。她很認真地遊說，儘管有些人說她太激動，但她最後在 1914 年 5 月 9 日成功了。伍德羅‧威爾遜總統在議會簽署聯合決議，宣布 5 月第二個星期日是「對美國母親們公開表示愛與尊敬」的日子。

　　但事態在此時急轉直下。賈維斯取得成功後，投機商人也因應而生，在此一年一度的節慶中兜售鮮花、卡片和糖果。賈維斯對此感到抓狂，便在一場鬧哄哄的新聞發佈會中大力譴責：「那些騙子、土匪、海盜、敲詐者、綁匪和其他如白蟻般的人貪婪地破壞這場世上最完美、最高尚也最真誠的慶祝活動之一，你該如何對付這群人？」

　　對賈維斯而言，母親節已經變成一個恐怖的節日。但 1930 年代才是最終極的羞辱。當時美國郵政局長宣布母親節紀念郵票上的肖像是畫家惠絲勒的母親，他居然認為藝術家那垮著臉的老女人比賈維斯的母親更有價值！安娜無法忍受這件事。她要求和羅斯福總統會面，成功撤下郵票上的「母親節」字樣，但上頭仍印有她母親最愛的康乃馨，此點著實

令人惱怒。

　　隨著怒火不斷飆升，賈維斯也開始精神錯亂。她曾闖入慈善組織美國戰爭媽媽的聚會，阻止現場販售母親節的康乃馨，導致警察必須把又亂踢又尖叫的賈維斯拖走。最後賈維斯把自己深鎖家中、閉門不出，門外還有塊警告生人勿近的牌子。她在家裡專注地聽著收音機，深信她的母親正透過聲波跟她說話。

　　最後，除了精神療養院以外，已經沒有其他地方容得下這位身無分文、半癲狂的老女人。值得慶幸的是，這位母親節的推動者從不知道她的帳單是由她所痛恨的花卉交易公司所支付。

1849 年
5 月 10 日

演說就好，不用跳舞！

　　故事始於一連串的「噓聲」。1846 年，英國演員詹姆士‧麥克雷迪（James Macready）決定在演出哈姆雷特時加入一小段舞蹈到他的獨白中。當他跳上愛丁堡的舞台時，不滿的聲音清楚地從觀眾席傳了上來，此聲響來自一位名叫愛德溫‧佛雷斯特（Edwin Forrest）的美國舞台劇偶像的口中。

　　「我不認為劇場史上曾出現過這種行為。」震驚的麥克雷迪在日記中寫下這句浮誇的話。「低級的流氓！他要是有膽就一定會犯下謀殺罪。」佛雷斯特沒有打算道歉。「事實是，」他寫信給倫敦《泰晤士報》，「麥克雷迪先生認為很適合將華麗的舞蹈帶入《哈姆雷特》的表演，但我覺得這真是玷汙了那一幕，因此我用這種方式表達不滿。」最後，如

此微不足道的糾紛演變成了血腥的動亂。

嘘聲事件過後三年,兩位出了名互看不順眼的演員同時身在紐約,並在不同劇場演出《馬克白》。美國觀眾已經準備好了。早在戲劇巨星到來之前,佛雷斯特就已是他們眼中的英雄;他是粗獷的當地孩子,用充沛的活力飾演他的角色,而這正是其他矯揉造作的美國表演者所欠缺的,他們總想模仿一直以來被認為更優秀的英國演員。另一方面,麥克雷迪的風格則屬於英國老派演技,且他全然地輕視美國觀眾。「在這個國家,」他寫道,「大眾(窮人和有錢人)實質上都很無知和粗俗、完全沒品味、不夠虛心,從不懷疑自己。」這種敵意是雙向的,尤其眾所皆知麥克雷迪痛恨土生土長的佛雷斯特。

《馬克白》在紐約阿斯特劇院首演當晚,這位自負的英國演員提早見識到了美國人的惡意。觀眾不停用爛掉的雞蛋和蔬菜丟他,最後當他們開始丟椅子時,該劇被迫提早謝幕。麥克雷迪雖然害怕但卻不受影響,於 1849 年 5 月 10 日再次回到阿斯特的舞台上。而這天才是「真正的」騷亂的開始。

觀眾的表現和首演那晚一樣,很明顯地毫不領情,但在劇院外面,一群愈加瘋狂的暴民突然開始攻擊劇院。「窗戶一扇接著一扇地被打破。」《紐約論壇報》報導。「磚塊和鋪路石的碎片批哩啪啦落在露台和大廳內,現場一片混亂,像是被入侵的軍隊包圍的堡壘,而不再是文明社會享有平和娛樂的場所。」這篇報導繼續寫道,「那個討厭的演員完美冷靜地繼續演出,絲毫不在意眼前的騷動。」

當外頭的暴動變得愈發激烈時,在場的警察必須呼叫軍隊支援。他們被扔擲石頭,幾次警示鳴槍後,警察終於朝群眾開槍以回敬他們。那日至少有三十人喪命,更多人受重傷。同時間,麥克雷迪演完該劇後便毫髮無傷地溜走了——他對美國觀眾的成見更加根深柢固了。

1846 年

5 月 11 日

波爾克版本的民間故事：擴展領土……和真相

1846 年 5 月 11 日，美國總統詹姆斯・波爾克在國會發表演說，宣布墨西哥已經對美國構成立即威脅。他表示，外國軍隊已經越過邊界，並「在美國這片土地上灑滿了美國人的鮮血」。這不是真的。墨西哥軍隊沒有入侵美國，但佔領土地的墨西哥平民確實和美軍起了衝突。事實上，墨西哥唯一造成的威脅是，它阻礙了美國光榮西進的昭昭天命。雖然波爾克用撒謊成功換來了一場戰爭，但衝突爆發的整個過程中他的言論引來不少爭議，伊利諾伊州的一名年輕眾議員亞伯拉罕・林肯質疑波爾克總統，要他指出美國人的鮮血究竟灑在何處。某些圈子的人士認為林肯是叛徒，但多數時候人們只是對他視而不見。最後美國贏得這場戰爭，獲得一大片全新領土，但卻沒人懷疑這場戰爭的來由。

1937 年

5 月 12 日

驚世王座：接連出錯的加冕典禮

害羞且保守的阿爾伯特王子最不想做的事就是戴上英國皇冠。一聽到他那擁有超凡魅力的哥哥愛德華八世決定放棄王位以迎娶離婚過兩次的美國情婦時，王子甚至「崩潰到哭得像個孩子」。

即便多數人都憂心他是否擔得起此等大任 *，但天命不可違，於是在 1937 年 5 月 12 日受加冕為喬治六世之前，這名不情願的君主已經整頓好自己的內心，準備身負使命。唯一的問題是，雖然這位新任君主在神聖的加冕典禮中成功保有了一國之君該有的沉著冷靜，但身邊的人卻好像都在幫倒忙。

那天是這樣開始的。討人厭的起床號在凌晨三點響起，有人似乎認為那是在白金漢宮外測試喇叭的好時機。接著，更多嘈雜的干擾接踵而至。「將要在街上列隊前行的樂隊與軍人清晨五點就抵達了，這下真的不用睡了。」國王在日記中寫道。「我吃不下早餐，心情沉重。我知道這天將會非常難熬，也將是一生中最重要的典禮。動身前往西敏寺前那漫長的等待令我萬分焦慮。」

在西敏寺內，依照傳統達勒姆主教和威爾斯主教應該侍立於國王兩側，並於典禮過程中提供協助，但當天這兩人卻什麼忙都沒幫上。喬治回憶道：「重大時刻到來之時，兩位主教卻都找不到加冕誓詞，大主教只好把他的書擺在我面前讓我朗誦，但最糟糕的是，他的拇指擋住誓詞了。」事情還沒完，國王起身走向王位時發現有一位笨手笨腳的主教踩到他的袍子了。「我不得不在快要摔跤前厲聲命令他走開。」

其他幫手也沒法好好各司其職。舉例來說，安卡斯特伯爵（Earl of Ancaster）幫國王佩劍時差點刺傷他的喉嚨，同時間，當波特蘭公爵和索爾斯伯里侯爵要把國王與王后的皇冠遞給大主教時，他們身上的

---

* 註：由於口吃（2010 年奧斯卡得獎影片《王者之聲》的主題）和其他病史，很多人認為他過於軟弱，無法負荷君權的重責大任。但他們錯了。

嘉德勳章勾到放置皇冠的軟墊上的穗飾了。

　　儘管加冕儀式狀況連連，國王卻因此古老的儀式備受鼓舞；坎特伯里大主教說他「感受到『某人』與他同在」。結果顯示，喬治六世成了一名偉大國王，比他那自私自利的哥哥好得多。他勇敢地帶領國家度過第二次世界大戰以及之後大英帝國解體的危機。

1865 年
5 月 13 日
不幸的小插曲

　　一個月前，羅伯特‧李將軍（Gen. Robert E. Lee）已在阿波馬托克斯縣府舉白旗投降，因此率領聯邦軍隊的對手尤利西斯‧格蘭特（Ulysses S. Grant）宣布：「戰爭結束了。反叛軍再次成為本國人民了。」由於李將軍的投降，士兵約翰‧傑弗遜‧威廉斯有幸得以熬過兩州之間的嚴重衝突，此役已經導致超過六十二萬人死亡。但並非所有打鬥都因此終止，還有一次小規模但行動相當縝密的最後一戰。1865 年 5 月 12 和 13 日，聯邦和邦聯雙方軍隊在德州布朗斯維爾附近的里奧格蘭德河畔對峙，亦即著名的帕爾米托農場之戰。

　　這場打鬥規模很小的衝突，傷亡人數相對來說少很多。哎呀，但效力於邦聯軍隊的威廉斯卻是其中一位殉職的士兵。他不幸成為那場早已結束的美國內戰中最後一名陣亡的軍人。

1912 年
5 月 14 日
該死的焦油！

　　遠在殖民時期的美國，有一個怪異的古老習俗是要在敵人身上塗滿焦油，並以羽毛覆滿對方全身。當時的英國稅吏時常面臨這種羞辱人、極其痛苦的折磨。然而，到了 1912 年，竟有一群維安小組在聖地牙哥言論自由鬥爭中與工會激進分子對峙，再度重現了這個惡名昭彰的習俗。

　　當時許多人認為工會運動將會破壞既定的秩序 —— 特別是在南加州，那裡有一千九百一十個勞工極端分子將《洛杉磯時報》總部炸毀。為了遏止「世界產業工人」這個組織繼續招募成員，針對該組織的「搖擺者」（Wobblies）時常在中央商業區發表演說，因此聖地牙哥市議會通過一道法令，禁止所有街頭演講。如此限制言論自由，勢必會導致搖擺者與其支持者和聖地牙哥那些容易受媒體煽動、因而作出暴力之舉的保守居民產生衝突。

　　「絞刑不是好辦法。」《聖地牙哥論壇報》的社論如此寫道。「這樣死得太輕鬆了，那些人對經濟發展毫無貢獻，只不過是創建社會剩下的廢材，應該被排放到廢棄的下水道，和其他排泄物一起腐爛在冰冷的阻塞廢物中。」

　　因此，除了粗暴的警察負責執行該城市的言論限制以外，四處遊蕩的自衛隊也會惡意攻擊那些膽敢反抗法令的人。1912 年 5 月 14 日，著名的無政府主義者艾瑪‧高德曼（Emma Goldman）和夥伴班恩‧萊特曼（Ben Reitman）抵達聖地牙哥支持搖擺者的示威抗爭時嚐到了殘酷的滋味。

　　「交出叛亂分子！」與高德曼對峙的當地暴民尖叫道。「我們要把

她扒個精光；我們要讓她肚破腸流！」高德曼逃過了暴徒的魔掌，但萊特曼當天深夜在旅館房間被自衛隊隊員綁架，並遭遇了可怕的折磨。

萊特曼被載到城市外緣，一路上被嚴刑拷打還被脫得一絲不掛。

「他們打倒我。」他回憶道。「當我赤裸裸地躺在地上時，他們不停踹我、打我，直到我幾乎失去意識才罷手。他們用雪茄在我的屁股烙上 I.W.W. 的字樣；然後從我頭頂倒下一罐焦油，接著用鼠尾草代替手邊沒有的羽毛覆滿我全身。其中有個人想把棍棒塞進我的直腸，還有一人拚命扭動我的睪丸。他們強迫我親吻國旗並高唱《星條旗永不落》。」那些人最後不忘再踢他幾下，玩夠了後將他釋放，並給他一張出城的單程車票。

1998 年

5 月 15 日

當了十八次伴娘

歌劇女伶蘇珊・露琪（Susan Lucci）在 1998 年 5 月 15 日重新定義了「魯蛇」這個詞，她再次角逐日間時段艾美獎最佳女演員，並迎來第十八度落選。*

---

* 註：隔年露琪終於得獎了。

1966 年
5 月 16 日

恐怖的「毛」小孩

那個差點餓死全中國人民的「大躍進」政策失敗後，毛澤東又再次讓受苦已久的人民承受不幸的命運：摧毀所有古代文明的遺跡和受到西方文化薰陶的事物，以達到淨化共產黨的目的。更糟的是，負責執行這場所謂的「文化大革命」的人是那些被改造成紅衛兵的粗魯青年。如同記者羅伯特‧愛勒根特（Robert Elegant）所述：「成千上萬名憤怒的螞蟻雄兵在廣袤的國土中昂首闊步。」

中國傳統的敬老觀念自 1966 年 5 月 16 日開始後的十年內完全被顛覆，生殺大權、個人財產和人類尊嚴全都掌握在孩子們手中。有了高層領導的默許，權力因此遭到極端濫用。1970 年，張紅兵因為檢舉自己的母親，害得她慘遭處決，而這僅僅是數百萬名受迷惑的盲目青年必須自己收拾殘局的其中一例。直到 1976 年毛澤東去世，中國才終於逐漸清醒過來。

「我夢到我母親。」2013 年張紅兵這麼說道。「她和當時一樣年輕。我跪在地板上、緊抓著她的手，深怕她會消失。我哭著說：『媽媽，請妳原諒我！』但是她沒有回應。自始至終她都沒有出聲。我想這是我的報應。」

1536 年
5 月 17、19 日

兩個博林，兩場死刑

亨利八世在位期間是湯瑪斯·博林（Thomas Boleyn）最飛黃騰達的時候，畢竟他是國王的岳父，享有這個崇高身分所附帶的一切榮華富貴。然而 1936 年 5 月，有可怕的謠言指控他的女兒和兒子（王后安妮·博林和羅奇福德子爵喬治）亂倫。淫穢不堪的訴狀中寫著：「王后把舌頭放進弟弟喬治的嘴裡藉此誘惑他，而喬治也將舌頭伸進王后嘴裡，藉此換來親吻、禮物和金銀財寶。」雖然當年以及現代多數歷史學家都認為這些指控很荒唐，甚至有人打賭喬治會被無罪釋放，但最終這對手足仍在 5 月 15 日兩場各別的審判中被判刑。

負責宣判死刑的是兩人的舅舅諾福克公爵（Duke of Norfolk）。於是乎，5 月 17 日這天，湯瑪斯·博林唯一的兒子死在了劊子手的斧頭之下，兩天後女兒安妮則是成了一名法國劍客的劍下冤魂。

1721 年
5 月 18 日

老到沒法面對這種鳥事 Part 1：
九十多歲老人遭宗教裁判所逮捕

老人家行為開始異常時，人們通常都會包容他們，但瑪麗亞·芭芭拉·卡里洛（Maria Barbara Carillo）就沒這麼幸運了。1721 年，這位九十六歲的寡婦和西班牙宗教裁判所起了衝突。兩世紀前斐迪南國王和

伊莎貝拉女王創立了這個宗教裁判所，最近這裡特別忙碌，因為要忙著根除那些被迫改信天主教、但隨時可能回歸舊有信仰的猶太人。可憐的瑪麗亞‧芭芭拉‧卡里洛就是其中一位。1721 年 5 月 18 日在判決儀式中被宣判死刑後（據說國王菲利浦五世也參與其中），這位老女士就被拖到馬德里的郊區，然後被活活燒死了。

1884 年

5 月 19 日

木犀草肉排

1884 年 5 月 19 日，年輕的理查‧帕克（Richard Parker）登上遊艇「木犀草號」（Mignonette）後，他的命運似乎也在冥冥之中注定了。

將近五十年前，埃德加‧愛倫‧坡出版了他唯一一本小說《亞瑟‧戈登‧皮姆的故事》（*The Narrative of Arthur Gordon Pym*）。故事訴說一場海上冒險災難，船難的倖存者飢腸轆轆，所以用抽稻草的方式決定該犧牲誰讓其他人能夠飽餐一頓。其中一個名叫理查‧帕克的角色抽到最短的那根稻草，於是按照規定被其他人分食。

木犀草號完美呼應了愛倫‧坡的故事。當時它自英國南安普敦啟航，前往澳洲雪梨的途中繞經好望角，最後遭受暴風雨侵襲而毀壞。理查‧帕克自船難死裡逃生，但卻沒能活太久。這個年輕人和其他三個同伴在脆弱的小船上漂浮了幾週，成功抵抗鯊魚的攻擊，並靠著搶救出來的兩個鮪魚罐頭維生。就和愛倫‧坡筆下的倖存者一樣，這幾個男人抓了隻海龜試圖果腹，但仍舊抵擋不住飢餓。他們實在太需要食物了，便開始打量彼此，因為有一種叫做「海洋習俗」（Custom of the Sea）的傳統替

這個情況提供了解決辦法：嗜食同類，但得靠抽稻草來決定犧牲者。

不過木犀草號成員直接忽略了稻草這個關鍵規則，因為理查・帕克喝了海水後病得很重，看來是活不久了。其他三名倖存者不想等到他死後才冒險吃下腐敗、染病的肉，便直接割喉殺了他，然後大快朵頤一番。

「我敢說，」其中一名倖存者回憶道。「我永遠忘不了另兩名不幸的同伴吃下那可怕餐點時的神情。我們宛如想將一切佔為己有的瘋狂狼群，然而為人父親的我們根本沒有正當理由犯下如此罪行。」

這起為了保命而犯下的謀殺案發生後的四到五天，三名倖存者看見了德國船隻莫克特祖馬號（Moctezuma）的風帆。其中一人說：「當我們正在吃所謂的早餐時，救星出現了。」

1875 年
5 月 20 日
死在兒子手裡的瑪麗・林肯

亞伯拉罕・林肯雖然失望，但還是相當包容妻子的揮霍無度和偶爾的壞脾氣，但他兒子羅伯特卻不如他這般有度量。總統遭到暗殺十年後，小林肯在 1875 年 5 月 20 日把母親送進精神療養院。這其實是場突擊行動，瑪麗・托德・林肯（Mary Todd Lincoln）毫無防備。

在她被幽禁的前一天，已故總統的律師兼顧問李奧納德・施威特（Leonard Swett）無預警地抵達林肯夫人下榻的芝加哥飯店。施威特帶著兩名侍衛護送她進入擁擠的法庭，那裡有一個法官、事先安排好的陪審團和一批證人等著她。策劃整起行動的羅伯特・林肯也在現場。這個兒子長久以來都因為母親古怪的性格而難掩尷尬——她承受了兩個小兒

子的死亡悲劇，還親眼目睹丈夫被暗殺。但這個兒子最在乎的是錢，以及她到底花了多少。

那天，前第一夫人坐在法庭內，輪流被一群專家為難、激怒，多數人和她素未謀面，他們僅根據羅伯特的片面之詞就證實她精神錯亂。飯店的侍者和其他人也被召去做該死的口供，比方說：「林肯夫人疑神疑鬼而且容易激動。」

然後輪到羅伯特的證詞了。「我很確定我母親已經發瘋了。」他在法庭當眾宣告。「長期以來她搞得我極度焦慮。她沒有理由買這些東西，也根本沒地方放置。」

被告只是安靜坐著，沒有做任何反駁也沒有替自己找證人。羅伯特已經搞定了他母親的委任律師，完全不讓她有任何抗辯的機會。當清一色男性陪審團離席討論林肯夫人的命運時，她那狡詐的兒子走近想要握她的手。但瑪麗·林肯不理會這個動作，僅說了當天唯一一句話：「噢，羅伯特，我的親生兒子竟然如此待我。」

十分鐘後，法官判定瑪麗·托德·林肯精神失常，隔天她就被監禁了。

1972 年

5 月 21 日

媽呀，又攻擊米開朗基羅的作品

1972 年五旬節時期，聖伯多祿大殿擠滿了朝聖者和遊客，突然間有

個瘋子大喊：「我是耶穌基督！」然後立即跳過一道圍欄，開始用鐵鎚攻擊世界上最精緻的藝術作品——米開朗基羅的《聖殤》。這尊唯一刻有藝術家親筆簽名的宏偉大理石雕像嚴重受損。聖母瑪利亞抱著被釘在十字架上的兒子，重重落下的十五記槌擊削去了她的鼻子，鑿開了她的左眼瞼、脖子、頭部和面紗。她的左臂被打斷，破碎的指頭散落一地。

完全可以理解保祿六世見到這座絕美雕塑被褻瀆摧毀時該是何等震驚。但諷刺的是，五個世紀前，他的前任教宗們自己也帶頭攻擊米開朗基羅的曠世巨作。

在保祿三世的資助下，這位藝術家創作了位於西斯汀禮拜堂祭壇後的龐大濕壁畫《最後的審判》。即便當初這件作品已經開始製作，但梵蒂岡還是有些老古板信徒無法接受裸體畫像出現在如此神聖的空間裡。米開朗基羅為了報復，把其中一個反對者比亞喬・德・切賽納（Biagio da Cesena）畫進了作品中。他把德・切賽納畫成有雙驢耳朵的冥府法官，底下還有條蛇在嚙咬他的生殖器。德・切賽納出言抗議，教宗僅是開玩笑地回答說，由於他在冥府沒有審判權，這幅有失恭敬的繪畫只能維持原貌。

不過呢，下一位的教宗就沒那麼寬宏大量了。根據文藝復興時期的作家米歇爾・德・蒙田（Michel de Montaigne）所述，偉大的審問者保祿四世「閹割了城裡許多美麗的古代雕像，以免它們腐敗人們的視線」。且他也發誓要毀壞米開朗基羅的壁畫。但事實上，完成這項誓言的卻是庇護四世。他命令藝術家伏爾泰拉（Daniele da Volterra）把《最後的審判》中大不敬的生殖器遮蓋住，伏爾泰拉也因此換來一個具有貶義的綽號：

「替人穿褲子的畫家」。*

1856 年

5 月 22 日

暴力夏令營

　　美國內戰爆發的幾十年前，不同地區針對奴隸制度和州權的認知就已經嚴重分歧到了危險的程度，當時急躁的立法者配戴手槍和匕首在國會中遊走，和膽敢反抗他們的政治敵手正面交鋒。其中一名觀察者寫道：「當好戰的南方人凶狠地瞪視著冷靜的北方人時，美國眾議院內部彷彿一口沸騰的大釜。」立法者向其他人下戰書，起立發表了一段嚴厲的演說，當他正在緬懷美國西部拓荒年代時，在場其中一人的槍掉到地上且意外射出子彈，這名立法者立刻表現得像個受到威脅的牛仔。印第安納州代表威廉・霍爾曼（William Holman）說：「立刻有三十或四十聲槍響劃破空氣。」

　　緊張的氛圍在 1856 年某起特別暴力的衝突後暫時告一段落。麻薩諸塞州主張廢奴的參議員查爾斯・薩姆納（Charles Sumner）發表了一段激勵人心的演說〈堪薩斯州面臨的惡行〉（Crime Against Kansas），他強烈反對將堪薩斯州納入奴隸制的範圍，還特別抨擊了南卡羅來納州的安德魯・巴特勒（Andrew Butler），因為他是《堪薩斯・內布拉斯加法案》

---

*　註：庇護四世之後，那場反對《最後的審判》的無花果樹葉運動持續進行。事實上，藝術家埃爾・格雷考（El Greco）提出用另一幅「端莊、得體」而且「畫得不比前一幅差」的壁畫完全取而代之。這些後來添加的遮飾物大部分都在西斯汀禮拜堂最近的修復壁畫工程中被除去了，但人們發現伏爾泰拉後製的褲子被保留了下來。原來米開朗基羅用來繪製私密部位的灰泥早在伏爾泰拉加上糟糕的短褲前就被刮掉了。

（*Kansas-Nebraska Act*）的起草人之一。

「這位南卡的參議員讀過許多有關騎士精神的書，還深信自己是位榮耀與勇氣兼具的騎士。」薩姆納震怒。「他當然得對自己挑選的情婦發誓忠貞不渝，雖然別人認為她醜，但情人眼裡出西施，這位情婦在他眼中永遠是美若天仙；世人眼中汙穢的世界，在他眼裡卻是純淨無瑕——我指的就是那如妓女般墮落的奴隸制。」

巴特勒的姪子，同時也是眾議院成員普萊斯頓・布魯克斯（Preston Brooks）被薩姆納激動且帶有性暗示的演說激怒，便在兩天後，也就是5月22日這天展開報復行動。當薩姆納安靜地在幾乎沒人的參議院辦公室內工作時，布魯克斯走向他。「薩姆納先生，」他說道，「我已經仔細地讀過您的演講兩遍了，那是對南卡的毀謗，而且巴特勒先生是我的親戚。」接著布魯克斯毫無預警地用手杖重擊薩姆納的頭部，即使薩姆納已經倒在血泊中，他仍不願收手。薩姆納的傷勢非常嚴重，多年後才康復並回到參議院。

北方人民得知薩姆納遭受棍棒重擊後十分震驚。「此等惡行不僅侵犯了自由，同時也褻瀆了文明。」《波士頓晚報》如此評論。然而布魯克斯卻被南方人奉為英雄。「薩姆納自作自受，活該被打。」《查爾斯頓信使報》幸災樂禍地這麼說。「他完全是罪有應得。」之後，南方人民送給布魯克斯好幾根上頭刻有「再打一次」字樣的手帳做紀念。與此同時，這個國家距離爆發內戰的日子不遠了。

1976 年
5 月 23 日

眾議院的情婦：不會接電話的應召女郎

「我不會打字，也不會歸檔，甚至連接電話都不會。」俄亥俄州代表韋恩・海斯（Wayne Hays）的「秘書」麗姿・雷依（Liz Ray）這麼說。海斯是眾議院管理委員會裡有權有勢的主席。麗姿在《華盛頓郵報》1971 年 5 月 23 日的專欄中首度透露了自己在國會山莊的辦公技能。僅僅兩個月後，海斯就因為用人民的納稅錢支付雷依小姐提供的其他服務而丟了工作。

2014 年
5 月 24 日

十億元也買不到的一分鐘

俗話說，金錢買不到快樂，而對於不幸的億萬富翁而言，金錢什麼也買不到。2014 年 5 月 24 日，伊朗商人馬哈法里德・阿米德・寇斯拉維（Mahafarid Amir Khosravi）因為身為大型銀行詐欺案主謀被定罪，最後在監獄裡被絞死。

有些報導說死刑執行得太過倉促，以至於寇斯拉維和律師連一分鐘額外的時間都買不到。「我沒有接獲通知說客戶要被處決。」此話引用了古蘭姆・阿里・萊希（Ghulam Ali Riahi）於《線上新聞》網頁上的文章。「我的客戶所有的資產都還在檢察官辦公室裡任憑處置。」

1878 年

5 月 25 日

「墓」後相遇

1878 年 5 月 25 日，前俄亥俄州議員、美國第九任總統威廉・亨利的兒子、第二十三任總統班傑明的父親，約翰・史考特・哈里森（John Scott Harrison）突然猝死於桌前。他的家人們嚇壞了，但五天後哈里森被「掘墓偷屍」，那驚嚇程度更是懾人。

5 月 29 日舉行葬禮那天，有人發現不久前剛過世的親戚奧古斯都・德文被盜墓，屍體不見了。此事在十九世紀晚期並不罕見。盜墓者（有時被稱為「復活者」）會挖出入土不久的屍體轉賣給醫學院，因為當時課堂上的解剖行為仍屬違法。

隔天，一名警察和偵探陪同幾位家屬去俄亥俄醫學院尋找德文的屍體。他們沒找到失蹤的表親，但就在他們準備放棄時，警察注意到有條繩子垂下斜槽。他們扯下繩子後發現上頭吊著一個頭上蓋著布的赤裸老人。大家都知道那不是德文，因為他年紀輕輕就去世了。然而，約翰・史考特・哈里森其中一個兒子為了確認一下，動手揭開了那塊布。

他嚇壞了，眼前的屍體不是表親*，而是自己的父親——顯然他被下葬幾個小時後就被盜走了。未來的美國總統班傑明・哈里森永遠忘不了那一刻。「發現父親被盜墓、在醫學院地窖裡看到他的屍體被像狗一樣以繩子勒住脖子。那就是地獄的滋味。」

---

*　註：最後是在密西根大學醫學院裡找到奧古斯都・德文被鹵水醃漬的屍體。

1978 年
5 月 26 日
「意外樂園」：刺激的遊樂設施會殺人

　　若要享受夏日趣味——或是想體驗重傷——位於紐澤西州弗農谷的移動式樂園正是個絕佳去處。那裡沒有煩人的安全管制破壞遊客們玩高風險設施的興致，那些設施看起來全像是由瘋狂的十歲小孩設計，並由年紀稍大一點的普通孩子負責操作。而為了緩解骨頭碎裂和皮膚被強力摩擦帶來的疼痛，那些由神智恍惚的青年們看顧的茶點攤位會提供大量進口啤酒，讓未成年的遊客們再次興致高昂。難怪「拖拉樂園」、「意外樂園」或是「集體訴訟樂園」會這麼熱門，尤以青少年最為熱衷。這就像是人人都可免費參加、設有滑水道的《蒼蠅王》。

　　這座自 1978 年 5 月 26 日開始營運的危險遊樂園裡，有上百種可以讓人受傷或喪命的設施。二十多年來，已經有無數遊客在這裡被炸得渾身是血。其中許多人在一本名為《紐澤西怪談第二輯：紐澤西的當地傳奇＆保密的旅遊指南》（*Weird N.J., Vol.2: Your Travel Guide to New Jersey's Local Legends and Best Kept Secrets*）的有趣書籍裡回顧那些痛不欲生的經歷。

　　就以由水泥與玻璃纖維組成的龐然大物「高山滑梯」為例，被灼傷和擦傷只是這個設施的基本後果。遊客搭乘滑雪纜車到達半山腰後，一離開車廂就會看到一組照片集，相片中的人全是先前在這裡玩到殘廢的受害者們。「你會拿到一張帶輪子的塑膠矮凳，還有一根讓你『控制方向』的棒子。」愛麗森・貝克在書中回憶道。「接下來，他們會讓你進入一道很長且有裂縫的下坡滑道，然後你就上路了。沒有安全帽和手煞車（反正都沒用）。沒人警告我雙手若是放錯地方，指頭就會被切斷……

他們大膽到還分了『慢速道』和『快速道』。這兩條應該命名為『受傷道』和『死亡道』才對。」

至於那些比較喜歡乘坐滑水道衝入水中的人，移動式樂園也為此提供了豐富的選項。有個短命的設施叫做加農砲環，因為測試時斬斷了假人的頭顱而臭名遠播。其他高速、一點也不順暢的水上設施則害得那些身受重傷且失去方向的孩子們飛過峭壁、掉進骯髒的池塘或淺池裡，同時間現場的工作人員則是冷眼旁觀，只顧著尋找脫落的比基尼或關心其他搞笑的意外事件。「白水」獨木舟在某個可憐的遊客翻船（這種事時常發生）、試圖把它翻回來時被水面下的通電纜線電死之前，也是遊樂園的熱門設施之一。

再來還有懸崖跳水。克里斯‧傑沙德語氣柔和地回憶道：「我記得這個，因為跳水者會跳進一個任何人都可以進入、不只有剛剛跳下去的人的池子裡。所以說呢，很多人以為他們進去的是普通游泳池，殊不知有人正從上方九公尺處朝他們飛去。」巨大的「造浪池」裡的救生員特別忙碌，後來因為有人溺斃在人造浪裡，所以此設施被改名為「墳墓池」。「你知道的，」一名遊客毫不同情地說。「假如一個人不會游泳還跳進水裡，這就是他們自己的問題了。」

一切混亂發生的同時，「急救列車」在樂園裡到處呼嘯而過。「那有點像高爾夫球車。」愛麗森‧貝克回憶道。「兩個長滿青春痘、身穿超大件印有 EMT 字樣的上衣的年輕人開著車，每個人都能看到車廂駛經樂園周圍的軌道、草叢和小樹林。但當你看到那台車時，你看到的不會是擦破膝蓋的孩子，而是看到孩子將浸滿鮮血的毛巾按壓在頭部巨大的傷口上、有人腳上有道跟重量杯（九百四十六毫升飲料杯）杯口一樣大的傷口。血、血、血，我只記得到處都是血。而大家的門票都不到二十五美元。」

5 月 27 日

老到沒法面對這種鳥事 Part 2：伯爵不優雅的死亡

克拉倫斯公爵喬治（George, Duke of Clarence）那尊嚴盡失的處決實在可謂前無古人、後無來者——他在 1478 年被淹死在酒甕裡。不過到了 1541 年，他女兒索爾茲伯里女爵瑪格麗特·波爾（Margaret Pole, Countess of Salisbury）的死法也沒好到哪裡去。亨利八世大概是因為她兒子雷吉那爾德·波爾主教（Cardinal Reginald Pole）反對王的政策，為了報復所以下令處決這位他曾經摯愛的表親瑪格麗特，而她也是前一世紀的皇室衝突「玫瑰戰爭」中無畏的倖存者。

這位女爵上刑場時已經六十七歲，這在都鐸時代算是非常老了。但其中一個版本的故事說，她依舊敏捷到能夠逃離劊子手。劊子手追著這位皇族之女、繞著倫敦塔的庭院跑了一圈又一圈，中途好幾次試圖砍向她，一直到她跌倒後才終於讓她身首分家。*

5 月 28 日

一敗塗地的君王：邱吉爾戰場上的代罪羔羊

「你可以拚命挖掘世上最邪惡國王的暗黑歷史，然後挖出更多更齷

---

* 註：根據外交官尤斯塔斯·查普依斯（Eustace Chapuys）同樣可怕的說法，女爵面對的是塔外僅由一塊低磚組成的刑場，而非斷頭台——對她這般身分的女子而言是相當廉價的安排。更糟的是，查普依斯記載：「一個悲慘又笨拙的青年」被選來當她的劊子手，他「真的用最悲哀的方式把她的頭和肩膀砍成碎塊。」

龌、更卑鄙的行為和懦夫，但最後你會發現一切都是徒勞，因為沒有人比得過比利時國王那無人能及、遺臭萬年的惡行。」——前英國首相大衛・勞合・喬治（David Lloyd George）評論比利時國王利奧波德三世

當納粹的戰爭機器在這個小小的中立國橫行、逼得人民四處逃竄時，比利時雖強力抵禦，卻佔不到半點優勢。最後，1940 年 5 月 28 日，在他們英勇但徒勞地抵抗十八天、以及英法軍隊逃到敦克爾克之後，比利時軍隊總司令利奧波德三世終於被迫無條件投降。

「歷史將會述說我軍如何盡忠職守。」當天國王如此告訴忠誠的軍人。「我們守住榮譽了。」

毫無疑問，利奧波德始終相信自己的英勇不亞於手下的軍人，因為他自始至終都與所有人共進退，直到最後難逃德軍圍捕。但歷史顯然沒有善待這位不幸的君王。沒錯，利奧波德三世一投降，無理的抨擊便如雨點般落下，出言批評的正是那些名垂青史、學識更為豐富的人，包括備受歷史學家尊崇的溫斯頓・邱吉爾。

法國正瀕臨崩潰邊緣，英國也在搖搖欲墜的傾頹中奮力抵抗希特勒。6 月 4 日這天，首相邱吉爾站在英國下議院門前，針對這起「可悲的事件」大肆抨擊比利時國王，但其實在此之前不久，他才相當公允地評論過同一位君王。他回想起利奧波德的投降：「突然之間，沒有事先諮詢、完全沒有任何通知，也沒有比利時首相針對這項個人決定提出的建議，他就派了一位全權代表到德國指揮部宣告投降，這完全暴露了我們整個側翼以及撤退的方式。」

這是則謊言，邱吉爾心知肚明。英國和法國早已多次接獲警告，比利時軍隊隨時可能潰敗。「我們已經逼近防禦極限。」利奧波德的軍事顧問拉烏爾・凡・歐福斯特拉特將軍（Gen. Raoul van Overstraeten）曾

警告過法國的任務官長。「我們的前線在拖延時間，像是一條被拉到極限後應聲斷裂的繩索。」利奧波德投降前一天，英國首相發了封電報給陸軍元帥戈特子爵，親自承認比利時的危險處境：「我們這是在要求他們為我們犧牲。」

儘管如此，第二次世界大戰爆發之際，邱吉爾被重新任命為海軍上將第一勳爵後再次汙衊了利奧波德國王。為什麼呢？是這樣的，如同他在那場名為〈他們最光輝的時刻〉（Their Finest Hour）的演講中所承認，因為法國總理保羅‧雷諾（Paul Reynaud）已經大加撻伐過奧波德那不光彩且狡詐的投降（實質上是在責怪比利時國王害法國近乎潰敗），而他希望邱吉爾這位盟友如法炮製。

如英國首相所寫，他在內容中默認了這一切：「6 月 4 日，我在下議院演說時已經仔細檢視過一切既有事實，我認為用淺顯易懂的話語陳述事實是我的責任，不僅是為了法國盟軍的正義，也是為了正流亡於倫敦的比利時政府的正義。」

然而，邱吉爾的說詞根本完全稱不上「淺顯易懂的話語」。據說他兒子蘭道夫（Randolph）也為此打電話給他。「你比誰都清楚，你所說的、所寫的一切都是謊言。」根據在場的大公奧圖‧馮‧哈布斯堡（Otto von Habsburg）所說，*這位年輕人當時對他父親這麼說道。

「這些當然都是謊言。」邱吉爾挑釁地回應。「但你絕不能忘記，每一段歷史都是由最好的作者決定的。我現在是、以後也會是這個作者，所以無論我寫了什麼，那就是真相。」

---

* 　註：此事記載在他的著作《大陸的誕生》（Naissance d'un Continent）中。

1913 年

5 月 29 日

春之暴動：芭蕾舞劇之亂

許多大型表演最後都會演變成暴動，甚至連莎士比亞的戲劇（詳見 5 月 10 日）也不例外。但芭蕾舞劇，真的假的？呃，1913 年 5 月 29 日，伊果・史特拉汶斯基的《春之祭》首演就發生了這種事。大部分觀眾到香榭麗舍劇院會期待看到像《天鵝湖》或《睡美人》那樣端莊穩重且傳統的表演，但結果他們看到的卻是這位俄國作曲家所創造的未來經典，包括非傳統音樂、異教主題和改編過的新穎舞蹈。幾乎從巴松管吹出第一個音符時就開始出現噓聲，接著迅速演變成「欣賞史特拉汶斯基前衛方式」的少數觀眾與另一派多數觀眾間的爭執，就連樂隊都受到波及。「在場所有東西都被扔向我們這邊，」指揮皮埃爾・蒙特（Pierre Monteux）回憶道。「但我們繼續演奏。」警察到場維持秩序，並在中場休息時間設法安撫群眾，但下半場才一開始衝突就再度爆發。

作曲家因為才剛進入序曲的第一小節就有訕笑聲傳來而十分惱怒，他離開觀眾席，在騷動愈演愈烈時站在後台看完剩下的演出。「我從沒這麼生氣過。」史特拉汶斯基後來寫道。即使有些人認為群眾暴動的原因是編舞的問題，而非音樂本身，但他仍舊耿耿於懷。

評論家的意見就和《春之祭》觀眾的反應一樣分歧。《費加洛報》的亨利・奎塔德（Henri Quittard）稱這齣劇為「生硬且未成熟的野蠻作品」，接著又補充說

道：「我們很遺憾看到像史特拉汶斯基先生這樣的藝術家竟冒險投身於這齣令人難堪的演出中。」另一方面，古斯塔夫・萊諾（Gustav Linor）卻深受著迷，還在首屈一指的劇場雜誌《喜劇》中表示，雖然那些騷亂真的很惡劣，但也只不過是兩個沒禮貌的派別在「鬧哄哄的爭論」罷了。

最終，世人總算逐漸認可史特拉汶斯基傑作中的優點。對此，音樂評論家麥爾斯・霍夫曼（Miles Hoffman）說：「那不僅限於音樂史，更是代表了藝術史上最偉大、最具創意的躍進。」

1806 年
5 月 30 日

安德魯・傑克森：破壞決鬥規則

曾經有一段時間，尤其是十九世紀早期，男士們將個人榮辱看得和《聖經》一樣神聖。任何冒犯或公然羞辱都很有可能釀成不是你死、就是我亡的結果，而這場面通常是男士們持槍，在所謂的「最終審判場」正面交峰。決鬥有很嚴格的規定，畢竟這是文明時代，人們都期待這些男士是依照階級之分來殺死對方，任何有違「雙人決鬥」規則的都會被視為有失體統的卑劣行徑。在那之後成為美國總統的安德魯・傑克森火爆的脾氣總是一觸即發，且對微不足道的小事也極度敏感，莫怪乎是最熱衷於決鬥的人之一。但作為傑克森的其中一個對手，田納西州的律師查爾斯・狄克森（Charles Dickinson）顯然太晚才發現：傑克森有時候會不遵守決鬥規則。

這兩個男人因為某件關於賽馬的蠢事發生衝突。雙方你來我往展開唇槍舌戰，直到最後狄克森做了一件只要是正派男子都沒法忽視的事：

他在納什維爾的《評論》中發表言論，稱傑克森是「一無是處的無賴……膽小鬼和懦夫。」對手竟然以這種方式將針對他的敵意昭告天下，於是乎這位未來總統做了所有人面對相同情況都會做的事——正式向狄克森宣戰。他們決定在 1806 年 5 月 30 日解決彼此的歧異，距離設定為七・三公尺。

狄克森以他那精準致命的槍法聞名，因此傑克森很清楚自己必然會位居下風。事實上，律師在前往約定地（越過田納西邊界一些的肯塔基州洛根郡）的路途上雀躍不已，深信自己很快就能解決掉對手。令他的同伴們欣喜若狂的是，狄克森有次從二十四步的距離外射斷一條細線，並把一分為二的繩子送給當地旅店老闆。「假如傑克森將軍沿著這條路走來，就讓他瞧瞧『那個』吧！」他們幸災樂禍地聊著。相對地，傑克森前往肯塔基州的路上都在和同伴策劃戰術。由於狄克森是當時最優異的神槍手，因此讓他先開槍比較合適。如此一來，假設傑克森順利逃過一劫，就有時間好好瞄準後再開槍，不需要擔心速度或精準度。

兩人一抵達預定地點後便各就各位。聽到開槍的指令後，狄克森迅速舉槍朝傑克森的胸口扣下扳機。但將軍沒有倒下，而是緊咬牙關、用力摀著胸口（子彈距離心臟僅一寸之遙，且往後餘生都跟著他）。「天哪！」狄克森驚駭地大喊。「難道我失手了？」根據規則，這位訝異的律師必須回到原先的位置上。現在傑克森可以自由且一派輕鬆地朝他開槍了。他故意慢慢舉起槍、瞄準並扣下扳機。萬萬沒想到的是，擊錘竟然卡住了。這原本該是狄克森的緩刑，不料傑克森不顧基本決鬥禮儀，再次舉手開槍。隨後子彈打穿狄克森的身體，導致他失血過多而死。傑克森不顧自己的傷勢，諷刺地說：「我的腦子可沒有被射穿。」

1990 年
5 月 31 日

伊美黛 · 馬可仕：到底有完沒完？

　　擁有上千雙鞋子的前菲律賓第一夫人伊美黛 · 馬可仕（Imelda Marcos）真是忍無可忍了。「這裡說一百萬，那裡也說一百萬，聽得我都快煩死了。不過是些零頭嘛。」倫敦《泰晤士報》指出，她聽聞自己被指控在母國洗劫上億元後冷哼道。此外，1990 年 5 月 31 日，彷彿是為了展現自己究竟有多麼不耐煩，可憐的伊美黛在美國接受詐欺勒索罪審判時直接昏倒在法庭上，迫使訴訟不得不暫停，好讓擔架來把她抬走。不過她復原狀況良好，一個月後獲判無罪又能自由花費她的十億財產了。「我天生招搖。」後來這位鞋癡這麼說道。「總有一天我的名字會被收錄進字典。『伊美黛的』這個詞會被用來形容奢華到誇張的地步。」*

---

*　　註：引自 1998 年的《美聯社》報導。

6月

「整個 6 月，我都在忙著將玫瑰綁成花束

現在，我一朵接著一朵摘下花瓣

將它們灑在寶琳可能會走的路上

她會轉身嗎？哎呀！

讓花瓣們躺在那裡吧。要是它們死了呢？

那可能就會吸引她的目光。」

——羅勃特·白朗寧，〈一種愛的方式〉

1809 年

6 月 1 日

被分解的偉大作曲家：海頓

1809 年 6 月 1 日，震驚不已的約瑟夫·卡爾·羅森鮑姆（Joseph Carl Rosenbaum）出席他心目中的音樂英雄約瑟夫·海頓相當簡陋的告別儀式。維也納當時被拿破崙軍隊包圍，因此只有少數幾人來向這位已故作曲家致意，若非情況如此糟糕，應該會有更多哀悼者前來替他送行，如此才能符合他的身分地位。

然而，雖然羅森鮑姆相當不滿告別式竟如此草率，當天卻也和公墓管理員聯手策劃如何褻瀆作曲家的墳墓。他自以為自己的目的很高尚。這位追隨者希望這名偉人的天賦能被世人看見。因此，他需要海頓的頭。

作曲家死前，有種相對新穎、叫作顱相學的「科學」備受信賴，那是透過檢視頭蓋骨來理解人類心智的方式。人們相信頭蓋骨各式各樣的形狀和輪廓代表了人類的各種特質。舉例來說，後腦勺較大的人非常渴望孕育後代。羅森鮑姆的目的是要將這顆頭顱內的音樂才華發揚光大。

海頓最後一次生病期間，他就非常有耐心地等待這顆獵物，然後總算在葬禮後四天如願以償。溽暑的熱氣大大提高了屍體的腐敗速度，其散發的惡臭和自頭顱流出的膿汁讓坐在密閉馬車內的羅森鮑姆一獲得頭顱就忍不住吐了出來。儘管如此，他依舊決心要完成這項神聖任務。

羅森鮑姆曾試圖割下甫去世不久的一位女演員受重創的頭顱上的血肉，但此實驗以失敗作結。因此他將這顆新獲得的遺物委託給物理學家利奧波德・愛克特（Leopold Eckart），他了解且信任這位擔任顱相學研究員的朋友。愛克特以專業手法，有條不紊地將海頓頭顱上那些遮住頭蓋骨的肌肉和索狀物一一刨開。當時沒人在乎那團腐爛的灰色物體（海頓的頭腦）和那裡頭可能蘊含的奧秘，也不在乎這個器官將和無用的臉部肌肉一起被草率扔進醫院的焚化爐。

與此同時，羅森鮑姆很高興能在 6 月 15 日這天看到一場為他崇拜的偶像所舉辦、更加莊嚴的追悼會。*他寫道：「海頓值得這場最莊嚴的儀式」，但這卻和現實不太符合。當作曲家接受符合他身分地位的頌讚

---

* 註：在海頓追悼會上演奏莫札特的《安魂曲》很有趣，因為莫札特的頭也在幾十年前被「拯救」。故事是這樣的，維也納聖馬可教堂司事在莫札特下葬前將一條金屬絲線掛在他的頸部附近，方便之後辨識身分。接下來的情節便是傳記作家彼得・戴維斯（Peter J. Davies）所描述的：「洋溢著音樂激情的時刻」。司事挖開墳墓，在骨骸中翻找出套著絲線的那具屍骨並為後代拯救了他的頭蓋骨。同樣地，在深深著迷於偉大作曲家的頭蓋骨的十九世紀，貝多芬和舒伯特的遺體也不得安寧。

時，他腦袋的下場卻和作家柯林・迪奇（Colin Dickey）在《頭蓋骨大盜》（*Cranioklepty*）中所寫的一樣：「浸泡在附近醫院的石灰水中。」

頭蓋骨被浸泡在腐蝕性的液體中後有了驚人的變化，它變成閃閃發亮的白色，已經可以放進羅森鮑姆精心為其打造的展示櫃中。它在櫃裡待了超過十年以上——這顆受人崇敬的天才腦袋是不能對外公開的秘寶，直到海頓的資助人埃施特哈齊家族的大公尼古勞斯二世（Prince Nicholas II）認為，這位知名作曲家的雄偉樂音長久以來都只繚繞於自家鐵城內，應該要長眠於一個更有尊嚴的處所才對。

此時此刻，最驚悚的真相水落石出。大公的代理人掘開墳墓後，發現棺材中無全屍，原本該是頭顱的位置只有一頂假髮，而墓碑上諷刺地刻著「我永垂不朽」（Non omnis moriar）。大公接獲消息震怒，下令徹查此事，但羅森鮑姆看起來老神在在。「聽說大公要把少了頭的海頓遺體搬到鐵城。」他寫道。「每個人都在嘲笑大公如此大費周章。」

然而，警察最後順利逮到了盜頭者，但拿回的卻是另一顆替代品。一開始他們沒有上當，但最後還是落入了羅森鮑姆的圈套。他把真正的頭藏在裝病的妻子床上。因此，羅森鮑姆口中「約瑟夫・海頓最為價值連城的遺骸」陪伴他度過餘生，直到 1954 年（海頓屍首分離的一百四十五年後），作曲家那顆尊嚴盡失、代代相傳的頭才得以和其他部位「重新聚首」。

1763 年
6 月 2 日
假面袋棍球

這個策略很簡單，但足以致命。1763 年 6 月 2 日下午，上百名齊佩瓦族（Chippewa）和索克族人（Sauk）戰士假借友誼的名義相聚於米基立麥基諾的堡壘*外玩袋棍球。這座法屬要塞才剛被英國占領，指揮官是喬治・艾瑟林頓少將（Maj. George Etherington）。他完全沒留意別人的警告：印第安人遠比表面上看起來還不友善。事實上，他高傲地忽略這些報告，深信自己的軍隊優於所謂的野蠻人。

他上當了，並和多名親衛隊隊員站在邊界看著身上塗滿顏料的戰士比賽。印第安人的妻子們也在場觀看，而且全身都用毛毯裹得緊緊的。在比賽的狂熱情緒中，木球從堡壘牆上被丟下來，所有人蓄勢待發。當球員衝出去追球時，女人們掀開她們的毛毯，提供那場屠殺所需的隱藏版武器。

一位名叫亞力山大・亨利的毛皮貿易商很幸運地在閣樓裡找到藏身之處，後來他回憶起當下親眼目睹的災難：「有道縫隙讓我得以看見外頭的堡壘。我看見野蠻的征服者用最骯髒、最糟糕的暴虐之舉贏得勝利。死者的頭皮被剝掉、遺體被砍碎；將死之人痛苦地扭動著，在意猶未盡的刀口和戰斧下尖叫；有些屍體已經被剖開，那些劊子手便在憤怒與勝利的情緒中用雙手舀起鮮血痛飲一番。」

---

* 　註：現在的密西根州參基諾郡。

1956 年

6 月 3 日

來談談何謂墮落吧：邪惡搖滾樂

1956 年艾森豪任職總統期間，搖滾樂已經成了一種危險元素，加州聖塔克魯茲的官員尤其這麼認為。6 月 3 日午夜過後，警察於市政禮堂發現一場完全失控的舞會。黑人小孩正和白人小孩一起跳舞，且根據理查·奧弗頓（Richard Overton）將軍的說詞：「黑鬼樂團煽動性的節奏帶領人們作出帶有性暗示、刺激且挑逗的動作。」青少年們被送回家，而警察總長艾爾·杭茲曼（Al Huntsman）針對這種放蕩的行為的反應是：「將來聖塔克魯茲不准再出現這種舞蹈。」

然而，杭茲曼下禁令後兩天，貓王艾維斯就把搖滾樂帶往一個全新的放蕩境界，且全國電視機前的觀眾們都看得到。這位崛起中的王者在《彌爾頓·伯利秀》（*The Milton Berle Show*）節目中首次一邊哼唱熱門歌曲〈獵狗〉（Hound Dog），一邊示範他下流的擺臀舞步。

媒體簡直嚇壞了。「他的其中一項特長就是獨特的身體律動，截至目前，那舞步已經成了脫衣舞孃和金髮尤物們的主要表演項目。」隔天評論家傑克·古（Jack Gould）在《紐約時報》中如此寫道。「這些旋轉動作一直以來都跟全球流行音樂扯不上邊，從古至今皆是如此。」紐約《每日新聞》的班恩·葛羅斯（Ben Gross）把話講得更難聽，他形容那套不久後就會成為主流的舞步「帶有一絲獸欲，應該只存在於夜總會和妓院中。」想想看，那時瑪丹娜甚至還沒出生呢。

1629 年

6 月 4 日

船上衰事一籮筐 Part 1：反叛者的謀殺狂歡會

說到海難，1629 年 6 月 4 日的巴達維亞號（Batavia）事件釀成的悲劇可算是相當輕微。船上多數男人、女人和孩子都從發生於西澳岸邊的災難中存活且順利上岸。但對他們而言，撞上珊瑚礁導致船隻毀壞只是嚴酷考驗的開始，他們被迫滯留的地方沒有足夠的食物、水源和避難所，且那裡還有一個患有嚴重被害妄想症的瘋狂殺人魔。

船難發生後，巴達維亞號的船長和幾名資深船員划著一艘橡皮艇外出尋求救援。這讓商人耶洛尼莫許·柯涅利茲有機可趁，將倖存者的命運玩弄於股掌之間，於是他成了那個狹小且不宜居住地方的暴君。柯涅利茲一上船就策劃好要叛變，卻因發生船難被迫收手，現在他計畫在救援船隻一抵達就占領它，但先決條件是他必須生存下來。這就傷腦筋了。船上有好幾百張等待餵食的嘴，但從船隻殘骸中救出的口糧卻少得可憐。柯涅利茲決定，要解決這問題很簡單：殺人。

剛開始，殺戮行為還會假借法律的名義，比方說指控他人偷竊，然後就草率處決。但是他那些兇殘的殺人魔黨羽行凶後卻還逍遙法外，因此過沒多久柯涅利茲就不打算假借任何名義了。數十名男男女女和小孩都被劈砍或棒打至死，其中有一晚有八個手足同時喪命，那夜的情景叫人永生難忘。而沒人知道接下來會輪到誰。

「所以我們全都認為自己隨時會被殺，同時也不斷祈求上帝垂憐。」八個孩子都被殺害的父親回憶道。柯涅利茲不會親自動手；光是握有人們的生殺大權（還有把女人當作性奴隸）就夠他滿足了——但他動手過一次，當時有個嬰孩嚎啕大哭，他氣到把那孩子毒死。

柯涅利茲的恐怖統治為時六週後結束。巴達維亞號的資深船員們帶回了一艘救難船，並連同一幫倖存者扳倒這名暴君。雖然倖存者數量大幅減少，救難船上的空間仍舊不足，因此大夥決定就在這堆惡霸為非作歹的荒島上，處決柯涅利茲和他的人馬。這個雙手被砍斷、脖子被套上絞索的罪魁禍首死到臨頭了還不知悔改，在絞刑台上輕蔑地大喊：「報仇！我要報仇！」

1888 年
6 月 5 日

寡婦的怒火：克里夫蘭總統藐視她的撫卹金

選舉期間發生的棘手案件、一起恐怖的自殺案，再加上一位漠不關心的美國總統 —— 瞧！這些因素害得喬漢娜‧路威哲（Johanna Loewinger）過了人生最悲慘的一天。

一切得從內戰開始說起，路威哲女士的丈夫於 1861 年入伍，不到一年就遭到解雇。根據軍中外科醫師的說法，問題出在慢性腹瀉。十四年後他割喉自殺。事情就是從這時開始變得一團亂。驗屍官的結論是，這位美國老兵因為腸胃問題一直好不了選擇自殺。然而，路威哲女士堅持丈夫是被戰時的經歷逼瘋，為此她向軍隊索償遺孀撫卹金，但卻吃了閉門羹。美國參議院認為應該要批准這項請求，但格羅佛‧克里夫蘭總統卻在 1888 年 6 月 5 日否決了名為「給喬漢娜‧路威哲的撫卹金」的第七三九號法案。總統宣布：路威哲是因腹瀉而自殺，而非戰爭，這位寡婦的期盼也因此付諸流水。

1867 年
6 月 6 日
劃出不幸的火柴

倫敦的布萊恩與梅製造公司（Bryant & May）利用一場天時地利人和的悲劇趁機推廣他們的安全火柴。1867 年 6 月 6 日，十八歲的奧地利哈布斯堡王朝大公夫人馬蒂爾德（Archduchess Mathilde）因為裙襬不慎著火而被活活燒死。

雖然很多人都覺得起火燒到裙子的是她為了不被父親發現、藏在裙擺後頭的香菸，但另一說法是，馬蒂爾德不小心摩擦到了路西法火柴。這種火柴以不穩定聞名，點燃的瞬間常會火花四射。布萊恩與梅那張沒品味的廣告傳單就是以這個角度為出發點撰寫文案。「小心火災！」廣告最上方寫著這幾個大字，一旁則是摘錄報紙內容，詳述大公爵夫人瑪蒂爾德可怕的悲劇。

廣告內容還有以下字句：「布萊恩與梅公司製造的專利安全火柴不可能發生上述那種意外。」*

---

* 　註：諷刺的是，在布萊恩與梅公司利用可憐的馬蒂爾德來讚頌自家安全火柴的同時，該公司在倫敦東區的低薪工廠員工卻死於可怕的磷毒性頜骨壞死。這是當時火柴製造過程很普遍的白磷火導致的疾病，該疾病會使外貌變形，剛開始會出現劇烈牙痛及牙齦極度腫脹的病徵。1888年發生了著名的布萊恩與梅火柴女孩罷工事件後才獲得大眾關注。潰瘍的頜骨在黑暗中會發出青白色的光，壞死時會發出惡臭。唯一的治療方法是開刀拿掉頸骨，否則患者的腦部會嚴重損傷且器官會壞死，據說死狀會像不幸的馬蒂爾德大公夫人一樣可怕。

1999 年
6 月 7 日

要低調：他是甘迺迪，不是傑克

　　國會裡有不擅言詞的笨蛋沒什麼稀罕，但要是被哪個文采優異的作家借題發揮，那可就非常難堪了。就舉麥特・拉巴什（Matt Labash）為例吧。1999 年 6 月 7 日，他在《標準週刊》中發表了一篇足以毀滅眾議員派翠克・甘迺迪（Patrick Kennedy）的刻薄文章。拉巴什以外科醫師快狠準的筆法將這位出身名門望族的年輕眾議員貶為一個廢話連篇、特權過多、一無是處的傻瓜，文章中每一句話都宛如置人於死地的千刀萬剮。該文章一刊出，立即引來長篇大論的抨擊。

　　而關於這整篇文章，最有殺傷力的部分當屬作者要求主角現身為自己辯護以下說詞：「甘迺迪家的人最不可能在美國入學考時（SAT）作弊。」這位大有來頭、同時也是軍事委員會新成員的狂妄小子曾經逼問海軍秘書如何根除軍中的種族不寬容：「所以實情是，這件事情之所以沒被報導，是因為太過小題大作。你知道的，我煩惱的事情是關乎那種能夠接納所有缺陷、毫無瑕疵的心態——我說的不是現在——我的意思是，要是極端主義能夠少一點，大家就能有這樣無瑕的心態。我指的不只是開除軍籍這件事。但我們該怎麼處理這個廣泛的議題呢……您能以相互交流的方式告訴我答案嗎？」*

---

* 　註：派翠克的參議員父親艾德華・甘迺迪（Edward M. Kennedy）偶爾也會展現他那令人尷尬到爆的口才（詳見 11 月 4 日）。

1863 年

6 月 8 日

瑪莎・華盛頓家族叛國

1863 年 6 月 8 日晚上，有兩名男子駛進田納西州富蘭克林的堡壘。這兩人出自同一血脈：都是美國第一任第一夫人瑪莎・華盛頓（Martha Washington）*的直系血親，也是羅伯特・李的姻親。

但威廉（或羅倫斯）・歐爾頓・威廉斯上校（Col. William Orton Williams）和表親沃特・吉普・彼得中尉（Lt. Walter G. "Gip" Peter）都假裝自己不是美利堅邦聯的官員。事實上，他們是間諜，喬裝成負責調查軍事前哨的聯邦官員。而這也是他們喪命的原因。

美國要塞的指揮官約翰・貝爾德上校（Col. John P. Baird）對那兩人的儀態和品格印象很深刻，尤以威廉斯的才智和談吐特別迷人。貝爾德深受吸引，因此只粗略看了一下他們給的偽造令就放行。兩人易名成威廉斯和彼得，對外宣稱正在前往納什維爾的路上，所以需要通行許可；他們也要了些錢，因為途中錢財都被反叛軍搶走了。貝爾德很樂意地把兩樣東西都給了他們。接著，兩個間諜婉拒指揮官留宿一夜的邀請，再次啟程。

他們才一離開，貝爾德就開始懷疑他們的說詞。第一，他們到的時候沒有隨從，身為身負重任的軍官，這很不尋常。此外，他們宣稱從叛軍攻擊中存活下來，但卻只有錢財被奪走。最奇怪的是，他們聲稱去那裡是為了調查軍事前哨，但卻什麼調查都沒做。貝爾德大驚失色，下令將他們帶回堡壘。

---

* 註：她的第一任丈夫是丹尼爾・帕克・卡斯蒂斯（Daniel Parke Custis）。第二任丈夫是喬治・華盛頓，兩人膝下無子。

威廉斯和彼得毫無防備地回到堡壘後隨即遭到逮捕。貝爾德讀了一系列相關電報後發現根本沒有這種調查員。他接獲指令,必須立刻執行軍事審判,若是有罪即刻處以絞刑。「我被激怒了。」貝爾德寫道。「絞死一些人會讓我好過些。」

當晚,威廉斯和彼得在一座點著蠟燭的帳篷裡受審判,最終被判定為間諜。這對表兄弟承認正在執行最高機密任務,但拒絕透露實情。隔天他們就被處決,因此人們從未得知真相。

1689 年

6 月 9 日

沙皇那恐怖房客

著名的英國日記作者約翰・伊夫林(John Evelyn)抱怨薩耶斯花園的房客很差勁,那可是他在倫敦相當珍愛的家,傾注了大量時間與金錢於其中,尤其是花園的部分。「我把房子租給班伯船長。」伊夫林在日記中記錄。「痛心疾首地看著先前投入的心力和金錢一天天付諸流水,衷心希望能有個更懂禮貌的房客。」因此,1689 年俄羅斯沙皇因為要在英國多待一陣子進而承租那棟房子時,他簡直樂壞了。這可憐的傢伙真心以為彼得大帝的狀況有比較好。

但是預期之外的惡兆陸續出現。「滿屋子都是人,而且都很令人作嘔。」某個僕人轉述。這已經是最簡短、最保守的說詞了。這個高大的沙皇將近兩百公分,酒量好得驚人,而且還相當不拘小節。(有一次他為了更了解西方前往歐洲微服參訪,在阿姆斯特丹觀賞解剖表演時被隨從的神經質激怒,於是命令每個人都要咬一口屍體以示懲戒。)彼得和

喝醉酒的夥伴們把薩耶斯花園改造成了一座美化過的動物巢穴。

「我回到德特福特，看到沙皇把我的屋子搞得慘不忍睹。那三個月他把薩耶斯當成自己的皇宮。」伊夫林在 1689 年 6 月 9 日寫道。他發現的事情實在慘不忍睹：價值不斐的畫作被當作標靶練習、家具被破壞，地板和毛皮地毯上都沾滿油漬。但對伊夫林而言，最糟糕的是他所珍視的花園竟淪落到如此淒慘的下場。園藝家仔細描述了破壞程度：「樹木和植物都遭受無法修復的嚴重損害：兩、三棵攀牆而生的上等果樹枝枒被折斷，幾株冬青和其他上等的植物全被破壞殆盡。」還有日記作者親自栽植的籬笆也難逃摩爪。「壯麗且令人心曠神怡的珍品，」他如此描述。「它堅不可摧……茂密斑斕的樹葉一年四季都無比閃耀。」顯然，沙皇和夥伴們直接用獨輪車猛力撞破了籬笆。

1994 年
6 月 10 日

廢話少說，就是種族滅絕

發言人最重要的工作之一，就是竭盡所能地表達出所屬機構欲傳遞的訊息。但當非洲國家盧安達成千上萬名圖西族人遭到敵人胡圖族計畫性地屠殺時，我們從美國國務院發言人克莉絲汀‧雪麗（Christine Shelly）尷尬且模稜兩可的官腔話語中可以了解，要操縱種族滅絕的輿

論風向有多麼困難。以下是雪麗和路透社特派記者艾倫・艾斯納（Alan Elsner）在 1994 年 6 月 10 日記者會上的對談。

艾斯納：「你會怎麼描述在盧安達發生的事件？」

雪麗：「根據現場觀察到的證據，我們有充分理由可以相信，盧安達遭遇了種族滅絕的行動。」

艾斯納：「『種族滅絕的行動』和『種族滅絕』有什麼差別？」

雪麗：「呃，我想，就像你知道的，這有一個法定定義……並不是盧安達發生的每場殺戮都能被貼上那個標籤……但若講到這兩個詞的差別，我們會盡可能蒐集目前所有的資訊。同樣地，根據現有證據，我們有充分理由相信盧安達發生了種族滅絕的行動。」

艾斯納：「要有多少種族滅絕的行動才構成種族滅絕？」

雪麗：「艾倫，這不是我可以回答的問題。」

1959 年

6 月 11 日

消滅經典

「這本書詳述了大量主角發生性行為、或是談論性事的細節。這些文句中都是骯髒、冒犯和侮辱人的字眼。本書可能具有的所有文學價值都被色情和淫穢的段落及字詞抹去了。所以總的來說，這是一個汙穢不堪的作品。」美國郵政總長阿圖・沙梅菲爾德（Arthur E. Summerfield）禁止任何人郵寄 D. H. 勞倫斯的經典作品《查特萊夫人的情人》。這項決定後來被聯邦法官推翻，因為「郵政總長才疏學淺，沒有資格做出這樣一個在法庭上具特殊地位且具知識性的判決。」

1996 年

6 月 12 日

瑪吉終於閉嘴了

「希特勒剛開始其實做得不錯，但後來實在太過火了。」——辛辛那提紅人隊老闆瑪吉‧肖特（Marge Schott）

身為大聯盟裡那張最大的嘴巴，瑪吉‧肖特多年來屢次脫口說出種族歧視和極其不顧他人感受的話語後，終於在 1996 年 6 月 12 日被迫交出辛辛那提紅人隊的管理權。除此之外，她還發表過一些更偏執的抨擊言論，害得自己被逐出球場：

- 把隊上的明星球員艾利克‧戴維斯（Eric David）和戴維‧帕克（Dave Parker）稱作「隊上價值連城的黑鬼」。
- 「只有水果會戴耳環。」
- 「我不喜歡他們（亞洲人）來這裡，待了很長一段時間後表現得比我們的孩子更好。」

6 月 13 日

1977 年

默劇：難以言喻的爛節目

1970 年代出現的恐怖人事物中，從長毛地毯到尼龍材質套裝，沒有任何事情比得上那些神智不清且愚蠢的電視台人員，他們有系統地強迫觀眾收看劣質綜藝節目。

霍華德·柯賽爾（Howard Cosell）是其中最恐怖的人之一，曇花一現的星境人聲合唱團（詳見 2 月 19 日）以及所有針對當代流行音樂作出最無足輕重評論的人也不例外。甚至連脫線家族都在 1976 年死而復生，以嚇人的歌舞以及遠遠比不上最初系列的幽默短劇一路扭腰擺臀回到鎂光燈下。

然而，那十年間最糟糕的假綜藝節目出現在 1977 年 6 月 13 日，當時的默劇夫妻檔謝爾茲與亞內爾（Shields and Yarnell）在 CBS 電視台推出了自己的綜藝節目。

沒錯，電視黃金時段播放的是整整一小時的「默劇」。那些詭異、無聲的機械化人們臉被塗得一片雪白，總想以誇張的表情努力突破想像的框架。這些「演員」的表演實在太惱人了，甚至連腦袋不正常的邪惡羅馬皇帝尼祿都有資格驅逐他們。

1940 年
6 月 14 日

光之城黯淡無光

納粹的佔領行動通常都不是引發原始恐懼的原因；確實，德國軍人似乎對少數還待在巴黎寂靜街頭的居民異常仁慈。然而，毫無疑問，1940 年 6 月 14 日，光之城一早便徹底淪陷。繡有偌大納粹黨徽的巨大紅旗在凱旋門和艾菲爾鐵塔等知名景點上隨風飄揚。當天下午，占領者在香榭麗舍大道腳踏正步舉行一場勝利遊行，同時間電台節目開始以德文廣播。沒過多久，希特勒就會抵達他最新的領土。「我之前常在想，到底有沒有必要破壞巴黎。」這位領袖告訴他最喜愛的建築師艾爾伯·

史皮爾（Albert Speer）。「但要是我們在柏林成功了，巴黎終歸只是個影子。那何必要摧毀它呢？」*

1888 年

6 月 15 日

新皇帝卸下死去的父親

腓特烈三世已在死亡邊緣，但他的長子威廉覺得死得不夠快。威廉在父親的臨終床邊來回踱步、幾乎掩不住將要繼承王位的興奮之情。「他想像自己已經成為皇帝，而且是絕對專制的皇帝。」他母親輕蔑地說。

當腓特烈三世終於在 1888 年 6 月 15 日嚥下最後一口氣時，新任皇帝立刻著手進行先前計畫好的軍事行動，將宮殿改造成一座監獄。在威廉大肆搜刮父母的財產時，所有人都被勒令留在現場，連他哀傷的母親也不例外。她本想剪幾朵玫瑰放在已故丈夫的床上，卻被軍人粗魯地趕進室內。

威廉迫不及待想擺脫父親的遺體，甚至連他的朋友奧倫堡王子菲利浦‧腓特烈‧亞歷山大都對威廉的大不敬感到震驚。「死者很迅速地被穿上軍服。」菲利浦王子說。「沒有典禮……沒有追悼……完全沒考慮到宗教層面。」

已故皇帝的葬禮準備得相當倉促，他被放進棺材後就被急忙送往附近正在為隔天葬禮做緊急裝飾的教堂。傳記作家艾米爾‧路得維希（Emil Ludwig）在喧囂聲及塵土中回憶道：「棺木被擺在一群敲敲打打的工人

---

* 註：希特勒後來在 1944 年改變心意。由於巴黎即將重獲自由，因此，據說他下令（幸好沒人理他）徹底摧毀這座城市。「巴黎燒起來了沒？」聽說領袖這麼要求。

之中，看來跟工具箱沒兩樣。」

葬禮沒有邀請任何外國領導人，整個過程就跟烤乳豬聚餐一樣不莊重。「軍隊一點也不莊嚴。」奧倫堡的菲利浦王子寫道。「神職人員談笑風生。陸軍元帥布魯門塔爾肩膀倚靠著軍旗，站在那兒滔滔不絕地講話……實在太可怕了。」

整場典禮不得體到彷彿具有某種象徵意義。儘管腓特烈三世僅僅在位九十九天（他的父親威廉一世在 1888 年初去世），威廉二世仍然急著掩蓋父親的政績，唯恐它們促成未來的自由主義行動。

愛吹牛且身為軍國主義者的皇帝此種方式引來強烈不滿。「一個瘋狂、自負的渾蛋。」他叔叔的妻子、威爾斯王妃如此批評。而他叔叔多年後在第一次世界大戰中也扮演了重要角色。

「上帝沒有棄絕普魯士。」威廉宣稱。「因為祂已經把腓特烈夫婦 ＊ 的時代從歷史洪流中抹去。」

1871 年

6 月 16 日

為客戶奉獻（生命）

克萊門特・維蘭迪漢（Clement L. Vallandigham）在國會度過了精采的職涯，還身兼「銅頭蝮蛇」＊＊領頭羊，然而因為反對南北戰爭以及「林肯國王」的政策，最終被迫被流放到南方聯盟。但他繼續以俄亥俄州律

＊　註：威廉二世也瞧不起自己的母親維多利亞（英國維多利亞女王的長女），他認為是母親鼓勵父親採取自由主義，而且她喜愛英國更勝德國，此舉不可容忍。他說：「我們家族蒙羞，且德意志帝國全因爲英國公主而瀕臨毀滅，那公主竟是我母親！」

＊＊　譯註：指在南北戰爭中反對解放黑奴的異議分子。

師的身分工作，既能言善道又具說服力，幾乎沒打輸過官司。被控在酒吧衝突中殺人的湯瑪斯・麥吉漢（Thomas McGehan）之案也不例外。唯一的問題是，維蘭迪漢成功讓客戶獲判無罪，卻賠上了自己的性命。

律師想證明被殺害的湯姆・麥爾斯是在和麥吉漢扭打時開槍誤擊中自己。1871 年 6 月 16 日休庭後，維蘭迪漢和律師同事步出法庭，兩人一同走到郊外想做個實驗：當手槍近距離射擊一塊布時，能殘留多少煙硝痕跡。

然後，他們帶著那把用來實驗的槍回到旅館，槍管內還有三發子彈。

當晚，維蘭迪漢將辯護團隊召集到他的房間，再次模擬要如何在法庭上展示麥爾斯是誤殺自己。這時他拿的手槍就放在中午用的那把槍旁邊，他以為裡頭沒子彈，便舉起手槍開始模擬想讓陪審員看的場景。「你們看，麥爾斯就是這樣拿槍的。」他說道。「當時他不是直挺挺地站著，而是準備起身。」接著律師扣下扳機，但出現的不是喀搭聲，而是槍響和火光。維蘭迪漢拿錯槍了。「天哪，我射死自己了。」他一邊大喊，一邊搖搖晃晃地走向牆壁撐住自己的身體。

熬過痛苦的十二個小時後，這個曾經被林肯稱為「狡猾的煽動者」因傷勢過重而死亡。但至少維蘭迪漢百戰百勝的紀錄得以維持下去，因為麥吉漢最終獲判無罪。

1462 年
6 月 17 日

更嚇人的正版吸血鬼

「所有事物好像都詭異地凍結了。但當我側耳傾聽，聽到了狼群的

嚎叫聲自山谷傳來。伯爵的眼睛閃閃發亮。他說：『你聽，午夜之子奏出了多麼美妙的音樂！』」——布拉姆·斯托克（Bram Stoker），《吸血鬼伯爵德古拉》

　　早在布拉姆·斯托克於 1897 年出版著名的嗜血伯爵故事的四個世紀前，真正的德古拉，瓦倫齊亞的弗拉德三世，就已創造出一幅比小說更駭人的死亡場景。事情發生在黑暗之中（這很合理）。1462 年 6 月 17 日，弗拉德·德古拉 * 突然從深山裡的藏身處現身，與身後的狼嚎軍隊一起橫掃過沉睡的鄂圖曼土耳其軍營。「整個夜晚他都像閃電般四處橫行，大開殺戒。」一位當代編年史作者記載道。然而，一片混亂之中他竟沒殺死他的目標獵物——蘇丹「征服者」穆罕默德。儘管如此，弗拉德還是留了一手給這可敬的敵人：一場讓有權勢的穆罕默德二世也顫慄不已的表演。

　　當蘇丹和旗下軍隊為了追捕弗拉德而接近瓦倫齊亞的首都塔爾戈維齊 ** 時，看見了弗拉德特地為他們準備的表演，亦即德古拉的專長：木樁森林——約有兩萬名被捕的土耳其人的腐爛屍體被一根根木樁穿過。穆罕默德的將軍漢札·帕沙（Hamza Pasha）地位最高，因此被最長的木樁穿刺。這場景駭人無比，連絲

_____

＊　　註：弗拉德的父親被稱為「德古爾」（Dracul），因為他在龍騎士團（Order of the Dragon）中備受尊崇。因此他的兒子被稱為德古拉（或龍子）。人們相信布拉姆·史托克那本著名的哥德式恐怖小說應該有從這位龍的後裔——歷史上的弗拉德·德古拉身上汲取一些靈感。

＊＊　註：瓦倫齊亞是今天羅馬尼亞的一部份。

毫不畏懼此等野蠻行徑的蘇丹也被嚇到了，然而卻也深受敵人的殘酷吸引。他的軍隊見到「穿刺者」這幅殘忍作品後勇氣盡失，穆罕默德一面帶他們撤退，一面讚嘆地搖頭，決定暫時休兵擇日再戰。

1959 年
6 月 18 日
路易斯安那州最賣命的人民公僕：
「徹底失去理智」的厄爾叔叔

顯然，幾乎每個人都看得出來路易斯安那州長厄爾·隆恩（Earl K. Long）快瘋了。雖然他看起來總是生龍活虎，但就像《時代雜誌》所說，他似乎已經「徹底失去理智」了。他在州議會的聯合會議上脫口而出一連串令人尷尬不已的汙穢與謾罵字眼——幾天內連續發生兩次，他酗酒過度，還和脫衣舞孃布拉茲·史塔爾有一腿。其中一個親戚說：「厄爾的行為像是一個被嚴格的浸信會父母撫養長大的小孩，從未看過香菸、威士忌和放蕩的女人。」

厄爾那位拘謹且表現得體的妻子米茲·布蘭琪顯然因為丈夫的怪異行為而感到羞恥，她要厄爾施打鎮靜劑，還想帶他飛到德州接受治療。但州長堅決反對，他威脅要依照聯邦綁架法控告妻子和姪兒美國參議員羅素·隆恩違背他的意願，強行將他帶往別的州。他自己當自己的律師，提出人身保護令，並在申請書上簽名：「路易斯安那州州長厄爾·隆恩，因遭綁架而被迫流亡在外。」

最後，這位好鬥的厄爾叔叔終於答應會去紐奧良醫院就診，自此他便能夠為所欲為。但他只在那裡待了一晚，隔天就告訴米茲·布蘭琪說

要去農場休息。米茲‧布蘭琪嚇壞了，難以想像這個逃出來、精神錯亂的州長會做出什麼事，因此她安排讓丈夫被合法拘禁在州立療養院。

當警察攔下他的車、粗魯地把這位拒絕合作的州長拖到車外時，他的反應就像一隻得了狂犬病的浣熊。接下來，厄爾叔叔被法院指定的精神科醫師診斷為偏狂型思覺失調症，隨後被合法拘禁在曼德維爾的路易斯安那東南醫院。他很不爽。「他們得先開十道鎖才能找到我。」他說道。「曼德維爾比地獄裡的地窖還糟，這裡的食物和窮人家櫥櫃裡的數量一樣少。」

被拘禁約八天後，隆恩聰明地運用身為州長尚存的權力解僱醫院的院長，並讓另一個比較順服的人取而代之，好讓自己能被釋放。雖然他那可恥的名聲看似永遠無法恢復，但隔年卻獲選為美國眾議院的議員。

「你們知道我沒有發瘋。」選舉結束十天後，他在心臟衰竭而死之前說道。「我從來沒有發瘋過。但我告訴你：要是你經歷過他們對我做的事，你一定會瘋掉！」

1867 年
6 月 19 日
用內臟褻瀆已故皇帝

趁某人倒下時踹他一腳是一回事，但去踹一個已經倒下、而且永遠不會再站起來的人，那又是另一回事了。這就是麥克西米連（Maximilian）遭遇的爛事。這位奧地利大公就任墨西哥皇帝但隨後又被法國人罷黜，他在 1867 年 6 月 19 日被行刑隊槍決。按理說，他的遺體會受到妥善保管，好讓歐洲的家人能在下葬前見他最後一眼。但葬禮

現場有個墨西哥內科醫師和軍官興高采烈地用一種完全不得體的行為褻瀆了遺體。

「拿皇帝的血來洗手未免太棒了！」負責屍體防腐的利西亞醫師用刀剖開屍體、取出麥克西米連的內臟時興奮地大喊。接著，人稱「鬣狗」的官員把取出來的腸子擺在死者的頭部周圍。「你不是很喜歡王冠嗎？」他幸災樂禍地說。「來，現在這就是你的王冠。」

利西亞醫師手邊沒有防腐用的溶液，便臨時配製出一種完全不合適的藥水。麥克西米連的屍體一下子就變成黑色。接著醫師又因為找不到人造眼珠可以取代皇帝的藍眼睛（之前已經被剜走），便挖出當地醫院聖烏蘇拉雕像的黑眼睛。他甚至藉由販賣麥克西米連的頭髮和部分心臟而小賺了一小筆，那些部位被穩妥地儲存在裝滿防腐劑的瓶子內。

現在，這位已故皇帝已經面目全非，甚至連下令處決他的共和黨政府都感到難為情。貝尼托・胡利雷茲總統（President Benito Juárez）不想將遺體送回歐洲，於是重新安排了第二次防腐程序，這一次得體面點才行。麥克西米連被倒吊，好讓利西亞醫師之前注射的錯誤藥水可以流乾淨。最後，一直到胡利雷茲檢查過這具重新防腐過的屍體後，可憐的麥克西米連才能讓船運回家——正是當初載他到墨西哥的那艘船。

1967 年
6 月 20 日

越戰藉口：拳王阿里的戰鬥

「我和越共之間沒有嫌隙。」——穆罕默德・阿里

1967 年 6 月 20 日，拳王穆罕默德‧阿里基於宗教信仰的緣故拒絕接受軍隊徵召入伍（結果被剝奪世界重量級冠軍的頭銜）。他因為拒絕服兵役被判處五年有期徒刑以及一萬美元罰款。[*]

1633 年
6 月 21 日
地球為了伽利略而停止轉動的那天

伽利略‧伽利萊出版的曠世巨作《關於托勒密和哥白尼兩大世界體系的對話》（*Dialogue Concerning the Two Chief World Systems*）被羅馬宗教裁判所毀壞，因為教宗烏爾班八世 （Pope Urban VIII）認為書中思想守舊的角色辛普利耶是在暗諷自己。伽利略‧伽利萊站在法官面前，宣告放棄他所提出的太陽系學說：「我先前相信，現在仍堅信，托勒密的想法最正確而且無庸置疑，也就是說，地球靜止不動，是太陽繞著地球轉。」伽利略最後宣告放棄哥白尼主義時有以下告白：「對此，我以良心發誓，絕對沒有抱持『太陽靜止不動，是地球繞著太陽運轉』這種罪該萬死的想法，且在 1616 年 2 月 26 日判決出來後便不再有此等信念……現在任由你們處置。」結果，這位偉大的天文學家被「強烈懷疑為異端分子」，餘生都被軟禁在家。

---

[*] 　上述判決後來被美國最高法院推翻。

1884 年
6 月 22 日
活人生吃：給極地探險家最冷的屁股

這是一則流傳千古的生存奇談。一群探險家被困在北極圈最難抵達的地方，三年來被飢餓、凍傷和絕望消磨怠盡。「我們被誘拐到這裡自身自滅。」遠征隊隊長阿多爾夫思‧格雷利（Adolphus Greely）寫道。「我們已經無所不用其極自救，從未放棄掙扎，但想到未來的一切，仍舊差點把我逼瘋。人們害怕的不是終點，而是抵達終點前的那段路。死亡不難，非常容易；只有奮鬥、忍耐，生存下去才是困難之事。」

不可思議的是，六個男人都活下來了。他們靠著靴底、鳥的糞便和已故同伴的屍體維生。然而，當這些飢腸轆轆的男人在 1884 年 6 月 22日獲救時，卻迎來了痛苦磨難的開端。

剛開始，格雷利和夥伴們被讚頌為英雄，即使面臨超乎想像的困境仍堅毅且不屈不撓。但媒體卻揪住他們的食人行為不放。隨後聳動的報導耗弱了這幾位倖存者的情緒，一如他們在無情的冰天雪地裡遭受的生理折磨一般痛苦。「我們有必要說出那個可怕冬天所有事情的來龍去脈。」《紐約時報》在 8 月 12 日如此宣稱。「因此，這些被隱瞞至今的事實會替格雷利的極地之行寫下全新的紀錄……這是極地探險漫長歷史中最駭人、最令人反感的篇章。」

《羅切斯特郵報》說服其中一位已故隊員弗雷德利克‧奇斯林柏利（Frederick F. Kislingsbury）的家屬同意挖出遺體，他們慷慨地支付費用以換取這則獨家新聞。接下來，這份報紙歡欣鼓舞地公開了「墳墓中的證據」：死者大腿和軀幹的肉都被砍下。

《底特律自由新聞》也不甘示弱，為奇斯林柏利的驗屍報告增添許

多想像力豐富、令人毛骨悚然的細節。大腸內的物體被放在「效能強大的放大鏡」下時，可以看見「肌肉和肌腱的碎塊」。報導堅稱：「這非常可能指向一個事實：奇斯林柏利自己也被迫吃下其他死者的肉，而他後來又成為其他倖存者的食物。」

格雷利心都碎了，他發現他和同伴們完全被當成了食人怪物，而他們的科學成就全被埋沒在那些殘酷、媒體製造出來的亂象之下。「這確實是則新聞，非常糟糕的新聞。」他聽聞奇斯林柏利的掘墓報導後說道。「後來新聞揭露的事情和可怕的指控一瞬間惡狠狠地襲向我。坦白說，這幾天我遭受的精神霸凌，遠勝於我在北極圈經歷過的苦難。」

1611 年
6 月 23 日
亨利・哈德遜的最後旅程

亨利・哈德遜（Henry Hudson）的骸骨遺留在以他命名的大鹹水海灣區某處，但沒有人知道確切的位置，因為這位英勇探險家的命運至今仍是個謎。唯一確定的只有一件事：1611 年 6 月 23 日，哈德遜的任務是要找出通往富饒的印度群島的西北航道，這個計畫卻因為發現號（Discovery）上發生叛變而戛然而止。這支遠征隊整個寒冬都受困在北極冰層中，所有船員都飢腸轆轆且飽受壞血病折磨，所以他們阻止了哈德遜的計畫，因為後者想在天氣好轉後繼續執行任務，而非把握機會回程。因此，他們強迫哈德遜、他十幾歲的兒子和其他幾名忠心的船員登上另一艘小船，然後就把大船開走了，留下這些難逃一死的人們面對未知的命運。

1783 年
6 月 24 日

逃跑的國父：奔跑吧！國會

「國家最高立法議會遷移到普林斯頓，此舉真是既莊重又空虛，使得原本它所在位置的州，那裡的智慧被質疑、美德受猜疑、尊嚴已經成了笑話。」

少校約翰·阿姆斯壯（Maj. John Armstrong）寫信給霍拉蒂·蓋茲將軍（Gen. Horatio Gates），嘲笑召集於費城州議會大廈（現在的獨立廳）的國會 * 突然在 1783 年 6 月 24 日宣布遷至紐澤西州的普林斯頓。

美國這個新國家還沉浸在獨立戰爭擊敗英國的喜悅中，因此當軍人們要求得到效力戰場的報酬、進而威脅要攻擊國會時，國會緊急搬遷的舉動顯得頗為尷尬。亞歷山大·漢密爾頓（Alexander Hamilton）支持國會從費城搬到普林斯頓，但他擔心國會會被指控「輕率，膽怯而魯莽」。他的擔憂成真了。

1984 年
6 月 25 日

放過西奧賽古的宮殿吧

深受二十世紀獨裁者們喜愛的浮誇建築方案中，論及規模與富麗堂皇的程度，沒有一座比得上尼古拉·西奧賽古（Nicolae Ceau escu）座

---

* 　註：根據《聯邦條款》正式召集的美國國會

落於布加勒斯特中心的總統官邸。「羅馬尼亞人對極權主義的城鎮規劃所做的古怪貢獻。」托尼・朱特（Tony Judt）在《紐約時報》中描述道。「它龐大（接待區和足球場一樣大）、醜陋、笨重、殘酷且毫無品味，唯一可能擁有的價值應該是其中的隱喻。」

這座多層次龐然大物是世界第二大建築（位居五角大廈之後），曾被形容為巨型史達林婚禮蛋糕，整個建造過程代價不斐，不僅斥資了約略幾十億（同時間許多羅馬尼亞人民正在挨餓），也大規模破壞了老舊的布加勒斯特。沒錯，1984 年 6 月 25 日西奧賽古打下地基之前，幾英畝範圍內的歷史建築、教堂和紀念碑都被推土機鏟平，徹底摧毀了這座曾被譽為「巴爾幹半島的小巴黎」的城市面容。

失去珍貴的建築引發了布爾喬亞階級的憤怒，但西奧賽古絲毫不以為意。畢竟，他長久以來追求的就是羅馬尼亞全境的建築一致性，掃除整個村莊和文化遺產只為了達到所謂的「系統化」。遺憾的是，他在享受這座龐大的紀念館前便已失勢。當這位獨裁者和妻子在羅馬尼亞革命期間被即刻處決時，那棟庸俗的龐然大物尚未竣工——距離打下地基正好過了五年半。

1409 年

6 月 26 日

不慈愛的基督教 Part 2：教宗的三重威脅

十四世紀晚期，天主教徒有充分理由感到困惑及恐懼。不只是因為當代的教宗格外不道德——表現得更像是失去理智的凱撒，而不像精神上的牧羊人——再加上那時天主教會大分裂期間，教會分成了兩派，雙

方的教宗都宣稱擁有教會最高權位。其中一位教宗在羅馬，另一位則在法國亞維儂，兩位都有各自的樞機團、忠誠的歐洲君主和博學多聞的神學家支持。甚至連當代聖人都選邊站。「一艘船上有兩個主人，雙方都防著彼此、否定對方。」讓·佩蒂特（Jean Petit）在 1406 年的巴黎議會中說道。

兩方對立的教宗互相爭鬥了長達三十年，直到雙方樞機團終於都受夠了。他們廢掉羅馬的額我略十二世和亞維儂的本篤十三世，接著於 1409 年 6 月 26 日選出亞歷山大五世作為接班人。唯一的問題是，額我略和本篤不願意退位。因此，教會不但沒有統一，反倒出現了「三位」正式教宗，且各個脾氣都很差。

亞歷山大五世上任後十個月便死亡，但這並未緩解僵持不下的情形，反而讓事態變本加厲。若望二十三世（注意別和二十世紀的同名教宗搞混）被任命為神父的隔天後便接替亞歷山大的位置。三個教宗仍然同時治理，且至目前為止，若望是不神聖的三位一體中最糟的那位。若望被控犯下各種罪行，但就如偉大的歷史學家愛德華·吉朋（Edward Gibbon）所說：「其他更可恥的指控都被壓下來了；這位基督的代表只被控訴了剽竊、強暴、雞姦、謀殺和亂倫的罪名而已。」

若望二十三世在 1415 年被廢黜。兩年後，其他兩位對立教宗也在康士坦斯大公會議中被廢除。瑪爾定五世（Martin V）獲選取代他們，但回歸唯一教宗制度絕對不代表更美好的時代即將來臨（詳見 1 月 21 日、5 月 21 日、8 月 11 日、11 月 26 日和 12 月 5 日）。

1850 年
6 月 27 日
戴王冠戴到頭疼

　　維多利亞女王自 1837 年就任後總共遭到四名刺客攻擊。但令她最生氣的一次攻擊發生在 1850 年 6 月 27 日，那次刺客用的是截然不同的武器。當時這位年輕的君王和三個孩子坐在馬車上，突然有個瘋狂的前任軍官羅伯特·派特（Robert Pate）從人群中衝出來，用鋼製拐杖的尖端急速敲打君王的頭部。

　　可憐的維多利亞女王頭暈目眩、血流不止，額頭多了一個胡桃大小的傷口，同時間也感到前所未有的憤怒：「我，身為一個女人——一個手無寸鐵的年輕女人、身邊還有孩子，竟然要遭受此等侮辱，且還害我沒法開車去兜風，這實在非常難受又嚇人。男人不論毆打哪個女人，都是最殘忍的行為。我和所有人都認為這比其他槍擊的意圖更要差勁。儘管槍擊很邪惡，但至少還算可以理解，也有膽量多了。」

　　值得慶幸的是，由於此舉嚴重冒犯到了女王，因此後來三名刺客都改回用傳統槍枝做武器。

1914 年
6 月 28 日
差一點就不會這麼倒霉的斐迪南大公

　　這天差點就稱不上是倒楣日了。一群塞爾維亞民族主義分子策劃要暗殺奧匈帝國的皇儲法蘭茲·斐迪南大公卻失敗了。看起來貌似失敗了。

當時大公和其妻子蘇菲的車隊正旅經塞拉耶佛，六名刺客中的其中一人朝他們的車輛投擲炸彈，但炸彈卻反彈、在後面的車輛下方引爆，重傷了其車主和一些旁觀者。皇室夫婦雖然嚇壞了但毫髮無傷，接著車隊按計畫加速前往位於市中心的接待所。

「市長先生，」法蘭茲・斐迪南抵達後生氣地說道，完全可以理解他的怒氣，「我來這裡參訪卻被丟炸彈。這實在太過分了。」

這事很嚇人沒錯，但至少他還活著。

與市長會面後，大公決定取消當天其餘的行程，並拜訪在暗殺事件中受傷的患者。原本的計畫是要避開市中心直接開車到醫院。但大公的駕駛收到錯誤資訊，在法蘭茲約瑟夫大街右轉。這是個要命的錯誤，因為其中一名刺客在暗殺失敗後和同夥逃離了現場，當這人正在附近的熟食店用餐時，正好看見大公的車轉錯方向後正打算迴轉。不幸的是，駕駛員想踩油門卻踩成煞車，導致引擎熄火、齒輪鎖死。一個叫作加夫里洛・普林西普的年輕人抓住了這個完全意料之外的機會。

普林西普後來的供詞是，當下他是隨機掃射。「我不知道我瞄準哪裡。」他說道，然後又接著補充說：「我沒有特別瞄準就朝汽車開槍，甚至把頭別了開來。」但是這樣就夠了。嚇人的是，兩發隨意射出的子彈中有一發擊中了斐迪南的頸部血管，另一發則射穿蘇菲的胃。當他們駛離現場尋求醫療協助時，這對夫婦還直挺挺地坐在車內，但兩人的生命正一點一滴走向終點。「蘇菲、蘇菲！妳不要死！」據說大公這麼哭喊，「為了孩子們活下去！」

接下來的故事大家都很熟悉。斐迪南夫婦的謀殺案引發了一場示威暴動，最終釀成第一次世界大戰，這是人類史上最血腥的衝突之一。而這全都肇因於轉錯一個彎。

1796 年

6 月 29 日

「哞」快樂的一年

英國數學教授詹姆斯・丁威迪（James Dinwiddie）讓人們見識到牛對印度人而言有多麼神聖，以及牛隻意外死亡帶來的後果。

「有個可憐人的房子被大火吞噬，這場火災也燒死了一頭牛。」丁威迪在日記中記錄道。「這個不幸的人被婆羅門族宣判有罪，罰他一整年都要一面在街上行走，一面學牛叫。他今天早上（1796 年 6 月 29 日）從我面前走過，像隻將死的動物一樣怒吼出他所遭受的折磨。」

1920 年

6 月 30 日

夏洛克，不要開槍！

1917 年夏天，年輕的法蘭絲・葛利菲斯（Frances Griffiths）和母親惹了一堆麻煩。這個十歲小女孩滿身泥濘、全身濕透，宣稱自己在家門後的溪水旁「和仙子玩耍」，而她家位在英國科廷利的某座小村莊內。法蘭絲被送回房間後，為了說服葛利菲斯夫人相信仙子事件是真的，於是和十六歲的表姊艾爾西・萊特（Elsie Wright）共同策劃出一個計謀。她們跟艾爾西的父親借了一台相機，接著，法蘭絲站在一群從童書上剪下來、用別針固定住的花仙子前擺好姿勢。艾爾西按下快門，拍下了這幅特地佈置的場景。而那些照片將來全成了世界上最知名的相片。

從各方面看來，這都是組相當不專業的相片，萊特先生也立刻否認

了這些照片的真實性。

但女孩們繼續製造更多花仙子的照片，而某位應該更懂得分辨真假的人——亞瑟·柯南·道爾先生——卻對此深受著迷。他是文學上最傑出的偵探之一夏洛克·福爾摩斯的創作者，近年來醉心於深受第一次世界大戰的損失與破壞啟發、進而橫掃英國全境的新式精神至上主義。對道爾來說，花仙子的存在並非遙不可及，且也真的驚喜地在科廷利找到仙子存在的證據。

1920 年 6 月 30 日，他寄信給艾爾西和她的父親，詢問他們是否同意讓他在《岸濱月刊》所寫的某篇文章中使用花仙子的照片。「我看過妳和表妹法蘭絲拍攝的奇妙花仙子照片。」他告訴艾爾西。「我已經很久沒對某件事情如此感興趣了。」那篇文章在當年 12 月被刊登。「這些小仙子就像我們的鄰居一樣，和我們只有相當細微的差別，很快大家就會熟悉她們了。」道爾狂熱地寫道。「即使看不見她們也無妨。光是想到她們的存在，就能為每一條河流和每座山谷增添迷人色彩，也會為每條鄉間小路帶來浪漫氣息。」

道爾對於這迷你人物異想天開的信仰從未隨著歲月流逝，同時間艾爾西和法蘭絲也守口如瓶了七十年。但到了 1983 年，七十六歲的法蘭絲終於決定打破沉默。「我以為這只是個玩笑。」她當時說道，「但每個人都讓它持續發展下去。」

7月

「無論你怎麼做，夏天總會有蒼蠅。」
——拉爾多・沃爾夫・愛默生

1916 年
7月1日

不宜去海邊：人入鯊魚口

查爾斯・愛普丁・文森（Charles Epting Vansant）無意間以一種駭人的方式成為美國典型人物。1916 年 7 月 1 日，一名二十五歲年輕人在紐澤西岸邊游泳時被一隻食人獸咬死——那是美國史上第一隻在非熱帶水域對戲水者發動致命攻擊的鯊魚，同時也是最殘暴的一隻。

在那災難性的夜晚，文森下海前和一隻乞沙比克獵犬成了好朋友。於是這對新朋友結伴游過了滔滔碎浪。幾名專家認為，一開始是因為那隻狗古怪的滑水動作將鯊魚引來，而後獵犬應該也察覺到了鯊魚的存在，因為牠突然不顧文森的呼喚逕自游回岸邊。

說時遲那時快，岸邊的目擊者看到泳者身後有個黑色魚鰭劃破水面，並筆直朝他而去。「小心！」有人大聲警告，但文森沒聽見。接著，

當這隻海賊箱咬住文森時，岸邊的警告聲變為群眾的驚呼聲。

緊接傳來的是痛苦的尖叫聲。查爾斯·文森的家人眼睜睜看著他被鯊魚活活吞食。「每個人都驚恐地看著弟弟拚命掙扎，彷彿他正和水面下的怪物打鬥。」文森的姐姐路薏絲回憶道。「他絕望地奮鬥著，我們衝過去時看到海水已被鮮血染紅。」

文森不知怎地設法游近岸邊，一名救生員趕緊跑向淺水區救他。但鯊魚還在一旁徘徊，並再次發動攻擊，同時間牠那佈滿鋸齒狀牙齒的血盆大口還咬著肉塊。更多人衝向被鮮血染紅的水中，加入與海怪的生死拉鋸戰。鯊魚死咬著文森不放，直到牠的腹部擱淺上沙灘才鬆口，接著游向別處尋找下一餐。[*]文森的父親是位內科醫師，他絕望地試圖拯救自己的兒子卻無能為力。那隻受重創的腿失血過多，使得這名年輕人未能撐過這次的怪物浩劫。

1994 年
7 月 2 日

代價最高的進球

1994 年，失敗的痛苦滋味演變至了足以致命的程度。曾經備受喜愛的哥倫比亞國家足球隊隊長安德列斯·埃斯柯巴（Andrés Escobar）在 7

---

* 註：確實，那個流氓殺手在之後的十一天裡繼續獵捕紐澤西的戲水者，並咬死了三人。最可怕的攻擊可能發生在最不可能的地方，也就是馬塔萬溪狹窄的入海口，那裡距離大海二十四公里遠。

月 2 日清晨於麥德因的夜店外遭到槍殺。十天前，他在對上美國隊的世界盃比賽中犯下要命失誤：踢出一記烏龍球。哥倫比亞隊輸了比賽後便遭淘汰。大受打擊的球迷以及哥倫比亞的毒梟於是轉而攻擊這位曾經的英雄，因為他們顯然為這場比賽下了很大的賭注。「進球！」其中一個兇手每射中埃斯科巴一次（他們用點三八手槍總共開了十二槍）就如此奚落他。令人痛心的是，埃斯科巴被槍殺的幾天前，全國最多人看的報紙《時報》才剛刊登了他寫給全國人民的公開信：「請大家尊重大家。」他寫道。「在此給大家一個大擁抱。我得說，能在世界盃比賽是我所擁有過最難能可貴、最非凡的機會與體驗。我們來日再見，因為生命不會就此停留。」

1969 年
7 月 3 日

塗成黑色：布萊恩・瓊斯之死

2012 年，滾石合唱團以「全世界最棒的搖滾樂團」身分歡慶成軍五十週年。但有位關鍵成員卻沒加入這場歡慶，因為他在四十三年前的這天（1969 年 7 月 3 日）在游泳池底遭遇不測。

布萊恩・瓊斯（Brian Jones）是滾石不可或缺的成員——至少開始是如此，他擅長演奏多種樂器、擁有搖滾巨星的魅力和引領潮流的品味。「他成立了這個樂團。」滾石吉他手比爾・懷曼（Bill Wyman）在自傳中寫道。「他挑選成員；他替樂團取名；他選擇我們要演奏的音樂；他讓我們有機會演出……他相當有影響力、十分重要、智商很高，但卻逐漸失控，等於是浪費且搞砸了一切。」

問題在於，這個樂團由瓊斯一手成立並栽培，但鋒頭卻逐漸被主唱米克・傑格（Mick Jagger）和吉他手基思・理查茲（Keith Richards）奪走，兩人後來成了傑出的創作組合。儘管瓊斯在〈塗成黑色〉（Paint It Black）等歌曲中融入了西塔琴這種獨特的個人音樂元素，還以豎笛演奏了〈紅寶石般的星期二〉（Ruby Tuesday），但這些歌最終都成為傑格和理查茲的主題曲。這幾首不敗的熱門歌曲讓雙人組越來越有力量。

　　瓊斯一直以來都用藥及酗酒過量，逐漸變成樂團的邊緣人後更是每況愈下。「何許人樂團」的彼得・湯森（Pete Townshend）回憶道：「他是這世界上我所知道最頹廢的人。」而他的情緒起伏也非常劇烈。「瓊斯可能是世上最親切、溫柔、體貼的男人。」懷曼寫道。「同時也是你所見過最惹人厭的人。」

　　1969 年 6 月 8 日，由於布萊恩・瓊斯替樂團帶來的負擔遠超過他的貢獻，因而被滾石樂團開除。「我們拿走了他的某樣東西，也就是他在樂團裡的位置。」鼓手查理・沃茨（Charlie Watts）在紀錄片《25×5》中回憶道（他應該要補充說，理查茲同時也把瓊斯的女朋友恩妮塔・帕倫伯格帶走了）。不到一個月後，瓊斯被發現死在自家游泳池底。* 當年他二十七歲。驗屍報告上將死因歸為意外，但許多人認為這位前滾石團員是遭到謀殺。「坦白說，他可以算是個混蛋。」一向坦率的理查茲告訴《滾石雜誌》。「我並不意外他最後以如此粗暴的方式死去。」

---

* 　註：布萊恩・瓊斯去世時，門戶樂團主唱吉姆・莫里森（Jim Morrison）發表一首名為〈洛杉磯之頌；懷念已故布萊恩・瓊斯〉的詩。兩年後莫里森在同一天死去，同樣死於二十七歲。

1826 年、1831 年
7 月 4 日
黃昏時分的最後、最後、最後一束光

對美國前五任總統的其中三位而言，代表脫離英國的《美國獨立宣言》週年紀念日也是死亡之日，這三人分別是約翰・亞當斯、湯瑪斯・傑弗遜和詹姆斯・門羅。這三位開國元勳都在 7 月 4 日去世，亞當斯和傑弗遜同在 1826 年、相隔幾小時相繼去世，門羅則於五年後逝世。

1975 年
7 月 5 日
康諾斯：球場和法庭上的輸家

有贏就有輸。當吉米・康諾斯（Jimmy Connors）跌破眾人眼鏡成了亞瑟・艾許（Arthur Ashe）的手下敗將時，那可真是輸得有夠慘。因為他不只輸掉了 1975 年 7 月 5 日溫布頓網球錦標賽的總決賽，最終甚至在禮節與氣度方面也輸得一敗塗地。

他們在網球場上交手前，康諾斯就已經在法庭上控告艾許誹謗了，這還只是一系列康諾斯針對艾許和許多（他沒加入的）網球協會提起的諸多訴訟之一。這個壞脾氣的球員要求上百萬的損害賠償，因為艾許曾公開表示，康諾斯一再拒絕加入戴維斯盃的美國隊，此舉使他看起來「不太愛國」。

艾許死後二十年，康諾斯還在那本追逐私利的自傳《局外人》中責怪他應對提告的方式。「亞瑟沒膽直接面對我。」康諾斯寫道，一副他

那愛打官司、小題大作的行為很有男子氣概似的。「相反地，溫網期間他寫了張紙條表明自己的立場，然後放進我的置物櫃。看吧，這不就說明一切了嗎？他需要的不過就是像個男人、當面和我談話，但他卻選擇不這麼做。」

不過根據康諾斯所言，真正令他反感的時刻是當艾許穿著胸口繡有「美國」字樣的戴維斯盃夾克走進中央球場的時候。大膽！接著艾許以六比一、六比一、五比七和六比四的比數成為史上第一位在溫網奪得冠軍的黑人男性。他還乘勝追擊這麼說道：「康諾斯有百分之七十的失誤都是因為他把球打去網中央，幾乎沒能把球打到底線——這正是失常的跡象。」

接著，那天已經夠糟了，康諾斯還得忍受最後一個羞辱：他的經紀人比爾·里奧丹顯然打賭他會輸掉決賽。「我是最被看好的選手，比爾再清楚不過。」康諾斯寫道。「你相信嗎？這個膽小鬼根本不敢說他贏了賭注。」不久後康諾斯得到教訓，不再緊咬里奧丹「以及」那些訴訟案不放。

2008 年

7 月 6 日

有點瘋癲的傑西·傑克遜

「看吧，巴拉克對黑人的態度一直都這樣趾高氣昂……真想剪掉他的睪丸。」傑西·傑克遜（Jesse Jackson）牧師在電視上悄聲向同事批評總統候選人巴拉克·歐巴馬，完全不知道他的麥克風在廣播中場時間仍在收音。傑克遜的評論很粗俗但絕對精彩，而這不是他第一次如此口無

遮攔，講出這麼激烈的評論。

1984 年，他未經大腦思考就做了某項惡名昭彰的評論。總統競選期間，傑克遜隨口稱猶太人為「猶太鬼」（Hymie），並將紐約市稱作「猶太鬼城」。

1456 年
7 月 7 日

噢，你現在才告訴她

對聖女貞德而言，好消息是：法庭於 1456 年宣布她並未犯下異端罪，並撤銷她的死刑。壞消息是，她在二十五年前就已經被燒成灰燼了。

1932 年
7 月 8 日

震撼落底：經濟大蕭條的最低谷

「我深信最糟糕的時刻已經過去了。只要我們持續努力、齊心協力，經濟必能快速復甦。」赫伯特・胡佛（Herbert Clark Hoover）於 1929 年股市大崩盤後六個月如此宣布。「有件事非常確定，那就是美國人民的資源、才智和性格都將邁向繁榮！」

總統有充分理由抱持樂觀，畢竟股市在 1930 年代中期之前已經恢復了將近百分之三十的市值。然而，最糟糕的情況其實還沒來臨。1932 年7 月 8 日，道瓊工業平均指數跌至經濟大蕭條的最低點，成交值比三年

前 10 月那次損失慘重的低點再低了百分之五十以上。與這天相比，先前的暴跌只是揭開大災難的序幕。

1640 年
7 月 9 日

美國開始實施「黑奴制」

三位被維吉尼亞州農場主人休・格溫（Hugh Gwyn）簽下的合約工僕人，在 1640 年逃到馬里蘭州，其中兩位有歐洲血統，另一位則是非洲後裔。他們陸續被逮捕，並各自被判處三十下鞭刑。但後續的懲罰就不像這樣一視同仁了。兩個白人的奴役期限被法院延長四年。然而，另外一人的判決則寫道：「第三位名叫約翰・龐區（John Punch）的黑鬼終其一生都必須在這裡或其他地方服侍他的主人或指派人。」因此，1640 年 7 月 9 日，法院頒布的這道命令使約翰・龐區成為美國最初殖民地上第一位有文字記錄的奴隸。

1777 年
7 月 10 日

連衣服都沒穿：無禮地吵醒英國皇家將軍

這場發生於美國獨立戰爭期間的突襲行動足以媲美美國海豹部隊，而此事也導致英國的聲望一落千丈。1777 年 7 月 10 日清晨，羅德島的愛國者威廉・巴頓陸軍上校（Col. William Barton）和一支約四十名士兵

的菁英部隊悄悄越過聚集許多英國軍艦的納拉甘西特灣。他們制伏哨兵後便溜進英國理查德‧普雷斯科特將軍（Richard Prescott）所在的房間，嚇了床上的將軍一大跳。他們是來這裡劫持將軍的。

「男士們，」普雷斯科特將軍呼喊的話語被其中一名突襲兵記錄下來，「你們的任務很緊急，但看在上帝的份上，讓我穿個衣服吧。」

「老天在上，沒時間讓你穿衣服了。」巴頓回答。後來這名半裸的俘虜被帶走，並被推到其中一艘船上。神奇的是，這群綁匪一路順利地通過港灣，完全沒有被攔截。

「他倒是不怎麼遺憾。」英國官員安布勒斯‧賽勒（Ambrose Serle）談及普雷斯科特的損失 * 時說這麼說。然而，這位確確實實被「剝奪」尊嚴的將軍後來被釋放，換成美國的查爾斯‧李將軍被英國人抓去做人質。諷刺的是，去年 12 月李將軍被抓去時，身上只穿了一件睡袍。

1804 年

7 月 11 日

他沒禱告：漢彌爾頓決鬥後的怠慢

大家都很熟悉這個故事：美國副總統一再被某位傑出的開國元勳羞辱，便與這位政治對手在紐澤西州威霍肯展開一場榮譽之爭。亞龍‧伯爾（Aaron Burr）在這場儀式性的謀殺行動中遵守嚴格的禮節，並在決鬥中開槍射殺了亞歷山大‧漢彌爾頓（Alexander Hamilton）。亨利‧亞當斯將此描述為：「美國早期政治史上最戲劇化的一刻。」但對漢彌爾

---

* 註：對普雷斯科特而言更尷尬的是，這不是他第一次被抓去當人質了。兩年前在加拿大就已經發生過一次。

頓而言，當他因為腹部的巨大槍傷而被帶離威霍肯時，這場嚴峻考驗尚未結束，另外其他兩名大驚小怪、過於虔誠的神職人員也很清楚這點。

漢彌爾頓從來都不是個虔誠的人，但當他流著血、癱倒在地上時卻不斷尋求宗教慰藉，最後甚至得苦苦哀求別人。一開始這個將死之人請求紐約聖公會的主教、妻子所屬的三一教堂教區牧師班傑明‧摩爾（Benjamin Moore）讓他領聖餐禮，但摩爾拒絕他，因為漢彌爾頓不常上教堂，再加上他才剛結束那場邪惡的決鬥。

被這位偽善的主教拒絕後，漢彌爾頓絕望地尋求其他人的協助——他的朋友約翰‧梅森是附近蘇格蘭長老會的牧師。雖然梅森非常同情這位身受致命傷的朋友，卻也拒絕為他舉行聖餐禮。

最終，這位開國元勛為了得到救贖放手一博，再一次請求摩爾牧師。「當我一進到房間、走向他的床邊時，他以最沉靜的語氣說：『親愛的先生，想必您已察覺到我的悲慘處境，也一定了解此情況的前因後果。我希望能從您手中領聖餐，我希望您不要覺得這個要求有任何不妥之處。』」但摩爾還是拒絕了。

「我發現，他一定也很清楚我當下的處境既棘手又難堪：無論我有多想安慰這位痛苦的同伴，身為福音使者的我必須謹記，所有法律都比不上那至高無上的神明律法；因此，夾雜多種情緒的情況下，我必須十分明確地譴責導致他如此悲慘的根本原因。他接受了我的指責，並表示自己以哀傷與懺悔的心看待那場遲來的決鬥。」

摩爾迫使可憐的漢彌爾頓經歷更多達成這次宗教和解所需的考驗，最後

他動了惻隱之心，並「允許」懺悔者接受天神垂憐。隔天，牧師表示：「他很平靜地嚥下最後一口氣，幾乎沒有發出一聲哀號。」

1979 年
7 月 12 日

週四夜狂熱：燒毀迪斯可的一夜

從芝加哥白襪隊主場「柯姆斯基公園」傳出來的呼喊聲和棒球一點關係也沒有。球場的露天看台上飄揚著多面繡有相同字樣的旗子，而群眾正怒吼著：「迪斯可爛透了！」球場正中央有個被迪斯可唱片塞爆的垃圾桶正準備被引爆——這些全是 1979 年 7 月 12 日一場失敗行銷活動的後果，這天被稱作「迪斯可毀滅之夜」。事實證明，此事件的受害者不只是那堆唱片。

想出「反迪斯可」這種餿主意作為行銷噱頭的是麥克・維克（Mike Veeck）。他是白襪隊老闆比爾・維克的兒子，負責想辦法吸引觀眾進場看這支表現不佳的球隊，而當地廣播電台 WLUP 的節目「The Loop」的 DJ 史帝夫・達爾（Steve Dahl）顯然很痛恨迪斯可這種主宰 1970 年代晚期的曲風。

活動規則非常簡單。觀眾只要憑一張迪斯可唱片就可以兌換一張柯姆斯基公園的超便宜門票，而這些唱片會在白襪隊和底特律老虎隊連續兩場比賽的中場時間被公開燒毀。然而，現場實在太多人了，很多沒有門票的人也跨過旋轉柵門或攀越圍籬入場。球場一下子就擠滿觀眾且瀰漫大麻煙。悲慘的事情接踵而至。

粗暴的觀眾們（當中極少數是真正的棒球迷）把鞭炮和空酒瓶扔到

場上干擾第一場比賽，同時也將那些沒有被入口剪票處收走的迪斯可黑膠唱片扔出去。

「那些唱片從你身旁飛過去，然後插進了土裡。」老虎隊外野手羅斯帝‧史陶布（Rusty Staub）後來告訴《紐約時報》。「不只一張，是非常多張。我的老天，我這輩子從沒看過這麼危險的事。我請求夥伴們都戴好頭盔。」

接著，就在白襪隊以四比一輸給老虎隊之後，重大事件一觸即發。史帝夫身穿迷彩裝、搭乘吉普車進入場內。「現在，這是世界上最大型的反迪斯可集會！」他告訴那些尖叫的群眾。「聽好了，這裡是今晚你們帶來的所有迪斯可唱片，我們要把全部唱片都放在一個超大箱子裡，然後我們要炸──爛──它──們！」

一起大規模爆炸把燃燒著的唱片碎片炸離地面六百公尺之處。群眾吼叫著，上千人衝進場內。暴民們親自動手破壞那些沒有被炸毀的物品──他們拔走壘包（是真的「拔走」）、弄倒擊球擋網，還在被大火摧殘的迪斯可唱片殘骸旁瘋狂地手舞足蹈。任何欺哄拐騙都無法讓他們乖乖回到座位上。

「媽呀！」著名體育轉播員哈里‧卡瑞（Harry Caray）透過擴音器對著群眾大喊，要求他們回到位子上。但如此請求換來的只有嘲諷，於是卡瑞、比爾‧維克和柯姆斯基公園的風琴手現場演奏起激勵人心的〈帶我去看棒球賽〉（Take Me Out to the Ball Game）。鎮暴警察抵達後驅離了暴徒，而白襪隊也因此喪失了第二場與老虎隊的對戰機會。

1801 年

7 月 13 日

船上總有衰事 Part 2：海上砲擊

1801 年 7 月 13 日午夜剛過，裝配有一百一十二門火砲的西班牙戰艦皇家卡洛斯號（Real Carlos）在直布羅陀海峽爆炸，其夥伴聖美隆號（San Hermenegildo）亦於十五分鐘後爆炸。

這兩起災難奪走了數千條性命，但這不能怪敵軍的砲火，而是得歸因於英國的小心機和一些極壞的運氣，才會害得兩艘巨型船艦不慎毀掉對方。

這場大難發生於英國與西法聯軍的海上衝突期間。六天前，英國船隻攻擊停泊在直布羅陀灣設防海港城市阿爾赫西拉斯的法國艦隊。但雙方猛烈交火之後，發動攻擊者卻被迫落荒而逃——其中一艘 HMS 漢尼拔號（H.M.S. Hannibal）因為遭到劫持而未能跟上。這對英國人而言是莫大的羞辱，但很快地他們回來復仇了。

經過第一場阿爾赫西拉斯的戰役後，法國指揮官要求強化部署。因此，當法軍在維修受損的船隻時，五艘西班牙戰艦航經直布羅陀海峽、並在阿爾赫西拉斯築起保護區。接著，九艘同盟艦一起出發前往西班牙港口加的斯。

雖然不久前才剛受挫的英國指揮官詹姆士·索羅摩斯（James Saumarez）的戰艦數量只有敵方的一半，但他決定不再逃避。當破爛不堪的英國艦隊頑強地追上敵方時，第二場阿爾赫西拉斯的戰役於焉展開。較新的 HMS 無畏艦（H.M.S Superb）並未參與首場法國戰役，因此毫無損傷，由傑出的李察·季茨艦長（Richard Goodwin Keats）掌舵。季茨帶頭引領其他戰艦，盡一切所能阻礙那些正要離開的同盟護航艦，

他完全沒料到結果竟會如此成功。

　　巨大的西班牙戰艦皇家卡洛斯號和聖美隆號跟在其餘的同盟艦隊後頭，作為難以突破的最後一道防線。而在黑夜的掩護之下，季茨悄悄將無畏艦的砲火對準一旁的皇家卡洛斯號並下令開砲。那艘巨型西班牙船隻遭受的損害難以估量，並且立刻化為一團熊熊火焰。更糟的是，無畏艦發射的某幾發砲彈略過了皇家卡洛斯號，直接擊中了一旁的聖美隆號。

　　接下來發生的事情成了海軍史上最驚人的一頁。

　　聖美隆號的艦長在黑暗中什麼也看不清楚，他以為英國戰艦溜到他和皇家卡洛斯號之間，便開始對著想像中的船艦開火。他擊中的當然是姊妹號，而皇家卡洛斯號也以砲火回敬。現在卡洛斯號一邊對著真正的敵人開火，一邊也砲轟假想的敵人。季茨看到這個情形後便停止攻擊，在兩艘西班牙巨獸盲目地相互攻擊時默默撤退了。

1798 年
7 月 14 日

亞當斯先生，記得修正案那件事嗎？

　　1798 年 7 月 14 日，約翰・亞當斯總統簽署《美國權利法案》（*Bill of Rights*）不到十年，就公開允准了另一份剝奪自由權利的文件：《禁止煽動言論法》（*the Sedition Act*），而這只是該年通過的一系列高度違反自由的法律其中一條。湯瑪斯・傑佛遜把這些可憎的條款描述為「美國憲法中顯而易見的汙點」，此法明確規範，任何人不論是親自參與或從旁協助，只要發表的書寫、印刷、言論或出版品意圖誹謗、不雅、中

傷或反抗美國政府、參議院、眾議院或總統，皆屬違法。

而這就是佛蒙特州議員馬修・里昂（Matthew Lyon）[*]後來被打入大牢的原因。他指控亞當斯政府「虛榮到荒謬的地步，更是諂媚得愚蠢和無比自私貪婪」。

黨派作家詹姆斯・卡倫德（James Callender）是另一位因為《禁止煽動言論法》被判有罪、處以罰鍰和監禁的人。卡倫德在一篇特別狠毒的短文〈我們的前景〉中描述亞當斯是「令人作嘔的垂飾品」和「噁心的偽君子……醜陋的陰陽人，既沒有男人該有的力量和堅定，也沒有女人的溫柔和感性……不過是個頭髮灰白的煽動者。就他的私人生活來看，他是這座大陸上最愚蠢的傻蛋。」[**]

有鑑於約翰・亞當斯確實簽署了反煽動法和其他極端方案，他的傳記作家大衛・麥卡洛（David McCullough）於是這麼形容他的政府：「被歷史確切地評判為最應該受譴責的法案」，由此可見，詹姆斯・卡倫德如此猛烈地攻擊這位總統是情有可原的。

1972 年
7 月 15 日

珍・芳達投擲出的最大顆震撼彈：一張照片

一場奪走超過五萬八千名軍人性命、並使數萬條生命支離破碎的戰爭進行途中，女演員珍・芳達（Jane Fonda）滿懷善意地拜訪位於河內

---

[*]　註：里昂在該年稍早變得惡名昭彰，因為他在眾議院大廳與人起爭執時，朝著同事康乃狄克州議員羅傑・萬里斯沃的臉上吐口水。不過這又是另一個故事了。

[**]　註：湯瑪斯・傑佛遜很高興看到他的政治敵手亞當斯受到抨擊，但後來卡倫德的筆鋒轉而反對自己，並且成為首位公開指控他和傭人莎莉・漢明斯生下私生子的人。

的敵營。她露出笑靨高歌，雀躍地跨坐在北越的高射砲台以供人拍照。美國人對此驚駭不已，許多人更將此舉視為叛國，而芳達因為此行為被戲稱為「河內的珍」。

幾十年後，她接受電視訪談時說道：「我很後悔自己拍了那張照片，就算進到墳墓也不會改變，那傷了好多軍人的心，還激起了如此龐大的敵意。這是我所做過最可怕的事情。這件事完全沒有經過深思熟慮。」

1858 年
7 月 16 日

約翰‧布斯雇來的殺手可能瘋了，但⋯⋯

幾世代以來，拘泥於字義的聖經直譯者們恰好都忽略了《馬太福音》十九章十二節的某句話：「有人為了上天堂自行閹割。心領神會此話之人，便能通曉其意。」但是呢，湯瑪斯‧「波士頓」‧柯柏特（Thomas P. "Boston" Corbett）卻非常細心地留意到了。

七年前（1858 年），他在維吉尼亞的菸草倉庫槍殺了暗殺林肯的刺客約翰‧威爾克斯‧布思，自此聲名大噪。隨後他找到了能夠完全抵擋性誘惑的方式。他在沒有麻藥的情況下，拿起一把剪刀，把會釀成災禍的那話兒剪掉了。

1955 年
7 月 17 日
大失所望的迪士尼世界

　　1955 年 7 月 17 日，迪士尼樂園正式揭開序幕時根本沒有帶來什麼魔法。老實說，開幕表演根本是史詩級的災難，就連白雪公主裡的邪惡皇后的妖術都無法與之比擬。當天有一萬五千名嘉賓受邀參加開幕式，但實在有太多偽造門票魚目混珠，導致人潮倍增為兩倍，幾乎淹沒了整座樂園，還導致安那翰高速公路大塞車。人群迅速掃光了現場供應的所有食物，一團混亂嚴重馬克・吐溫遊船差點翻覆。水管工人們罷工，迫使迪士尼必須在廁所和飲水機之間做選擇——所以說，馬桶是能沖水了，但水分流失的人們在攝氏 38 度的高溫下被太陽烘烤，變得暴躁不安。當時的溫度高到連剛鋪好柏油的小鎮大街都融化到黏住鞋子了。遊樂設施無法正常運作、粗魯的保全嚇到遊客，還有氣體外洩逼得「幻想世界」不得不關閉。難怪華特・迪士尼會把開幕日稱為「黑色星期天」。

　　「華特的夢想是個惡夢。」一名記者寫道。「我有參加那場迪士尼媒體首演，但真的不記得三十年來有哪場演出跟這次一樣失敗。對我來說，現場比較像是一台喀嚓叮噹作響的巨大收銀機，同時間，在我的幻想中擁有崇高地位的迪士尼魔法生物跌落神壇，跟路邊吆喝的商販一樣兇猛地兜售商品且消耗掉自己的魅力。」

　　替華特叔叔雪上加霜的是，電視台現場直播了迪士尼的盛大開幕，並有將近九千萬人觀賞。那是場眾星雲集的盛事，與會嘉賓有隆納・雷根（Ronald Reagan）、鮑伯・康明斯（Bob Cummings）和主持人阿爾特・林克萊特（Art Linkletter），但各種差錯和失策讓這場災難更是顯而易見。舉個令人困窘的例子，曾在電影和電視節目飾演大衛・克拉克的演

員費斯・帕克（Fess Parker）引領遊行隊伍走在小鎮大街時，居然被說是可愛的仙杜瑞拉。

比較軟弱的人可能會因此挫敗而喪志，但華特・迪士尼卻宛如勇敢的米老鼠繼續安穩前行。三個月後，迪士尼贏來第一百萬名遊客，且仍舊是主題樂園帝國的始祖，並以其效率、整潔、趣味及能正常運作的飲水機聞名全球。

1877 年
7 月 18 日

可悲呀，柴可夫斯基根本不該結婚

1877 年 7 月 18 日，彼得・柴可夫斯基（Peter Tchaikovsky）與新娘安東妮雅・米露可娃（Antonina Miliukova）站在祭壇前啜泣，但他們倆並不是喜極而泣，因為這位偉大的作曲家這麼說：「一種痛苦的感覺攪住我的心臟」。

其實柴可夫斯基的新娘沒什麼大問題——除了她的性別以外。事實上，沒有任何女人能成為他的好妻子，因為他天生性向就不是如此。然而，有些壓力迫使他得在 1877 年走向祭壇前：他稱之為命運，但不如說是父母的壓力更恰當些；另外還有服從社會規範的需要，同性戀在當時仍會遭來辱罵。因此，他選擇和米露可娃共結連理。她之前是柴可夫斯基的學生，男方其實不記得她，只不過是米露可娃單戀的情書引起他的注意罷了。

柴可夫斯基向她求婚時就坦白說自己並不愛她，還列舉出自己那些討人厭的特質：「我很易怒、反覆無常、不擅社交，還有我的性向問題。」

然而，即使米露可娃知道他們頂多只能當朋友，仍然接受他的求婚。

　　柴可夫斯基很害怕結婚這天。幾天前他向一個朋友提到：「三十七年來，我一直對婚姻很反感。如今，環境壓力迫使我成為一個對新娘完全不感興趣的『新郎』，我真的很沮喪……再過一、兩天我就要和她結婚了，不知道將來還會發生什麼事。」

　　婚禮已經夠可怕了，但蜜月旅行比婚禮更糟。「馬車一出發我就開始哽咽、啜泣然後大哭。」柴可夫斯基寫道。而後的洞房花燭夜他沒有熱情如火，反倒「睡得跟死人一樣」。

　　這段無愛、無性的婚姻持續了幾週後，作曲家變得愈來愈不滿。他不僅覺得妻子的身體「很惹人厭」，連她的陪伴也變得乏味。他形容妻子很善變、膚淺，和他沒有半點共同興趣——甚至連音樂都不是。更糟的是，安東妮雅開始要求比他所承諾的「兄弟之愛」更進一步的肢體接觸。這段失敗的結合所帶來的強烈壓力驅使柴可夫斯基意圖自殺。但他沒有這麼做，而是在婚姻維持了短短六週後便遠走高飛。

　　然而，這位被柴可夫斯基形容為異常殘忍，並稱之為「爬蟲類」的分居妻子仍舊折磨著他。他活在巨大的恐懼中，害怕這個他鄙視的女人會揭露他的性向秘密，因此任何與她有關聯的事物——甚至只是提起她的名字——都會令他神經緊繃。他曾向兄長細數那些妻子指控他的罪狀：「我是個騙子，為了隱瞞本性而和她結婚……我每天都羞辱她，她因為我而遭受莫大痛苦……她對我可恥的惡行感到驚駭不已，還有很多、很多……」

　　最終，柴可夫斯基對這段不幸的婚姻只有一個解釋：「毫無疑問，我連續幾個月都陷於瘋狂之中。」

1553 年

7 月 19 日

珍・葛雷的不幸

在那九天，倫敦塔是被迫待在這裡的珍・葛雷女王（Lady Jane Grey）的皇宮。接著它突然成了一座這位十六歲女孩未曾離開過的監牢。珍是新教徒，亦是勢力龐大的都鐸君王的近親。她的公公諾森伯蘭公爵約翰・達德利（John Dudley, Duke of Northumberland）害怕若是亨利八世將王位傳給了強勢的天主教女兒、亦是合法繼承人的瑪麗，英國會再度淪為天主教的領土，因此強迫珍・葛雷繼承王位。然而最後瑪麗還是贏了，珍「統治國家」不到兩週，便在 1553 年 7 月 19 日遭罷黜。從那天起，倫敦塔對這位「九日女王」來說，變得比以往更具威脅性，一開始這裡是監牢，再來變成她被斬首的刑場，最後成了她的葬身之處。

1846 年

7 月 20 日

走上岔路：唐納變成晚餐

1846 年 7 月 20 日，唐納大隊（Donner Party）左轉向西前行，而這可說是史上最致命的一次左轉。要是他們在半途中的岔路右轉，並走上其他人走過的傳統西進步道，或許唐納大隊就能在加州和俄勒岡品嚐到新迦南地的牛奶與蜜，而非被迫在內華達山脈的冰凍地獄中生吞彼此。然而他們卻聽從了某個叫做蘭斯弗德・黑斯廷斯（Lansford Hastings）的冒險家（當代人稱他為「旅行界的巴隆・蒙豪森」）的呼喚；而這位慣

世忌俗的冒險家顯然將過去的移民者當成了可嘲弄的對象。

黑斯廷斯帶著雄心壯志，意圖從墨西哥人手中奪來土地後建立自己的地盤，因此他以一條又新又便利、但自己從未踏足過的捷徑來誘惑召集殖民者。他在著作《移民者到俄勒岡和加州的指南》（*The Emigrants' Guide to Oregon and California*）中把一切描述得輕而易舉，就像一路跳著華爾滋到天堂那般容易。

資深登山客詹姆斯·克萊曼（James Clyman）已經警告過唐納大隊，黑斯廷斯幻想中的路徑很危險。他預見他們將會面臨的阻礙，並敦促他們「選擇標準的車道、絕不可偏離。就算照著走也不見得走得到；但若不照著走，那肯定不可能安然抵達。」但是唐納大隊的隊長被那條捷徑迷得團團轉，以至於忽視了克萊曼的警告，在岔路左轉，走向命中注定的毀滅。

當他們發現自己鑄下的錯誤多麼可怕時，一切為時已晚。他們已經浪費了許多原本得以用來脫困的時間，以至於天色漸暗後他們寸步難行。其實他們距離安全的加州薩特堡僅僅二十四公里。

此刻寒冬帶來的考驗變得愈發嚴峻：這支飢腸轆轆的隊伍的食物從煮熟的牛皮變成同伴的人肉。唐納大隊原本共有八十七名男男女女和孩童，最後卻只有四十六人從這場食人夢魘中生存下來。

「我所記錄下來的麻煩不及我們所經歷的一半，但已經足夠讓你們知道發生了什麼事。」其中一位生還者維吉尼亞·雷德（Virginia Reed）寫道。「但感謝上帝，我們是唯一沒有吃人肉的家庭。我們放棄了一切，但我不在

乎。我們已經度過生命的難關，不需再讓這封信傷了任何人的心。切記，永遠不要走捷徑，而且腳步一定要快。」

1961 年

7 月 21 日

沉沒的太空船：太空人的名聲跟著艙門付諸東流

眾人迎接維吉爾‧「古斯」‧古利森（Virgil "Gus" Grissom）的歸來，這充其量可以算是迎接英雄凱旋歸來，但卻不怎麼熱烈，不是因為他是第二個、而非第一個登上太空的美國人（這點確實讓他頗具聲望），而是因為他失去了那艘昂貴的太空船自由鐘七號（Liberty Bell 7），它在 1961 年 7 月 21 日墜毀、沉入大西洋了。

「這對身為職業飛行員的我來說特別辛苦。」他回憶道。「在我的飛行生涯中（包括在韓國的戰鬥），這是我第一次沒有和飛機一起回來。在飛行員生涯中，自由鐘七號是我第一個遺失的物件。」

然而，之後古利森失去了更多，他的名望和自由鐘七號一起沉入海底了。人們說這位太空人「搞得一塌糊塗（screw the pooch）」，在航空用語中，意思是指他驚慌失措，提前觸發了會讓太空船艙門彈開的小型引爆裝置。專家的理論是，自由鐘七號因此而進水，並在古利森游離開後，因為進水導致機身太重而再也取不回來了。太空人自己也差點無法生還，因為他被繩索纏繞住，且太空衣也將他往下拉，直到救援直升機終於將他從洶湧的海水中拖出來才得救。

古利森堅決表示沒有按到艙門的引爆裝置，並堅持他和艙門是同時被炸飛。「我只是躺在那裡想自己的事，然後『砰』的一聲，艙門就不

見了。」他在記者會上說。「我往上看，卻只看到藍天和不斷湧入門檻的水。」但當他被問到這次任務中是否有讓他感受到生命危險時，他坦白地回答。「這個嘛，我多數時間都很害怕。」他說道。「我猜這是個很好的徵兆。」

媒體無情地大肆渲染，把這名冒著生命危險的太空人描述成一個膽小鬼。多年後，湯姆・沃爾夫（Tom Wolfe）在其著作《真材實料》（*The Right Stuff*）中又更加坐實了大眾對於古利森的想像：在一陣盲目的恐慌中把艙門炸飛的活寶。而當《真材實料》被改編為電影《太空先鋒》並大獲成功後，愛看電影的人也對這個太空人有了這樣的印象。

事實被埋沒在雪崩式的負面評論中：經過艙門引爆的調查後，古利森完全被免除責任。美國太空總署對他極有信心，又指派給他另外兩起太空任務。然而，這名被謠言中傷的太空人很挫敗，因為沒有人針對艙門自動打開做出一個專門的解釋。

「後來幾週我們不停嘗試釐清當時究竟發生什麼事，以及原因為何。」他說道。「我甚至爬進座艙、試著重複當時的每個動作，看看是否能夠重現整個過程。但這是不可能的。引爆門栓的活塞離我太遠了，我必須很刻意去按才碰得到它，但我沒有。甚至當我使勁擺動手肘時，都不會不小心撞到活塞。」

古利森最後屈服於他的厄運。「艙門為何炸開仍然是個謎。」他說道。「恐怕永遠都是個謎。這是無法避免的事。」[*]他甚至在主駛雙子星三號太空任務時展現絕佳的幽默感，把那艘太空船戲稱為「莫莉・布朗」——以同名百老匯音樂劇《永不沉沒的莫莉・布朗》（*The Unsinkable Molly Brown*）來命名。一開始美國太空總署官員否決這個名

---

[*]　註：自由鐘七號於 1999 年自海底撈起，但隨後的檢查也無法解釋艙門為何會炸開的問題。

稱，但最後卻也只能勉為其難地接受，因為古利森的另一個提議是：「那叫鐵達尼號怎麼樣？」[*]

1934 年

7 月 22 日

他逮到迪林傑了，但迪林傑是
埃德加・胡佛專屬的頭號敵人

對約翰・迪林傑（John Dilinger）來說，那天實在有夠糟。這個惡名昭彰的黑幫分子被聯邦調查局稱為「頭號公敵」，最後在 1934 年 7 月 22 日於芝加哥傳奇劇院後方被槍斃。但對於制伏迪林傑的探員梅爾文・波維斯（Melvin Purvis）而言，這個日子更是糟糕透頂。他當天的行為，加上後來擊斃銀行搶匪「漂亮男孩」查爾斯・亞瑟・弗洛伊德（Charles Arthur Floyd），使他成了國民英雄。但他的老闆兼導師約翰・埃德加・胡佛（John Edgar Hoover）卻否認這項事實。愛自誇的聯邦調查局長認為自己應該獨享一切榮譽，而且波維斯必須為奪走他的榮耀時刻付出代價：胡佛在接下來二十五年一直與這位「朋友」過不去。

波維斯曾是局長眼中的金童，他是出身自南方中產階級的紳士，外貌更是無比帥氣。「所有權力都握在這位調查界的克拉克・蓋博（Clark Gable）手裡。」胡佛在寫給年輕門生的其中一封信函裡這麼寫道，這顯示出局裡極少探員能夠享有的親密關係。局長曾告訴過波維斯的父親：

---

[*] 註：在自由鐘七號艙門意外炸開的五年半後迎來可怕而諷刺的結局。1967 年 1 月 27 日，阿波羅一號某次行前測試時，指揮艙突然發生大火。古利森和太空人同伴愛德華・懷特和羅傑・查菲都命喪火蛇，而這次艙門卻怎麼都打不開。

「他一直都是我最好的朋友之一。」

有了胡佛的祝福和引導，波維斯終於成為芝加哥分局的特務隊長。當時他手邊有項十分棘手的任務：逮住那名很有魅力、在美國中西部人民眼中既具威脅又富吸引力的罪犯——此特質簡直像是在嘲笑執法單位。「孩子，要沉得住氣。」局長寫給波維斯。「你如果幫我抓到迪林傑，全世界就是你的了。」他最後署名「你誠摯、親愛的阿約」。

波維斯接獲密報，說迪林傑將會在 7 月 22 日到傳奇劇院看電影。這個黑幫分子當晚出現在劇院，波維斯一看到他便點燃一支雪茄作為和其他探員及芝加哥警員事先約定好的暗號。迪林傑察覺後跑進附近的巷弄裡。「約翰，不准動！」波維斯大喊。「你已經被包圍了。」罪犯掏出手槍，但在開槍前就遭擊斃。這個幾近傳奇的亡命之徒死了，一個新的美國英雄隨之誕生。唉呀，但那個英雄不是約翰・埃德加・胡佛。

局長義務性地祝賀波維斯，寫道：「我非常感激你為這個案子付出如此多心力，我以你為榮。」但當這名頂尖特務新星崛起時，胡佛私底下卻是怒火中燒。

波維斯的秘書朵麗斯・洛克曼（Doris Lockerman）回憶道：「胡佛嫉妒他。除非你持續不斷拍老闆馬屁，否則終有一天不再會是他的愛將……大家都注意到波維斯再也沒接到任何會讓他出現在大眾面前的任務。他也發現自己幾個月來都在面試新進探員。他曾經付出的每份努力都被胡佛用來詆毀他、使他難堪。他被傷得很深。」

波維斯制伏迪林傑一年後就離開調查局了。但「阿約」絕沒有因此善罷甘休。他的任務是完全摧毀波維斯付出過的心血，並確保他完全消失在調查局的官方歷史中。「按局裡的政策，那裡沒有波維斯這個人。」作家理查・吉德・包沃斯（Richard Gid Powers）寫道。有些措施甚至極端（而且荒謬）到他們把波維斯從迪林傑的故事中剔除。在由調查局贊

助的廣播劇《聯邦調查員》（*G-Men*）中，他被一個叫做尼利斯的虛構邊緣人角色給取代，劇裡變成明星的是胡佛，他在華盛頓的辦公室掌控所有事件，而該處也因展示迪林傑的死亡面具而聞名。

此事一路持續到 1960 年波維斯死於頭部槍傷才結束。這是意外或謀殺仍是個謎，就如波維斯的兒子阿爾斯坦所寫的一樣，胡佛根本不在乎真相，即刻就宣布波維斯是自殺。「他的公告完全沒提到我父親的成就、他為局裡做出的犧牲以及歷史上的地位。裡頭一丁點表達感激之情的優雅詞彙都沒有，也沒有任何哀傷或同情的字句。這份公告的篇幅之短及發布之迅速在在顯示出幸災樂禍的跡象。胡佛根本等不及要展現他等待已久的勝利——他視為勁敵的男人終於永遠沉默了。」

1982 年

7 月 23 日

片場悲劇性的錯誤指示

自從 1942 年，默劇演員巴斯特・基頓（Buster Keaton）在拍攝喜劇片《福爾摩斯二世》（*Sherlock Jr.*）的高難度特技動作時頸部骨折後，電影業便一再被證實是個危險行業。*

最著名的事件發生在 1982 年 7 月 23 日，一架直升機失控墜毀在

---

* 註：其他發生在片場的危險事件：飾演《綠野仙蹤》（*The Wizard of Oz*）西國魔女的瑪格麗特・漢彌爾頓（Margaret Hamilton）在拍攝離開矮人國那場激烈戲碼時被嚴重燒傷；《成吉思汗》（*The Conqueror*）中，在內華達的亞卡臺地核試驗所的順風處拍攝的演員和工作人員，殺青後將近半數都罹患癌症。最終有四十五人死於疾病，包括約翰・韋恩、蘇珊・海華（Susan Hayward）、阿格尼絲・摩爾海德（Agnes Moorehead）和導演迪克・鮑威爾（Dick Powell）；彼得・奧圖（Peter O'Toole）在拍攝《阿拉伯的勞倫斯》（*Lawrence of Arabia*）時騎著駱駝經過一群四處亂竄的馬匹，隨後從駱駝身上摔落，險些被撞死。

《陰陽魔界》（*Twilight Zone: The Movie*）的拍攝現場。演員維克·莫羅（Vic Morrow）和其中一位非法童工演員當場身首異處，另一位則被墜毀的直升機活活壓死。許多該片的相關人員都供稱導演約翰·藍迪斯（John Landis）為了畫面壯觀而忽略片場安全（雖然他被免除過失犯罪的責任）。然而奇怪的是，他似乎絲毫不受這起悲劇影響，特別是當他向莫羅致哀悼詞時顯得無比自私。「悲劇可能在一瞬間發生，」藍迪斯宣稱。「但電影會永世流傳。維克將長存人心。就在拍攝最後一個鏡頭前，維克才把我拉到一旁，感謝我讓他飾演這個角色。」

1684 年
7 月 24 日

除了失敗還是失敗：拉薩勒的失序新世界

法國探險家羅伯特·卡弗利耶·德·拉薩勒（Robert Cavelier, Sieur de la Salle）一直被譽為「大膽、無畏、有才華」，但諸如「無能、好逞威風、討人厭」等詞語同樣也能用來描述他。

這位前耶穌會教士有著妄自尊大的野心，卻缺乏基本求生技能，甚至連方向感都沒有。他在五大湖區跌跌撞撞找尋榮耀和財富，卻被債主追著跑、受叛徒同伴拖累，還因為自身的一無是處導致了諸多不幸，難怪拉薩勒會把其中一座堡壘命名為「心碎」——就在此堡壘被自己的手下攻城掠地、付之一炬之前。然而，儘管拉薩勒如此無能，卻也成功航經密西西比河抵達墨西哥灣，而後為法王奪得整片區域。但自此之後，真正的麻煩才剛開始。

法王路易十四顯然對拉薩勒的發現一點也不感興趣，甚至覺得毫無

用處。拉薩勒在這位冷漠的君王面前被迫撒幾個謊，好獲得足夠的人力和金錢回到路易斯安那州、建立殖民地並賺取財富。拉薩勒似乎很擅長撒謊。例如當他首次到北美洲冒險期間，他聲稱自己能說得一口流利的易洛魁語，但他其實連一個字都聽不懂、也不會說。但相較先前的謊言，這次他告訴路易十四的謊話才真的是鬼扯，尤其他說密西西比河口離墨西哥很近，有利於他替法國發起征服墨西哥的入侵行動。他不僅誤報實際距離，甚至連河口都找不到（這次是在海上尋找）。事實上，這還讓他賠上了性命。

這支不幸的遠征隊伍由四艘船、三百名軍兵和殖民者組成，他們於1684 年 7 月 24 日離開法國，接著馬上又掉頭回去修補船隻。這只是一個糟糕的開始，而後的旅程將會越來越慘。

有一艘船還沒抵達墨西哥灣前就被海盜劫掠了。接著，為數眾多的船員（當中多數無法忍受拉薩勒）在法屬聖多明哥短暫停留時退出；其他人則因為在加勒比海狂歡而染上梅毒。

還沒完喔，接下來還有遠征隊成員亨利・喬特爾（Henri Joutel）所說的那條「致命河流」。

哎呀，拉薩勒錯過了密西西比河口，直接到了河流西邊六百四十四公里處的馬塔戈達灣，就在今天的德州聖體市附近。業餘的拉薩勒很有把握地說他們已經抵達密西西比河的支流，並準備好開始一場尋找大河主體的不可能任務。同時間，遠征隊的補給船「友善號」（Aimable）遇難，使得這批殖民者沒有食物及可防禦的武器。拉薩勒大聲指責該船長克勞德・艾格隆（Claude Aigron）蓄意且惡意破壞船隻，然後就和船員搭上戰船「歡樂號」（Le Joly）溜回法國。

拉薩勒的兄弟寫道，其餘的殖民者覺得像被「丟棄在野蠻國家」，四處都是毒蛇，周圍盡是不宜居住、最終將成為「永久監獄」的土地。

他們逐漸死於疾病、飢餓和不友善原住民的攻擊。而緊接來的最後一個災難是，他們的最後一艘船「美麗號」（La Belle）於暴風雨中被摧毀。

到了此時，倖存的殖民者全都鄙視拉薩勒。一些同伴在他出發尋找救援時突襲他，並開槍擊中他的頭部。這個失敗探險家的屍體衣服被剝個精光、被扔進草叢中任由動物大快朵頤。至於拉薩勒那個要讓法國主宰密西西比河下游的夢想……這個嘛，就像喬特爾所說：「天堂拒絕讓他成功。」

1471 年
7 月 25 日
不完全安息

人人都說托馬斯・肯皮斯（Thomas à Kempis）是個聖人，一個安靜地在德國修道院度過一生的謙卑修士。他在那裡翻譯經文，寫出了基督教最著名的典籍之一：《師主篇》（*The Imitation of Christ*）。

然後，托馬斯在 1471 年 7 月 25 日逝世，享耆壽九十一歲。但真的是這樣嗎？多年後，當他的墳墓被打開時，人們發現棺材內部有些抓痕，表示某個絕望的人曾徒勞地嘗試逃出棺木。

這種被意外活埋、夢魘般的經歷在幾世紀前並不罕見，當時醫療科技尚不足以確認是否已確實死亡。許多歷史都記載過，被掘開的墳墓裡頭有因為痛苦而扭曲的屍體，以及瘋狂掙脫的明顯痕跡。

喬治・華盛頓十分害怕自己臨終時也會碰到這麼可怕的命運，因此他將秘書拉到身旁：「我快走了！」美國首任總統悄聲說道。「讓我體面地下葬；我死後三天再把我放入地窖。有聽懂嗎？」同樣地，作曲家

弗雷德里克·蕭邦在臨終前也說道：「地底下快被塞滿了……你發誓他們會盡全力好好檢查一遍，這樣我才不會被活埋。」為了因應這種相當普遍的「活埋恐懼症」，有些棺材會備有一根通到表面的氣管，或是放一個假如裡面的人突然醒轉時，可以從裡頭操控的拉鈴。另外一些人則會和武器葬在一起，必要時他們就能自我了結。

至於托馬斯·肯皮斯經歷了什麼可怕災難？傳說天主教會拒絕接受這位聖人修士，因為證據顯示他曾嘗試逃離墳墓，這表示他還沒完全準備好接受上帝的旨意。倘若此事為真，那麼評論托馬斯價值的那些人可能忘了其著作的核心信念就是要效法基督，而基督教中心教條之一是：耶穌本人也是從墳墓逃脫而出。

1945 年
7 月 26 日

笨蛋，經濟比較重要——管你是不是邱吉爾

1945 年 5 月 8 日，第二次世界大戰歐戰勝利日這天，英國人民熱烈地為不屈不撓的領導者溫斯頓·邱吉爾喝采，並讚頌這位擊潰希特勒第三帝國的英雄。然而僅僅兩個月後邱吉爾就被迫下台了。出人意外的選情逆轉讓這名大人物傷心不已，尤其因為他完全沒料到結果會是這樣。

開票結果出爐時，時任首相的邱吉爾正在德國與日益好戰的蘇聯代

表史達林審慎地商討戰後歐洲局勢。在這歷史性的關鍵時刻，邱吉爾滿心以為他短暫回國、接受選民的決定後，立刻又能回到談判桌前掌握情勢。然而，1945 年 7 月 26 日早晨他睜開雙眼，得知的結果卻是他和所屬的保守黨慘敗，而工黨取得了壓倒性勝利。

「我試著要講些振奮人心的話，也試著放低身段，」邱吉爾困惑地說，「但還是不明白大家想要些什麼。」

要是這場選舉如同邱吉爾所預期的，結果是取決於他對抗暴君時的領導能力，那麼他肯定會旗開得勝。但經過多年經濟蕭條和隨後的戰時緊縮政策，英國人民此刻對工黨允諾的舒適生活抱有更多期待。倘若邱吉爾當初便認清了政治現實的冷酷，就不會對人民的決定那麼耿耿於懷。但他終究是個人，會為了英國人民的忘恩負義而痛苦萬分。他的妻子克萊門汀安慰他說，這次失敗或許會讓他因禍得福，而這位首相粗魯地回應：「目前看來這福氣可真是難以察覺。」

1993 年

7 月 27 日

基督代理人 v.s.「正牌」教父

若望保祿二世（John Paul II）強烈譴責黑手黨野蠻地追求「死亡文化」後，義大利黑手黨捎了個信息給他。不過，那可不像電影《教父》中柯里昂家族那樣，將一顆血淋淋的馬頭放在某個不肯乖乖合作的人的床上。不，這些兇手——這些「正牌的」西西里柯里昂家族成員——想要以一種更公開的方式打擊這個直言不諱的教宗。因此在 1993 年 7 月

27 日，一枚大型汽車炸彈在天主教會最重要的教堂，拉特朗聖若望大殿 *前引爆（那是黑手黨引爆的三枚炸彈中的其中一枚）**。此爆炸導致大規模損傷，但黑手黨朝這棟「教宗的天主教堂」發動攻擊時，忘了這棟羅馬第一間被認可、古老雄偉的基督教堂具備了絕佳的修復力。自從第四世紀完工後便一再遭受摧毀，經歷多次重建後，最後這座大殿於二十世紀末再次巍然站立。

1835 年

7 月 28 日

三腳貓槍手

　　刺客有時也挺倒霉的。就舉高漸離為例吧，他擅長擊筑、對西元前三世紀的首位中國皇帝秦始皇（希望能長生不老的皇帝——詳見 9 月 10 日）恨之入骨。高漸離在同夥刺殺皇帝失敗後便隱世多年，一邊當個契約工人，一邊精進自己的擊筑技巧。後來，皇上總算聽聞了他的才華，便邀請他進宮演奏。但高漸離一出現在宮中，立刻被認出是密謀暗殺皇上的其中一人。然而，秦始皇深深受到高漸離的擊筑聲吸引，不忍抹殺如此美麗的音樂。於是他弄瞎音樂家的雙眼讓其無法造成威脅。隨著時間過去，皇帝允許高漸離走近自己，並不斷讚美他的演奏技巧。這位擊

---

* 　註：這間教堂是羅馬主教的官方教會，並非人們所以為屬於聖彼德的聖殿。這座具歷史意義的建築的重要性就被銘刻在建築正面：這座城市及全世界的教會之母、教會之首（Omnium urbis et orbis ecclesiarum mater et caput）。

** 　註：另一枚黑手黨放置的炸彈在羅馬建於第七世紀的維拉布洛聖喬治聖殿前引爆，殿中還有聖喬治（和聖殿同名）的頭顱。在此次案件中，聖喬治被稱為「屠龍人」再合適不過。第三枚炸彈損毀了米蘭當代藝術展覽館並奪走五人性命。7 月 27 日的恐怖攻擊是該年黑手黨發起的大型戰亂的其中一起—著名的烏菲茲美術館遭受嚴重損害—為了對抗無力阻止他們的義大利政府。

筑殺手實則是在等待時機，直到皇帝完全信任自己後，才舉起注滿鉛的樂器重重擊向秦始皇的頭部。結果，他因為眼瞎撲了個空，緊接著當場被處決。

另一個倒霉的刺客是朱塞佩・馬可・費斯基（Giuseppe Marco Fieschi），他是科西嘉島的騙子和偽造者，自認為已製造出能殺害法王路易菲利普的完美武器。為了確保其能發揮最大效果，費斯基將二十把槍綁在一起。1835 年 7 月 28 日，當國王和他的三個兒子經過巴黎聖殿大道時，他從上層窗戶發射那個致命裝置。

在眾多砲火的掩護之下，其中一發子彈命中國王的馬匹，另一發則掠過他的額頭，但看起來路易菲利普和兒子們全都毫髮無傷。然而其他人就沒那麼幸運了。那天總共有十八人喪命，多人受傷 —— 最慘的是，費斯基本人也是傷者之一。顯然那一大捆槍的其中一把產生了逆火效應。不過不用擔心，能幹的法國內科醫師幫助這位任務失敗的刺客恢復健康，讓他能夠即時走上斷頭台。

1981 年
7 月 29 日
我害怕這只戒指

「我覺得自己像隻待宰羔羊。」威爾斯王妃黛安娜回憶起 1981 年 7 月 29 日與查爾斯王子的婚禮時這麼說。當時全世界有上百萬人見證這個結合，並相信這是真人版童話故事。但十五年後他們卻以離婚收場。1997 年 8 月 31 日，黛安娜在巴黎因車禍喪命。

1865 年
7 月 30 日
不了，真相總是骯髒的

　　維也納綜合醫院真的很不對勁。這間醫院有兩間產房，許多在其中一間產房生產完的產婦沒多久後就會死於產褥熱（一種致命的細菌感染）。但奇怪的是，另一間產房的病死率卻低到可忽略不計，因此許多女人都切切懇求能進入後者這間。當她們一如往常被拒絕時，有些人認為，與其冒著在第一間產房生產的風險，還不如直接在街上生孩子。

　　內科主治醫師伊格納茲·塞麥爾維斯（Ignaz Phillipp Semmelweis）很驚訝這兩間產房竟然有這麼大的差異，決定要找出原因。「這一切都無法解釋。」他寫道。「每件事都很可疑。只有龐大的受害者人數是無庸置疑的事實。」

　　塞麥爾維斯遇到了最困惑難解的情況。兩間產房的條件看起來幾乎一模一樣，但經過仔細觀察後，他才終於發現其中一個重大差異。第一間產房的新手媽媽多半都是由實習醫師負責接生，而他們經常在解剖完屍體後立刻接著巡房——工作服上還沾有血漬及其他屍水，雙手也沾滿濃稠血塊。另一方面，第二產房的產婦都由乾乾淨淨的助產士負責照顧。

　　最後塞麥爾維斯終於想通了，原來是那些巡查第一病房的醫師用骯髒的手將產婦們推向死亡。很顯然地，解決辦法就是嚴格執行用抗菌氯化石灰水洗手的規定，此後致死率便能大幅下降。但跌破眾人眼鏡的是，許多醫療專家都懷疑、甚至輕視塞麥爾維斯提出的辦法。

　　「醫師都是紳士，而紳士的雙手都很乾淨。」著名的美國婦產科醫師查爾斯·梅格斯（Charles Meigs）冷哼。此時距離巴斯德將微生物和疾病一概而論還有幾十年的時間，而當時人們都認為常保衛生是多此一

舉的愚蠢行為。

「保持乾淨是必須的。」有名的「象人」弗雷德里克‧特雷弗斯先生（Sir Frederick Treves）後來寫道。「但在當時常保清潔的概念不合時宜。人們認為這很大驚小怪又很做作，彷彿是指劊子手在斬首之前最好要先修剪指甲。」

即使面對反對聲浪，塞麥爾維卻愈來愈著迷於清潔程序，且在過程中與維也納綜合醫院的主管越發不合，導致最後被開除。汙穢的雙手繼續做他們的工作，新手媽媽們再次死於痛苦中。雖然塞麥爾維斯確實有一些聲譽良好的擁護者，但他仍舊拒絕在醫學期刊上刊登自己的發現，也不願在課堂中傳授。因為有些歷史學家將他的失敗歸因於他自身強烈的自卑感，或說他自己也不甚了解自己的新發現，而這些言論正是他打退堂鼓的原因。還有一個原因是他日漸刻薄的話語，他總是憤怒地羞辱那些膽敢反駁他專業的人們。

塞麥爾維斯逐漸有了精神錯亂的跡象，但究竟是導因於人們徹底否決他的抗菌觀念，或是日漸糾纏他的心理疾病，或者兩者都是，這就不得而知了。1865 年 7 月 30 日，有個朋友以「拜訪新醫療機構」的名義誘使塞麥爾維斯去維也納。隨後他被關進那裡的精神療養院，兩週後，這位將來會被尊稱為「母親拯救者」的醫學先驅就死了，而後來的屍體顯示出他曾遭受狠毒毆打。

然而，塞麥爾維斯終究恢復了清白，他一定會因為全世界都採用他的清潔制度而鼓掌——當然啦，手套要戴好。

1801 年
7 月 31 日

額爾金又毀了另一座建築

　　尊貴的額爾金家族基因一定出了什麼問題，才會讓他們無法自拔地破壞古蹟。一切得從 1801 年 7 月 31 日開始說起，第七代額爾金伯爵湯瑪斯·布魯斯（Thomas Bruce）的代理人員動手砍去了裝飾希臘帕德嫩神廟的古老大理石雕像。＊期間有些工程相當艱辛，因為雕刻於神廟上的排檔間飾和其他牌樓早在兩千年前便已牢牢矗立此處。

　　這個草率的拆除工程由喬瓦尼·巴蒂斯塔·盧西里（Giovanni Battista Lusieri）負責監督，這位工頭寫信告訴額爾金伯爵，其中一塊雕刻鑲版特別固執：「從各方面看來，這塊鑲版都造成一大堆麻煩，我不得不粗暴一點。」

　　有座雕像在拆除過程中掉了下來，英國旅行家愛德華·丹尼爾·克拉克（Edward Daniel Clarke）剛好在一旁目睹了這災難性的一幕：「來自彭特立庫山的上好大理石滾落下來，白色碎塊四處散落，廢墟中響起雷鳴般的聲響……我們抬頭一望，遺憾地看見原先大理石所在的位置成了一處凹洞；世界上所有大使、以及他們所代表的君王，即便擁有財富和才智所能提供的一切資源，也永遠修復不了此等損害。」

　　拜倫在史詩《恰爾德·哈羅爾德遊記》中為此褻瀆深表遺憾，此詩的最終章於 1818 年完成。拜倫於詩中如此表述：「自流血之地被帶回英國的最後一件不幸的贓物」，而另一位英國人則說曾經輝煌的帕德嫩已經沒落為「精疲力竭的荒原」。

＊　　註：這些雕像都熬過 1687 年威尼斯人對帕德嫩神殿毀滅性的攻擊。

一個世代過去了，另一位額爾金——第八代額爾金伯爵詹姆士——在地球另一端的中國監督另一項珍寶的破壞工程：北京外圍雄偉的皇家避暑勝地圓明園。一名年輕的英國官員查理・喬治・戈登（Charles George Gordon）認為這是為了報復中國在第二次鴉片戰爭時的侵略，他如此描述 1860 年 10 月 8 日由額爾金伯爵下令的掠奪行為：

　　「我們洗劫一空後，到外頭放火燒了整座圓明園，以野蠻人之姿破壞四百萬年內都不可能被取代的最有價值的財產……你很難想像我們所燒毀的庭園該有何等華美壯麗。燒毀它著實讓人心痛。事實上，這個地方太大，而我們的時間太緊迫，以至於無法小心謹慎地破壞它們。大量黃金裝飾都被當成銅器一般燒掉了。對軍隊而言，這真是一項邪惡又敗壞道德的行為。」

8 月

「8月，大量莓果開花引來成群野蜂的季節，它們逐漸轉為天鵝絨般的赤紅色，並因自身重量再次傾身、折斷自己的脆弱嫩枝。」

——亨利・大衛・梭羅

1907 年
8 月 1 日

童軍不能凡事自己來

　　1907 年 8 月 1 日，英國陸軍中將羅伯特・貝登堡（Robert Baden-Powell）正式在白浪島成立童子軍。自此之後，「手淫」（self-abuse）二字有了全新的定義。貝登堡十分著迷於這個主題，真是多虧他不斷灌輸這種觀念，才讓許多世代的年輕人都對自慰感到恐懼，且認為那是項「獸行」。

　　「提醒你，手淫會害男孩變得虛弱、神經緊張和畏縮。」貝登堡在著名的《童軍警探》（Scouting for Boys）中寫道。「他會頭痛，可能還會心悸，且假如做得太過火的話，通常會失去理智、變成白癡。我們的療養院裡就有一大票人是因為耽溺於這個惡行而發瘋，不論他們是否曾

經和你們一樣，是群活潑有朝氣的男孩子。」

不僅如此，貝登堡還警告：「假如男孩們濫用自己的私處，那麼長大成男人後就無法使用它了，因為它們會失去功能。切記有些可怕的疾病是導因於縱慾，其中一種病會腐蝕男性的嘴巴、鼻子和眼睛等部位……下次你又慾望高漲時，不要屈服，要抵抗。可以的話，用冷水沖洗你的私處降降溫。尤其若你吃得太豐盛或吃太多肉、睡覺時蓋著太厚的毯子、床太軟或仰躺時，更有可能會夢遺。所以要盡可能避免上述行為，也要避免去聽、讀或想那些骯髒的事情。」

簡單來說就是：不要當男孩。

1830 年
8 月 2 日

如履薄冰的波旁王朝

路易十六於 1793 年 1 月遭處決，同一年稍晚瑪麗・安東尼王后亦遭斬首，同時也粗暴地終結了法國的舊制度。但對於波旁王朝其餘的成員來說，國王和皇后被斬首只是眾多麻煩之始。在接下來三十年裡，厄運、希望破滅和驚人的爛決策仍持續折磨這個家族，直到 1830 年，他們徹底用光了所有運氣。

倖存的波旁家族成員認為，君主制並未跟著斬首而結束——至少他們自己是這樣認為。自刀刃二度重創路易十六頭顱的那一刻起，他唯一的兒子就自動被加冕為路易十七。但這個七歲男孩沒能戴上皇冠，反倒被俘虜、受監禁及虐待。有個醫生獲准去探視他，並說這個孩子是「最慘絕人寰的不幸和棄絕之下的受害者，他遭受最殘忍的對待，我不可能

幫助他重獲新生……罪該萬死啊！」

這個不幸的孩子於 1795 年病逝後，他的叔叔（路易十六的弟弟）於流放期間繼承王位，封號路易十八。然而，當時注定是拿破崙縱橫法國的時代。拿破崙下令綁架、即刻處決波旁王朝一位親族恩吉恩公爵（Duc d'Enghien），以如此張揚的方式讓被廢黜的波旁王朝知道，那裡不再有他們的容身之處。但是路易十八繼續等待時機，在其他國家作為身無分文的客人時盡量維持皇室尊嚴，等到拿破崙終於在侵略俄羅斯時吃了敗仗，最終被流放到厄爾巴島。

1814 年，路易十八被請回法國實行君主立憲制後，波旁王室看來勢必得以復辟。撇除隔年拿破崙逃離厄爾巴、風風火火地闖回法國後（但卻在滑鐵盧之役敗陣，永遠被監禁在遙遠的聖赫勒拿島）他又被短暫流放，不然這位肥胖又痛風的國王在 1824 年逝世之前，法國在他的統治下相對屬於較平和的時期。接下來的繼任者是極端保守的弟弟查理十世，他搞得波旁王朝再無翻身之地。

這位新任國王笨到廢除前任所實行的君主立憲制，決定和歷代祖先一樣絕對專制。他彷彿徹底忘了革命帶來的教訓，但倒是有意識到人民若有意願砍掉一位專制國王的腦袋，那麼也已經準備就緒要逼另外一位下台了。因此，1830 年 8 月 2 日，波旁王朝最後一位直系血脈於 7 月革命中被迫退位。*

---

* 註：其中有個趣味轉折：查理的兒子路易·安東尼和其姪女瑪麗·泰瑞絲（斷頭台受害者路易十六和瑪麗·安東尼的長女）結婚。查理十世遜位後，直接越過兒子和媳婦將王位傳給孫子。但有二十分鐘之久，路易·安東尼不願讓位。因此，其實在那短暫期間他成了法國國王（按理來說），而受過虐待又遭遺棄的孤兒瑪麗·泰瑞絲則成為「二十分鐘王后」。最後，沒有任何查理的後嗣繼位，因此由遠親路易菲利普繼任，成為法國最後一任國王。

1943 年
8 月 3 日、8 月 10 日
老瘋癲？巴頓將軍的巴掌式領導

1943 年 8 月 3 日，第二次世界大戰西西里島戰場打鬥地如火如荼期間，陸軍中將喬治・巴頓大步邁進某座軍事後送醫療帳篷。

他在那裡遇到蜷縮在板凳上的士兵查爾斯・庫爾（Pvt. Charles H. Kuhl），庫爾的狀況好到不應該出現在那裡。巴頓要求知道他哪裡受傷，據說庫爾士兵只是聳聳肩，回答說自己沒有受傷，但是「精神緊繃」。「我覺得自己撐不下去了。」而他的病歷表上寫有「中強度精神官能症（焦慮症）」，這種病徵在今天被稱為「創傷後壓力症候群」。但是頑固的巴頓不吃這套。

「中將立刻大發雷霆。」他的傳記作家馬丁・布魯門遜（Martin Blumenson）寫道。「他咒罵那個士兵，用各種方式辱罵他是懦夫，還用手套甩了他一巴掌。最後中將揪住他的脖子把他趕出棚外。」盛怒的中將命令庫爾立刻回到前線，且說道：「聽到沒，你這沒種的混蛋？給我回到前線去。」

到了晚上巴頓仍舊怒火中燒，於是便把情緒發洩在日記裡：「我遇到軍中唯一一個徹頭徹尾的懦夫。軍隊應該要處理一下這種人。要是他們逃避責任，就應該為自己的怯懦受審判、遭射殺。」兩天後，他將這些感受化為官方政策，向第七軍團下達全新的命令。

接下來，彷彿是為了嘲笑巴頓的鐵血意志，七天後探訪醫院時他又遇到另一位「裝病者」。士兵保羅・班奈特（Paul G. Bennett）因為身受「戰鬥疲勞」所有症狀所苦因而被迫從前線撤退。巴頓來到這位發著高燒、顫抖的年輕人面前問他出了什麼問題。「我的神經出了狀況。」班

奈特回答。「我再也無法忍受砲擊聲了。」

巴頓中將再次失去理智，還賞了對方一記耳光。「媽的，你的神經！」他尖叫道。「你不過是個該死的懦夫。停止該死的哭泣。我不會讓那些被槍擊的勇士們看到有個膽小鬼坐在這裡哭。」巴頓一邊說一邊又呼了班奈特一巴掌，一把打掉了他的鋼盔內襯。

「回到前線去。你可能會被射死，但你得戰鬥。」中將繼續以言語攻擊他。「要是你不這麼做，我就要你站在牆邊，讓一組行刑隊開槍斃了你。說真的，我真應該親自動手把你這嗚咽不停的該死懦夫斃了。」巴頓拔出手槍以示威脅，迫使醫院指揮官唐納・可立爾上校不得不介入將兩人分開。巴頓離開帳篷後還對著醫護官大聲嚷嚷要把班奈特遣送回前線。

巴頓的長官艾森豪將軍聽聞甩耳光事件後驚駭不已，於是他寫信給巴頓：「我必須認真地質疑你的判斷力和自律能力，因為我已強烈懷疑將來的你是否可靠。」

抓狂事件過後，巴頓被迫向那些受欺壓的人們道歉（他十分不情願），並在接下來的十一個月都遠離前線。然而，士兵庫爾卻對於 8 月 3 日所發生的一切相當寬容。「巴頓已經耗盡體力了。」他後來說道。「我想，他自己也有些戰鬥疲勞的徵狀。」

1983 年

8 月 4 日

A 級女星與海鷗的謀殺謎團

8 月 4 日這天充斥著多起謀殺之謎。甘迺迪家族是否在 1962 年 8 月

4 日謀殺瑪麗蓮夢露以避免她洩漏與總統的婚外情（或可能是和他那當司法部長的弟弟）？或者那純粹是自殺？同樣饒富興味的是：紐約洋基隊的戴夫・溫菲爾德（Dave Winfield）真的在多倫多對上藍鳥隊時殺死一隻海鷗嗎？

或許那只是一次不幸的事故？接下來我們把重點放在第二個事件。

多倫多朦朧的夏日傍晚，超過三萬六千人、再加上一隻暫時棲於右外野的海鷗聚集在國家展覽體育館中。突然間，就在第五局上半前的熱身結束時，外野手溫菲爾德的高速回傳球命中了那隻毫無防備的海鷗。牠倒下、抽搐了一陣後就死了。正當群眾奚落這名洋基兇手時，一名球僮用毛巾包覆住受害者的屍體將牠帶出場外。（後來解剖結果顯示牠的頭部和頸部皆受重創。）接著，洋基隊贏了比賽後，這位明星外野手立刻因犯罪遭逮捕。但他真的有罪嗎？溫菲爾德真的是故意瞄準那隻海鷗的嗎？

「根據目擊證人的說詞，事實就是如此。」當時多倫多警局的李莫瑞警官（Sgt. Murray Lee）說道。第一時間看到整起事件發生的韋恩・哈特里警官（Constable Wayne Hartery）也同意此說法，並決定逮捕溫菲爾德。甚至在三十年後，哈特里仍然深信這位洋基球員有罪，如同他在2013 年告訴多倫多《星報》的：「我可以百分之百向你保證，他絕對是故意擊中那隻海鷗，他有瞄準牠。」

然而，溫菲爾德被拘留一個小時後交保釋放（和那個冷凍庫裡的受害者待在同一間警局），他強烈堅持自己是清白的。「我已經和左外野手唐・貝勒完成拋接球了……於是我轉身將球傳給球僮，誰知那隻海鷗恰巧在那裡，就這麼被擊中了頸部。」他告訴記者。「這很不幸，但確實是場意外。」

有些懷疑論者表示，這就是兇手慣用的說詞。但洋基隊總教練比利・

馬丁（Billy Martin）卻為自家球員提供了可以稱得上最具說服力的證詞：「那些人說他是故意擊中海鷗，但卻不說說自己有沒有看過他這整年所傳的每一顆球。這是他第一次擊中轉傳手。我跟你打賭，他可以投一千顆球，結果都打不到那隻鳥。」

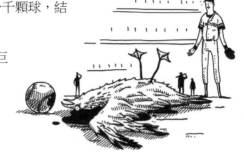

就這樣：一名仍是世界巨星的已故女演員，和一隻遭遺忘的海鷗，永遠被裹覆在 8 月 4 日的謎團裡。

8 月 5 日

桿弟的表現極度不佳

有些人是一時搞不清狀況，但有些人是「真的」狀況外。舉職業高爾夫球選手伊恩·伍斯南（Ian Woosnam）的桿弟梅爾斯·伯恩（Miles Byrne）為例。2001 年，他在皇家萊瑟姆舉行的英國公開賽犯下驚天大錯。伍斯南自從 1991 年登上男子高爾夫世界排名第一的高峰後，成績就一路直直落。但當他於公開賽開球差點一竿進洞時，幸運之神似乎再次眷顧了這位矮小的威爾斯人。然而下一秒卻發生了意想不到的事情。「你一定會氣瘋。」他的桿弟伯恩在第二次開球時開口。原來，伍斯南的球桿袋裡有十五支球桿，比規定的上限多出一支，全都是因為伯恩忘了拿出那支練習用的桿子。這個犯規讓曾經風光一時的高爾夫球手付上代價：罰兩桿。於是乎贏得第一次英國公開賽的機會變得渺茫，且獎金

也會被扣除一小筆罰款。如伯恩所料，伍斯南氣炸了，動手將那支礙眼的球桿扔進草叢，還以不宜印刷出來的髒話飆罵桿弟。但出人意料的是，他竟然沒有當場炒了他。

「這會是他一生中所犯下最大的錯誤。」伍斯南告訴《每日電訊報》。「他不會再犯同樣錯誤。他會被我臭罵一頓，但不會被開除。這小伙子不錯，就是需要多注意自己到底在幹嘛。」

對伯恩而言，這算是一次奇蹟似的緩刑，但他本人不知怎麼竟毫無知覺。兩週後，他違反了一項此職業最基本的規則：出席。伯恩睡過頭，錯過了 8 月 5 日斯堪地那維亞大師賽的開球。官方俱樂部的成員還必須幫助伍斯南撬開置物櫃才拿得到球鞋，因為唯一一把鑰匙在睡眼惺忪的桿弟那邊。這次伯恩不值得任何憐憫了。「我給過他機會了。」伍斯南說。「我警告過他了。就這樣吧。」

1945 年

8 月 6 日

二次決戰：二度受核武攻擊的男人（活到九十三歲）

山口彊所受的磨難完全取決於你想用哪一種角度去解讀：他要不就是史上最倒楣的人，要不就是最幸運的人。1945 年 8 月 6 日，美國投下第一顆原子彈焚毀日本廣島時，這位時年二十九歲、在三菱重工業工作的工程師正好在這座城市出差。他距離爆炸震央約有三公里遠，但仍然暫時失明、耳鼓受損，且上半身大範圍嚴重灼傷。隔天，他欲回家途經市中心時又暴露於輻射中，而他家在長崎。

核武大屠殺三天後差點被殺死的山口彊回到家中。接著令人震驚的

事發生了。當他向老闆詳細稟報前幾天的事發經過時，第二顆原子彈在長崎爆炸，奪走七萬人性命並徹底摧毀了這座城市。根據市長的說法：「連一隻昆蟲的聲音都聽不到。」山口彊和老闆談話到一半時，突然一道熟悉的炫目光芒灑滿房間。「我覺得那朵蕈狀雲跟著我從廣島來到這裡。」他後來這麼告訴英國《獨立報》。不可思議的是，山口彊再次倖存下來──但並非毫髮無傷。

「由於皮膚的傷口，他常年都裹著繃帶，而且完全禿頭了。」他的女兒敏子告訴《獨立報》。「我母親也因為被黑色的雨水淋得渾身濕透（兩次爆炸後降下的輻射雨）而中毒。」然而，山口彊仍然活到九十三歲，他的妻子則活到八十八歲。

1974 年

8 月 7 日

被迫跪下的尼克森

奇怪的是，隨便挑一天，對理查・尼克森而言都是糟糕的日子。「你們再也不會看到尼克森四處閒晃了。」這位委屈的政治人物在 1962 年加州州長選舉失利後向媒體宣布。但這位將來的第三十七屆美國總統卻仍舊時不時被圍攻──通常是被他自己的心魔，更多是被那些他深信是前來摧毀他的黑暗力量。「尼克森總統樹敵無數，自己應該沒資格成為自己最大的敵人。」記者肯尼斯・克勞佛德寫道。而導致這位陰沉憂鬱、偏執多疑的總統倒霉一輩子的事情如下：

- 評論常春藤盟校會長：「媽呀，我永遠不會再讓那種混蛋進到白宮。永遠、永遠、永遠不會。」

- 評論自己的內閣：「我受夠這群人了……一群該死的懦夫！」
- 評論黑人：「這些福利救濟名單上的小黑鬼混蛋們。」
- 評論同性戀：「死同性戀。」、「我沒辦法和任何從舊金山來的人握手。」
- 評論媒體：「永遠不要忘記媒體是敵人、媒體是敵人……在黑板上罰寫一百遍。」
- 評論泰德·甘迺迪：「如果他被槍殺就太糟了。」
- 評論最高法院：「你知道的，上頭的那些小丑們，告訴你，我希望可以活得比那些混蛋久。」
- 評論《華盛頓郵報》的凱瑟琳·葛萊翰：「一個糟糕透頂的醜陋婦人。」
- 評論國務院：「去你的國務院！國務院總是站在黑人那邊。他們都下地獄去吧！」
- 評論聯邦調查局副局長「深喉嚨」馬克·費爾特（Mark Felt）：「大家都知道他是該死的叛徒，仔細看著他怎麼下地獄吧。」
- 評論《紐約時報》：「我要和那份混蛋報紙抗爭。他們不知道自己正面臨什麼打擊。」
- 接著他談及最邪惡的敵人——「該死的猶太人」：「猶太教徒黨要來抓我囉」、「猶太人就是一群沒宗教、無神信仰、不道德的混蛋」、「猶太人他媽的有什麼問題」「整個政府都是猶太人」、「大部分猶太人都不忠誠」、「一般來說，你不能相信這些混蛋，他們會背叛你。」

　　總統這些誹謗的言語都一字不差地被他於 1971 年 2 月安裝在辦公室的錄音系統紀錄下來了，連同他為數眾多的骯髒交易也不例外，包括他為了掩蓋曾侵入民主黨位於水門大廈的總部所犯下的陰謀。這些確鑿的

罪證在水門案調查期間被揭露後，尼克森在國會僅存的支持者瞬間一個都不剩，這天也成了他人生中最糟糕的一天。

尼克森曾經發誓永遠不會離職，但 1974 年 8 月 7 日這天他顯然別無選擇了，否則肯定會被判有罪並接受應有的刑罰。當他向淚眼汪汪、一再地辯稱他是清白的家人宣布這個消息之後，便進到他在白宮最喜愛的空間：林肯起居室，並在那裡傳召國務卿亨利‧季辛吉（Henry Kissinger）。

「和其他相同時代的人相比，歷史待我會較仁慈些嗎？」心煩意亂的總統藉著醉意問國務卿。接著尼克森邀請季辛吉（他是猶太人）和他一起跪下祈禱，但禱告完畢後總統仍跪在地上啜泣著。「我做了什麼？」他哭著說。「發生了什麼事？」在這個酩酊大醉、崩潰的人面前，無助的季辛吉只得盡其所能地安慰那個痛苦到蜷縮在地的尼克森。

隔日，理查‧尼克森宣布辭職，成為唯一一位在任內辭職的美國總統。《華盛頓郵報》記者鮑伯‧伍德沃德（Bob Woodward）描述，尼克森將剩餘的二十年都用在「和歷史打一場兇猛的仗，竭力抹除水門案的汙點和記憶」。但隨著白宮的音檔陸續揭發他的真面目，歷史很顯然會讓尼克森再遊手好閒一陣子。

1588 年
8 月 8 日
當上帝換邊站

　　上帝顯然是個狂熱的西班牙天主教徒，很享受將異端活活燒死的滋味，也和英國女王相處得不甚愉快——至少西班牙菲立普二世是如此堅信。他和幾世紀以來多數君王一樣，深信自己是聖神意志的凡間發言人。正如同他曾經告訴某位軍事指揮官：「你服事的是上帝和我，這是一碼子事。」但菲利普二世這個信念在 1588 年 8 月 8 日一場大型海上戰鬥時遇到了考驗。

　　英國新教徒女王伊莉莎白一世（亦曾是菲利普的小姨子*）的把戲持續不斷地困擾著上帝和菲利普。女王不必明說，只消眨眨眼就等同默許手下劫掠裝滿寶藏、來自菲利普廣闊新世界的西班牙船隻——特別是因為她能獲得一大部分收益——此外還提供西屬尼德蘭的新教反叛軍軍事援助。但最糟的應該是，英國女王本身就是異教徒。她可是亨利八世和不聖潔的第二任妻子安妮・博林的後代，而且教宗已經宣布過她不適合治理國家。菲利普和大能的神決定要侵略英國，為全世界剷除掉英國版的耶洗別。

　　「我迫切地想完成這項任務。」國王表示。「我一心牽掛這件事，相信我們的救主上帝必然也將此等大事視為祂的使命，無人能阻止我，我也不會接受或相信相反的信念。」

　　1587 年 2 月，伊莉莎白下令處決蘇格蘭女王瑪麗（詳見 2 月 8 日），許多天主教徒都視瑪麗為英國合法君王，而此事更讓菲利普有了對英國

---

*　註：菲利普二世曾和伊莉莎白同父異母的姊姊結婚，世人稱這位天主教君主為「血腥瑪麗」。

發動聖戰的全新動機。

梅迪納西多尼亞公爵阿隆索‧佩雷斯‧德古茲曼（Alonso Pérez de Guzmán）是菲利普挑選出來領導所謂「英國計畫」的人，但這人卻沒什麼出息。「我的健康狀況不足負荷這趟航行。」梅迪納公爵得知國王的意圖時如此抗議。「在我極為有限的海上經驗中，每一次都是暈船和感冒……有鑑於我沒有任何航海或打仗的相關經驗，我認為我不該指揮如此重要的冒險任務。」

菲利普向他擔保，上帝一定會相挺到底。「我們有神之手的引導，祂必定會助你一臂之力。」1588 年 5 月底，西班牙艦隊從剛被併吞的葡萄牙啟程：共有一百三十艘船（和同一數量的神父），連同將近三萬名軍人和水手一起航向英國。其中一名成員向教宗的使節坦承敵人必定會很難對付：「他們有更快、更先進的船隻，還有更多長程槍砲，且跟我軍一樣了解自身優勢。他們絕不會靠近我們，只會離得遠遠的，並用重砲擊碎我們，而我們卻無法傷到他們半根汗毛。所以我們是帶著奇蹟終會降臨的信心航向英國。」

但沒有任何奇蹟發生。經過一連串打不出結果的小規模戰鬥後，菲利普國王的神聖使命在 8 月 8 日畫下句點。當時西班牙艦隊停靠在格拉沃力納的小港口，等待帕爾瑪公爵的陸軍與他們會合。英國火力無情地重創敵方艦隊，還派了一艘火燒船航入敵軍中間，導致西班牙人恐慌地將錨的纜索砍斷。

最終的失敗並非導因於英國人，只能說是上帝的作為。

一陣強烈的「新教風」把已經棄錨的艦隊吹向北海，而當它企圖回到蘇格蘭和愛爾蘭西岸時，一場猛烈的暴風雨摧毀了僅存的船隻。是菲利普景仰的上帝改變心意了嗎？英國人似乎這麼想，因為他們在勝利勳章上刻著這些字樣：「上帝吹起一陣大風後他們就鳥獸散了。」

8 月 9 日

權力之位：詹森總統的，呃，奇怪的訂單

1964 年 8 月 9 日，林登・貝恩斯・詹森總統行使了他身居高位的權力，直接向 Haggar 公司的老闆訂購客製化長褲。哎呀，為了能夠流傳後世，總統當時和喬・哈格（Joe Haggar）的對話全程錄音，但論及此事莊重的程度，跟林肯的蓋茲堡演說相比實在還有一段差距。

詹森總統指定完腰圍尺寸及口袋深度後又補充說道：「還有一件事情，就是我老覺得褲襠那邊有點太緊，就是睪丸那邊啊。所以你在製作的時候，幫我多留個三公分，因為，呃，它們會割到我，就跟你跨坐在鐵絲網上的感覺一樣。」接著，他打了一個健康的總統式飽嗝後繼續說道：「看你有沒有辦法在拉鍊末端和肛門之間再留個三公分。」

幸好白宮內部只有錄到音檔，後人才不會看到詹森總統坐在馬桶上滔滔不絕，或是晃著那話兒發表評論的景象。

8 月 10 日

船上總有衰事 Part 3：瓦薩號事件

經歷了十七世紀早期的不斷征戰，古斯塔夫・阿道夫國王（Gustav Adolphus）設法將瑞典從一個不起眼的落後國家轉變為令人敬畏的歐洲強權。現在他需要戰艦來彰顯國家的榮耀和力量——這必須是史上最龐大、最引人注目的戰艦。古斯塔夫打算讓瓦薩號（Vasa）成為超級艦隊

之首，不惜下重本打造它。不幸的是，國王同時也毫無節制地發表自己的意見和標準。他很清楚知道自己想要怎樣的船，瓦薩號被打造得相當宏偉——極度不適合在海上航行。

瓦薩號有著富麗堂皇的裝飾和史上最多座的加農砲，它在 1628 年某個風和日麗、只有微風吹拂的 8 月天首次出航。成千上萬名群眾一齊見證它的處女航。不過，幾乎就在超重的戰艦剛駛離斯德哥爾摩港口的同時，一縷微風就讓瓦薩號傾覆了。古斯塔夫‧阿道夫國王的尊榮和瓦薩號一起迅速沉入大海，約有三十至五十名船員在離岸僅僅不到一海浬之處溺斃。這艘強大的戰艦統治海洋僅僅數分鐘之久便沉入海中，並被遺忘了將近四個世紀，直到 1961 年才被打撈起。瓦薩號如今終於重拾榮耀，只不過這次是在安全無虞的乾燥土地上罷了。

1492 年
8 月 11 日
和教宗一起開趴（還有他的情婦及私生子）

勞得力‧迪波及亞（Rodrigo Borgia）簡直樂翻了。他在某場激烈的選舉中花了一大筆錢賄賂樞機主教，最終在 1492 年 8 月 11 日贏得聖彼得堡的寶座。

現在，這位新任教宗亞歷山大六世那雙貪婪的爪子中握有這個崇高位置專有的大量權力和財富，對此聖潔的教宗大人當然要歡慶一番——和他的情婦、私生子一起（其中一個後來在二十歲以前就當上樞機主教）。他們肆無忌憚的慶祝場面奢迷浮誇，帶著濃濃異教色彩，自古羅

馬皇帝時代以後就很少見到這種場景了 *。全世界都屬於迪波及亞家族，儘管代價不斐，他們仍然得到所想要的。「亞歷山大將鑰匙、祭壇和基督本人都給賣了。」這句話成為當時隨處可見的警語。「他有權力這麼做，因為他將這些全數買下了。」

2009 年

8 月 12 日

一切都很好

幾乎沒有比這更糟的消息了。2009 年 8 月 12 日，退伍軍人事務部以信函通知超過一千名曾參與波灣戰爭的老兵，他們被診斷出患有肌萎縮性脊髓側索硬化症（ALS），亦即大眾熟知的「漸凍人症」，這種神經系統的疾病會使人衰弱，最終必然會奪去患者性命。這些退伍軍人惴惴不安地度過一些時日後（有些人甚至極度恐慌），又突然接獲通知：由於編碼錯誤的緣故，那些關於漸凍症的診斷是個誤會。「我甚至無法形容自己的情緒起伏有多強烈。」住在北卡羅萊納州亨德森、育有兩名子女的前陸軍中士塞繆爾・哈格羅夫（Samuel Hargrove）經過那次崩潰後告訴《美聯社》。「我不知道該如何告訴家人這個消息。」

---

* 註：在奢華的加冕典禮過程中，新任教宗經過一座凱旋拱門，上頭以金箔刻著：「羅馬在凱撒的治理下很強大，在亞歷山大統治下變得更偉大。前者是人，後者是神。」

363 年

8 月 13 日

這就是他們拿到 D⁻ 的原因！

　　大多數老師都不喜歡教室裡有一群粗魯又很難管教的小孩。但四世紀時可憐的卡西安（Cassian of Imola）卻得應付一群特別難搞的孩子。身為一個基督徒，這位聖人拒絕遵照皇帝的旨意向羅馬神明獻祭。於是他反遭自己的學生懲罰，他們雀躍地把他綁在一根木桿上，然後用自己的書寫用具將他活活刺死。

1779 年

8 月 14 日

保羅・里維爾的海上劫難

　　提到愛國主義，幾乎沒有美國人比保羅・里維爾（Paul Revere）的名聲更響亮 —— 雖然亨利・華茲華斯・朗費羅（Henry Wadsworth Longfellow）在〈午夜奔馳〉（Midnight Ride）中，美化了一些令里維爾聲名大噪的故事情節。然而，之後里維爾的革命生涯就沒有得到如此詩意的盛讚了。1779 年，這個英勇的恐慌製造者接二連三面臨慘烈的指控，包括他怠忽職守，甚至是膽小怕事，這些指控都使他蒙羞且遭到軟禁。這些控訴源自美國獨立戰爭時一場最慘烈的軍事行動。1779 年 6 月，英國軍隊侵占緬因佩洛布斯克特灣，意圖建立保皇黨的殖民地，使其做為對抗新英格蘭的基地。當時主掌緬因司法權的麻薩諸塞州面臨此等侵略，便決意發動海軍遠征以驅逐敵人。這個差事原本再簡單不過，最後

卻徹底失敗。

龐大的美軍艦隊在 7 月 25 日航行至佩洛布斯克特灣，正固守尚未完工的要塞的英國人武力、人力均不足，因此當他們一見到難以應付的敵方便預見了一場必然的失敗。然而，無能的優柔寡斷加上對攻擊方式的強烈分歧立刻將美軍原本的優勢消磨殆盡。

8 月 13 日，砲兵指揮官保羅‧里維爾中校在日記中記錄道英國有五艘支援船抵達。隔天，他下達了可恥的撤退命令。欠缺訓練的殖民地民兵部隊四處逃竄，而多數艦隊都在這場珍珠港事件爆發之前最嚴重的美國海軍災難中被摧毀。

這次慘敗後，里維爾推諉塞責的行為遭到猛烈抨擊。洶湧狂暴的指控中，有位指揮官控訴他不服從命令、拋棄自己的軍隊。他於 1779 年 9 月 6 日遭逮捕、被民兵部隊免職，並被軟禁在家。然而，令里維爾沮喪的是他沒有受到軍事法庭的審判，因為他認為那是他洗清冤屈的唯一方式。「請求庭上擇一時間嚴格審問我，讓我得以親自面對原告。」他在 9 月 9 日寫信給麻薩諸塞州議會。之後他又寫了另一封信，並在當中再次請求舉行公開聽審會。「這全都由您們做主，從對我有利及不利的證據中決定我的品格，而品格比我的性命更重要。」

在「敵人刻意製造出的最大恥辱與敵意」之下苟延殘喘兩年半後，里維爾終於受到正式的審判。雖然他所有罪名都被洗清，卻還是得等到朗費羅寫出那首詩，才讓他永遠成為毫無汙點的美國傳奇人物，而這已經是佩洛布斯克特灣災難過後八十年的事了。

1434 年
8 月 15 日

假如有人該被處以火刑……

百年戰爭期間作為聖女貞德那位被高度美化的戰友，吉爾・德・雷（Gilles de Rais）戰爭結束後退役、轉而追求其他興趣——確切來說是猥褻與殺害孩童。他抓走上百名孩童施以虐待，並以人們所能想像最駭人的方式殺害他們。

或許是為了彌補這些不堪入耳的行為，吉爾打造了一座專屬於孩童、外觀像教堂的雄偉建築，諷刺的是，它被命名為「聖嬰教堂」。吉爾不惜重金打造這間聖殿，並於 1434 年 8 月 15 日舉行落成儀式，還自封為普瓦捷的聖依萊爾（Saint-Hilaire de Poitiers）教士。

「手持式燭台和那些祭壇、香爐、十字架、聖餐杯、聖體盤和聖物箱等都是由純金純銀打造的。」其家族成員在《繼承人的回憶》（*Mémoire des Héritiers*）中表示：「它們上頭裝飾有稀有石頭、刻有精緻花紋、塗了上好的瓷釉，而其精雕細琢的完美工藝更甚於材質的多樣性。」

但真正花費吉爾大把財富的是教堂中那些擁有天籟嗓音的男孩。

「音樂令吉爾欣喜若狂。」傳記作家倫納德・沃爾夫（Leonard Wolf）寫道。「尤其是男孩的聲音，無論那聲音是出自歌唱或痛苦皆然。」

1962 年
8 月 16 日

彼得・貝斯特，未來的註腳

多年來只能在又小又破舊的俱樂部裡表演，且多次被各大唱片公司 *
狠心拒絕後，披頭四樂團在 1962 年夏季前已蓄勢待發，準備在音樂史
上發光發熱，但鼓手彼得・貝斯特（Pete Best）卻不是其中一員，因為
他在那年 8 月 16 日被這個即將成為傳奇的四人樂團毫不留情地解僱了，
最後淪為披頭四奇幻旅程中的一個註腳，而他的位置則迅速被林哥・史
達（Ringo Starr）給取代。「大夥們都希望你能離開樂團。」據說他在
那命中注定的一天只收到這句話。即使到現在，貝斯特突然遭到解僱的
原因仍然沒有定論。

樂團製作人喬治・馬丁爵士（Sir George Martin）後來承認他也無意
間參與了這件事，當時披頭四準備錄製首張單曲。「我認為鼓是一個優
秀搖滾樂團的支柱，但他卻無法擔起支持其他成員的重任。」馬丁回憶
說。他提議錄音室找新的鼓手。「我很愧疚，我想也許是我改變了貝斯
特的人生。」

樂團經紀人布萊恩・愛普斯坦（Brian Epstein）之後在自傳中表示：
「他並不急著換掉披頭四的成員，那時他們正準備聲名大噪……我曾要
求過讓披頭四成員維持原樣。」結果，其他團員卻早就準備好讓他們的
鼓手走人了。

貝斯特和其他團員一樣，都曾為了披頭四的成功認真努力過，但依
樂團身邊的人所見，他從未真正融入其中。約翰・藍儂、保羅・麥卡尼

---

* 註：迪卡唱片拒絕披頭四一事現今廣為流傳，一位經理曾表示：「我們不喜歡這群男孩的音
  樂風格……樂團已經過時了，尤其是有吉他手的四人樂團更是沒搞頭。」

和喬治‧哈里森都有類似的品味和幽默感,而這位鼓手卻對他們在嗑藥後亢奮的滑稽行為不以為然。因此,論及這位團員的打鼓招數,沒錯,披頭四會毫不猶豫請他走人。

「嚴格說來,這是出於專業的決定。」麥卡尼後來說道。「如果他達不到我們的標準……那我們也別無選擇。」即使如此,成員們仍對於這件事的處理方式感到遺憾。例如藍儂就曾坦承過:「我們都沒膽開除他,只好讓布萊恩去講。」

隨後樂團聲名大噪,對此這位備受輕視的前團員一度痛苦到難以忍受。貝斯特承認他被解僱後曾試圖自殺,但最後終於逐漸釋懷過往的經驗。「有些人以為我會變得憤世嫉俗,但他們錯了。我認為我的人生夠幸運了。」2007年他這麼告訴英國《每日郵報》。「天知道披頭四承受了多少壓力?他們成了大眾商品,藍儂還為此賠上性命。」

1661 年
8 月 17 日
被太陽王灼傷的尼可拉斯‧富凱

尼可拉斯‧富凱(Nicolas Fouquet)吃了許多苦頭才學到:凌駕於太陽王之上準沒好事。路易十四成年前,基本上是由樞機主教馬薩林(Cardinal Mazarin)治理法國,此時富凱爬升至法國政府的顯要位置,成為該國的財政總管。

這是份有利可圖的差事,尤其當馬薩林握有實權時,貪汙、階級特權和合法管理國家財政之間的界線十分模糊。結果證實,富凱不僅相當嫻熟於穩定提供馬薩林西法戰爭的所需費用和其他國家支出,也足以滿

足樞機主教個人對奢侈品的大量需求。這位野心勃勃的大臣在過程中賺得大量財富，並渴望以最鋪張浪費的方式來宣示其地位。

為此，富凱著手執行一項計畫，打算在巴黎之外打造一座法國未曾有過、浮誇的巴洛克城堡。富凱不惜砸重金在設計、建造和裝飾上，並將其命名為子爵城堡。所有富麗堂皇的房間都有個共同的主題：富凱家族的使者畫了一隻爬上樹梢的松鼠，一旁寫有格言：「還有哪裡是他到不了的？（Quo non ascendet?）」顯然路易十四自己也很疑惑這個問題。

1661 年 8 月 17 日，大臣邀請國王一同參與盛大的子爵城堡竣工歡慶宴。皇室成員享用了銀盤上的豪華餐點，稍後莫里哀（詳見 2 月 17 日）在外頭精美的花園裡首次演出一齣新劇。當晚以絢爛的煙火畫下句點，其中包括了一場火箭式大煙火秀，讓城堡的大穹頂看起來彷彿被絢光和火焰吞噬一般。

整場展演都是為了取悅國王，並助富凱登上事業的最高峰 —— 首相。然而，路易十四證實了自己是派對上最掃興的人。富凱的盛筵只是徒增國王的恨意（即使他真的受到啟發，決心要讓自己的凡爾賽宮超越子爵城堡），更坐實了他對財政總管中飽私囊的猜疑。結果那隻爬得更高的松鼠被永遠囚禁在籠子裡了。

「我曾經以為國王看重我更甚於任何人。」驚訝的富凱突然被捕後如此哀嘆。後來，伏爾泰評論這次急速殞落的事件時巧妙地說道：「8 月 17 日晚上六點時富凱還是法國國王，但到了凌晨兩點卻成了無名小卒。」

1644 年
8 月 18 日

與惡魔立約——撒旦甚至親自作證

1644 年 8 月 18 日，法國教士烏爾班・格蘭迪埃（Urbain Grandier）因行巫術慘遭活活燒死。然而這並非典型宗教狂熱失控的例子，且和大權在握的樞機主教黎塞留（Cardinal Richelieu）之間的宿怨毫不相關——但許多愚蠢的歷史學家仍然堅持此論點。不，結果是這位好神父「確實」和一群魔鬼締結盟約，牠們附身在盧丹城一群修女身上，使她們陷入最不像修道院姐妹該有的瘋癲狂喜。當權者握有格蘭迪埃神父和路西法及其他魔鬼簽署契約的證據——路西法原先將此證據放在地獄的私人置物櫃裡，是教士的權柄迫使其中一個魔鬼阿斯摩太將之取出。這份在格蘭迪埃受審期間被公布、上頭有簽名且經過認證的文件（現在則保存在法國國家圖書館）如此寫道：

> 我們，有權勢的路西法、撒旦、別西卜、利維坦、艾立米、亞斯他錄和其他諸位，今天接受烏爾班・格蘭迪埃的契約，並接受他成為我們的一員。
>
> 我們承諾給他女人的愛、處女的花蕾、修女的貞節、君王的尊貴榮耀、誘惑和權力。他將擁有荒淫無度的 3 日，得以陶醉於狂喜之中。他每年要提供一次血的印記，要用腳踐踏教堂內的聖物，還會詢問我們許多問題。有了這份契約，他會過上快樂的二十年，接著加入我們犯罪、忤逆上帝的行列。

1692 年
8 月 19 日

說到惡魔……

路西法那幫魔鬼和烏爾班·格蘭迪埃締結邪惡契約後（詳見 8 月 18 日）繼續耍弄他們的老把戲——這次牠們橫跨大西洋來到新英格蘭，與清教徒牧師喬治·布爾福斯（George Burroughs）結黨。位於麻薩諸塞州賽勒姆的相關當局發現，布爾福斯不僅和鎮上許多女人一樣是撒旦的僕人，且自己就是邪惡的源頭——在賽勒姆有個歇斯底里的青少女信誓旦旦地說，布爾福斯在她面前顯靈並告訴她：「我比女巫更厲害；我是一名法師。」

十年前，這位牧師因為勞資糾紛離開賽勒姆，後來在韋爾斯鎮（現今的緬因）被捕，因為他像惡魔般說服人們他所服事的對象是良善的靈。審判期間，證據在在揭露了他的的虛假，並證實他是被邪靈及其他墮落力量附身。判決當然是死刑，但在絞刑台前又是一陣混亂。

布爾福斯頸上綁著套索，大聲宣告自己的清白，接著在一片驚駭中開始一字不差地朗讀主禱文。

路西法凡間的代理人不可能有這能耐！在場的目擊者開始躁動不安。難道即將遭受極刑的真是一個清白的人嗎？所幸，備受尊敬的科頓·馬瑟（Cotton Mather）牧師快刀斬亂麻，迅速平息人們的擔憂。「惡魔常會偽裝成光明天使。」他如此宣告，並將賽勒姆的魔鬼頭目喬治·布爾福斯直接打入地獄。

1986 年

8 月 20 日

消失的捷克：蘇聯殘忍終結布拉格之春

　　自由的風潮在 1986 年布拉格之春期間席捲捷克斯洛伐克共產黨。曾經受壓迫、無助地困在蘇聯軌道上的人們用力吸入捷克改革家兼領導者亞歷山大‧杜布切克（Alexander Dubček）所發起的、全新的自由風氣。然而。當年夏天，蘇聯這隻巨熊伸出了兇惡的爪子，用力撕裂杜布切克口中的「社會主義者的臉龐」。1986 年 8 月 20 日晚間，蘇聯入侵捷克斯洛伐克的行動驟然且迅速、果斷；那是二次世界大戰以來歐洲最大規模的軍事行動。即使抵抗也是徒勞，當他國袖手旁觀時，極權主義在坦克車的支援下再次重生。「我的問題在於，我沒有一顆能夠預知蘇聯入侵的水晶球。」杜布切克回憶道。「事實上，在 1 月 1 日（在他成為捷克斯洛伐克共產黨主席的前幾天）到 8 月 20 日之間，我從不相信會發生這種事情。」

1745 年

8 月 21 日

凱薩琳大帝即位，彼得們出局

　　在她的愛情故事成為傳奇之前，俄羅斯將來的女皇凱薩琳大帝嬌羞地帶著處女之身進入婚姻世界。而多虧了丈夫（後來的彼得三世）的愚昧，她在接下來八年仍然維持處女之身。1745 年 8 月 21 日舉行的壯麗婚禮與她未來的俄國君王身分非常相稱，但對凱薩琳而言，蜜月就像場

惡夢一般。

「侍女們為我寬衣解帶後把我放到床上。」凱薩琳後來寫下新婚之夜的情形。「大家都離我而去，留我獨自一人待在那裡兩個多小時，根本不知道自己該做些什麼。我是該起來還是繼續躺著？我真的毫無頭緒。最後我的新侍女克勞瑟夫人進來，十分雀躍地告訴我大公爵彼得正在等待快準備好的晚餐。殿下在晚餐後來到床邊，說僕人們若是看到我們倆一起躺在床上會很高興。」然後他就睡昏頭了。

凱瑟琳夜復一夜被這個極度不成熟的配偶冷落，比起妻子的愛撫，他更喜歡身邊有那些他帶到床上的玩具士兵。

多年以後，情況只是雪上加霜。就算他沒有冷落妻子，也是在一旁無止盡地喋喋不休些無聊透頂的話。「從未有兩顆心像我們這麼不契合。」她寫道。「無論是品味或思考方式，我們都沒有任何共通點。」過程中，彼得選擇馴養犬隻來分散自己的注意力，而凱薩琳悲傷地表示，這是彼得試圖成為小提琴家但徒勞無功後另一項討人厭的嗜好，尤其在他決定把獵犬養在他們共有的樓房之後。「所以呢，」她寫道。「從早上七點到深夜，要不是他很用力地拉小提琴、發出不協調的聲響，就是五、六隻狗因為他的鞭打而發出恐怖的吠叫或嚎叫聲，不論是哪個都讓我備受折磨。我得承認我幾乎要瘋了……除了那些狗以外，我真是世上最悲慘的人了。」

彼得對待可憐妻子的方式變得愈來愈殘酷，尤其當他於 1762 年繼任皇帝後更是威脅要為了愛賣弄的情婦而拋棄妻子。然而，凱薩琳卻獲得最終勝利。經過六個月彼得三世災難般的統治（在這期間他設法以古怪的行為離間他的臣民們），凱薩琳廢去他的王位，自己成為俄國的大帝。

1983 年

8 月 22 日

藝術家的負面觀感

　　1983 年某個週一夜晚，紐約社交名媛科妮莉亞・格斯特（Cornelia Guest）以為自己和安迪・沃荷只不過是一起去看場電影。這可憐的傢伙完全沒意識到這位藝術家竟仔細打量她，且認為她的才智比不上一個湯品罐頭。她也沒想到沃荷會把對她的印象寫在日記裡供後人觀看。「《丹尼爾》（Daniel）這部電影相當引人入勝。」沃荷在 8 月 22 日寫道。「科妮莉亞看得很投入。她很奇怪，我實在搞不懂她是聰明還是愚笨。她常常左耳進、右耳出的，有時就是個傻瓜。但是喔，她真的很投入。這對她來說就像是一堂歷史課，我後來特意考考她，她竟然有看懂全部內容。」

1939 年

8 月 23 日

怪物與怪物的大戰

　　當兩隻魔鬼握手言和時會發生什麼事？這個嘛，這就是 1939 年 8 月 23 日發生的事。

　　當時蘇聯與納粹德國簽署一份德蘇互不侵犯條約。史達林和希特勒這兩頭猛獸給予彼此充足的空間去併吞鄰國——兩人確實都貪得無厭地這麼做了。但魔鬼就是魔鬼，其中一方勢必會破壞協定。果然，希特勒不到兩年就進攻蘇聯。史達林震驚不已，他先前已經處決了多位蘇聯軍

方的頂尖領導者，導致現在手無縛雞之力。「列寧建立了這個國家。」他在躲起來之前失魂落魄地說，「而我們搞砸了一切。」

2006 年

8 月 24 日

冥王星的降級：矮行星

冥王星在 1930 年耀眼登場、成為太陽系第九顆行星時，眾人都抱持極高期待。許多人推測，這位天體家族的新成員很可能是最大的行星，甚至比木星還大。伴隨此驚人發現的興奮情緒中，幾乎沒人料想得到這顆結冰球體的未來竟是一片渺茫，且即將以羅馬的冥神為名。

隨著科學的進步，冥王星的重要性也逐漸降低。這顆偏遠的星球根本不是人們最初想像的巨型天體，只是顆相對小型的微小球體，也是九顆環繞軌道運行的星球中最小的一個。且事情每況愈下。冥王星不規則的軌道和極小的尺寸導致有些人認定它不是真正的行星，充其量只是顆小行星。此觀點在天文學家之間引起激烈爭執及摩擦。2006 年 8 月 24 日這天，冥王星迎來了最沉痛的一擊。這顆曾經讓人們引以為傲、在諸多科學項目中都被供奉在神聖地位的星球，正式被貶為「矮行星」。

冥王星是繞經海王星軌道，也就是所謂「古柏帶（Kuiper belt）」中最大顆的小行星，它本該為此獲得一些補償，但是呢，可惜呀，並沒有。

很快地，天文學家發現另一顆體積大很多的矮行星厄里斯（Eris）。「冥王星要想身為迄今為止在古柏帶發現的最大星球，現在是最後一次機會。」加州理工學院行星天文學教授麥克‧布朗（Mike Brown）說。他是厄里斯的發現者，後來也確認了其體積。「原本冥王星和厄里斯體

積應該是差不多，但這些最新結果顯示，冥王星頂多只能排第二名。」

1830 年
8 月 25 日

歌劇院的爭執

　　這是一次引起劇烈反彈的生日獻禮。1830 年 8 月 25 日在比利時的布魯塞爾，皇家鑄幣局劇院籌劃演出丹尼爾・奧柏（Daniel Auber）的歌劇《波蒂西的啞女》（*La Muette de Portici*）。當時比利時是荷蘭聯合王國的領土，於是這齣劇最初是為了向荷蘭聯合王國的威廉一世致敬。但這位壽星即將在當晚遭受極大驚嚇。

　　歌劇最初的目的是為了激發人民對國王的忠誠。這個愛國故事講述的是一個漁夫在 1647 年起義推翻那不勒斯的西班牙統治者，結果卻導致觀眾發起民族主義暴動，且迅速蔓延至布魯塞爾街頭，因為根本沒有人是真心喜歡壓迫百姓的威廉一世。當晚，革命之火在劇院內被點燃，不到一年，威廉一世就不再是甫獨立的比利時的國王了。

1346 年
8 月 26 日

好戰不見：瞎王的進擊

　　波西米亞國王約翰一世無疑是位英勇的戰士，但也是個盲人 —— 這讓他不論在哪場戰爭中都居於明顯劣勢；尤其在 1346 年 8 月 26 日，約

翰和法國盟友腓力六世在克里希對上英格蘭愛德華三世的英國軍隊時更是如此。隨著英國引進高度致命的長弓（中世紀的核子武器），這場王與王之間的衝突也有了決定性的轉變。然而，約翰卻沒有因此退卻，反而殷切地盼望能採取行動，這位眼瞎的（而且已經五十歲，已過了巔峰時期）君主集結身邊最忠心的戰友們。據當代編年史家尚‧傅華薩（Jean Froissart）記載，約翰對他們說：「諸位，你們是我這趟征途的勇士、同伴與摯友。我需要你們帶我大步向前，讓我可以揮舞寶劍奮力一擊。」為了將國王安置在最佳位置，並引導他進入戰況最激烈之處，這些士兵將所有馬的韁繩綁在一起後開始進攻。傅華薩總結道：「他們太深入敵營，以致全軍覆沒，隔天他們的遺體被發現散佈在國王四周，而馬匹們全被緊緊地綁在一起。」這群人毫無疑問是盲目野心下的犧牲者吧。

1896 年
8 月 27 日

在你唸完尚吉巴島前，戰爭已經結束了

尚吉巴島的蘇丹哈里德‧本‧巴格什（Sultan Khalid bin Barghash）統治兩天後，不僅在 1896 年 8 月 27 日失去王位，更打輸了史上最短的戰爭。這場與英國轉瞬即逝的衝突大約在九點開始，只持續了不到一個小時。

英國曾經承認這個位於非洲東岸的島國獨立，直到 1890 年，阿里‧本‧薩依德（Ali Bin Said）在英德相爭殖民地時選擇接受英國的庇護。也正是在那時雙方種下了彼此不睦的禍因，因為根據協議，英國有權力否決尚吉巴蘇丹的新人選。

1896 年 8 月 25 日，阿里‧本‧薩依德的姪子兼繼任者哈瑪德‧本‧圖瓦尼‧阿爾布薩依德（Hamad bin Thuwaini Al-Busaid）突然死亡。他的死亡最有可能是遭到表親哈里德‧本‧巴格什下毒，因為後者隨即宣布自己繼任蘇丹並占據了宮殿。然而，英國人心中卻另有人選，一個更注重他們利益的蘇丹，因此他們堅持要哈里德下台。哈里德無視他們，還召集了宮廷侍衛軍及僕人、奴隸和人民等一票人。另外，他還霸佔了配有一艘名為格拉斯哥號（H.H.S. Glasgow）的破舊單桅帆船的尚吉巴海軍。即使哈里德多次接獲警告，仍舊態度強硬佔據宮殿，並下令砲火對準那些聚集在鄰近港口的英國船隻。看來，戰爭是一觸即發。

戰鬥預定始於 8 月 27 日早上九點，那是哈里德投降、放棄皇宮的最後機會。而身在首都的英國居民在前一晚就被疏散至安全的處所。

「籠罩整座尚吉巴島的寂靜相當駭人。」美國領事理查德‧多爾西‧莫恩（Richard Dorsey Mohun）描述。「通常都會有鼓聲或是嬰孩的啼哭聲，但那晚一丁點聲響也沒有。」

隔天早晨，哈里德向英國領事巴茲爾‧卡夫（Basil Cave）捎了封訊息。「我們不打算投降。」他宣布。「我們也不相信你們真的會開戰。」對此莫恩回應：「我們並不想開戰，但要是你們不聽話，那就不得不開火了。」這位篡位的蘇丹不再回應，於是英國按預定時間開始轟炸。四十分鐘後，宮殿遭摧毀、格拉斯哥號被擊沉、哈里德逃跑，戰爭結束。

大不列顛因為這次偉大的軍事勝利而再次稱霸海洋，並且順利讓傀儡蘇丹取代哈里德的位置。

金恩博士的孩子們都有同樣的夢想：錢

馬丁・路德・金恩的演說〈我有一個夢想〉是史上最值得紀念的演說，這是一件好事，因為他的子女都確保了人們在沒有支付龐大授權金的情況下，無法讀到或聽到完整版內容。沒錯，金恩博士所傳遞的普世價值是要流傳好幾世代的正義、愛與寬容，但這同時也是他的子孫殷切維護的商品。

雖然這位偉大的人權領袖現在永遠被供在國家廣場上，一旁還立著華盛頓、傑佛遜和林肯，但它是唯一一位有標價碼的人。

沒錯，金恩紀念館的創建者花費將近八十萬美金才獲准以募資為目的使用其語言和圖像。這筆數目對多數教育企業或歷史紀錄片而言都太過龐大：金恩的子女要求支付兩千萬才願意將父親的論文「捐贈」給國會圖書館，國會對此猶豫不決，但像賓士、阿爾卡特和辛格勒這類公司為了在廣告活動中引述金恩的名言，都願意付清費用（其中一則廣告還包括柯米蛙和荷馬・辛普森的引言）。

「我的父親放棄一切。」馬丁・路德・金恩三世在《人權運動的孩子》（*Children of the Movement*）中說道。「他不為金錢憂慮，而人們期望我們和他一樣。」

有些人太過愚蠢，期待金恩的子女會效法他。然而金恩家的孩子臭名遠播且愛打官司，促使那些愚蠢的人改變了想法。CBS 新聞和《今日美國》都因為重播〈我有一個夢想〉挨告，PBS 製作人也因為在人權運動的紀錄片《注視獎品》（*Eyes on the Prize*）中未經授權使用演講畫面接到控告。甚至連親近的家人、朋友都成為這個貪婪家族的目標物。其

中一個親近的家族朋友是歌手哈利・貝拉方提（Harry Belafonte），他想從自己的收藏中出售一些紀念物卻礙於遺產法無法實現，而其中一位金恩的頂尖助理安德魯・楊（Andrew Young）也因為使用了自己和人權英雄的片段畫面挨告。

當金恩的三名子女沒有忙著提告外人時，就會把時間用來和彼此打官司。例如在 2008 年，馬丁三世和姊妹柏妮絲聯手控告其兄弟德斯特侵占遺產資金。而在 2013 年 8 月 28 日，金恩著名的「向華盛頓進軍」五十週年紀念日，馬丁和德斯特聯合起來控告柏妮絲擔任非暴力社會變革中心的馬丁路德金恩中心主席時涉嫌不當行為。

「如果根據性格來評判這三人，」法律教授強納森・特爾立（Jonathan Turley）在《洛杉磯時報》談及馬丁三世、德斯特和柏妮絲時寫道，「那麼結果一定會讓那座屹立的花崗岩金恩雕像氣到面紅耳赤。」

1533 年
8 月 29 日

說到貪婪……

印加帝國最後一任國王阿塔瓦爾帕（Atahualpa）被西班牙征服者法蘭西斯克・皮薩羅（Francisco Pizarro）突襲並監禁後，真的付了贖金來贖回自己，據說贖金堆滿了整個房間。但這些金子全都浪費了。因為皮薩羅拿了所有黃金後，還是在 1533 年 8 月 29 日處決了阿塔瓦爾帕國王。

1888 年
8 月 30 日
想發個牢騷——至少要和松雞有關

對於溫順的松雞而言，牠們在英國沼澤的生活一點也不安穩。十九世紀，身穿花格斜紋的英國貴族們喜歡相互較勁，看誰能在一天裡內獵到最多隻鳥。這種競賽很激烈，但是沒人比得過第六任瓦爾辛漢姆男爵托馬斯‧德‧格雷（Thomas de Grey）。1888 年 8 月 30 日，他在約克夏郡的沼澤驚人地獵殺了一千○七十隻松雞。*

1743 年
8 月 31 日
給舌頭的教訓

在那個年代，死刑還是一種國家經常採用的粗暴又可怕的手段，但俄羅斯伊莉莎白女皇相當開明，承諾永遠不會處決任何人。不過呢，讓

---

* 註：毫無疑問，瓦爾辛漢姆男爵破紀錄獵捕了大量松雞後厭倦了老是抓這種老鳥，於是便將注意力轉移到其他地方。隔年 1 月的某一天，他收集了「有史以來最多樣的獵物」。正如《野外生活》雜誌所敘述的那樣，這些獵物包括：「六十五隻大鷸，三十九隻雄雞，二十三隻綠頭鴨，十六隻家兔，九隻野兔，七隻小野鴨，六隻山鷸，六隻潛鳥，四隻潛鴨，三隻天鵝，三隻沙錐，兩隻黑水雞，兩隻蒼鷺，一隻水獺，一隻鸕鶿，一隻斑鳩，一隻白頰鳧，一隻老鼠，並在一隻狗魚游過淺水區時射殺牠。」

人殘廢又是另一回事了。1743 年 8 月 31 日，一個不幸的女人在法庭上得到慘痛的教訓：直接解脫還比較好。

娜塔莉亞・洛普科娜（Natalia Lopukhina）曾被譽為「聖彼得堡最燦爛的花朵」，在善妒的女皇身邊，這個稱號會招來危害，因為她憎惡任何比她耀眼的女性。更糟的是，洛普科娜先前已經有不良紀錄。安娜女皇統治期間，她在伊莉莎白失勢時曾怠慢過她。因此，這位惹人厭的佳人被控參與反抗女皇的陰謀時，伊莉莎白已經準備好給她重重一擊。

然而，據英國大臣西里爾・威赫表示，數週以來的折騰證明了所謂的陰謀不過是「一群惡毒又暴躁的女人脫口而出的話語」。

但洛普科娜還是被判有罪。儘管伊莉莎白「仁慈」地免除她身為叛徒的可怕命運——遭到緩慢且折磨人的處決，但她還是找到其他發洩怒氣的方法。她要洛普科娜裸體站在大眾面前、鞭打她直至皮開肉綻，接著，在群眾的鼓譟聲中拔去她的舌頭。

「有人要美麗的洛普科娜女士的舌頭嗎？」據說主事者一面揮舞著血淋淋的舌頭，一面喊著。「這東西真可愛，但我便宜賣。只要一盧布就能買到美麗的、洛普科娜女士的舌頭喲！」

9月

「哀傷之情與鮮紅葉片，憂愁思緒與晴朗天氣。
我啊，此等榮耀和如此悲傷註定無法並存！」
——托馬斯·威廉·帕森斯，〈9月之歌〉

1904 年
9 月 1 日

死亡之「鴿」：最後一位旅客也離開了

　　牠們曾是北美洲數量最多的鳥類，遍佈了洛磯山脈東邊的原生林。1605 年，山姆·德·尚普蘭（Samuel de Champlain）曾說過：「牠們不計其數」，而加百列·賽加道（Gabriel Sagard-Théodat）也寫到「其數量無窮無盡」。確實如此，一團成群飛行的鳥兒就足足有一·六公里長，整群飛過人們頭頂需要耗費數小時。但不到三個世紀，這種旅鴿（passenger pigeon）就絕種了。

　　森林棲息地逐漸消失只是旅鴿滅絕的開端；大規模屠殺才是主因。這種鳥類天生喜歡聚在一起啼叫，夜晚的絮絮叨叨幾公里外的人都聽得到，且牠們的龐大數量經常壓斷樹枝，這些因素都讓牠們特別容易成為

獵殺目標。獵人能夠一次捕捉上萬隻旅鴿，再以低價賣給市集，甚至把牠們做成肥料。

十九世紀末期，人們終於開始意識到旅鴿的困境，但這時開始保育為時已晚。這種社交動物必須和一大群同類聚在一起才能成功繁殖。但這些群體已在世紀末前遭到大量捕殺，因此少數逃過獵捕命運的脫隊者仍舊難以孕育下一代。

「瑪莎」是這群曾經興旺的鳥類的最後一隻成員，原本住在辛辛那堤動物園。當牠於 1904 年 9 月 1 日死去後，優雅的旅鴿便永遠消失了。如今僅存的只有史密西尼學會裡瑪莎的標本及保存完好的內臟。

1960 年

9 月 2 日

遲到的比賽：蘇利南的奧運級失誤

1960 年 9 月 2 日是紐西蘭跑者彼得・斯內爾（Peter Snell）此生最棒的一天，他在羅馬夏季奧運的八百公尺田徑項目中奪得金牌，成為紐西蘭之光。然而，對來自蘇利南的齊格菲德・威姆・埃薩哈斯（Siegfried "Wim" Esajas）而言，那絕對是最糟糕的一天。

埃薩哈斯是這個南美小國（當時仍隸屬荷蘭）首位參加奧運的運動員，但最後卻沒有上場比賽。退賽原因不是受傷，而是由於極度糟糕的時間問題。當天下午他出席資格賽，卻發現早上就比完了。關於埃薩哈斯睡過頭的謠言迅速傳開，他只得背負這種恥辱返回蘇利南。

因此，當斯內爾接受眾人慶賀，還獲得了自己專屬的郵票時，可憐的埃薩哈斯卻淪為眾人的笑柄。即便到了 1976 年，廣播員在蒙特婁奧運開幕式介紹蘇利南代表團時，還戲稱其為「睡掉首次奧運的國家」。

直到 2005 年，埃薩哈斯過世前兩週才終於得到補償，當時他已七十歲。蘇利南奧委會得知飽受誹謗的埃薩哈斯身患絕症，便決定重新調查 1960 年事件發生的原委。結果，埃薩哈斯當天並沒有睡過頭，而是因為當時蘇利南委員會的總秘書弗雷．格蘭斯搞錯了比賽開始時間。格蘭斯有記錄下這起事件，但出於某些原因從未對外說明。因此，埃薩哈斯接下來的四十五年光陰才會在恥辱與遺憾中度過。

「羅馬事件在我父親的生命中造成無法復原的傷口。」他的兒子韋納．埃薩哈斯說道。「他覺得自己人生中最棒的時刻被硬生生奪走了。」

奧委會遲來的補償是一塊頌揚他身為蘇利南首位奧運選手的匾額和一封道歉信。最重要的一點是，他找回了尊嚴。「他的眼睛發亮，看起來很高興。」小埃薩哈斯在 2005 年告訴澳洲《美聯社》。「我想這樣他就能安息了。」

_1939 年_

9 月 3 日

張伯倫暫時的綏靖政策

1938 年 9 月 30 日，興高采烈地從德國歸國的英國首相內維爾．張伯倫，帶回了一份他確信能為英國帶來和平的條約。群眾聚集在倫敦外圍的希斯頓機場迎接他，當首相拿出剛和希特勒簽署好的文件並朗讀其中一個段落時，人民都歡呼大叫以示贊同。阿道夫．希特勒在條約中堅

定表示：「我們兩國人民絕對不會再和彼此發生爭鬥。」

張伯倫在白金漢宮接受喬治六世和伊莉莎白女王的熱情款待後緩緩回到唐寧街。他從首相官邸的一樓窗戶朝著外頭民眾呼喊出一句不朽的名言：「當天取得的成就無非是『我們所屬時代的和平』」。

慕尼黑協定讓英國躲過希特勒野心勃勃的政權可能引發的危機，本質上這意味著允許德國吞併大半捷克斯洛伐克，第三帝國開疆闢土的野心也保證會到此為止。英國對於二十年前那場大戰 * 遭遇的屠殺仍歷歷在目，當時整個世代的年輕人都慘遭濫殺，因此這次的和平協定讓張伯倫成了英雄。沒錯，他確實為了納粹而犧牲一個友邦，但正如同他在演講中提到的，至少英國年輕人不必為了「遠方國家那些我們一無所知的人民的爭執」而犧牲性命。

在一片喝采聲中，有些人持反對意見，其中最著名的便是未來的首相溫斯頓‧邱吉爾，他很厭惡棄絕捷克斯洛伐克的行為，因為這不僅可恥，也沒法帶來實際的和平。「而且不要以為這就是結局，」他宣告。「這只是報應的開端。」

果不其然，希特勒很快就露出他貪婪且野心勃勃的真面目。慕尼黑協定簽署不到一年，納粹就入侵波蘭，迫使張伯倫必須在 1939 年 9 月 3 日向德國宣戰。同日，他在國會面前痛苦地發表個人看法：「這對大家來說都是難過的一天，而我的悲傷更勝所有人。作為公眾人物的時間裡，所有我竭力爭取的、希望的以及相信的事全都破碎了。」

轉瞬間，這位做到「時代和平」而備受稱讚的人物變成一個愚蠢的妥協者，被一個貪得無厭的怪物誆騙。「幾乎沒人料想得到，命運在如此短的時間內會發生劇烈的翻轉。」1940 年 11 月，他在逝世前三週如

---

* 　註：第二次世界大戰爆發前，一戰還只被稱作「二十年前那場大戰」。

此悔恨地說道。儘管有些歷史學家針對張伯倫的評語沒有那麼嚴厲，但他的名聲卻已永遠留下汙點。

1957 年

9 月 4 日

埃德賽爾：福特關鍵性的失敗

在廣大的美國市場中，有些炒作太過頭的產品註定會失敗：看看菲多利公司充滿油脂替代物蔗糖聚酯（Olestra）的零食（政府強制標上警語：可能導致腹部絞痛和腹瀉）。

另外還有「新」可樂、芹菜口味的吉露牌果凍、麥當勞的大美味牛肉堡（麥克披薩和健康漢堡就甭提了）、美國足球聯盟、蘇珊・安東尼（Susan B. Anthony）錢幣以及大規模的網路泡沫化。但所有失敗中，最慘烈、足以媲美車諾比級別的新產品災難非福特的埃德賽爾（Edsel）莫屬。這場損失數十億的大規模失敗甚至被收錄進韋氏新世界詞典，「埃德賽爾」被列為新詞彙，釋義為：「一種產品或計畫，儘管擁有高度期待、投入大量促銷成本，卻仍無法為大眾所接受。」

福特汽車公司十分精於行銷，但這款新產品不是根據設計方向命名，而是用他們那古怪創辦人亨利・福特的兒子作為商品名。這間公司的行銷奇才不斷用吊人胃口的廣告轟炸大眾，把埃德賽爾譽為「未來之車」來吸引客戶，但卻從未展出車身的真面目。

盛大的揭幕儀式訂於 1957 年 9 月 4 日，福特也將這天稱為 E-Day。大批受到宣傳吸引的群眾前往展示廳，但揭幕後卻沒有引來預期中的驚嘆聲，反倒迎來了哀號和咯咯笑聲。神秘的埃德賽爾結果只是個會動的

荒謬物件，其最顯著的特色是垂直而非橫向的前進氣格柵。它的形狀像是拉長版的巨大字母 O。福特的工程師發現這真是個不對勁的配件，因為他們必須不斷加大這個時髦的垂直「創新」設計，才能吸入足量的空氣來冷卻引擎。結果正如《時代雜誌》所說：「埃德賽爾看起來像是個『正在吸吮檸檬的老人』。」

更糟的是，這款新車並沒有特別的原創工程設計。相反地，埃德賽爾問題連連，諸如掉漆、關不起來的門和常常結凍的變速器（他們很聰明地把這放在方向盤中央）。有句流傳在汽車評論家之間的玩笑話是這麼說的：「埃德賽爾（Edsel）的全名是『每天都有東西漏出來（Every Day Something Else Leak）』。」

銷售量持續大跌，福特絕望極了，表示只要有人願意試乘埃德賽爾，就有機會獲得一匹小馬。然而，多數得獎者卻選擇換成現金，把那些沒人要的汽車和上千萬匹馬留給福特自己。最終，埃德賽爾在 1959 年結束了它的慘劇，唯一的好處是，這次慘兮兮的失敗讓許多收藏家爭相擁有這台曾經被唾棄的車款。

1921 年
9 月 5 日

拉普壞壞？胖子阿巴克爾的墜落

他是好萊塢最大塊的票房磁鐵，這位體型肥碩的默劇時代喜劇演員以其走到哪、倒楣到哪的吸引力和那被形容為優雅的鬧劇來取悅觀眾，儘管他相當肥胖，仍以驚人的敏捷和優雅從容度過了許多荒謬事件。但是羅斯科・「胖子」・阿巴克爾（Roscoe "Fatty" Arbuckle）日漸飛黃

騰達的演藝生涯卻在一天之內被毀滅殆盡。

　　1921 年，阿巴克爾拍完三部片、又和派拉蒙影業簽了一份三年的百萬合約（這在當時是天價）後，和一群朋友開車到舊金山慶祝勞動節週末。那兒的酒取之不盡，派對一場接一場，但到了 9 月 5 日禮拜一，其中一位賓客維吉尼亞·拉普卻遭逢不幸。這名年輕女演員因為膀胱破裂而死於腹膜炎。關於實際情況則有多種版本的說法。

　　根據阿巴克爾的說詞，他回房換衣服時撞見拉普在他的浴室裡嘔吐。替她整理乾淨後，阿巴克爾就將她抱到床上休息，然後就回到派對上了。但當他再回來時卻發現拉普倒在地上。阿巴克爾將拉普抱回床上後還用冰塊幫她降溫，接著才去求援。一名旅館醫生把女演員的情況歸因於飲酒過量，建議她好好睡一覺。隔天阿巴克爾就回洛杉磯了。

　　拉普派對上的同伴班比納·莫德·德爾蒙特（Bambina Maude Delmont）的說詞卻完全不同。她聲稱，那個電影明星殘忍地強暴了那位年輕女人。而在那個熱衷於黃色新聞的年代，德爾蒙特的版本才能吸引嗜血的媒體──暫且不論她敲詐、勒索和扭曲事實的累累前科。報紙上充斥各種聳動的故事，關於無助的小明星如何遭受肥胖又好色的電影巨星踐踏。他們說，是他的重量壓垮了可憐的女孩，還胡亂捏造些淫穢的說詞，稱拉普是被酒瓶侵犯。這個故事如此辛辣，連媒體大亨威廉·蘭道夫·赫茲（William Randolph Hearst）都向喜劇演員巴斯頓·基頓（Buster Keaton）吹噓，說報紙賣得比當年盧希塔尼亞號（Lusitania）沉沒時還要好。

　　阿巴克爾在 9 月 11 日被捕，並被控殺人罪。一審時由於陪審團票數懸殊，十票對上兩票後獲判無罪，必須進入二審。然而二審也是相同結果。最後，經過幾分鐘的商議後，第三個陪審團宣布阿巴克爾無罪。

　　許多本來被媒體忽略的事實在開庭期間逐漸浮現：德爾蒙特的可疑

背景、受脅迫的證人，最重要的是拉普不久前才剛墮胎，而這很有可能導致膀胱破裂。沒錯，陪審團皆認為阿巴克爾受到嚴重誹謗，因此必須採用一個不常見的程序：寄給他一封手寫道歉函。

然而，這種仁義之舉對激動的民眾沒什麼影響力。儘管他獲判無罪，人們依舊開始躲避這位曾經備受喜愛的明星，除了跑跑龍套以外，他再也沒有接到工作。「我不懂，」阿巴克爾談及自己急速下滑的聲勢，「前一分鐘我還是人見人愛的傢伙，怎麼下一分鐘我就人見人恨了呢。」

1657 年
9 月 6 日
帝王的興衰：通往亞格拉的壯陽之路

偉大的蒙兀兒帝王沙迦罕（Shah Jahan）為了永久紀念他的亡妻，在印度亞格拉建立了壯麗的泰姬瑪哈陵。但這個帝王還「豎立」起另一種遠不如前者體面的遺物。1657 年 9 月 6 日那天他身體不適，當時朝臣委婉地將他的症狀稱為「痛性尿淋瀝」（stangury）。但其他當代編年史家就沒那麼客氣了。顯然這位衰老的皇帝迷戀上某個年輕女人，為了享受魚水之歡而求助於某種有長期副作用的春藥。

「這病是沙迦罕自找的。」尼古拉・曼努奇（Niccolo Mannuci）記述道。「他希望能跟年輕人一樣威猛，但想達到此目標就必須服用多種具刺激性的藥物。這些藥導致他尿滯留三天，他也因此在鬼門關前走了一遭。」

要不是沙迦罕那四個性情暴戾的兒子，這個尷尬的插曲本該就此結束，帝王過度放縱的行為也不會再旁生枝節。但他們一得知父親的病情，

便立刻為了繼承王位打了起來。最後的結果震撼了印度的「孔雀寶座」。病痛中的皇帝遭到廢黜，被打入鍍金的監牢裡直至終老。其中兩個兒子在自相殘殺的衝突中敗下陣來；三子設法逃脫；而四子奧朗則布（Aurangzeb）則殺了那兩個失敗的手足、從父親手中奪走王位，繼續在印度發起奪走上百萬人命的血腥宗教戰爭。而這一切都肇因於一個老男人的「性致勃勃」。

沙迦罕剛開始很反抗監禁，還打算安排刺客暗殺篡位的兒子奧朗則布。這個兒子早前還好心地將手足受到重創的頭顱送給父親。然而，這位遭罷黜的皇帝最後仍然被囚禁起來，只能從亞格拉的宮殿望向泰姬瑪哈陵，直到七年後與亡妻重新聚首。

1303 年

9 月 7 日

波尼法爵對決：當國王對上教宗

教宗波尼法爵八世（Boniface VIII）在 1302 年有點太自滿了，他在「一聖教諭（Unam sanctam）」中宣稱自己是這個世界不折不扣的老大。「眾人若想得到救贖，先決條件是順服羅馬教皇。」而「眾人」包含國王在內。

為了回應暫時手掌大權的最高精神領袖這種前所未聞的言論，與教宗不合已久的法國國王腓力四世立即表明自己的反對立場，並公開教宗

一長串的罪名：異端、褻瀆、謀殺、近男色、買賣聖職、行法術，甚至不遵守齋戒日。波尼法爵很不高興，著手準備起開除法王教籍的文件。但程序還沒走完，腓力四世就派遣傭兵闖入他在阿格那尼（Agnani）的避難所，並於 1303 年 9 月 7 日當晚監禁他。彷彿這位虛偽的教宗受到的羞辱還不夠似的，其中一個傭兵賞了他一記耳光[*]——這是個震驚整個歐洲的大不敬行為。僅僅三天波尼法爵就被釋放，但這經歷實在丟臉到令人難以承受，不到一個月後教宗就逝世了，他最後被貶到但丁那惡名昭彰的第八層地獄。

1998 年

9 月 8 日

人工製成的甜美成功滋味：當馬怪爾超越馬里斯

雖然很多人很失望，打破貝比‧魯斯（Babe Ruth）單季最多全壘打紀錄（詳見 10 月 1 日）的人居然是羅傑‧馬里斯（Roger Maris），而不是米奇‧曼托（Mickey Mantle），但至少馬里斯是以正當手法達成這項紀錄。不過馬克‧馬怪爾（Mark McGwire）就不是如此了。他在 1998 年 9 月 8 日打破馬里斯的紀錄，但過了多年後承認自己一直都有服用類固醇禁藥。

---

[*]　註：有些人說比較像是毆打。

9 月 9 日

要夠「大膽」（還要夠臭）才能結束王的葬禮

征服者威廉被後腳站立的馬甩下馬鞍摔成重傷時，肯定是痛不欲生。但這和 1087 年 9 月 9 日他傷重致死後所面臨的折磨比起來，真的不算什麼。威廉一斷氣，他最親近的同伴們便急著保護自身的利益。編年史家奧德里克‧維塔利斯（Orderic Vitalis）回憶道：「僕人們開始對盔甲、盤子、亞麻布和皇室家具起歹念，且還迅速逃離現場，放任屍體幾乎全裸地躺在地窖的地板上。」

接著是國王的葬禮。自從二十年前在黑斯廷斯之戰打贏英國後，威廉就發福了——事實上，他胖到連塞進石棺裡都很勉強，擠到他的內臟都破了。而葬禮現場的可怕氣味實在叫人無法忍受，因此得盡速將威廉下葬，提早結束儀式才行。

故事還沒完呢。羅馬教廷毫無來由地在 1522 年下令打開威廉位於卡昂的墳墓。據稱，屍體保存得十分完善（當然，爆裂的內臟除外），因此還能夠讓畫家描繪出他的模樣。然而四十年後，法國喀爾文教徒將他的墳墓洗劫一空，殘留的物品散落一地。最後征服者威廉的遺骸只剩一根長長的大腿骨。

西元前 210 年

9 月 10 日

水銀：帝王之死

　　秦始皇是首位統一中國的偉大皇帝。但他（詳見 7 月 28 日）並非不死之身。皇帝深信自己比其他人類更加優越，因此很難接受自己並非長生不老這項事實。話雖如此，既然他已經征服了這麼多人、事、物，沒道理不能征服死亡吧？最終，秦始皇沉迷於追求長生不老，也使他淪為各種庸醫、煉金術士下手的目標，把一切想像得到的抗死仙丹全強加到了他身上。據說，最後在西元前 210 年 9 月 10 日，一顆灌滿水銀的藥丸害四十九歲的皇帝賠上性命。

　　秦始皇在世時未能打贏長生不老之戰，但至少他還有來生，而他生前已經大費周章替自己打點好了一切。整座城市都被打造來迎合已故皇帝所需的一切，包括保護他的龐大兵馬俑軍隊。根據古書記載，秦始皇陵「充滿宮殿、涼亭、辦公區、精緻的船艦模型，以及許多奇珍異寶。」想當然了，水銀也是其中一物，但當時似乎沒有人將帝王的死和這個元素的毒性聯想在一起。要是有的話，他們應該就不會打造這條流經地下王國全境的手工水銀河、進而威脅到秦始皇的來生了。*

---

* 　註：許多陶土兵馬俑都在 1970 年代早期陸續出土，但考古學家卻始終不敢動秦始皇真正的陵寢。然而，偵測結果顯示那裡的水銀密度極高，有些學者認為這替古代說法（流動的水銀河）增添了可信度。

2001 年
9 月 11 日

1876 年
9 月 12 日

國王的秘密行動：利奧波德二世滑壘到非洲

比利時國王利奧波德二世瞧不起自己的歐洲王國，他曾經這樣批評：「小小的國家，少少的人民。」因此，利奧波德帶著跨越國界的野心和約束著自己的憲法，圖謀要侵略今天的剛果民主共和國，並將之佔為己有。但是這位國王沒錢也沒勢，無法就這樣以征服者的身分闖入非洲且佔據部分大陸。

因此他必須來個神不知鬼不覺——以人道主義者之姿出現，假裝渴望改善這些未開化、窮苦人民的困境。這件事他做得相當成功，也因此埋下了之後非洲大屠殺的禍因。

1876 年 9 月 12 日，國王邁出成功的一步，假借同情心之名召開布魯塞爾地理會議。此集會聚集了世界頂尖的非洲探險家、科學家和慈善家，利奧波德親自安排這些人，且一絲不苟地監督每項細節。

國王在給代表團的機密訊息中寫道：「我堅持必須完全以慈善、科學和博愛之名完成目標。這不是什麼商業提案，而是要和那些渴望為非洲帶來文明的人縝密無間地合作。」至於他自己的企圖為何呢？利奧波德對聚集在場的代表團宣稱，作為一個沒有殖民企圖的小國，比利時「很

高興，也很滿意自身的情況」，而他也很開心能促進這種有價值的行動來讓世界更美好。

代表團深受這位貌似仁慈的國王吸引。其中一人是阿禮國（Sir Rutherford Alcock），他向英國皇家地理學會報告：「皇家學會沒有在任何國家或場合受過比這更熱情的款待。即便有更大型、更好的組織相助，科學和慈善也無法像現在結合得如此完美。他致力於大眾利益並以國際性的視野來改善全體人民的生活，使他在所有歐洲君王中顯得特別出色。此龐大計畫包含開發非洲、抵制壓榨了整個非洲大陸、釀成殺戮與災禍的販奴制度，他的所作所為再恰當不過了。」

世人都被矇騙，深信國王無私的利他主義，最後利奧波德成功滲入剛果，並將其佔領為個人版圖。

而在接下來的三十年，這個被作家保羅・梭魯（Paul Theroux）形容為「世界史上最古怪、最暴力的帝國」持續奴役、謀殺、重傷上百萬人，只為了他那永遠無法滿足、想透過橡膠及象牙獲利的欲望。

1988 年
9 月 13 日
一敗塗地的競選照片

在政治界，形象就是一切。1960 年約翰・甘迺迪和對手理查・尼克森在辯論時，便因為電視畫面的幫助而加分不少。這位帥氣的年輕參議員看起來自信滿滿、活力充沛，他的對手卻面帶倦容，冒著汗珠的上嘴唇讓他看起來不太老實，更不像是可以當總統的樣子。電視觀眾認定甘迺迪贏了這場辯論，但收聽廣播的人們卻持相反意見。

但是，和其他當代政治人物相比，尼克森其實算是上鏡的了。那些被電視畫面重挫的人還有喬治‧布希。總統在極具毀滅性的伊拉克戰爭期間，身穿空軍制服站在亞伯拉罕‧林肯號航空母艦甲板上趾高氣昂地走著，頭頂上是寫有「任務完成」的旗幟；丹‧奎爾（Dan Quayle）正在教導學生如何正確拼出「馬鈴薯」的英文；莎拉‧裴琳（Sarah Palin）與凱蒂‧庫瑞克（Katie Couric）那次臭名遠播的訪談，這位阿拉斯加州長講不出任何為了跟上時事而讀過的期刊名稱，還宣稱自己密切關注鄰國俄羅斯。最後還有可憐的吉米‧卡特（Jimmy Carter）所做的每一件事（詳見 12 月 29 日）。

有時候，只要一張照片就會造成無可挽回的傷害。麥可‧杜卡基斯（Michael Dukakis）在 1988 年競選總統期間就嚐過這種苦頭，這件事發生在 1988 年 9 月 13 日那天媒體拍照活動結束之後。

這位長久以來老被奚落的軟弱民主黨候選人，被拍到在密西根通用動力廠外駕駛 M1 艾布蘭主戰坦克車。但這張照片並未顯現出他是一位堅毅的軍人，反倒讓他看起來像個傻子。他戴的高科技頭盔太大了，讓自己的臉顯得很小（有些人說他長得像史努比），而他朝著攝影鏡頭比大拇指的動作，只是讓自己顯得更沒威嚴。

「關於那頂過大的頭盔，他說是因為想聽到坦克車裡其他人在說些什麼。」有位副官後來告訴《洛杉磯時報》。「很好啊，但他看起來像個白癡。」杜卡基斯競爭對手的人員也這麼認為，還興高采烈地利用這張相當古怪的照片來大作文章。自此之後，權威人士便稱這種不明智的拍照時機為「杜卡基斯在坦克車裡」。

在選舉中敗給布希的杜卡基斯後來於 1998 年接受《美國新聞與世界報導》訪問，他回憶起那起臭名遠播的事件。「那麼，我應不應該出現在坦克上呢？」杜卡基斯說道。「回想起來，或許不該。這幾天每當人

們問我：『你是來這裡搭坦克的嗎？』我都回答：『不是，而且我從來沒有吐得日本首相滿身都是。』」當杜卡基斯如此提及前對手布希總統（詳見 1 月 8 日）的難堪時刻時，聽起來簡直就和在坦克車上一樣沒說服力。

1899、1927、1982 年

9 月 14 日

一個又一個的輪下亡魂

9 月 14 日似乎總會發生不祥的事，歷史上許多重大交通事故都是發生在這天。1899 年的這個日子，一個叫做亨利・布利斯（Henry Bliss）的紐約客成為美國和世界上第一個被車撞死的人，更精確地說，是被計程車撞死的。接著，由女演員晉升為公主的葛麗絲・凱莉（Grace of Monaco）在 1982 年同一天死亡，因為她那台羅浮經典 P6 名車墜落法國山谷。但所有事情中，最令人毛骨悚然的是知名舞者伊莎朵拉・鄧肯（Isadora Duncan）於 1927 年 9 月 14 日突然傳出的死訊。

當她跳上同伴的跑車加速離去時，脖子上正好圍著那條她最喜愛、上頭綴有朋友設計的配件的精美披肩 *。

但是披肩上的流蘇被風吹向後頭，捲入左後輪的輪輻裡了。這名舞者猛地被拉出車外並拋到街上，還被拖行了一・八公尺遠才停下來。幸好她的脖子在轉瞬間就斷了。「矯揉造作是很危險的。」葛楚・史坦曾經評論過那條致命的披肩。但也許真正危險的是 9 月 14 日這個日期。

---

* 　註：鄧肯寫給這位設計師朋友的信上說：「親愛的，這條披肩太神奇了。我能感受到它發出的電流……多麼美麗的紅色呀，就像是新鮮血液的顏色。」

2008 年

看看這傲慢的人：雷曼的潰敗

那些在雷曼兄弟（Lehman Brothers）執行長狄克・弗爾德（Dick Fuld）底下工作的經理，幾乎沒幾個能逃過他的火眼金睛。或者也可以叫他「大猩猩」，因為他的言行舉止十分嚇人。他期待經理們成為全華爾街穿著最體面的人、能具體說出他們捐款的慈善機構以及所有參加過的社交場合與社交的對象，他甚至會密切關注大家的婚姻狀況，並堅持所有人都必須幸福美滿。

但是，雖然這個吹毛求疵的老闆看似全面掌控了部屬的大小事，卻似乎遺漏了某個重點，也就是迫在眉睫、將來會導致雷曼兄弟破產的財務危機，而此也引發七十年來最嚴峻的經濟大蕭條。

弗爾德渾然不覺地忽視了（或否認）雷曼兄弟的次級貸款、槓桿貸款和高風險房地產投機行為所顯示出的不祥預兆，由此便將自己治理十五年的王國推向崩潰邊緣。這位過分自信的執行長面臨這場災難時，很輕蔑地打發走一票想要買下雷曼兄弟資產的人們，而這些人本來可能有辦法拯救這間公司。

最終，任何愚蠢的虛張聲勢，或是被巧妙竄改過的帳務都阻止不了那些勢必會發生的事。

2008 年 9 月 15 日，雷曼兄弟被迫宣布破產 —— 這是美國史上最鉅額的破產案，未清貸款共六千一百三十億。「我覺得我快吐出來了。」弗爾德當時這麼說，而雷曼兄弟兩萬六千名員工想必也是感同身受。儘管他們的主管幾個月來再三保證要大家別擔心，這些人最後仍然失去工作、收益以及公司股份的所有價值。

「幾週前還有人願意為了狄克・弗爾德赴湯蹈火。」一位前任雷曼經理告訴《消費者新聞與商業頻道》。「現在一切都改變了。人們要的是他的項上人頭。」

最後的結果是，他們只能送上一記拳頭。當公司宣布破產時，其中一位員工適時地朝弗爾德臉上揮了一拳。

2007 年

9 月 16 日

他終於被打敗了──獲判有罪

在 1994 年 O. J. 辛普森（O. J. Simpson）以雙重謀殺罪被逮捕、起訴前，並沒有慢動作警匪追逐戰這種戲碼。然而，這位不光彩的前足球明星於 2007 年 9 月 16 日第二次被捕時，過程雖然遠較第一次平淡無奇，卻引來了更加嚴重的後果。他被指控犯下搶劫、襲擊、竊盜和同謀罪等多項罪行。某位證人供述，三天前他「以軍隊入侵之姿」闖入一名運動比賽紀念品商位於拉斯維加斯的旅館房間。辛普森這次共被判決了十項罪名。早在十三年前，他在妮可拉・布朗・辛普森（Nicole Brown Simpson）和隆恩・高曼（Ron Goldman）的謀殺案中獲判無罪，而如今的裁決猛然斷送了「果汁先生」辛普森悠哉打高爾夫球的生活。而且除非判決無預警撤銷，不然他就得在監獄中腐敗終生──至少得關到他七十歲為止。

2002 年
9 月 17 日

呆瓜滔滔不絕——最棒的布希主義？

「田納西州有一句俗諺（我知道這句話是出自德州，但也可能是田納西州），這句話是這樣的：愚弄我一次，羞恥的是、是你；想愚弄我第二次？你才不會上當兩次呢。」——喬治‧布希總統

布希總統在兩任總統任期內面臨過無數艱困挑戰。但對於自許為「決策者」的布希來說，最大的挑戰之一就是把他的想法翻譯成讓人能夠理解的英文。這位眾所皆知「被錯誤低估的」統在多場演說中大肆破壞語言結構，就像他在 2002 年 9 月 17 日於納什維爾演講時那樣。

西元 96 年
9 月 18 日

圖密善皇帝：時間到！

儘管他宣稱自己是神，羅馬皇帝圖密善（Domitian）終究和凡人一樣怕死，尤其很久以前曾有人明確預言過他的死期：西元 96 年 9 月 18 日清晨五點。這之後他便更加害怕了。死期將至時，可以理解圖密善為何那麼崩潰。他處決了自己的秘書以巴弗提，因為據說三十年前他協助尼祿自殺。圖密善這麼做是為了提醒身邊的人，無論景況如何，「永遠」都不該支持殺害皇帝的行為。另外，古代編年史家蘇埃托尼烏斯（Suetonius）也記載，圖密善在自家運動場周圍安置拋光過的石頭，好

看見身後發生什麼事。

　　預期的暗殺行動前一晚，有人送圖密善幾顆蘋果。「明天再給我吧。」據說他這麼說道。接著又補了一句：「如果還有明天的話。」過了驚懼不安的一晚後，隔天皇帝處死了一名德國預言家，該預言家宣稱首都近期出現的大量閃電是在預示政權的轉換。接著，圖密善一邊摳著額頭上一顆流血的痘子一邊評論道：「希望這些就是整起事件所需要流的血。」

　　過了一個異常緊繃的早晨，圖密善很開心預定的死期已經過了。他雀躍地跑去沐浴──無疑也正在考慮下一個將要處決的人選。但皇帝不知道的是，有人故意講錯時間。他正擦乾身體的時候，其中一名刺客進到他的房間，藉口說要告訴他有關一場預謀暴動的壞消息。接下來，趁著圖密善閱讀報告書時，殺手刺向他的鼠蹊部。

　　兩人陷入一陣扭打，受傷的皇帝在這期間尖叫著要僕童去拿他藏在枕頭下的匕首。但這項武器不見了。其餘的刺客聽見從圖密善寢房傳出絕望的聲響後便進到房內並向他撲去，最後在預言的時間點分秒不差地殺害這位君主。

1952 年
9 月 19 日

查理・卓別林：染上紅色的黑白默片

　　查理・卓別林是美國的國寶級喜劇演員，至少有一段時間是如此，但是對於美國當局而言，他一點也不好笑。他以富有同情心的方式刻畫出弱勢族群的困境，並以搞笑手法對付那些裝模作樣的人，這些都讓「小

流浪漢」（卓別林所飾演最歷久不衰也最受喜愛的角色）成為具極具影響力、被當權者認定是信奉共產思想的人物。卓別林的電影生涯始於1914 年，當時的聯邦調查局局長埃德加·胡佛稱他為「背地裡的布爾什維克黨」，並在接下來幾十年不斷追捕他，最後將他驅逐出境。

這個小流浪漢對仰慕他的廣大觀眾群施了魔法，一次大戰期間，政府很高興利用這點來銷售戰爭債券，但這種魔法同時也讓他成為最可怕的人物，因為卓別林能使用他對人們的潛在影響力來發起階級鬥爭。確實，在洛杉磯調查卓別林的探員於 1922 年盡責地向老闆報告，他曾參與共產黨分子的密謀，宣揚的理念引發了「工會運動與革命」。

好萊塢的默片時代結束後，卓別林的電影開始傳遞更多關於和平、正義和人性尊嚴等較嚴肅的主題。有些人說那些是危險的政治議題。例如卓別林在 1940 年的電影《大獨裁者》（*The Great Dictator*）中嘲諷希特勒和墨索里尼，片中其中一個角色大喊：「貪婪毒害人類的靈魂、用仇恨隔絕世界，並踏著正步將我們踢入悲慘和血流之中。」

觀眾對這部電影和同時期其他愈發陰沉的作品沒有產生共鳴，因為他們被舒服地包覆在美國二戰前的孤立狀態中。評論家波斯利·克勞瑟（Bosley Crowther）後來總結這種感受：「他們充滿敵意地質問說，這個喜劇演員有什麼權利變得這樣嚴肅？他們大聲斥責道：快爬進那套流浪漢的戲服裡，在昔日的褲子裡找回快感吧！不要再敦促我們思考些不舒服的事情了！」

然而，政府不甘心就讓觀眾們決定卓別林的命運。舉例來說，眾議員約翰·蘭欽（John Rankin）就要求將卓別林驅逐出境。這位議員厲聲抨擊：「卓別林拒絕成為美國公民。他在好萊塢的生活有害於美國的道德思想。假如他被驅逐出境，就能避免美國青年看到他那可憎的照片。」

1947 年，卓別林從報紙上得知自己受到眾議院非美活動調查委員會

傳喚。他寫信回覆委員會主席佩內爾·湯瑪斯（J. Parnell Thomas）：「為了讓您完整了解我目前的想法，我建議您看看我最新的作品《凡爾杜先生》（*Monsieur Verdoux*）。這部電影反對戰爭和徒勞地殘害幼苗。我相信您不會排斥這樣的人道訊息。當您在準備傳票上的文字時，我要稍微提醒你一下，我不是共產黨，我是和平主義者。」

委員會三度延期聽證會，而卓別林一次也沒出席。然而政府還留了最後一手。1952 年 9 月 19 日，卓別林搭船到英國參加新電影首映會後，司法部長駁回他再次入境美國的許可。

「依我看來，若要說有關他的傳言哪個是真的，」湯瑪斯·麥克格瑞利（Thomas McGranery）評論道，「那就是他很不討喜，曾被公開指控是共產黨員，有嚴重的道德瑕疵，並曾針對美國這個曾殷切款待過他、助他富足的國家做出不懷好意又輕蔑的評論。」

除了在 1972 年回去領取奧斯卡終生成就獎以外，他再也沒有回到美國。「就算是耶穌基督當總統，我也不會再回去。」他被放逐時如此說道，並且補充了這一句話：「我從前和現在犯的是同一條重罪，也就是我不是個循規蹈矩的人。」

占盡印第安人便宜

　　威廉・賓恩（William Penn）統治與他同名的皇家殖民地（賓西法尼亞州）時一直是位仁慈的管理者，他致力於發展和長期居住該地的萊納佩（或德拉瓦）印第安人的公平交易。然而，他的子嗣並未效法這點。

　　湯瑪斯・賓恩和約翰・賓恩很渴望能從原住民手中奪取更多土地，因此許多歷史學家認定他們偽造文件（大概是從他們父親那代開始），內容是他們的人在一天半內能走多遠，印第安人就得割讓出多少土地。

　　萊納佩的領袖們勉為其難同意了所謂「合約」裡的條件，但他們很懷疑這個奸詐殖民者為了獲取最大利益而捏造出來的陰謀，後來此計畫被稱為《步行購案》（*Walking Purchase*）。賓州三位最健壯的男子受到優渥報酬的誘惑，便集合準備健行，而那條路徑已經事先做過記號，也已開路除去灌木叢，如此可以確保他們走出最長距離。接著來到 1737 年 9 月 19 日早晨，這群男人加速前進——真的是「加速」，因為單純步行根本無法成功奪取土地。原住民相當憎恨這種行為。「你們用跑的，不公平，應該要用走的。」但是抗議無效。隔日中午之前，他們的步行距離已經超過九十六公里，這表示德拉瓦人失去了大部分的家園。

1327 年

9 月 21 日

以下犯上：愛德華二世不光彩的終局

　　除了一副好皮囊外，英國國王愛德華二世統治期間的所作所為真的是恐怖至極：他縱容那些傲慢自大的男寵；與英國男爵劍拔弩張的關係；相當屈辱的兵敗蘇格蘭；遭到自己的妻子和她的情人廢黜王位。另外，假如當代編年史可信的話，最可怕的莫過於 1327 年 9 月 21 日，愛德華於巴克利城堡慘遭殺害。

　　當代眾多文獻之中，其中之一為《黃金歷史》（*Historia Aurea*），書中記載道：「這位國王被殘忍殺害……肛門處被插入一根燒得熾紅的鐵棒。」*

　　不可思議的是，愛德華並不是第一個淪落此等恥辱下場的英國君王。1016 年，「剛勇者」愛德蒙二世被迫讓出半個王國給入侵的丹麥王子克努特大帝後，短暫地統治剩下的領土。有天他必須去趟廁所，而後來發生的事由亨廷頓的亨利（Henry of Huntingdon）負責轉述：「某天晚上，這位偉大又有能力的國王內急必須趕緊去屋裡邊的廁所。郡主埃德里克之子聽從父親的計謀躲在茅坑裡，將一把銳利的匕首由下往上刺了兩刀，武器沒有拔出國王的腸子他就逃跑了。」**

---

*　註：有些現代歷史學家懷疑愛德華是否真如多數人所想的那樣死去，還有一些人質疑他根本不是被謀殺的。

**　註：另一段中世紀的資料說刺客是躲在糞坑裡，以矛作為武器；還有一種更華麗的說法堅稱藏在下頭的是十字弓，並在愛德蒙坐下的那一刻發射。

1975 年
9 月 22 日

有失準頭的家庭主婦：目標是福特總統

查爾斯·曼森（Charles Manson）領導的邪教組織成員麗奈特·弗洛姆（Lynette Fromme）試圖在加州佛雷斯諾暗殺傑拉德·福特總統後，沒想到在同個月份、同一州也有另一個女人想要殺害總統。且它就發生在第一次暗殺的十七天後，也就是 1975 年 9 月 22 日。

莎拉·珍·摩爾（Sara Jane Moore）是一名不久前變得激進、住在郊區的四十五歲家庭主婦。她沒有任何明顯的動機，就用當天早上買的點三八口徑左輪手槍朝著正要離開舊金山飯店的總統開槍。她從距離一·二公尺處發射，而子彈差一點就命中身在廣大人群中的福特的頭部。她可能還不太熟悉這個新武器吧。在她第二次扣扳機前，一個叫做奧利佛·沙普勒（Oliver Sipple）的路人一把打掉她的武器，總統則趁機逃往安全的地方。

不可思議的是，這名刺客在暗殺總統前一天已自行報案，但警察什麼都沒做，只沒收了她的點四五左輪手槍。美國特勤局接著訊問她，但認為她「沒有重要到需要在總統造訪期間被監控」。這項疏失差點賠上福特的性命，但可沒有影響到他的幽默感。

「我得重新審視一下是否要支持平等權利修正案。」他後來開玩笑道。「這些女人可是想殺了我呀。」

2008 年

9 月 23 日

用來紙醉金迷的紓困金

　　該拿政府補助的八百五十億紓困金來做些什麼呢？這個嘛，躲過了財政徹底崩潰的危機不到一週，保險界巨擘美國國際集團（AIG）的主管們就休假一星期，前往加州帝王海灘的豪華度假村紓壓。帳單總額為四十四萬三千餘美元，除了住宿費之外，還包括宴會費用十五萬元、酒吧一萬元、小費三千元、場地租借七千元，飯店水療兩萬三千元以及沙龍一千四百元。「在美國人民繳納帳單的同時，這些人正忙著做指甲、護膚、足部保養和按摩。」美國眾議員伊利亞‧卡明斯（Elijah E. Cummings）之後在國會山莊的一場公聽會期間大聲斥責，並勒令那些該死的主管取消另一場加州半月灣的豪華麗思卡爾頓溫泉渡假村之旅。但至少他們還是有拿到好處——三百七十八億元的紓困金。

1780 年

9 月 24 日

班奈狄克‧阿諾德：當卑鄙小人跳船時

　　一介叛徒發現自己為了自由做出極大犧牲，但卻沒人向他表示感激之情時，便會如此反應：親手將西點軍校出賣給敵軍英國。

　　但是，從美國將軍搖身一變成了叛徒的班奈狄克‧阿諾德叛變行為東窗事發後，立刻在 1780 年 9 月 24 日逃離家門。時間正好是他和前指揮官喬治‧華盛頓約好共進早餐的前一刻。阿諾德認為都是華盛頓害得

自己在國人心中一直地位低下。

這位自我吹捧的猶大將船駛離哈德遜河邊，並登上恰如其名的英國單桅帆船 HMS 禿鷹號，就這麼帶著恥辱逃之夭夭。「可以說是一隻禿鷹接納了另一隻禿鷹。」湯瑪斯·潘恩寫道。但是名字和「背叛」二字畫上等號的班奈狄克·阿諾德還會再回來，這次他代表的是英國，率領軍隊突襲之前在康乃狄克州的鄰居，並將新倫敦燃燒殆盡。諷刺的是，詭詐的阿諾德在收留他的國家所享有的聲望並不比他出賣的國家好。沒有人喜歡告密者。

1980 年

9 月 25 日

週六夜誹謗？吉維·柴斯又失敗了

2002 年，紐約修士俱樂部針對吉維·柴斯（Chevy Chase）的批鬥大會進行地特別激烈：他們連珠砲抨擊這位喜劇演員過氣、藥物依賴和缺乏幽默感（這是出現頻率最高的評語）。「吉維是個活生生的例子，證明真的有人會用氣呼呼的語氣說些好玩的事。」葛雷格·吉爾拉多（Greg Giraldo）在諸多類似的惡毒、帶刺的評論中曾如此唾棄道。不僅有柴斯那些不屑出席活動的同儕（這可能是他自己的報應）發表過這樣的評論，那些不太有名、特別狠毒的喜劇演員也持相同看法。＊然而，這些批鬥者如何在 2002 年痛批吉維·柴斯有多無趣不是重點，重要的是電影明星卡萊·葛倫（Cary Grant）二十多年前也發表過相同感想，當時的事件還與

＊　註：一些更知名的人士也加入批鬥他的行列。例如強尼·卡森（Johnny Carson）據說曾這樣評論這個失敗的脫口秀主持人：「即使吃了焗豆大餐，他也無法當場即興放個屁。」

一起千萬元的訴訟案有關。

當時柴斯如日中天的職涯突然被迫中斷，此事引發的關注甚至勝過批鬥大會。吉爾拉多在批鬥大會中還這麼說：「你演了超過四十部電影，但這講台上最大咖的明星還是艾爾·弗蘭肯（Al Franken）。」但有段時期，這位《週六夜現場》的前任班底看起來確實已經準備好要飛黃騰達，有些人說他的確是主角潛力股，頗有卡萊·葛倫的風範。事實上，《明日秀》的主持人湯姆·斯奈德（Tom Snyder）曾在某場關鍵的訪談中訪問主演《瘋狂高爾夫》（*Caddyshack*）的柴斯有關被拿來和電影傳奇人物比較的問題，該訪談於 1980 年 9 月 25 日播出。

「他真的是很偉大的動作喜劇演員。」柴斯談及葛倫時說道。「我知道他是同性戀……多好的姑娘啊。」

葛倫一點都不覺得這是個玩笑話，立即控告對方誹謗。「這是我第一次聽說卡萊這麼生氣。」電影導演彼得·波丹諾維茲（Peter Bogdanovich）在其著作《這到底是誰：與好萊塢演員的對談》（*Who the Hell's in It: Conversations With Hollywood's Actors*）中回憶道。「卡萊告訴我，他絕不會『就這樣放過他』，然後柴斯就被告了。『我一點也不反對同性戀。』卡萊告訴我。『但偏偏我真的不是。』」

最後，據說葛倫勉強接受一百萬元賠償金，這大概是吉維·柴斯在批鬥大會被無情砲轟賺得的酬勞的十倍。

1687 年
9 月 26 日

帕德嫩爆炸事件：燒個精光

「地球驕傲地穿起帕德嫩，宛如將最美的寶石戴在身上。」詩人拉爾夫·愛默生曾如此描繪過雅典衛城頂端的斷垣殘壁。然而，愛默生和其他人所讚嘆的那座瓦解的雄偉建築，其實只不過是原先壯麗的神廟的外殼罷了——幾乎可以完全歸咎於 1687 年 9 月的那起災難，當時戰火的威力完全摧毀了這座西方文明的大理石神龕。

當年鄂圖曼土耳其佔領雅典，威尼斯人則組成與之抗衡的神聖同盟。9 月 25 日，某一次衝突期間，古帕德嫩驟然變為廢墟。土耳其人將其作為儲放軍火處和婦女、孩童的藏身之處，或許正如歷史學家推測的，他們深信那些基督徒敵軍永遠也不會朝曾經是神聖教堂的古典建築開火。唉呀，這些包圍者可沒有這些顧慮，逕行轟炸那座建築。

數百顆瞄準帕德嫩的砲彈中有一顆引爆了儲藏於內部的火藥，進而釀成一起大規模爆炸。牆壁、比例完美的圓柱和屋頂盡數坍塌，古代雕像也全被炸毀。爆炸引起的大火延燒了兩天，大約三百名難民喪命。「如此這般，」其中一位目擊者表示，「幾世紀以來，無數場戰爭都摧毀不了的著名密涅瓦神廟，如今已成了廢墟。」*

---

* 　註：當威尼斯將軍弗朗切斯科·莫羅西尼（Francesco Morosini）隨後洗劫該處更大型的雕像時，又進一步破壞了帕德嫩蘊含的藝術。莫羅西尼的用具有瑕疵，因此波賽頓的巨大雕像和雅典娜戰車的馬匹都啪搭一聲從山形牆上掉落至一·二公尺底下的衛城。當然了，此行為少不了額爾金伯爵（詳見 7 月 31 日）。

船上總有衰事 Part 4：威利弟的大砲

假如船艦有腦袋，那麼威廉・D・波特號驅逐艦（U.S.S. William D. Porter）一定會是美國海軍裡的笨蛋。1942 年 9 月 27 日，幾乎就在這個被暱稱為「威利弟」的驅逐艦從港口出發的那一刻，荒謬的不幸事件便接踵而至。

1943 年 11 月，這艘新造的船隻被分派執行一個相當重要的祕密任務：護送富蘭克林・羅斯福所搭乘的愛荷華號戰艦（U.S.S. Iowa）橫跨大西洋、讓他和同盟國領袖一起參與高階德黑蘭會議。這事看來再簡單不過，但對於「威利弟」而言並非如此。護航任務開始時，威利弟在起錨離開維吉尼亞州諾福克的港口時不小心撞上另一艘驅逐艦。自此之後，事情只是每況愈下。

在滿是德國潛艇的海上執行護航任務時，首要原則是不得發出聲響。但威利弟卻不小心弄掉一顆沒固定好的深水炸彈，其爆炸造成了轟隆巨響。接著，一道詭異的浪潮將一名水手捲入海裡；再來是引擎室一度跳電，導致威利弟跟丟愛荷華號戰艦。當所有麻煩事都集於這艘船時，事業心極強的船長威爾福雷德・沃爾特（Wilfred Walter）覺得有夠難堪，特別是當他的總司令和海軍首長都盯著他看時感受尤其強烈。或許一些實地演練能改善這個情況。

於是，沃爾特策劃了一次模擬戰鬥作為魚雷演練。船員把愛荷華艦當成假想敵，並將威利弟發射魚雷的四根炮管中的導火線取出。呃，幾乎全部取出了。當他們下令「發射」時，第一發取下導火線的魚雷便模擬實際情況發射，接著是第二發。但到了第三發時，意料之外的事情發

生了。模擬發射後本該安靜無聲，但他們卻聽到了咻咻咻的聲響。原來，威利弟剛才朝著美國總統和整個參謀長聯席會發射了一顆「真正的」魚雷。

緊接而來的當然是一陣驚慌失措。在魚雷擊中愛荷華號之前，他們必須先發出警告，但該怎麼做呢？他們先前已經被下令要全程安靜才不會引起敵軍注意，因此只留下一名信號員能警告那艘大型戰艦立刻閃避。但是那名年輕、經驗不足的水手發出了錯誤信號：魚雷正在「遠離」愛荷華艦。接著，他實在太慌張了，又發出「威利弟正全速前進」的信號。最後，他們不得不使用無線電廣播。愛荷華艦收到訊息時已經沒剩多少時間了，便即刻右轉全速前進 —— 槍口朝向威利弟。戰艦突如其來的轉向太劇烈，以至於連在船邊觀望魚雷的羅斯福總統都差點摔下輪椅。最後魚雷在愛荷華艦的後頭爆炸，他們避開了這場危機。

經過這起重大失敗後，有人懷疑船上可能有刺客，因此下令威利弟終止護航任務返回百慕達。所有船員都在那裡遭到逮捕。那名忘記移除引線又說謊的船員被判處十四年苦役，但羅斯福總統同情地網開一面沒有執行這項懲處。雖然整起事件都歸因於一個缺乏經驗的船員所犯下的嚴重錯誤，但備受嘲弄的威利弟卻永遠背負著恥辱的名聲 —— 後來人們總是這麼向它打招呼：「別開槍！我們是共和黨員！」*

---

* 　註：最後，威廉・D・波特號驅逐艦在太平洋被日本神風特攻隊擊沉。儘管這艘驅逐艦在過往錯誤百出，但 1945 年沉沒時卻沒有任何船員傷亡。

1597 年

9 月 28 日

用鼻子付出終極代價

　　這地方被叫做耳塚，但裡頭埋的大部分都是鼻子——成千上萬個鼻子，都是十六世紀晚期日本大舉入侵朝鮮半島時從軍人和平民百姓身上砍下來的。一般而言，日本武士會拿走整顆頭顱作為戰爭的戰利品，但在這場突擊中這顯得不切實際，因為要把大量頭顱拖回日本實在不方便。因此武士們便把事情簡化。歷史學家薩繆爾・霍利（Samuel Hawley）在《壬辰戰爭》（*The Imjin War*）中描述：「數千人在沿途成千上萬座鼻子收集站中割下死於大屠殺的人的鼻子，他們仔細地數過、記錄、鹽漬並包裝好這些鼻子。」一個又一個裝滿醃漬鼻子的桶子被船隻運回日本後，被埋在京都的神社，並於 1597 年 9 月 28 日接受供奉。這些鼻子至今仍是日本當年野蠻行為的證物——但政府並不這麼認為。極少人造訪的耳塚裡曾有一塊匾額*這樣寫著：「我們不能以現代的標準判定割掉鼻子是殘暴之舉。」

1227 年

9 月 29 日

他被、被、被、被開除了

　　對於中世紀君王而言，被天主教教會開除教籍是不得了的大事。這

---

*　註：顯然，耳塚曾經擁有較適當的名稱：鼻塚，但據說在供奉日的幾十年後，因為聽起來太殘忍而改名了。

意味著臣民不再需要效忠於他，而且本質上等同於鼓勵人們以任何手段罷免他的王位。因此，神聖羅馬皇帝腓特烈二世於 1227 年 9 月 29 日[*]「首次」被開除時感受到了教宗的憤怒所帶來的沉重壓力。第二次、第三次應該也是如此。但是到了第四次，不用說，教宗這種最有力的制裁手段已經顯得有點多餘了。

2006 年

9 月 30 日

永利的損失：手肘放錯位置的代價是五千四百萬元

歷史上有所有讓人忍不住大喊「慘了！」的瞬間，但史提芬・永利（Steve Wynn）在 2006 年意外戳破畢卡索畫作時最為讓人扶額惋惜。這個拉斯維加斯大亨決意賣出 1932 年的傑作《夢》（*Le Rêve*），這幅畫作描繪的是畢卡索的年輕情婦瑪麗・泰雷茲・華爾特（Marie-Thérèse Walter）。永利賣出畫作前私下帶了一些朋友到辦公室欣賞，當時畫作的價值為一億三千九百萬美元。

在他向這群人即興講解畫作的起源和情慾特徵（包括從主角下巴延伸而出的陽具）時，手臂也跟著大幅度揮舞。突然之間，「發出一個可怕的聲響。」

---

[*] 註：表面上，腓特烈二世第一次被除名是因為他未能兌現繼續率領十字軍東征的承諾，也因此無法收復被穆斯林奪走的聖地。然而，皇帝和教宗實際上是在激烈的領土權力鬥爭中僵持不下，這也預示了後續幾次腓特烈二世被開除的原因。

其中一位嘉賓是作家諾拉・艾弗容（Nora Ephron），她在《赫芬頓郵報》中敘述道。

「永利往畫作旁邊一站，」艾弗容寫道，「啪一聲打中瑪麗・泰雷茲・華爾特那豐滿又帶點情色意味的左臂，那裡出現一個銀幣大小的黑洞——更準確來說，是史提芬・永利手肘的大小——兩邊還各有一個大約七公分長的裂痕。雖然史提芬・永利患有視網膜色素變性，那是一種會破壞眼角視野的眼疾，但他還是看得很清楚發生了什麼事。『噢，該死。』他說。『看看我做了什麼好事。』」

不用說，那場拍賣會取消了。後來永利修復了那幅畫作，但其價值在那之後暴跌了五千四百萬美元。但他並沒有失去一切。這位法定上眼盲的賭場大亨和承保商談妥後，決定將那幅受損的《夢》納為自己的收藏品。*

---

* 註：撇除永利喜歡大動作比手畫腳，那幅畫作的遭遇大概沒有比另外兩幅更慘：一幅是 2010 年初在大都會藝術博物館因遊客跟蹌跌倒而遭破壞的畢卡索畫作，另一幅作品則是 2012 年在休士頓被蓄意噴灑顏料。

10 月

「當你走在路上，秋天沿途催促著你，

嘎扎嘎扎輾過瘋狂、色彩斑斕的落葉堆。

這陣風讓你骨頭之下的深處突如一陣痛楚。

或許是因為它觸及了人類靈魂裡最古老的部分，

種族記憶的弦音正訴說：不動即死，不動即死。」

——史蒂芬·金《撒冷地》（Salem's Lot）

1961 年
10 月 1 日

毀了羅傑·馬里斯的紀錄

對紐約洋基隊的羅傑·馬里斯（Roger Maris）而言，這是場被毀掉的勝利。1961 年 10 月 1 日，這位右外野手超越貝比·魯斯於 1927 年創下的單季最多全壘打紀錄。（六十一支！）不過，似乎沒什麼人期望見到這轟動一時的成就，更甭提要慶祝了。而這件事賦予了「苦樂參半」這個詞全新的意義。

沉默寡言、有時乖戾的馬里斯是洋基隊較新的球員，不若傳奇人物

貝比的紀錄被視為神聖不可侵犯。他更不如隊友米奇・曼托（Mickey Mantle）那般活潑有魅力，他們兩人在同一球季互相競爭著要超越這項歷史性的紀錄。棒球傳奇人物羅傑斯・霍斯比（Rogers Hornsby）用一句話總結了大眾共有的感受：「馬里斯沒有權利打破魯斯的紀錄。」

棒球主席福特・弗立克（Ford Frick）是魯斯的老友（也是魯斯的捉刀寫手）。當 1961 年 7 月馬里斯看來很有可能超越魯斯時，弗立克便介入其中以保護魯斯的傳奇成就。自魯斯之後，例行賽的比賽場次從一百五十四場增加到一百六十二場，於是弗立克規定，任何新紀錄都必須在一百五十四場比賽內完成，而一百五十四場之後所創的紀錄都得另做計算，且要加註星號（雖然該符號從未被使用）。《紐約時報》表示，弗立克在魯斯的紀錄旁「設了一層保護罩」，而且在馬里斯創紀錄之前就替他的成就蓋上棺蓋。

然而，比起證明自己的成就──或是當他的魔術數字快要歸零前收到的恐嚇信──更糟糕的是那些體育作家。大部分體育作家似乎都非常不樂見打破紀錄的是羅傑・馬里斯，還創作了一幅令人作嘔的諷刺漫畫以示反感。「我發現他的大頭症實在令人無法忍受。」奧斯卡・弗萊利（Oscar Fraley）嗤之以鼻道。同時，吉米・卡農（Jimmy Cannon）虛構了馬里斯和曼托之間的競爭：「有件事很清楚。馬里斯不姓魯斯、不姓狄馬喬、也不姓曼托。這才是愛發牢騷的羅傑最氣惱的部分。」*

對於馬里斯這樣含蓄的人而言，嗜血的媒體已超出他的負荷範圍。「就好像我被困住了，找不到出口。」他後來寫道。「這真的開始對我產生影響了，我甚至不敢出去剪頭髮。」但壓力已替他改變髮型，因為

---

* 註：記者報導了馬里斯和曼托之間醜惡的競爭，但其實這兩個球員是好朋友。「傑出的球員很多，卻沒有比他更好的人了。」曼托曾經如此談及他的隊友。「當羅傑打出第六十一支全壘打時，我是世界上第二開心的人。」

他開始掉髮。「直到羅傑開始掉頭髮，我們才了解他承受了多大的壓力。」隊員克萊特‧博耶（Clete Boyer）回憶道。

馬里斯一度向好友米奇‧曼托尋求協助，他大聲叫嚷：「米奇，我快瘋了。我再也受不了了。」

「在那六週，他經歷了所有運動員都沒經歷過的折磨。」亞瑟‧達利（Arthur Daley）在《哥倫比亞》雜誌中寫道。「他受到騷擾、刁難、折磨、詛咒、打擾和為難。日復一日，他都受到作者和廣播電視的訪談者無情地拷問、刺探他的私密想法。有些問題很尖銳、刺耳，但多數都是愚蠢或冒犯人的問題。他必須小心翼翼地保護自己通過第一道陷阱，再一路艱難地跨過第二道。」

那些體育記者詆毀這位洋基隊的新秀，害得他遭人厭惡，同時這也是 1961 年球季中當他打出第六十一支歷史性的全壘打時，棒球名人堂只展示那顆球和球棒的原因。羅傑‧馬里斯本人成了局外人。

2013 年
10 月 2 日

偽君子的冒險之旅 Part 1：有人說要「停擺」嗎？

譁眾取寵的眾議員蘭迪‧紐格鮑爾（Randy Neugebauer）外套領子上別了一面大型美國國旗，和美國國家公園管理局的員工起了衝突。地點就在華盛頓國家廣場的第二次世界大戰國家紀念碑前，近來由於政府停擺，此地不開放大眾入場。

「你怎麼能看著他們，然後拒絕他們入園呢？」紐格鮑爾站在一群遊客中指責公園管理員。她受到委託，不能讓遊客進入關閉的紀念碑公

園內（除了打過二戰的老兵以外）。

「這不容易。」員工回答道。

「對，確實是不容易。」議員氣惱地說。

「這不容易。」公園管理員說道。「先生，我很抱歉。」

「公園管理局應該要覺得丟臉。」紐格鮑爾持續施壓。

「我不覺得丟臉。」管理員回答道。

問題是：紐格鮑爾幾天前才投票支持那個導致政府停擺的資助方案，進而導致紀念碑閉園。幸運的是，整個過程都被錄音存證，完整記錄了紐格鮑爾愚蠢的偽善行為。

1977 年
10 月 3 日

別再安可貓王了

1977 年 10 月 3 日，哥倫比亞廣播公司播出貓王艾維斯人生最後幾場演唱會，幸好此時艾維斯已經過世了，不然他那走下坡的職涯可能會受到致命一擊。他的聲音狀況相當不錯，但「貓王」很明顯已經不如以往了──他身材臃腫、滿頭大汗，歌詞唱得含糊不清，有些詞甚至忘得一乾二淨。據報導，艾維斯 8 月去世之前，哥倫比亞廣播公司曾考慮暫緩播出該節目，讓世人不必看到這幅令人傷心的景象，但想到節目播出後可能締造的收視率又不忍收手。幸好這位已故歌手的經紀人比較明事

理，堅持只發行原聲帶，而不播出這個慘澹的畫面，讓貓王保有最後一絲尊嚴。現在，若他們也可以把那些爛電影埋藏起來就好了。

1976 年
10 月 4 日
芭芭拉·沃特斯「招糕」的一天

1976 年對電視名人芭芭拉·沃特斯（Barbara Walters）而言，原本該是輝煌的一年。但結果卻完全相反。ABC 電台誘使沃特斯從與他人共同主持了十三年的 NBC《今日秀》跳槽，幫助提振哈里·里森納（Harry Reasoner）晚間新聞低迷的收視率，同時也讓她成為電視台新節目的首位女主播。他們提供她百萬年薪，這在當時可是一筆驚人的數目。但該年 4 月此消息一被宣布，反彈聲浪便排山倒海而來。

媒體針對薪水一事興風作浪，完全無視其中一半薪水是聯播網娛樂部門為了一系列特別節目而支付給她的。《華盛頓郵報》表示：「百萬年薪寶貝主持微不足道的新聞節目」，CBS 廣播公司的理查德·薩蘭（Richard Salant）則尖銳地問道：「芭芭拉·沃特斯到底是個記者，還是像雪兒那樣的藝人？」而當媒體繼續火上加油時，喜劇演員吉爾達·瑞德爾（Gilda Radner）又介紹了一位 NBC《週六夜現場》的新角色：芭芭沃沃。這個角色和沃特斯一樣有輕微的語言障礙。

「哈哦！我是巴巴沃沃，在厄裡和你文說再見。」瑞德爾在模仿沃特斯離開《今日秀》時滔滔不絕地說道。「這是我最噢一次在 NBC。我要提醒你文每週一到五晚上七點收看我按哈以·以森納主持的節目……我也要趁這個機位跟 NBC 道歉。相印我，我也不想離開，這不是酸撲

萄心理，但現在有另一間公司認可我的才娃，讓我有機費對百萬名美國觀眾播包新聞。這是我離哀的唯一理由。」

沃特斯在 1976 年初所受的一切嘲弄都只是和哈里‧里森納共事的前奏。里森納對於要和一個小咖共同擔起主播角色毫不掩飾自己的不滿。這位經驗老到的主播強烈反對沃特斯所說的「包辦婚姻」。當兩人共同播報的日子快要來臨時，她感覺自己簡直一團糟。她在自傳中回憶：「經過一切關於我跳槽到 ABC 的炒作和輿論後，全國上百萬人民都在看我是成功還是跌個狗吃屎。」

1976 年 10 月 4 日，合不來的雙人組首次登台。ABC 廣播網的收視率確實短暫回升，但成千上萬名新觀眾只是為了觀賞播報時一觸即發的緊繃氣氛。「我幫我們各自負責的新聞計時了。」里森納當著觀眾的面對沃特斯說。「妳欠我四分鐘。」

「我真希望他是在開玩笑。」沃特斯後來寫道。「但他不是。」

現場的氣氛變得愈來愈緊繃，而當這段螢幕上的關係和收視率都舉步維艱時，一些權威人士便開始敲響喪鐘。《紐約》雜誌宣布這個組合是場「失敗」後，沃特斯恰好遇到雜誌編輯克雷‧菲爾克（Clay Felker）。她寫道：「我認識克雷很久了。『你寫的內容真的很傷人。』我告訴他。他聳聳肩，回答我說，『這個嘛，因為妳確實是個敗筆。』」*

---

* 　註：這對不幸的雙人組合皆於 1978 年離開主播台：里森納回歸 CBS 的《六十分鐘》，沃特斯則在許多電視冒險嘗試中大獲成功，包括 ABC 的新聞雜誌《20/20》及以女性為主的脫口秀《觀點》。

1988 年
10 月 5 日
他真的了解傑克·甘迺迪

「參議員，我和傑克·甘迺迪共事過。我了解他，他是我的朋友。參議員，你不是甘迺迪。」1988 年 10 月 5 日的副總統候選人辯論會上，當共和黨參議員丹·奎爾拿自己在國會的服務資歷和約翰·甘迺迪相提並論後，勞合·班森（Lloyd Bentsen）輕蔑地反擊他的對手。

「參議員，這麼說真的很不妥！」正當現場觀眾為班森壓倒性勝利的回答而熱烈歡呼鼓掌的同時，奎爾很明顯慌了手腳，最後僅能勉強擠出這句話。

西元 23 年
10 月 6 日
王莽的慘死

歷史上充滿各種英勇男女的故事。儘管他們身陷絕境，卻仍舊以決絕之姿睥睨必然的失敗和死亡。王莽是中國新朝首任、也是唯一一任皇帝，但他顯然不是上述所說的其中一位。王莽在第一世紀初期面對來勢洶洶的叛軍時選擇不予抵抗。根據某些歷史學家記載，他反而躲到後宮，過著成天酩酊大醉的日子。

在藥物引發的恍惚狀態下，這位曾經充滿活力且全神貫注的改革者如今懶散地待在妻妾身旁，結交一些術士並替軍隊的指揮官取了些古怪的名字，例如「握著大斧砍下枯木的將軍」或者說些「木星大將軍停留

的位置對應到身宮，與水元素相輔相成」之類的鬼話。

值得慶幸的是，王莽的心智已經混沌到無法思考接下來那必然的死亡結局，因爲其殘忍程度遠超乎想像。西元 23 年 10 月 6 日，叛軍闖入他的宮殿，將這個皇帝碎屍萬段，並將首級放在市場展示。百姓朝他的首級丟擲石塊和垃圾，後來有人拔出他的舌頭，還把它給吃了。

1974 年
10 月 7 日

華盛頓桃色風波：議員與舞孃

1974 年 10 月 7 日清早，眾議員威爾布・米爾斯（Wilbur Mills）和脫衣舞孃梵內・芙克斯（Fanne Foxe）及一群朋友們還在開心地狂飲作樂，直到美國公園警察把車停在華盛頓的國家廣場邊，芙克斯才驚慌失措地跳入潮汐湖中。這驚心動魄的水花一濺起便登上了隔日的新聞，令這位有權勢的美國眾議院籌款歲入委員會主席尷尬不已。但說來奇怪，這並沒有毀了他的職涯。隔月，慈悲為懷的阿肯色州選民仍然把票投給他。但同年的 12 月，這個渾然不知悔改的醉醺醺眾議員在波士頓某座舞台上和自稱「潮汐湖重磅肉彈」的老朋友梵內・芙克斯再次相遇，並帶來了一場表演。

「我制止了他。」舞孃接受《華盛頓郵報》訪談時說道。「但我確定他很希望能獲得更多關注。他總是說：『我沒什麼好隱瞞的。』」

現在看來，米爾斯做得太過火了，即使是那些寬容的選民也這麼認為。「假如米爾斯先生持續在公開場合言行失檢，」阿肯色州《公報》的社論寫道，「假如他比較喜歡演藝事業更甚於國會山莊的生涯，那麼

就讓他選擇前者吧，辭去議會的職位就能全心投入新事業了。無論他的選擇為何都已是過去式，因為他已經做了決定。」

這位難以管束的議員有了這次奇怪的舞台演出經驗後便入院接受治療，並宣稱自己完全不記得這回事。儘管不再有權有勢，但他成功讓自己安然度過了剩下的任期。他仍然在職，據說因為酒精成癮接受治療，同時間他那臭名遠播的胡鬧把戲跟議會同事韋恩・海斯的醜聞相比真是遜色不少（詳見 5 月 23 日）。

1871 年

10 月 8 日

毀掉芝加哥的歐利瑞夫人和母牛

試著想像一下，今天有個平凡人過著和平常一樣的日子，除了家人和朋友以外，沒什麼人認識他。但是，隔天他突然變得惡名昭彰，不僅被輕視、嘲笑，甚至因為新聞的胡說八道而遭人憎恨。這就是凱薩琳・歐利瑞（Catherine O'Leary）於 1871 年面臨的荒誕處境。當時人們指責她應該為那場奪去三百條人命、摧毀大半芝加哥商業區的惡火負責。她的聲譽就和那座大城市一樣徹底被毀了。

歐利瑞夫人是名挨家挨戶賣牛奶的小販，這場大火的起火點就在她養牛的牛舍裡，時至今日都沒有人知道為何發生火災。

歐利瑞夫人宣稱大火燃起時自己正在熟睡中。但芝加哥媒體根本不理會這項事實。這位可憐的愛爾蘭移民女性就是完美的代罪羔羊，因為當時人們對這個族群抱持了各種最醜陋的偏見。

有些報紙將歐利瑞夫人畫成小丑，當其中一隻母牛踢翻油燈、引發

大火時，她還站在一旁喝酒打哈欠。《芝加哥時報》甚至指控她犯了以下惡行：「這個醜老太婆（她四十四歲）發誓，她會報復那個拒絕給她一點木頭或四百五十克培根的城市。」

　　警察與消防隊員隨後做的調查也沒有找到起火原因。儘管如此，歐利瑞夫人在大眾心中仍然是罪魁禍首。接下來的二十三年裡，她一直被那些指控折磨，但面對人們一而再、再而三的嘲笑她卻能目空一切。1895 年，她的內科醫師在她去世前（後來有個子孫說她是死於心碎）對媒體說：「我沒法描述這個地方帶給她何等的苦痛與憤怒。她被視為芝加哥大火的罪魁禍首，這讓她終身悲慟不已。人們用如此草率的態度看待整起事件，以及諷刺地利用她的名字在相關事件裡大作文章，這些都讓她震驚不已。」

1919 年

10 月 9 日

黃金左手已售出

　　即使目前的證據仍不足以顯示這就是 1919 年那場惡名昭彰的世界大賽推向了第八戰的原因，人們仍對事件背後有人為操縱懷抱質疑，並對此竊竊私語。據推測，芝加哥白襪隊其中八位打假球的球員為了獲得地下賭場的利益而主導了這屆大賽。當時白襪隊在第三、第六和第七戰都戰勝辛辛那提紅人隊，這引發眾人推測：要不是所謂的「黑襪隊」

終於良心發現，就是對方沒有依約付款。此時辛辛那提紅人隊以四勝三敗暫居領先，傳聞中整起非法交易的核心人物阿諾·羅斯汀（Arnold Rothstein）希望這場胡鬧「立刻」結束。因此，有位反派角色因為「精通於遊說的藝術」，而被派去威脅白襪隊左投克勞德·威廉斯（Claude "Lefty" Williams），說他的妻子與子女的性命全取決於他隔日的表現。而這位反派角色，在艾略特·阿西諾夫（Eliot Asinof）的著作《八人出局》（*Eight Men Out*）中名叫「哈里·F」。

即使過了一個世紀，威廉斯當時到底有沒有把神秘男子的話當真，至今仍是個謎。但不爭的事實是，芝加哥於 1919 年 10 月 9 日輸掉第八戰，也輸掉了世界大賽，且還在美國最受喜愛的消遣活動上增添一筆永遠無法抹滅的汙點。

1793 年

10 月 10 日

恐怖統治：以「理性」為名的瘋狂

法國大革命之後，出現一場人稱「恐怖統治」的暴力反判行動，用以對付新政府的敵人，包括上帝在內。

數千人被送上斷頭台，大能的上帝也正式遭到除名。1793 年 10 月 10 日，革命領袖約瑟夫·富歇（Joseph Fouché）頒布命令：「理性」成為新的法國之神，而唯一允許的崇拜對象必須符合「道德普遍主義」。富歇甚至下令將至高無上的上帝逐出墓園，並在墓園入口以無神論的字句「死亡是永恆的睡眠」取代原本基督教死者復活的主張。接著，富歇褻瀆了巴黎聖母院，並把它和其他禮拜場所轉變為「理性之神廟」，然

後富歇前往里昂，要將他特殊的道德普遍主義灌輸給眾人。

法國第二大城的人民並未立刻接受新的規範，事實上，他們無畏地發動叛變。富歇去到那裡想引導人們走回理性的正軌。他從當地主教著手，要他穿著聖職人員的祭袍和華冠，騎著驢子遊街示眾，並在驢子頸部掛上聖餐杯、尾巴繫上彌撒的祈禱書。接著他抱持著滿腔熱情開始執行真正的報復手段。「讓我們像閃電一樣擊打他們。」富歇宣告。「當自由來臨之時，敵人灰飛煙滅吧！」

南都上百名叛亂男女們排成一列遭受葡萄彈掃射。這真是一種令人印象深刻的處決方式，但正如同歷史學家大衛‧安德里斯（David Andress）所說：「詭異且沒效率」。叛軍一個個倒下，但並未全部陣亡，這導致了成堆「殘缺的、尖叫著的、半死不活的受害者，他們都必須由那些已經厭煩的軍人用軍刀或火槍結束生命。」此外，四濺的血跡與血塊搞得里昂街頭一片狼籍，而富歇也藉由將這場大屠殺搬到城外進行，理性地解決了這個問題。

儘管有諸多惱人的不便之處，人稱「里昂的屠夫」的富歇很高興能看到這些以「自由、平等、博愛」為名所行的高尚之舉。

「恐怖，有益的恐怖，就是今日的規矩。」他得意洋洋地寫道。「這能壓制邪惡、消除所有包著虛華外衣的罪行……骯髒血液因我們遍地流淌，但這是我們的責任，一切都是為了人類的福祉。」

1991 年
10 月 11 日

偽君子的冒險之旅 Part 2：我犯了罪，那又怎樣？

吉米‧斯瓦加（Jimmy Swaggart）講述了上帝的憤怒、不忠者將會面臨的慘痛命運，尤其是要講給那些屈服於惡魔誘惑（他在某一篇出版的文章中，稱此為「那個玩意」）的福音傳教士們聽。舉例來說，當電視佈道人金貝克（Jim Bakker）因為愛上自己的秘書而臭名遠播時，他便立刻予以抨擊，說這個蒙羞的牧師是「基督教會的毒瘤」。

至於他自己那些道德敗壞的陋行呢？這位世界最大的五旬節教派的教會牧師認為自己不必受責難。「我不可能出軌。」斯瓦加堅持道。「我的妻子法蘭絲一直與我在一起。假如她不能和我一起為神而戰，我還有其他幾個人選，總之我不會是孤單一人。」

斯瓦加用這種表面的清廉作為武裝，將自己「正直的怒火」矛頭指向另一位不忠的牧師馬爾文‧戈爾曼（Marvin Gorman），他近來因為日益興盛的電視佈道而成為斯瓦加的敵人。1986 年 7 月，斯瓦加指控戈爾曼有多起婚外情，進而導致他被免除聖職。斯瓦加堅定地表示，決不能同情這種可惡的罪人。最後，戈爾曼的生涯被他所謂「施用私刑的暴徒弟兄」給毀了。但他即刻展開報復。

這位名望急遽下滑的牧師開始收到一些匿名情報，說斯瓦加經常去妓院。因此，為了親自監視，他埋伏在斯瓦加的家庭禮拜堂附近一間髒亂的汽車旅館，最後如願得到了一系列確鑿的召妓照片。現在報應來了。「我有罪。」1988 年 2 月 21 日，斯瓦加在會眾、妻子和全世界面前哭訴。「主啊，我犯了背叛祢的罪。我懇求祢以寶血洗淨我一切汙穢，直到祢的寬恕洗去了我所有汙點，直到這些汙點不再玷汙我為止。」

這位自以為是的牧師顯然嚐到了慘烈的報應，但沒多久後就忘了這起教訓。1991 年 10 月 11 日，也就是三年後，斯瓦加又被逮個正著，這讓他顯得加倍愚蠢。然而，這次沒有涕泗縱橫的公開懺悔了。他向那些定期支付他大筆薪水的會眾們說：「主告訴我，這完全不甘你們的事。」

1492 年
10 月 12 日
哥倫布的報應之日

克里斯多福・哥倫布第一次抵達新世界時受到最熱烈的歡迎，因此他隨即在 1492 年 10 月 12 日宣布西班牙擁有巴哈馬群島的主權。

當地原住民看到他時十分雀躍，一股腦游向哥倫布的船邊以表歡迎。這位探險家也相當感激這些人的溫暖好客。

「他們帶來鸚鵡、棉球、長矛和其他東西以換取玻璃珠和鷹鐘。他們十分樂意用所擁有的一切來交換。他們身強體健、身形結實並擁有俊俏的面容……他們沒有武器，也不知武器為何物，因為當我將一把劍遞給他們時，他們卻握住刀鋒，因為無知而割傷了自己。他們沒有鐵，他們的長矛則是用竹籤的莖做成的。」

哥倫布也在這命中註定的一天見識到了原住民的無限潛力：「他們會是很好的僕人……只要有五十人，我們就可以全數征服他們，並要求他們執行任何我們期望的事。」

他真的這麼做了。

10 月 13 日

海軍上將史塔克戴爾發自內心的提問

「我是誰？我怎麼會在這裡？」1992 年 10 月 13 日的副總統候選人辯論大會中，看來有點糊塗的海軍上將詹姆斯‧史塔克戴爾（James Stockdale）開場時這麼說道。他是獨立參選人羅斯‧佩羅特（H. Ross Perot）的競選搭檔。經過這次笨拙的表現後，原本無人知曉的政治人物立刻從鑲滿勳章的海軍軍官淪為一個脫線、與現實脫節的笑柄。

2007 年

10 月 14 日

文化「卡」到陰

遙想過去那璀璨無比的歲月，名氣多少總能換來一些成就。然而，卡戴珊家族隆重登場後，「功成名就」這四字便從此成了古老而不復存在的概念。「《與卡戴珊同行》（*Keeping Up with the Kardashians*）這個節目恰如其名，將帶領觀眾一窺這家人的生活。」吉尼雅‧貝拉芬蒂（Ginia Bellafante）於《紐約時報》如此評論這部於 2007 年 10 月 14 日首播的實境秀：「似乎只有提到集體投機取巧這個概念時，這家人才算是了解自己。」卡戴珊家族中包含憑著「失竊」的性愛影片和豐滿翹臀走紅而小有名氣的金（Kim）；她的兩位花瓶姐妹寇特妮（Kourtney）和克羅伊（Khloe）；母親兼經紀人克莉絲（Kris），她在第一集中基於母性本能想保護女兒不受剝削，同時卻又覬覦著金的桃色影片可能帶來

的意外之財。而克莉絲的老公布魯斯・詹納（Bruce Jenner）很不幸地必須在一旁觀看卡戴珊家族的荒謬行徑。如貝拉芬蒂所表示，他曾獲得奧運金牌，同時也是「家族中唯一有一些成就的人」。

1863 年
10 月 15 日
船上總有衰事 Part 5：二度沉沒的感受

歷史上不乏具諷刺意味的事件，就像虛構人物法蘭克斯坦醫師那樣，原本是名傑出的發明家，卻反遭自己創造出來的作品復仇。這就是所謂致命的發明。其他案例還有：鐵達尼號的主要船舶工程師湯瑪斯・安德魯斯（Thomas Andrews）於 1912 年連同自己的船一起沉沒；瑪麗・居禮（Marie Curie）因其開創性的輻射研究而獲得兩座諾貝爾獎，卻也因其致命的副作用於 1934 年逝世；中國統一後首位丞相李斯設計出一種毫無人性的行刑方式——五刑（包括割鼻、斷四肢、閹割、腰斬），最後卻於西元前 208 年因叛國罪而被處以相同極刑。

另外還有何瑞斯・洛森・漢利（Horace Lawson Hunley）的傷心故事。他是南部聯盟的愛國者，幫忙協助並成功研發第一艘戰鬥潛艇。那是一種奇怪的玩意兒，由圓筒形鍋爐製成，並由八名船員操控——其中一名負責掌舵，其他七位則轉動曲軸，讓它能在水下前進。這艘「漁船」在阿拉巴馬州莫比爾灣平靜的海上測試時運作良好。事實上，它當時的情況好到連邦聯將軍 P. G. T. 博雷加德（P. G. T. Beauregard）都深信，它或許能夠突破聯邦在查爾斯頓港的封鎖。

那艘潛艇後來以發明者命名，為邦聯船艦漢利號（C.S.S. H. L.

Hunley），但當它被火車運送往南卡羅萊納州後，麻煩才真正開始。測試期間，有位船員被捲入船隻的機械裡，因而開啟了潛艇的兩扇活板門導致浸水後往下沉。只有一人從這場重大失誤中生還。儘管後來有將潛艇從港口底部打撈上來並清洗乾淨，卻幾乎沒人願意冒著生命危險再進入那個可能會沉沒的死亡陷阱中。

於是漢利親自上陣，好鼓勵大家要對他設計的作品有信心，他自己掌舵，同行的還有另一組從莫比爾灣召集來的船員。1863 年 10 月 15 日，漢利號在大眾的注目禮之下潛入水中，自此沒有再出現過。

「我和那艘潛水艇一點關係也沒有。」災難發生之後，博雷加德將軍發了封電報。「這艘潛艇對於船員的危害程度遠勝於加諸在敵人身上的威脅。」

儘管發明者和其餘組員都死於慢性窒息（由屍體判斷而得），他們並未失去一切。博雷加德的態度軟化，並再次救回漢利號。接著在 1864 年 2 月 17 日，它終於藉著擊沉邦聯強大的 USS 豪薩托尼號（U.S.S. Housatonic）來證明自己具有軍事價值。然而，漢利號一展現出自身的殺傷力後，整艘船和船員們就消失了。幾乎得等到一個半世紀後，才在港口底部找到它，如今展示於查爾斯頓。

1998 年
10 月 16 日
歐普拉的心肝寶貝

「我有小孩了！」歐普拉・溫芙蕾（Oprah Winfrey）在其中一個節目對電視機前的觀眾大聲宣布。電影《魅影情真》即將上映 —— 她向童妮・莫里森（Toni Morrison）買下版權，將這部話題十足、有關十年前黑奴制度的小說搬上大銀幕。

毫無疑問，這項耗資八千三百萬的計畫絕對有其藝術價值。這位脫口秀傳奇人物相當清晰地向訪問者表達自身觀點：「這就是我的《辛德勒名單》」。對歐普拉而言，這部電影價值連城，光是有這樣的電影存在，就令人心滿意足了。「我不介意只有兩個人來看，或是有兩百萬人來看。」

假如這是肺腑之言，那麼歐普拉應該就能安然度過 1998 年 10 月 16 日禮拜五，也就是《魅影情真》上映當天。這部電影徹底失敗 —— 該週慘敗給恐怖片《鬼娃新娘》。最後，歐普拉的孩子夭折，在電影院裡僅僅播映四週。

乍看之下，《魅影情真》本該會造成轟動。首先最重要的是，它背後有全能的歐普拉撐腰，有了她的認可，許多默默無名的書籍皆能躍升暢銷書行列，許多日常用品也能搖身一變成為「歐普拉最愛的」奢侈品。再者，迪士尼影業進行了馬不停蹄的宣傳活動 —— 無數廣告和無止境的訪談，歐普拉還成為包括《時尚》在內的十一本雜誌的封面人物（整篇訪談內容都著重在這位名人為了此次封面拍攝執行的減重計畫）。

然而，這些都無助於票房，也讓歐普拉陷入了人生的低谷。這位謙遜的導演承認，這是她生涯中最低潮的時期：「這真的讓我陷入大

規模且憂鬱的混亂之中，就像是把通心粉和起司混在一起吃那樣亂七八糟——我說真的！」她在 CNN 的節目《皮爾斯·摩根》（Piers Morgan）中坦承。

溫芙蕾責怪那些因為種族和奴隸題材而反感的觀眾，因為他們感到罪惡。「整個國家都拒絕接受。」她告訴英國的《週日快報》（*Sunday Express*）。但她可能忽略了一個事實，二十年前，一億三千萬名罪疚感深重的美國人準時觀看經典的迷你影集《根》（*Roots*）。

其他人對於《魅影情真》之所以徹底失敗有個更簡單的答案：因為歐普拉的關係，整部電影都在談論歐普拉。「這是我的歷史、是我留給後世的資產。這是大寫的『我是誰』。」她隆重宣布。而且在某次集會中，民權運動代表人物羅莎·帕克就坐在前排，歐普拉宣稱：「《魅影情真》是我要送妳的禮物。」

後來法蘭克·瑞奇（Frank Rich）在《紐約時報》中總結道：「真正的問題在於，人們害怕越來越愛說教的歐普拉，會讓這部電影不像戲劇，而是像一場佈道。自《魅影情真》一上映、還未有所謂的『口碑』之前，大勢就已底定了。」接著瑞奇引用了《華盛頓郵報》湯姆·謝爾斯（Tom Shales）的話作為結論：「溫芙蕾扮演國家保母這戲碼已經歹戲拖棚了。」

1733 年

10 月 17 日

泰坦·利茲死了，願他的精神永遠長存

當班·富蘭克林準備發行《窮理查的年鑑》（*Poor Richard's Almanack*）時，只有一件事阻礙著他：一個名叫泰坦·利茲（Titan

Leeds）的男人碰巧也正要出版自己的成功年鑑。因此，富蘭克林殺了他，不是以任何傳統的謀殺方式，而是單純口頭宣布泰坦・利茲已經死亡。

富蘭克林以一個虛構角色——卑微又怕老婆的理查・桑德斯——的視角做撰寫，他假裝很尊敬「好朋友和親愛的同學：泰坦・利茲先生」，這也是他自己所聲稱的年鑑延後出版的原因。但接著他又說道：「這道阻礙（我很不願這麼說）很快就不在了，因為無情的死神從來都不尊重人的價值，而是已準備好標槍，也伸出致人於死地的長矛，那位足智多謀的人很快就要離我們而去了。」富蘭克林接著又預言了對手「難逃一死」的確切日期與時間：1733 年 10 月 17 日，三點二十九分。

當然，這天悄無聲息地過去了。利茲在 1734 年版的年鑑中大加撻伐富蘭克林，他表示：「這個自負的三流作家證明了自己是個笨蛋和騙子」。哎呀，但窮理查已經預料到他會是這個反應。那年稍晚他再次堅稱正牌泰坦・里茲無疑已經死了，接替他位置的是一個冒牌貨，因為他的朋友「永遠」不會如此殘忍地攻擊他。

「利茲先生修養良好，不會如此無禮、惡意地對待任何人。」他寫道。「此外，他十分敬重我，和我十分要好。」

富蘭克林讓筆下的利茲維持死亡狀態，一直到 1738 年可憐的本尊真的去世為止。當時，書中的窮理查下令冒牌貨結束這場裝模作樣的把戲，並從泰坦・利茲的鬼魂那裡印出一封信件，信中承認：「我確實在 1733 年 10 月 17 日去世，就是你說的那個時間點，誤差值大概只有五分五十三秒。」

1976 年

10 月 18 日

凌駕所有一切的崇拜

加州議會在 1976 年 10 月 18 日通過一項決議，讚揚瓊斯牧師和他的人民聖殿教會眾「展現了何謂勤奮且投入的服事，他們關心的對象不只有加州和美國的同胞，而是全世界的夥伴們。」如此替吉姆・瓊斯牧師（Jim Jones）飄飄然的一年畫下了句點，而他在該年初被《洛杉磯稽查報》（*Los Angeles Herald Examiner*）（現在已停刊）推舉為「本年度人道主義者」。然而兩年後，這位偉大的「人道主義者」卻在蓋亞那的瓊斯鎮以武力監督九百名以上的信眾集體自殺。

1938 年

10 月 19 日

孤鷹的失敗：突然下墜的名望

看看查爾斯・林白（Charles Lindbergh）的一生，很難明確指出究竟是從哪一刻起，這位傑出的飛行員從專欄作家口中的「全民第一英雄」淪落成了「全民第一公敵」。當希特勒橫掃歐洲全境時，他在美國提倡「種族純淨」如此古怪的觀念，甚至還發起了激烈的孤立主義。這位被讚揚為「孤鷹」的男人想要以一種極度不光彩的行為來疏遠那些曾經崇拜他的大眾。

當時他做出許多不明智的發言和討人厭的交際行為，但有兩起事件格外突出，或許這兩件事是「倒霉的林仔」聲望急速下滑的過程中最不

幸的事。

林白於 1927 年成功獨自駕駛聖路易斯精神號（Spirit of St. Louis）越過大西洋，並立刻成為英雄。十年後，他去了幾次納粹德國，成為柏林奧運的座上賓，並在其他場合讚美（並誇飾）德國空軍的力量和希特勒的領導力。「德國有紀律的活力讓我印象最為深刻。」林白後來在自傳中寫道，「人們不停息地活動著，並深信獨裁的政策能夠創造出新的工廠、機場和研究實驗室。」*

接著，在 1938 年 10 月 19 日，這位世界知名的飛行員接受了赫爾曼‧戈林（Hermann Göring）受「元首之命」頒布的德國鷹大十字勳章。當時德國尚未成為美國的正式敵手，但美國評論家對此都很憤怒，他們的英雄竟然向正在從事泯滅人性行為的納粹靠攏。

林白拒絕歸還勳章。「對我而言，歸還這個頒於和平時期、象徵友誼的獎章不會帶來任何有建設性的影響。」他寫道。「要是我歸還了德國勳章，顯然會遭受不必要的侮辱。假使未來我們真的開戰了，我也看不出來在戰爭之前就展開一場仇恨較勁能得到什麼好處。」

內政部長哈羅德‧依克斯（Harold Ickes）和其他人皆強烈反彈。「假如林白先生被大眾稱為德國之鷹時會感到難為情，」依克斯寫道，「那他為何不乾脆寄回那塊不名譽的勳章，和它撇清關係呢？」

美國人還記得，1941 年他毫不猶豫地回絕了美國陸軍航空團的委任。事實上，他毫不猶豫的態度著實可疑。** 但他仍然緊抓著那面納粹勳章！

---

* 　註：林白對德國的喜愛顯然擴及那邊的女人。1974 年，在他逝世很長一段時間後，事實證明這位所有美國人的英雄和三位不同女性生了一票子女，其中兩位還是姊妹。
** 　註：羅斯福總統面臨希特勒侵略時公開批評林白是「失敗主義者和求和者」，林白因此辭去美國陸軍航空團的職位。儘管他絕對不是唯一一提倡不干預歐洲事務的人─汽車先驅者兼德國鷹大十字勳章授受者亨利‧福特也是另一位重要的孤立主義者，另外還有政治家族元老兼駐英大使老約瑟夫‧甘迺迪也包含在內─但林白卻是最具煽動性的一位。

林白的名望在 1941 年 9 月 11 日跌至谷底，他在那場演講中不分青紅皂白地譴責英國人、猶太人和羅斯福政府。這場演講引發的反應立刻對林白的聲譽造成毀滅性的影響。曾經的鷹雄被傳記作家史考特・貝治（Scott Berg）如此描述：「尼加拉瀑布式的惡言謾罵……美國史上沒有人承受過這種指責。」《自由》雜誌稱他為「美國最危險的人」，而林白的家鄉明尼蘇達的小瀑布鎮居民甚至將他從水塔上除名。這隻「孤鷹」始終都不認為自己有錯，最後終於墜落了。

1986 年
10 月 20 日
蘇丹的揮霍老弟大賺一筆

1986 年 10 月 20 日，汶萊蘇丹讓他的小弟傑菲里・博爾基亞（Jefri Bolkiah）王子擔任這個位於婆羅州沿岸、迷你但石油資源豐富的國家的財政首長。

而傑菲里王子從那深不見底的餅乾罐儲備（cookie jar）中詐取了將近一百五十億元的政府資金——這可能是史上最大宗的侵占公款案。連同這椿盜竊案的還有同樣令人難忘的狂歡作樂，據說王子一個月內花費五千萬在遊艇這類「必需品」上，其中一艘被風流地命名為「奶頭」（包括奶頭一號和二號）、此外那些錢還被用來買馬球比賽用的小馬、珠寶（包括一支價值一千萬、畫有夫妻做愛圖樣的手錶）、私人飛機和超過兩千台的賓利、法拉利和勞斯萊斯。唉呀，等到蘇丹終於仔細檢查那些帳目以後，他就必須把一切都歸還給氣炸的蘇丹了。

10 月 21 日

蓋蒂家族失去的耳朵

石油大亨保羅・蓋蒂（J. Paul Getty）是世界上最富有的人之一，但當他的孫子約翰・保羅・蓋蒂三世（John Paul Getty III）遭到義大利歹徒綁架時，他似乎不理解保羅面臨的是何等危險。也可能他只是單純不在乎。畢竟，這位老人家之所以能累積如此龐大的財富，得歸功於他長久以來一直無心經營家庭，與家人間的關係不怎麼好——而那疏遠的兒子保羅・蓋蒂二世顯然遺傳到了此特徵，和父親一樣不願意籌出綁匪要求的金額。這可能意味著有人得犧牲囉。「要我付贖金，你知道我得為了那沒用的兒子賣掉整間圖書館嗎？」據說蓋蒂二世向情婦這麼抱怨。

綁匪因為蓋蒂的倔強態度而挫折不已，因此他們採取長期抗戰的要脅方式，一點一點地割下這個十六歲俘虜的血肉，直到獲取贖金才罷手。1973 年 10 月 21 日，他們請蓋蒂三世吃了幾塊牛排，接著矇住他的眼睛、堵住他的嘴巴。嚇壞了的年輕人很清楚接下來會發生什麼事。「這會很痛嗎？」他問綁匪。「當然會痛。」其中一名綁匪回答。接著他們揮了兩下剃刀割下男孩的耳朵，並把它放進福馬林保存好寄給羅馬一家報社，還警告對方其他身體部位正在半路上。

這個嚇人的包裹終於引起蓋蒂的注意。老人家不情願地吐出贖金，但只付有涵蓋保險理賠的部分。其餘的部分他貸款給兒子，且要抽百分之四的利息。這位年輕人最後被釋放，嚴重傷殘的他致電祖父想要感謝他的幫

忙，但是正在看報紙的蓋蒂被問到要不要接這通電話時，卻頭也不抬地回答：「不要。」

2012 年

10 月 22 日

蘭斯‧阿姆斯壯如何在一天之內輸掉七場比賽

　　2012 年 10 月 22 日，這個世界少了一位英雄，因為自由車神蘭斯‧阿姆斯壯（Lance Armstrong）正式被褫奪七座環法自由車賽的冠軍頭銜。他在 1999 年贏得第一座環法賽冠軍，而在這前三年才被診斷出睪丸癌，且癌細胞已擴散至肺部和腦部。阿姆斯壯多年來屢屢被控使用增強體能的藥物，但他總是一再強烈否認，同時利用他在自行車場上的成功取得利潤豐厚的代言機會，順利經營抗癌基金會，如此幾乎全世界都在讚揚他的勇氣和堅韌。然而，美國反禁藥組織最終發佈了具毀滅性、長達兩百〇二頁的報告，內容詳述阿姆斯壯及其隊友廣泛的用藥行為，而國際自由車總會對於最後的處分選擇不上訴。

　　「蘭斯‧阿姆斯壯在自由車界已無容身之處，」自由車總會主席派翠克‧麥魁德（Patrick McQuaid）說，「他應當被自由車界遺忘。」

1812 年
10 月 23 日
拿破崙在外受凍

　　拿破崙的權力在法國大革命後達到顛峰，之後他那貪婪的目光轉向了歐洲其他地區，大口大口地併吞了大半個歐洲大陸，中間連停下來打個嗝的時間都沒有。但是當他貪於征服的大胃口帶領他深入俄羅斯咽喉時，這個大肚腩皇帝開始消化不良。

　　1812 年 6 月 24 日，拿破崙跨越尼曼河進入險峻之地，這片國土最終會活生生地吞吃掉他那個傲慢的大軍團。當他抵達被撤退的俄羅斯人燒毀、棄置的立陶宛首都維爾紐斯時，沒有遇到任何敵人。捱餓的法軍和馬匹幾乎沒有食物可吃。某位觀察家記載：「他們就像垂死的蒼蠅，最後屍體被扔進河水中。」而對法國遠征隊存活下來的成員而言，眼前的情勢只有雪上加霜。這全是俄羅斯皇帝亞歷山大一世的策略：撤退俄軍、破壞沿途所有物品，讓拿破崙為了追趕他們而愈來愈深入俄羅斯的中心，隨後的任務則由天氣接手。「我們的氣候、我們的寒冬會為我們爭戰。」亞歷山大如此宣稱。

　　最後，法軍終於抵達莫斯科這個俄國歷任沙皇的寶座，該城已經被居民拋棄，城內空無一人，沒有補給品，也沒有敵人。

　　「拿破崙是一道我們阻止不了的猛流。」俄國軍隊總司令宣布。「莫斯科將成為吸收他的海綿。」莫斯科陷入熊熊大火之時，法軍根本沒時間侵吞劫掠。那場惡火持續了好幾天，從幾公里之外就能看見因火災而竄出的詭異紅光；其聲響更如同颶風一般。

　　「所以，現在那群野蠻人被困在美麗首都的廢墟中。」伊莉莎白女皇寫道。「拿破崙每靠近俄羅斯一步，就離深淵更近一步。我們來看看

他如何撐過這個冬天！」

　　拿破崙急欲盡速結束俄羅斯之戰，隨後達成某種休戰協定，但亞歷山大可不願意讓「科西嘉魔鬼」就此離開。因此，拿破崙只剩下一個最可憎的選項：撤退。1812 年 10 月 23 日，法軍跨過尼曼河的四個月後，他踏出莫斯科廢墟，迎向自己的毀滅之日。

　　亞歷山大最強大的盟友——凜冬將至，而滿腔忿恨的百姓將以怒火助它一臂之力。對於曾經的大軍團而言，正如同某人所說的，俄羅斯已經成為「大型墳墓」。總共有四十萬名法軍死亡；另外十萬名被囚入大牢。而有些成功存活下來的人重述了那次不得已撤退的恐怖程度：在這個故事中，半數冰凍的屍體被狼啃食、滿腔恨意的農夫來勢洶洶折磨他們，還有那只能以糞便為生的嚴重饑荒。

　　「大軍團趕著前往斯摩倫斯克的那條道路上布滿結冰的屍體。」有位法國兵寫道。「但暴風雪很快就像一塊巨大裹屍布般覆蓋住它們，而那些貌似古代墳墓的小丘隱約告訴我們，戰友們就葬在那裡。」

1601 年

10 月 24 日

大自然呼喚你時，請側耳傾聽

　　第谷・布拉赫（Tycho Brahe）是十六世紀晚期最傑出的天文學家之一，撇除一件事不談——他曾經在一場決鬥中虛張聲勢，與對方為了數學方程式起爭執，結果鼻子被削去一半。在望遠鏡問世之前的年代，較不敏銳的布拉赫透過嚴謹的觀察重新想像天堂的模樣，並且替將來的行星運動定律開闢了全新的道路，後來由其門生約翰尼斯・克卜勒

（Johannes Kepler）發揚光大。可惜的是，他不懂得要回應大自然的呼喚，更精確地說，他實在太守禮節了，以至於不好意思去上廁所，而這讓他付上極大的代價。

這位備受尊崇的科學家在布拉格一位貴族家用晚餐時突然尿急。但是根據當代習俗，賓客不應該在主人用完餐點之前離開餐桌。

「布拉赫憋尿成習慣，所以沒有起身。」克卜勒敘述道。「雖然他喝太多、覺得膀胱就快要爆了，但仍然在意禮數更甚於自身健康。等到他回家後，卻再也尿不出來了。」

布拉赫在接下來十一天承受劇烈的痛苦，未排出體外的毒素癱瘓了他的身體系統，導致他慢性中毒。最後，他於 1601 年 10 月 24 日寫完墓誌銘後逝世，上頭寫著：「他活得像個聖人，卻死得像個傻瓜。」*

1944 年
10 月 25 日

「可怕的高音 C」：從驚聲尖叫到成名

這是一場藝術性的勝利……其實不是。1944 年 10 月 25 日，七十六歲的歌劇「女伶」佛羅倫斯・佛斯特・珍金絲（Florence Foster Jenkins）

---

* 註：這個奇怪的故事本該就此結束，寓意是「該離開時就離開吧。」但當布拉赫的屍體在 1901 年被挖掘出來時，卻顯示出他的死因可能比原先所認定的更加險惡。人們在他的鬍子發現水銀的痕跡，這使他們推測布拉赫其實是遭到下毒而死。其中一位可能的嫌犯是克卜勒，因為他渴望能獲得布拉赫井井有條的筆記，並為自己謀得名聲。另一個嫌犯則是丹麥國王克里斯蒂安四世，據說他可能為了報復布拉赫和國王的母親上床而派刺客去殺害他（這段不倫的皇室愛戀可能是莎士比亞的作品《哈姆雷特》的靈感來源）。
直到 2010 年再次挖掘布拉赫的墳墓後，謀殺論才平息下來。科學家發現布拉赫戴的人工義鼻不是大家長期以來認為的銀製品，而是銅；此外他們也確定他體內的水銀量不足以致命。最後證實了原先的診斷沒錯：他確實是死於膀胱脹裂。

在紐約知名的卡內基大廳首次，也是唯一一次登台演出。

然而，觀眾擠滿整間歌劇院並不是為了聆聽所謂的女高音顫音，而是為了取笑她——先前她已多次登台為這場盛大首演鋪路，當時的觀眾也是為了嘲笑她而去到現場。事實是，珍金絲根本不會唱歌，連一顆音符也不會。但有權勢的社會名流都「相信」她會唱，而這正是其美麗之處；這正是觀眾排隊觀賞她真誠演出的緣故，欣賞當中精緻的服裝變化和女伶般動作誇張的手勢舞步。

人們背地裡說她是「可怕的高音 C」，而當晚她在高朋滿座的卡內基大廳內並未使他們失望。看看她，七十幾歲的老人家穿著閃閃發亮的天使服裝、裝上等身的金翅膀，尖聲唱出招牌歌曲《靈感天使》（*Angel of Inspiration*）。從後台再次歸來後，她化身西班牙的風流女郎，頭髮綴以珠寶和紅玫瑰，並從柳條編織成的籃子裡灑出花瓣。珍金絲聽見觀眾如雷的吼叫聲時總將其解釋為狂熱的認可，演出幾首安可曲終於離開舞台後，她深知自己又讓另一群觀眾驚艷不已。這是她那不甚輝煌的生涯巔峰，而她在一個月後快樂地死去。

1928 年
10 月 26 日

不知怎的，我們無法為戈培爾落淚

這聽起來像是幸災樂禍，但確實大快人心，是關於某位納粹黨員過了糟糕透頂的一天，來看看希特勒的宣傳部長約瑟夫・戈培爾（Joseph Goebbels）於 1928 年 10 月 26 日寫下的日記：

「我沒朋友也沒老婆。似乎正在經歷重大的精神危機。腳上的老毛

病仍持續不斷地折磨著我，然後外頭還流傳我是同性戀之類的謠言。那些煽動者試圖阻止我們的改革，而我卻頻頻被一些無關緊要的爭執給耽擱，這些事真足以讓人掉淚啊！」

哭哭！

1991 年
10 月 27 日
從蘇聯到怪胎：土庫曼的瘋子領導

土庫曼年曆上的 10 月 27 日是個特別的日子，慶祝這個中亞國家在 1991 年從蘇聯獨立出來。但是「自由」是個相對的概念，儘管這個新國家逃脫蘇聯的枷鎖，卻得屈服於另一個領袖之下，作家保羅‧索魯稱此人為「世界上最有權勢、最有能力的瘋子」。他是位愛偷東西的獨裁者（或稱「終生總統」），他那狂熱的性格連史達林都望塵莫及。

少數獲准留在土庫曼的西方記者都對薩帕穆拉‧尼亞佐夫（Saparmurat Niyazov）的專制政權留下深刻的印象：這個國家真是瘋了。「瘋子土庫曼。」索魯在著作《前往東方之星的幽靈火車》中如此稱呼。「它不像是個國家，比較像是一個由喪心病狂的病人經營的瘋人院，「自大狂妄」這詞太溫和、太不精確了，完全不足以形容那病人。」

尼亞佐夫的全能和自戀幾乎無所不在，一切就從巨大的肖像畫開始說起吧。這人自稱「所有土庫曼人的領袖」，他那張超大臉部特寫可見於建築物上的橫幅、告示牌、紙鈔、商店或學校裡，甚至連土庫曼航空飛機的艙板牆上都有他的身影。上百座形形色色的雕像更是不用說，最艷俗的一座就立於首都阿什喀巴的中立柱（Arch of Neutrality）頂端，那

個巨大又醜陋的玩意長約七十六公尺、表面鍍了金,且會不斷旋轉以面朝太陽。

「我承認,」尼亞佐夫曾經告訴過一名記者,「我的肖像、照片和紀念碑實在太多了。我一點也不開心,但人們心理上渴望這一切。」這麼說來,想必人們也要求這位領袖用自己的名字替 1 月份重新命名,並用已故的母親為 4 月份命名。

這位偉大的領袖默許了這些大眾的「要求」,但相對的他也要求許多回報。確實,土庫曼的國家誓詞中有以下這句話:「假如我背叛了唯一的領袖,願我停止呼吸。」而那些不配合的公民真的都在潮濕的牢房裡走向死亡。

土庫曼受到脅迫而屈服於尼亞佐夫獨特的律法之下,其多半反映出他躁動不安的心智。他禁止蓄鬍、芭蕾舞、車輛廣播和歌劇,甚至下令不得鑲假牙,違者必拔除。

尼亞佐夫想要說服人民自己是神,便從土庫曼這片沙漠興建起許多神奇的作品——至少他嘗試過——他侵佔了這個窮困國家依靠天然氣賺得的收益,如此大筆財富稍微幫助了他的計畫。「我們建造一座冰宮吧。」他在 2004 年宣布。「它大得足以容納一千人。」接著他計畫在卡拉庫姆沙漠建造一座大型人造湖,還想種植松柏樹林以調節乾燥氣候,但這個計畫很快就失敗了。

這個偉大的領袖揮揮他那全能的大手,便徹底摧毀了首都大半土地、導致上千座建築易位,接著他重建出了一種相當獨特的風格,有位國外的外交官將此風格形容為「蘇聯維加斯」。

受苦的人民都「大大受惠」於尼亞佐夫這些卓越的計畫:四公尺高的金字塔、一座從未舉辦過奧運的奧運體育場、一座名為「土庫曼童話故事」的遊樂園,和一座大多穆斯林都認為是褻瀆神的龐然大物吉普恰

克清真寺。是的，尼亞佐夫的《靈魂之書》其中
一個段落被鑿刻在清真寺的牆上，就位於
一小段《古蘭經》的旁邊。索魯稱此
建設為「超級大雜燴，混雜了個人
生平、奇怪的土庫曼傳說、族譜、
國家文化、飲食建議、反蘇聯的抨
擊、瘋狂的自吹自擂、狂妄的承諾
和他自己的詩作，其中一首詩的開頭

是『噢，我瘋狂的靈魂啊……。』」* 他的人民感到慶幸，因為如今他已
長眠於地下。

1871 年

10 月 28 日

「貪汙先生」尤利西斯

尤利西斯‧格蘭特（Ulysses S. Grant）從當代（或是任何年代）最
受讚譽的將軍變成美國最糟的總統。為此，他得責怪腐敗的內閣成員，
也要怪自己沒能察覺他們那無恥的詭詐。儘管總統本人並未真的從這些
金融犯罪中獲利，但參議員查爾斯‧薩姆納仍然創造出「格蘭特主義」
這個新詞來形容這種滲透進許多聯邦部門的糟糕瀆職行為，那些部門包
括了戰爭部、財政部、內政部和國務院，而這徹底毀了第十八屆總統的
生涯。

---

* 註：所有公民被要求必須讀這卷無趣的書：尼亞佐夫版本的廢話連篇聖經，他在其中為星期
  六和 9 月重新命名。

「格蘭特現在比安德魯‧強森最黑暗的時期還要不受歡迎。」*本身名譽也不佳的副總統亨利‧威爾森（Henry Wilson）在 1875 年初告訴後來的總統詹姆士‧加菲爾德。「他的政治方針愈來愈糟糕，」接著他又補充道：「他是我們黨內的沉重負擔，會拉著我們一起下沉。」

犯罪行為實在是罄竹難書，以至於格蘭特八年執政時期的隨便一天，他的親信必然都在忙著謀畫不正當的勾當。隨便選個 1871 年 10 月 28 日這天來說吧。戰爭部秘書長威廉‧貝爾內普（William W. Belknap）一直從隨軍商販約翰‧伊凡斯（John Evans）那裡收回扣好增加自己的收入，他指定由伊凡斯負責經營西邊前線的錫爾堡（Fort Sill）貿易站。但接下來，伊凡斯將大量酒精引進印第安領地販售後，引來了討人厭的關注。

10 月 28 日，美國財政部詢問貝爾內普，伊凡斯是否有販賣酒精的執照。這位戰爭部秘書長的非法收入來源受到威脅，便在當天就發給伊凡斯一張許可證。如同他的傳記作者愛德華‧庫柏（Edward S. Cooper）所寫：「貝爾內普這項行為證實了他願意為了每季一千五百元的額外收入而成為金錢的奴隸」。**

不到兩週，貝爾內普就寫信給財政部律師：「在此榮幸地通知您，伊凡斯先生透過他的朋友表示，他拒絕在沒有當局認可的情況下將酒精運入印第安疆土。因此，我請求不要向他提起訴訟。」

---

*　註：詳見 2 月 24 日。

**　註：庫柏也點出一則諷刺的事實：貝爾內普根本不需要「出賣自己」，因為要是他確認過的話，就會發現已經有人核發許可證給伊凡斯了。最後，戰爭秘書長在國會遭到彈劾，但就在他突然辭職前不久，判決結果為無罪，但此刻他只是一介平民了。

10 月 29 日

好吧，確實有一段時間是這樣沒錯

　　股市大崩盤後許多人損失財富，但有一群華盛頓銀行家還因此失了面子。就在十個月前、1920 年代還未走向尾聲時，《華盛頓郵報》針對一群金融領袖做了民調，並請他們預測明年的景氣。他們的看法是如此正向樂觀，以至於報紙將之置於頭版，大大的橫幅標題寫著：「我們預測 1929 年將會是絕佳的一年。」

1924 年

10 月 30 日

「鉛」錯萬錯：化學家的致命謊言

　　比爾·布萊森（Bill Bryson）在其著作《萬物簡史》中表示：「托馬斯·米基利（Thomas Midgley）是一名技術優良的工程師，他若能安於這個身分，這個世界會安全許多。」想當然，米基利發現在汽油裡加入鉛能解決引擎爆震的問題時，並不曉得他半路出家改當化學家最終會為大地之母帶來可怕的危害。但考量到他在 1924 年 10 月 30 日那天面對媒體的表現，我們可以合理推測他根本就不在乎。

　　早在半個世紀之前，汽車廢氣管排放出來的毒鉛造成的危害就已是重大的環境與公共衛生問題，也就是早在 1924 年，就有媒體大幅報導過煉油廠工人因中了神經毒素而日漸衰弱的新聞。當時米基利想出了一個絕技來安撫喧鬧的媒體。這位科學家站在紐約市標準石油公司總部一大

群記者面前，將注滿鉛的濃稠液體倒上他的手臂。接著，擦乾身體後，他拿出一個裝有同樣液體的罐子，對著裡頭深深吸了一口氣。

他宣稱，此實驗證明了短時間暴露於稀釋過的鉛不會造成危險，那些死亡的、和瀕死的煉油廠工人顯然並未遵守基本安全措施。

米基利沒說的是，他一年前才因為鉛中毒而大病一場，嚴重到必須請六週病假。而在記者會過後幾個月，米基利再度因為鉛中毒而病倒。但這位狂熱的科學家卻復原得比先前更好，還發現了一種全新的化學冷卻劑：氟氯碳化物。大家較常見的名字是 CFC，也就是那些煩人的、會吞噬臭氧層的小傢伙。*

1961 年
10 月 31 日
史達林的新居所

蘇聯獨裁者約瑟夫·史達林還在世時，很少人膽敢與他鬥爭，誰都不願意成為被這位暴君殺害、餓死或送到西伯利亞勞改營凍死的數百萬人之一。但是當這頭怪獸在 1954 年因腦溢血身亡時，一切狀況都不同了。直至那時，曾經無人能敵的史達林才成為眾人攻訐的對象。他的繼任者尼基塔·赫魯雪夫（Nikita Khrushchev）在 1956 年共產黨第二十屆代表大會中，帶頭發表眾所皆知的「祕密報告」，批判前任領袖不遺餘力地建立個人崇拜並無情地濫用權力。

---

* 　註：死於 1944 年的米基利永遠不知道自己幹了什麼好事，但不代表這個科學家躲得過自己一手創造的東西。米基利感染了小兒麻痺症後，設計出一種複雜的繩索滑輪機械讓他能夠上、下床。1944 年 11 月 2 日，他被捲入這個機械裡，被繩索勒住脖子後窒息而死。

他宣稱：「推崇個人主義，或將自己視為如神一般擁有不凡特質的超人，這與馬克思列寧主義的精神相互違背。這樣的人自以為無所不知、無所不曉，替眾人著想且無事不通，他的所作所為皆是絕對正確。」赫魯雪夫進一步表示，對史達林的個人崇拜導致了人們「過度曲解一系列關於黨的準則、黨的民主和改革的合法性。」

接著，赫魯雪夫逐步實行所謂的「去史達林化」，而他採取的最後一道步驟讓這位已逝的獨裁者不再死不瞑目——而是直接跳離棺木。他的屍體經過審慎的防腐處理，被安葬於列寧旁的水晶棺墓之下，讓忠誠的黨員能前來瞻仰兩位革命領袖的遺容。然而，接下來有個精心策劃的場合，1961 年第二十二次黨代表大會，一位年老而忠心耿耿的布爾什維克婦女朵拉・阿布拉莫夫娜・拉祖金娜（Dora Abramovna Lazurkina）起立發言，她聲稱自己與列寧有直接的靈魂接觸，並直指列寧厭惡與史達林葬在一起，因為史達林「對黨造成太多傷害」。

那場演講過後，史達林的遺體在 10 月 31 日被草率地從列寧墓中移出，並低調地重新下葬於克里姆林宮城牆附近。對一個曾經把影響力全面滲透進蘇聯的人而言，這是最終的羞辱——如果不把兩個禮拜後史達林格勒（Stalingrad）被改名為伏爾加格勒（Volgograd）這件事也一起算進去的話。

11 月

「不溫暖、不雀躍、所有人都渾身不舒服。
沒有陰影、陽光、蝴蝶蜜蜂、水果、紅花綠葉、沒有鳥鳴
——這就是 11 月！」
——托馬斯·胡德（Thomas Hood），〈什麼也沒有！〉（No!）

1861 年
11 月 1 日

無能將軍：喬治·麥克萊倫讓林肯頭大了

1861 年 11 月 1 日，林肯總統把自己搞得一個頭兩個大。那天，林肯交付波多馬克軍團的指揮喬治·麥克萊倫將軍（Gen. George B. McClellan）一份額外任務，讓他擔任聯邦軍最高指揮官。「我完全可以勝任。」麥克萊倫得意洋洋地承諾總司令。然而，當他真的上位後，人稱「小拿破崙」的麥克萊倫卻一事無成，而且態度非常差勁。

麥克萊倫升遷不到兩週，林肯就在小拿破崙的家中體會到他的乖戾和不服從。林肯剛抵達時，有人告訴他將軍正在參加婚禮，很快就會到家。半小時後，麥克萊倫確實回來了，並得知總司令正在等他的消息。

但他卻無視林肯的召見，直接從他身旁走過回到樓上的臥房，然後再也沒有下樓。

林肯以一貫的仁慈態度對這過分的羞辱視而不見，但四個月後他沒法再忽視了。聯邦軍在奔牛河之役吃敗仗後，麥克萊倫顯然根本就不想面對那些還埋伏在首都附近的敵軍。

多個月來毫無動靜，加上麥克萊倫因為傷寒而病倒後，林肯總統終於受夠了，他召集高層指揮官底下的將軍歐文・麥克道爾（Irvin McDowell）和威廉・富蘭克林（William B. Franklin）開會，告訴他們「目前的事態令他深感困擾」。然後他有個很好的提議，假如麥克萊倫將軍不想要繼續帶領那支軍隊，那麼他想「借來用用，看看這支軍隊是否能做些什麼」。

麥克萊倫懷疑背地裡可能發生了什麼事，便離開病床，前往官邸參與第二場會議。但是他可沒打算告訴「大猩猩」作戰計畫——大猩猩是他為總統取的綽號之一。

軍需總長蒙哥馬利・梅格斯（Montgomery Meigs）在會議上請麥克萊倫向總司令分享他的計畫，但他拒絕了，並宣稱要是說出口，就會成為隔天的新聞頭條。

然而，隔天麥克萊倫卻選擇把戰爭計畫洩漏給《紐約先驅報》。而直到 1862 年 3 月他被解除最高指揮官的職位前，這位小拿破崙仍然什麼也沒做。

11 月 2 日

軍人＋砲兵 VS. 一群鳥：贏家是……

　　這次的敵軍不好對付——兩萬隻健壯的鳥，每隻高約一·八公尺、驕傲地覆滿羽毛、有雙兇猛的紅棕色眼睛，還有雙一出擊就能讓人開腸破肚的爪子。但澳洲珀斯坎皮恩區的農夫（多半都是從第一次世界大戰退役、經過千錘百鍊的軍人）相信當時最可畏的武器——機關槍——可以輕易解決這群毛茸茸、將麥田一掃而空的敵人。這些農夫面臨滿目瘡痍的景況，決定求助於澳洲國防部長喬治·皮爾斯爵士（Sir George Pearce）。部長立刻指派澳洲皇家砲兵團第七砲兵連的少校帶領一個隊伍以武力攻擊那一大群鳥。1932 年 11 月 2 日，大鴯鶓戰爭開打了。

　　打從一開始，這群無所畏懼的鳥類就證明牠們是更優秀的戰士——尤其善於閃躲，而且顯然無堅不摧。一聽見機關槍的掃射聲，鳥群立刻名符其實地鳥獸散，讓對方更難擊中牠們。而牠們快活的步態看起來就像在嘲笑那些獵人。那些遭到槍擊的鴯鶓還能繼續奔跑，彷彿子彈對牠們絲毫不造成影響。只有少數鴯鶓死於其中。

　　這場衝突的第三天，馬里帝茲少校和部下在圍籬旁埋伏。但當一大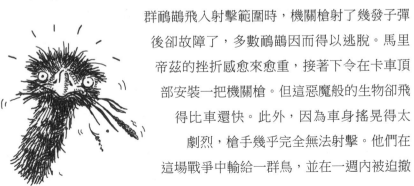群鴯鶓飛入射擊範圍時，機關槍射了幾發子彈後卻故障了，多數鴯鶓因而得以逃脫。馬里帝茲的挫折感愈來愈重，接著下令在卡車頂部安裝一把機關槍。但這惡魔般的生物卻飛得比車還快。此外，因為車身搖晃得太劇烈，槍手幾乎完全無法射擊。他們在這場戰爭中輸給一群鳥，並在一週內被迫撤

退。隔週，他們再次短暫朝敵軍發動攻擊，但卻沒有好下場。射出去千萬發子彈，卻只擊中幾隻鴯鶓。

「假如我們有個軍事部門專門讓這些鳥攜帶子彈，那牠們足以擊敗世上任何一支軍隊。」馬里帝茲後來評論道。「牠們能以坦克般刀槍不入的身軀迎面對決機關槍。」[*]

1988 年
11 月 3 日

近朱者赤，近狗者「血」

記者傑拉多・李維拉的鼻子總能精準無誤地嗅出聳動八卦的位置，但諷刺的是，他的鼻子卻在一場廣播爭鬥中掛了彩。經過艾爾・卡彭那次虎頭蛇尾的可笑開場後（詳見 4 月 21 日），李維拉獲得單獨主持節目的機會。這個節目利用畸形人作為主題來博得收視率。

例如，「穿蕾絲褲的男人與愛他們的女人」這一集就完整體現了節目低劣的觀點，但至少女用內衣褲不會傷害李維拉。但是，種族主義的光頭黨就傷得了人了。李維拉在 1988 年 11 月 3 日邀請這些恐怖的來賓上節目與民權領袖羅伊・伊尼斯（Roy Innis）對峙，不幸之事理所當然地緊接而來。李維拉介入這場互毆，並與其中一個白人極端主義者（李維拉佯裝憤怒稱他為「蟑螂」）扭打成一團，而另一人則拿起椅子砸向他的肩膀，並朝他臉上揍了一拳，他的鼻子因此斷成兩截。

這個主持人應該算是很幸運了，因為他沒有在上一集《傑拉多》中

---

[*] 註：雖然職業軍人輸了鴯鶓戰爭，當地農夫卻在之後幾年獲得勝利。他們用政府提供的彈藥捕殺了數萬隻鴯鶓。

被惡魔附身，那一集的名稱是：「惡魔崇拜：揭露撒旦的地下王國」。

1979 年

11 月 4 日

經過甘迺迪的訪談後，誰是那團爛泥？

大家都說那段訪談剝奪了泰德・甘迺迪競選總統的資格。就在 1979
年秋天，這位麻薩諸塞州參議員多次接受羅傑・馬德（Roger Mudd）訪
問，甚至在正式宣布參選總統之前就開始愚蠢地闡述他的主張。

「參議員，為何你會想當總統？」馬德在 11 月 4 日播出的電視特別
節目《泰迪》中問道。甘迺迪顯然對這簡單的問題感到困惑不已。「呃，
我……啊，假如我要，呃，宣布參選……」這位準候選人開始結巴，之
後開始發表一串雜亂無章、上下文不連貫的長篇大論，讓他看起來彷彿
從未認真思考過這個問題一樣。

甘迺迪在海上的表現也一樣。馬德問起關於十年前的夏帕魁迪克事
件，是否還有什麼想要補充說明的，甘迺迪聽了後顯得相當焦慮。

簡單為沒聽過這起事件的讀者做個劇情概要，當時他的車輛衝出一
座窄橋後落入水中，並在安全逃脫後回到飯店房間，留下同車的年輕乘
客瑪麗・喬・柯佩芝妮（Mary Jo Kopechne）獨自一人溺死在灌滿水的
車裡。而後他過了將近十個小時才報警。

「噢，問題是……當晚，我發現，呃，我自己也無法相信自己的行
為。我的意思是，我說的原因……但我想是……事實就是這樣。這，剛
好就發生了這種事。就像我說的，現在我發現，當晚的行為……是受到
那場意外的影響，還有失落感、希望和悲劇感，以及整個狀況。呃，這

整個行為都是無法說明的。」

這起電視慘劇大受媒體撻伐，兩個月後，甘迺迪成為知名的甘迺迪家族中第三位正式追求入主白宮的成員。然而，他卻在民主黨內初選時輸給當時在任的吉米・卡特。過了三十年，他還是很討厭羅傑・馬德。

在泰德逝世後出版的自傳《明燈》（*True Compass*）中，他暗示該次訪談是場突襲；當時他是想助正和 CBS 新聞主播華特・克朗凱（Walter Cronkite）競爭的馬德一臂之力；還有，他原本預期這次訪問的主題是他母親，以及甘迺迪家族一直以來與航海、鱈魚角之間的關係。「我應該要有敏銳的政治嗅覺才對。」他寫道。「回顧過去，真不敢相信當時自己竟然那樣。」

然而，馬德在一封寫給《紐約時報》的信中強烈反駁甘迺迪的說詞，並稱之為「徹頭徹尾虛構的謊言」。他堅持說，整場訪談的主軸從一開始就很確定了，而且蘿絲・甘迺迪和海洋本來就不是訪談主題。「參議員在最後的遺言中竟為這種錯誤的說法背書，我還是感到很困惑、憤怒和沮喪。」

1688 年
11 月 5 日

沾滿橘子汁的詹姆士二世：不需荷蘭人動手

自他的父親查理一世被斬首後，詹姆士二世應該就知道英國人不會寬貸君主的專制行為。唉，這任國王卻沒有記取這個教訓，經過三年多來的高壓統治後，他的臣民終於忍無可忍了。事實上，為了擺脫這位固執的君王，他們甚至還邀請荷蘭入侵英國。

詹姆士的姪子奧蘭治的威廉（William of Orange）於 1688 年 11 月 5 日帶領龐大的荷蘭大軍抵達英國。這對詹姆士來說已經夠糟糕了。但更糟糕的是，威廉同時也是自己的女兒瑪麗的丈夫。

　　「奧倫治王子圖謀不軌已是眾所皆知，我想妳一定覺得很尷尬，不知道該如何提筆寫信給我。」威廉的艦隊到達前，詹姆士寫信給住在荷蘭的女兒。「儘管我知道妳是個好妻子，也有義務當一名好妻子，但基於同樣的理由，我必須相信妳仍然是我的好女兒。我一直如此深愛著妳，也從未讓妳懷疑過我對妳的愛。我的話就說到這裡，相信妳這段時間也很不安，因為妳必須同時掛心妳的丈夫和父親。如果妳願意的話，應該能理解我對妳十分寬容。」瑪麗根本懶得回信。

　　同時，國王拒絕到戰場上與姪女正面對峙，反倒逃回倫敦。但他在倫敦發現了驚人的事實。小女兒安妮已經投敵。「上主救我！」他大聲呼喊。「我被自己的孩子拋棄了。」幸好，詹姆士不知道安妮在威廉入侵英國前一晚曾寫信給他，祝福姊夫「能在這場正義的任務中大獲全勝」；他也不知道安妮身穿一襲用橘色*蝴蝶結裝飾的洋裝迎接威廉的到來。

　　當詹姆士的女婿和女兒在英國興高采烈地登基、成為共同君主「威廉三世與瑪麗二世」時，被出賣的詹姆士已經流亡到法國了。至於安妮，她顯然不太在乎父親如此狼狽地逃離，反正王位早晚會是她的。安妮的舅舅克拉倫登伯爵（Earl of Clarendon）曾說：「她絲毫不受影響。」

---

*　譯註：奧倫治與橘色的原文皆為 orange。

2012 年
11 月 6 日

迪克・莫里斯的水晶球烏雲密布

「對，沒錯。羅姆尼會獲得壓倒性勝利，就像上一屆歐巴馬大贏麥肯那樣。這就是我的預測。」——迪克・莫里斯（Dick Morris），《國會山報》（*The Hill*）

「應該沒有人跟迪克・莫里斯一樣，對 2012 年美國大選做出那麼多錯誤、拙劣、虛假又愚蠢的預測。」戴夫・韋格爾（Dave Weigel）在《選舉人名冊》（*Slate*）中寫道。此論點未經統計數據證實，但卻中肯得叫人欣然同意。莫里斯自稱為政治「圈內人」，堅持不懈地以廢話連篇結束那錯誤百出的一年。他在 11 月 6 日出版的《國會山報》的〈選舉日〉專欄中發表了一篇魯莽的文章。

這位又矮又胖的行家沾沾自喜地寫道：「每週日，我們會調整時鐘的時間。到了週二，我們會換一個總統。而在週四大選後的專欄裡，我會再談談米特・羅姆尼為什麼會當選。但是，現在先讓我們為即將誕生的新總統慶祝一番吧！」

（選舉過後，還有一些關於莫里斯相當貼切的隱喻，詳見 11 月 12 日。）

1848 年
11 月 7 日

胡鬧萬歲：魯蛇總統系列

1848 年 11 月 7 日，扎卡里・泰勒（Zachary Taylor）當選美國第十二任元首——開啟了一連串史無前例、糟糕透頂的總統名單。歷史學家一致同意將這些人列入美國十大最差勁總統名冊。

泰勒還來不及造成太多傷害就於任內過世了，之後由同樣無能的米勒德・菲爾莫爾（Millard Fillmore）繼任，他可是悲慘的 1850 年妥協案的重要推手。再接著還有富蘭克林・皮爾斯（Franklin Pierce）。這位長年酗酒者被政治對手嘲諷為「打破許多瓶子的英雄」。最後，這首無能總統四重奏由詹姆斯・布坎南作為壓軸。美國內戰一觸即發在即，他卻無所事事地坐在那，毫無作為。幸好後來亞伯拉罕・林肯取代了他的位置，這才終結了一連串糟糕透頂的白宮失敗者——但也只是短暫終結。哎呀！在老實的林肯之後，立刻又來了兩位史無前例糟糕的白宮主人：安德魯・詹森（詳見 2 月 24 日）以及從內戰英雄變成失敗總統的尤利西斯・格蘭特（Ulysses S. Grant，詳見 10 月 28 日及 12 月 17 日）。

1519 年
11 月 8 日

小心！那些西班牙人很貪心

西班牙征服者埃爾南・柯提斯（Hernán Cortés）在墨西哥燒殺擄掠時把那裡搞得屍橫遍野，他只要一逮到機會就想展現那自以為是的文

化優越感，而另一件讓他如此執著的事情就是對黃金的貪婪。儘管如此，當這個征服者在 1519 年 11 月 8 日求見阿茲特克國王蒙特蘇馬二世（Moctezuma II）時，國王基於某種原因仍然讓柯提斯進入首都特諾奇提特蘭。

雖然今日許多歷史學者針對這一點爭論不休，但據傳蒙特蘇馬相信每位訪客都是偉大的羽蛇神（Quetzalcoatl）的化身。但無論是什麼原因導致門戶洞開，無非都是重大失策。柯提斯接受國王的盛情款待及奢華的禮物（除了被獻上的婦女，那可是犯罪）。然後，柯提斯將國王監禁在自己的宮殿以此答謝。不到八個月，蒙特蘇馬二世就逝世了，*阿茲提克王國也迅速地走向滅亡。

2001 年

11 月 9 日

呃，這隻天殺的鴨子！

科學期刊著名的內容通常都不是一般讀者有興趣的主題（像是〈蘇門答臘沙蚤的繁殖序列〉……有人有興趣嗎？）。但是，鹿特丹自然歷史博物館的期刊《海中》（*Deinsea*）卻在 2001 年 11 月 9 日藉由一篇標題為〈首例綠頭鴨同性戀屍癖行為報告〉的文章，將生物奧秘提升至一個嶄新的境界（也可說是引起騷動）。

---

* 註：當年某位人士記下柯提斯和部屬收到黃金時的喜悅：「他們似乎在微笑，顯得雀躍不已。他們就像一群緊抓著黃金不放的猴子，看起來好像很滿意、滿足且高興。事實上，他們強烈渴望獲得黃金、身上戴滿金子，並像豬隻貪求食物那樣渴求黃金。他們來回揮動金色飾帶，並在喋喋不休的同時向彼此炫耀。」關於蒙特蘇馬的死法眾說紛紜。西班牙編年史家說他是因為輕易投降而遭到自己的人民殺害。當地人的說法是柯提斯殺死了蒙特蘇馬。

博物館一位名叫莫里克（C. W. Moeliker）的科學家在文章中提及：六年前，他親眼目睹一隻死去的雄性綠頭鴨——臨床上通稱為 NMR 9997-00232——被另一隻雄性綠頭鴨反覆「猛力地」強暴。在那之前，可憐的 NMR 9997-00232 顯然是因為撞上博物館內某片反光玻璃因而墜落導致死亡。轉瞬間，牠的同伴飛撲到那隻公鴨屍體上辦事。

「真是太驚人了！」莫里克寫道。「我站在不遠處的窗戶後看著這一幕，就這樣一路持續到晚上七點十分（為時七十五分鐘），這期間我拍了幾張照片，而這隻綠頭鴨幾乎沒停下來過。牠總共只休息兩次；在牠第二次爬上去之前一直待在死鴨身邊、叨著牠的脖子和頭的側面，第一次牠只短暫休息三分鐘（在六點二十九分），第二次更只休息不到一分鐘（六點四十五分）。」

1879 年

11 月 10 日

從電話傳來的靈耗

美國內戰爆發之後幾年，西聯匯款（Western Union）成為知名的通訊巨獸。這家強大的電報公司老闆威廉・歐頓（William Orton）曾經得意洋洋地說這是「商業界的神經系統」。西聯匯款的公司職員信心滿滿，認為他們是全世界最富有、最強大的公司，因此當亞歷山大・葛萊漢姆・貝爾（Alexander Graham Bell）及其夥伴在 1876 年秋天聯繫他們、要以十萬美元全權售出電話專利時，他們只把那玩意視為「玩具」。

「這點子實在太蠢了。」據說某位西聯匯款員工曾這麼說。「還有，當人們可以派信差到電報社，把清楚的訊息寄到美國各大城市時，怎麼

還會有人願意用這種難看又不切實際的裝置呢？」

這樣的拒絕方式確實傷人，但貝爾的助理托馬斯・華生（Thomas Watson）後來表示：「這對我們所有人而言算是另類的好運。兩年後，即使你付兩千五百萬也買不到相同的專利。」

華生說得沒錯，而西聯匯款馬上也察覺到這點並且悔不當初，但為時已晚。這家公司以無效且骯髒的小人手段去挑戰貝爾的專利：同一戰線的還有先前輸了電話專利之戰的以利沙・格雷（Elisha Gray）以及在電話筒發明上有重大進展的愛迪生。他們聯合起來，聲稱貝爾偷了「電話」這個想法，並開始行銷他們自己的系統。「當一個人因為某項發明而變得很有名望，他就更容易成為世界的箭靶。」貝爾在寫給妻子的信裡哀嘆道。

發明家痛恨如此醜陋的商業行為，因此決定要遠離這一切。但與他一同成立貝爾電話公司的夥伴卻不肯退讓。他們控告西聯匯款侵害專利權，且終於說服貝爾加入這場爭奪戰。他不情願地參與初審並提供證詞，而當他打起精神面對這場爭奪戰後，也成為了相當有利的證人。西聯匯款一點勝算也沒有。

1879 年 11 月 10 日，這家公司同意全盤退出電話產業。如今它靠著電匯及匯票業務勉力為生。另一方面，貝爾獲得的電話專利成為美國史上最有價值的專利。

1861 年

11 月 11 日

她不過是女人，卻優雅而致命

1861 年 11 月 11 日，中國的慈禧太后原先只是帝王身邊卑微的嬪妃，躍升為實際掌權者代替幼子垂簾聽政後，也悄無聲息地準備奪走多人性命。早前，慈禧太后已經對先帝任命的「顧命八大臣」發動過一場不流血政變，這次則必須根除他們。這些男人因為阻擋了她的權力之路而被處以叛國罪，該項罪行的下場是可怕的千刀萬剮，字面上來看就是一種緩慢且折磨人的刑罰。但太后大發慈悲，採取了較為溫和的手段。八大臣的首領沒有遭碎屍萬段，而是被迅速斬首。他在臨死之際大聲哀嚎，不是因為痛苦（慈禧已經省去了他的痛苦），而是後悔自己誤以為她不過是個平凡婦女。其他兩位失勢的大臣則被賜予三尺白綾，被柔聲要求私下上吊，才不會因為公開處決而造成混亂不安。她的手段如此沒有侵略性，卻也如此致命。就這樣，慈禧太后完成了她的任務。

1970 年

11 月 12 日

他們得離鯨魚再遠一點

旁觀者有時也是很倒霉。想想那些被飛歪的棒球砸到頭、在跑道上被輾過、在煙火現場被震聾的可憐傢伙，或是在古羅馬時期，那些偶然間被瘋狂的皇帝拖離競技場觀眾席、被扔去餵野獸吃的人們。但在 1970 年 11 月 12 日，奧勒岡有一群拉長脖子傻愣著看的居民，他們經歷了獨

一無二、最「難聞」的事件——他們被一頭炸裂的抹香鯨血淋淋的油脂、骨頭、內臟的殘骸正面擊中。

這頭八噸重、十三公尺長的鯨魚擱淺在奧勒岡州佛羅倫斯南邊的太平洋沙灘上。很快地，從鯨魚屍體散發出來的惡臭變得令人難以忍受。公路局得想辦法解決這個問題才行。但該怎麼辦呢？把殘骸埋進沙灘裡似乎不是好選擇，因為海浪會逐漸沖刷掉覆蓋其上的沙子。因此，他們決定直接把腐爛的巨獸炸成碎片，剩餘的殘骸再讓海鷗們大快朵頤一番，理論上來說這是個好主意。

管區副工程師喬治·桑頓（George Thornton）是這項行動的負責人。「這個嘛，我有信心一定會成功。」他告訴波特蘭 KATU 電視台的記者保羅·林曼（Paul Linnman）。「唯一的問題是，我們不確定要用多少炸藥才能讓這東西瓦解。」啊，問題就出在這。桑頓是使用炸藥的新手，他覺得應該要用半噸炸藥才會奏效。

在當地旅遊的商人沃特·烏曼霍夫立刻就發現桑頓的估算有誤。他服役於第二次世界大戰時曾受過炸藥的訓練，並建議桑頓應該要用少一點炸藥，讓鯨魚被推到海面上就好，或者是用更多，讓鯨魚被徹底炸成碎片。然而，烏曼霍夫說桑頓根本不理會他的警告。

「那傢伙說：『無論如何，我會讓沙丘上那些人站遠一點。』」烏曼霍夫於二十五年後的一場訪談中告訴舊金山電視台 KGO 記者韋恩·弗德里曼。「而我回答：『沒錯，我會是那個站最遠的兔崽子。』」但不幸的是，烏曼霍夫沒有移走他那輛全新的奧茲摩比 88 攝政王。[*]

接著，桑頓引爆了那半噸已經堆埋在死鯨魚周圍的炸藥。「突然，一切就這樣發生了。」佛羅倫斯當地居民吉姆·柯提斯對尤金市《稽查

---

[*] 註：那輛車是新買的，且以下這點也是不爭的事實——他是在一個叫作「新奧茲摩比的超級優惠（英文 a whale of 意指極好的，whale 即鯨魚之意）」的促銷活動買的。

報》的部落客戴夫・馬斯柯（Dave Masko）回憶道。「整個鯨魚屍體自外向內塌陷，且刮起了三十公尺高、圓柱狀的沙塵。然後我記得自己大聲尖叫，因為大把、大把噁心內臟、骨頭和鯨魚屍塊四處散落，每個人都四處閃躲。現場真是既噁心又令人難過。」

正當旁觀者從頭髮、衣服上剝下令人作嘔的鯨魚殘骸時，烏曼霍夫走回他停放新車的位置，結果發現它被一大塊鯨脂擊毀了。「我不想要那台車了。」他幾天後說道。「它聞起來還是有鯨魚的腐臭味。過幾天我進去車庫想拿些工具箱裡的東西時用防水布蓋住那台車，因為它實在太臭了。」

公路局的保險最終賠償了烏曼霍夫的損失。但喬治・桑頓的自尊又是另一回事了。爆炸計畫失敗過後幾年，他仍然不願坦承整起事件的前因後果。保羅・林曼幾十年前已經報導過此事，當他再次訪問桑頓究竟出了什麼狀況時，桑頓回答：「什麼叫作『出了什麼狀況？』」

2013 年
11 月 13 日

噢，抱歉，你的頭在這裡

2013 年 11 月 13 日，一群敘利亞恐怖分子決心向什葉派的巴沙爾・阿塞德（Bashar al-Assad）總統展開報復，他們趾高氣昂地高舉穆罕默德・法雷斯・馬魯什（Mohammed Fares Maroush）的首級。「這群什葉派的人會在婦女面前強暴男人，這就是那些異教徒會做的事。」其中一名與蓋達組織有關的聖戰士在群眾面前得意洋洋地說：「天助我們戰勝他們！」但這個恐怖宣言裡頭有一個問題，就是他們不小心砍了自己人

的頭顱。

馬魯什與同袍並肩對抗阿塞德政權的過程中受了傷。但他在醫院接受麻醉的時候，卻毫無來由地開始說些有關什葉派的含糊字句。於是他的遜尼派殺手同伴很自然地以對付宗教狂熱分子的手段來收拾他。他們砍下他的頭。經過這次陰錯陽差的事件後，叛軍發言人奧馬爾‧卡塔尼（Omar al-Qahtani）在推特上請求饒恕：「我可敬的讀者們，請容我提醒你們，這樣的錯誤經常發生於戰場和聖地之中，聖戰士們都能理解。」

1908 年
11 月 14 日

皇帝的芭蕾舞裙日

捲入同性醜聞的不只是德意志帝國的高層，還有威廉二世本人，在這之後，威廉最不樂見的就是同樣的事件再次發生。1908 年 11 月 14 日，德意志帝國的軍事內閣總長海斯勒（Dietrich Graf von Hülsen-Haeseler）在一場為皇帝舉行的私人派對上身亡，當時他正穿著芭蕾舞裙跳著《獨舞》（*pas seul*）。

長久以來，同性戀在德意志一向是禁忌話題，媒體也總是小心翼翼地避開。直到 1906 年，當時有個叫作麥克西米連‧哈登（Maximilian Harden）的記者發起一項活動，揭露了皇帝內心深處的性傾向，其中許多內幕都是由「鐵血宰相」俾斯麥所提供，因為他和哈登一樣強烈反對威廉二世的政策，也因此被皇帝免職。俾斯麥在一封寫給兒子的信中提及皇帝和摯友奧伊倫堡王子菲利普‧亞歷山大之間的關係，其細節「不便在信中吐露」。

哈登相當明智，他知道影射君主與奧伊倫堡王子之間的私事過於魯莽，便決定揭發奧伊倫堡王子和皇帝副手庫諾·馮·毛奇（Kuno von Moltke）之間的同性關係——哈登用「甜心」來稱呼這位柏林陸軍指揮官——藉以敗壞皇帝的名聲。歷史學家亞歷山德拉·里切（Alexandria Richie）寫道：「哈登利用這次揭發的內容來打碎德意志帝國最神聖的禁忌」。

　　威廉二世試圖疏遠忠誠的奧伊倫堡、開除毛奇以保自己置身事外。但這兩人都不想背負著被破壞殆盡的名聲逃之夭夭。結果導致了一連串滿是下流情節的誹謗訴訟，而這讓媒體陷入前所未有的瘋狂。

　　「德意志報紙滿是該則新聞。」歷史學家詹姆斯·斯蒂克里（James Steakley）寫道。「那佔據頭版長達數月；針對同性戀者的獵巫行動也超乎常理地大幅展開。幾乎每位高層官員和軍官都會被懷疑或控告是同性戀者。」許多人因為蒙受此等羞辱而自殺，威廉二世也因此精神崩潰。

　　「這艱辛的一年讓我陷入無盡的憂慮。」皇帝在 1907 年 12 月寫道。「一群相互信任的朋友突然因為傲慢、詆毀和謊言而各奔他處。看著朋友們被拖拉過歐洲的排水溝卻無能為力，這感覺真的很糟。」

　　接著，當這樁醜聞看似終於退燒時，海斯勒卻表演了那次致命的芭蕾舞。更糟的是，在有人能夠替他脫下芭蕾舞裙之前，屍體已經變得僵硬了。

1986 年

11 月 15 日

露西的最後一搏就別提了

當可憐的露西真的相信自己沒人愛時，她那輝煌的職涯著實悲傷地畫下了句點。1986 年 11 月 15 日，ABC 電視台僅僅播出八集《與露西在一起的日子》（*Life With Lucy*）後就決定停止播出，而該節目是露西兒・鮑爾（Lucille Ball）想讓情景喜劇再次重返舞台所做的嘗試。儘管另外五集荒唐又牽強的節目已經錄製好了，但這種表演實在失敗透頂，導致評論家大力抨擊、觀眾也不願觀看，以至於電視台好心地提前下檔，避免這位七十五歲的喜劇傳奇人物蒙受更進一步的羞辱。據說，鮑爾因為太過絕望而臥病在床，她徹底相信自己已經被大批粉絲拋棄了，也因此不相信過去有段時間，自己的電影總被奉為神話，她也將永存於世人心中。

11 月 16 日

1849 年

預備、瞄準⋯⋯在鬼門關前走一遭的杜斯妥也夫斯基

俄羅斯沙皇尼古拉一世即將送給費奧多・杜斯妥也夫斯基一個殘忍的驚喜，目的只有一個：讓他精神受創。1849 年 11 月 16 日，這位作家和其他知識分子被宣判將由行刑隊執行槍決，因為專制的俄羅斯政府認定他們參與了煽動群眾的活動。

一個多月來，死亡的陰影步步逼近。這群死囚在行刑日當天被帶到

聖彼得堡寒氣逼人的賽門諾夫斯基廣場上，那兒已經為此次行刑豎起三根刑柱。

「開始了，死亡的時刻近在眼前，可怕程度令人聞風喪膽。」杜斯妥也夫斯基寫道。「天氣寒冷刺骨，他們不僅脫去我們的外套，還把上衣也一併脫掉，而當時氣溫是零下二十度。」

杜斯妥也夫斯基和其他人站在垂有黑色布簾的絞刑台旁顫抖著等待行刑之時到來，第一批囚犯被綁在刑柱上並罩上頭套。「他們一次帶走三人。」這位作家回憶道。「第二批就輪到我了，我僅剩不到一分鐘可活。」然而，就在行刑隊舉起來福槍、槍口瞄準犯人之時，突然有人捎來沙皇的赦免令。原來沙皇親自安排這場殘忍的戲碼，如此一來，不必取人性命就能讓他們知道獨立思考的危險性。

「我呆利在那聽著終止行刑的命令。」杜斯妥也夫斯基回憶道。「重返人間並沒有帶來任何喜悅。我周遭的人們都在大吵大鬧，但我不在乎，我已經歷過最糟的情況了。沒錯，那是最糟的。可憐的格里戈列夫（Grigoryev）已經瘋了……其他人是怎麼熬過來的？我不知道，我們甚至沒有感冒。」

直到返回牢房後，杜斯妥也夫斯基才逐漸享受到重生的喜悅，儘管接下來他得在西伯利亞服四年勞役，並且要被迫服兵役，但至少他還活著，未來將寫下《罪與罰》、《卡拉馬助夫兄弟》等經典作品，為俄國文學注入更豐富的底蘊。

海蒂盃：NBC 的世紀漏球

　　怎麼可能會有人討厭海蒂呢？這個嘛，1986 年 11 月 17 日，NBC 電視台因為在錯誤的時間點進廣告，導致上百萬人群起憎恨這位勇敢的瑞士小姐。當時美式足球迷正在觀賞該季最刺激的經典賽事——紐約噴射機對上奧克蘭突擊者隊。雙方不分軒輊，各超前比數了八次。距離比賽結束只剩幾分鐘時，噴射機隊踢出一顆 34 碼球，以三十二比二十九領先。接下來卻發生了美式足球史上最驚人的高潮事件：奧克蘭隊成功在九秒之內二度得分、最後以四十三比三十二贏得該場比賽。但是沒有人看到這一幕，觀眾們只看到 NBC 翻拍自約翰娜・施皮里（Johanna Spyri）的經典兒童故事，阿爾卑斯山少女海蒂準時於晚上七點整朝氣蓬勃地在阿爾卑斯山中嬉戲喧鬧。

　　球迷們氣炸了，一部分是針對電視螢幕上那個小女英雄，另一部分則是針對播放節目的愚蠢電台主管。「那些即使發生地震都不會離開座位的男人們都衝去打電話，對著那個切掉比賽轉播的人大罵髒話。」幽默專欄作家阿爾特・巴克沃德（Art Buchwald）寫道。

　　那個負責人正好是 NBC 的節目排定人員狄克・克林，他不過是遵照老闆先前的指令，大力宣傳的《海蒂》必須於表定時間播放。然而克林並不知道，當比賽進行到令人目不轉睛的第四節時，主管們改變主意了。他因為電話線全被占滿而沒有及時接獲通知。「我等呀等的，」他後來說道。「但什麼也沒聽到。然後那個魔幻時刻到了，我就想：『既然沒人更改任何指令，那我就得執行之前被交代的事。』」

　　當海蒂那名半身癱瘓的表親克萊拉掙扎著擺脫輪椅、嘗試行走時，

NBC 才悠悠地宣布突擊者隊的逆轉奇蹟。「球迷們知道自己錯過如此重要的時刻全都氣炸了。」體育作家傑克‧克來瑞（Jack Clary）說。「而《海蒂》的觀眾則因為整個故事最感人的片段被足球分數給擾亂而氣惱不已。除了沒把《海蒂》拍成三級片之外，所有能流失觀眾的行為，NBC 那個晚上全都做了。」

1985 年

11 月 18 日

還有人比海蒂更慘：被擒殺的喬‧泰斯曼

　　美式足球這種比賽本來就已經夠激烈了，因此受傷的程度一定要很驚人才會被 ESPN 評為 NFL 史上最令人震驚的一刻（所謂的「海蒂盃」也名列其中）。

　　而喬‧泰斯曼（Joe Theismann）絕對有資格登上排行榜：那是發生於 1985 年 11 月 18 日恐怖的一刻，數百萬名《周一足球夜》的觀眾親眼看見華盛頓橄欖球隊的四分衛右腳骨頭因為開放性骨折詭異地突起，從此結束了他的足球生涯。泰斯曼被紐約巨人隊的線衛勞倫斯‧泰勒（Lawrence Taylor）擒拿而重摔在地時，他的腿向側面扭曲、還被壓在自己身體下方，《華盛頓郵報》將之戲稱為「看過的人都無法忘懷的一擊」。更糟的是接下來那個讓所有人都為之一顫的斷裂聲響。「聽到斷裂聲時，那聲響彷彿竄過我全身。」泰勒在賽後說道。「就像是我自己

受傷一樣，很不舒服。」*

1919 年

11 月 19 日

搆不著邊的伍德羅・威爾遜

第一次世界大戰後，伍德羅・威爾遜總統想方設法讓三個任性又自私的盟友（法國、英國和義大利）簽署那份能反映自己鴻鵠之志的和平協定，而這過程中已經遇上夠多麻煩了。然而，無論在巴黎的簽署過程中有多折騰，和威爾遜回家鄉後遇到的激烈反彈相比，都不過是鬧著玩的兒戲。這份取之不易的協議將會在 1919 年 11 月 19 日被美國參議員否決掉。

凡爾賽條約中關於國際聯盟的條款對於威爾遜來說相當珍貴，他稱之為「人類史上最棒的文件」。那同時也顯現出他對新世界秩序的的宏大遠見（有些人說過於理想化），亦即各國組成和諧的聯盟，避免再次發生如同剛結束的第一次世界大戰那樣毫無意義的戰爭。威爾遜以一份不可妥協、近乎救世主的熱忱來提倡這份協定，甚至有一度使法國總理喬治・克萊蒙梭（Georges Clemenceau）輕蔑地稱他為「耶穌基督」。

問題是，威爾遜準備應付政治敵手時便摔落神壇——尤其是他所鄙視的共和黨參議院多數黨領袖亨利・卡伯特・洛奇（Henry Cabot Lodge）。這種敵視的感覺是互相的，因為洛奇曾對他的密友西奧多・

---

* 註：泰斯曼那次令人作嘔的開放性骨折太令人難忘了，因此當 ESPN 專欄作家大衛・弗萊明（David Fleming）寫到另一起可怕的足球受傷事件時，將之描述為「睪丸版的泰斯曼事件」。那起事件發生在 1978 年，芝加哥熊隊的角衛維吉爾・萊弗斯（Virgil Livers）重重地以單膝跪倒在地，導致其中一顆睪丸破裂。

羅斯福說：「我從未像討厭威爾遜那樣去討厭其他政治人物。」

愚蠢的是，威爾遜在巴黎擬定條約時忘了把洛奇和其他共和黨對手納入考量，因此回到美國後在劫難逃。當時的海軍副秘書長富蘭克林‧羅斯福表示：「共和黨黨主席威爾‧海耶斯、洛奇和其他人決定，即便對於條約和國際聯盟一無所知，無論良心過不過得去，他們都要銷毀這份合約。」

1919 年 7 月 10 日，威爾遜總統親自到國會山莊遞送條約，這可說是史無前例之舉。他在當天對參議院發表的演講中，主張這份協定的內容「不外乎是為了世界安定」、期待能成立國家聯盟並擔負起人類福祉的重要責任。「面對這份偉大的使命，難道我們和其他自由人民還要猶豫不決嗎？」總統總結道。「我們敢拒絕簽署，並且讓世人心碎嗎？」

共和黨的回答是一聲響亮的「敢」。洛奇特別直率地表達自己反對國際聯盟，他認為這迫使美國必須在沒有獲得利益的情況下干預國際事務，更糟的是，國會的存在可能會被徹底忽視。他宣告：「我向來就喜愛單一國旗，我無法將這份忠誠和情感分享給由所謂聯盟製造出來的混雜旗幟。」

眼見他所珍視的條約陷入危急，威爾遜決定到西部走一趟，直接向美國人民推銷他的觀點。然而，總統的身體狀況並不適合做這種艱辛跋涉。一連串的小型中風和其他病痛大大削弱他的體力，醫師也強烈建議他在家休養。

但總統堅持在 9 月 3 日開始執行這份生命中最重要的任務。結果，這趟旅程的成功令人印象深刻，每個城市的人群都熱烈歡迎他，顯示出這份條約成功的機率大幅增加。但是這卻賠上極大的代價。剩下最後幾站時，總統的健康狀況終於出賣了他，迫使他必須返回華盛頓。「這是我人生中最失望的時刻。」他告訴醫師。不久之後，他發生一次重創他

體力的大中風。

威爾遜的身體、國家事務和最重要的條約命運都癱瘓了。洛奇發現自己有了新的機會，要不就是提出大量異議刪去條約的精華內容（他知道心思褊狹的總統決不會接受），要不就是直接把它砍了。

11 月 19 日，參議院破天荒地針對和平協定投下反對票——有些是因為洛奇提出的異議，有些不是。隔年 3 月，另外一次投票也是同樣的結果。對美國而言，國際聯盟已經不復存在。四年後，那位不屈不撓的鬥士也一命歸西。

總統的遺孀得知洛奇要代表參議院外交委員會參加威爾遜的葬禮時，她傳了簡單扼要的訊息給對方：「我明白出席葬禮會讓你尷尬，我也不歡迎你，我寫信來就是想請你不要參加了。」

1992 年
11 月 20 日
對溫莎城堡火上加油

1992 年 11 月 20 日，溫莎城堡慘遭祝融之災，這毫無疑問是個凶兆。自從征服者威廉在十一世紀末建立起這座城堡，並由後代君王持續修建後，這座宏偉的石造建築便始終矗立於山頂上，居高臨下地體現了英國的君主政權，並在幾千年來作為歷代國王和女王的官邸。現任王室家族正是以此地作為姓氏的命名來源，他們也稱此為「家」。如今即將崩毀的溫莎城堡，似乎恰與伊莉莎白二世女王衰落的運勢相互映照。就在火災發生前幾個月，女王四十年來的統治正因為無止盡的家族醜聞而動搖，其中最引人注目的醜聞，便是她的長子兼王儲與威爾斯王妃黛安

娜的婚姻終告破裂。

　　起火點顯然位於女王的私人禮拜堂，該處某盞燈不慎碰到一旁的窗簾，火勢隨即以驚人的速度蔓延至其他房間，數量超過上百間房，而其中好幾間都蘊含著重要的歷史意義。神色陰鬱的女王被鏡頭捕捉到她嘗試搶救城堡中那些珍貴的藝術品，同時一群消防員也奮力不懈地與無情的火舌搏鬥。那一夜，當火勢終於被撲滅時，溫莎城堡有一大部分已化為灰燼。*

　　四天後，女王在古老的倫敦市政廳發表演說，她的聲音因感冒而沙啞。「我無法全然欣喜地回顧 1992 年。」她以一貫的內斂口吻說：「借用我一位富有同情心的筆友的說法，今年真是多災多難的一年。」

1916 年

11 月 21 日

壓垮法蘭茲・約瑟夫的最後一根稻草

　　歷史上，極少君王的統治時間能和奧地利國王法蘭茲・約瑟夫一世相提並論，也沒有人經歷過同等劇烈的悲痛。在他治國將近七十年的期間，這位帝王親眼目睹妻子伊莉莎白被無政府主義者刺死；他的兒子魯道夫和其情婦因為一場聳動的性醜聞而自殺；弟弟麥克米連（墨西哥的魁儡皇帝）被行刑隊槍決（詳見 6 月 19 日）；姪兒法蘭茲・斐迪南在塞拉耶佛遭到暗殺（詳見 6 月 28 日）；還有無數親族害得哈布斯堡王朝

---

* 　註：在這淒慘的日子仍有幾件值得慶幸的事。恰巧在火災前一天，為了因應擴大的電力工程，溫莎堡中最貴重的藝術品都被移走了，只有少數幾件遭到毀損，其中包括威廉・彼其爵士（Sir William Beechey）的騎馬肖像畫〈閱兵中的喬治三世國王〉因尺寸太大而無法從畫框上取下。雖然溫莎堡受到大火和水柱的摧殘，它卻依然屹立不搖，且在五年之內就由專業工匠修復完成。

蒙羞，其中一個是被稱為「小路維」的弟弟路德維西・維克多（Ludwig Viktor），他有浮誇的變裝癖，因其在公開場合胡鬧而迫使皇帝不得不將他和姪子奧圖（他是愛在公開場合裸露的梅毒患者）驅逐出維也納。

或許「長壽」這個原因或多或少能解釋皇帝那看似永無止境的倒楣日子，但或許是卡羅伊伯爵夫人（Countess Karolyi）的詛咒讓一切變本加厲。法蘭茲・約瑟夫統治初期，伯爵夫人的兒子在一場匈牙利起義運動遭到處決。「願天地咒你不幸。」據說伯爵夫人在維也納國宴上對著年輕的君主尖叫道：「願你的家族被消滅殆盡；願你被最愛的人打擊；願你的子女和你的人生被毀滅；願你孤獨一人活在永無止盡的恐怖悲愴中，並在想起卡羅伊這個名字時渾身顫慄！」

或許是伯爵夫人的詛咒效力太過強大，或者單純因為命運太殘酷，以至於可憐的約瑟夫連死後都不得安寧。1916 年 11 月 21 日，這位八十六歲的皇帝死於肺炎後被塗上一種新式的防腐藥，導致他的面容過度扭曲。哀痛的臣民因為不得打開棺材而無法瞻仰統領他們多年的君王最後一面。搞不好卡羅伊伯爵夫人藉此獲得了最後的勝利。*

1963 年
11 月 22 日

詹森對羅伯特說：你絕對不是約翰・甘迺迪

「做就對了。甘迺迪已經不是總統了，我才是。」林登・詹森對羅伯特・甘迺迪（Robert F. Kennedy）高聲發號施令。

---

* 註：儘管經歷過諸多紛擾，死神最終還是饒過了法蘭茲・約瑟夫，讓他不必目睹兩年後奧匈帝國在第一次世界大戰後瓦解。

司法部長羅伯特‧甘迺迪不僅要應付失去摯愛兄長的失落，還要對付他相當鄙視的新任長官林登‧詹森。1963 年 11 月 22 日，羅伯特‧甘迺迪在兄長約翰‧甘迺迪遭到暗殺後提及這位新總統：「這個男人既卑鄙、苦毒又滿懷惡意。許多方面來說就和動物沒兩樣。」

至於詹森呢，他已經不再看重羅伯特，說他只不過是個「流著鼻涕的兔崽子」（在眾多綽號中比較大人有大量的一個）。兩個男人互相敵視的結果，就是甘迺迪辭去司法部長的職務，並反對詹森成為民主黨的總統提名人。*

1921 年
11 月 23 日

偽君子的冒險之旅 Part 3：禁酒令？敬它一杯！

禁酒令正式成為美國國家法律後，國會得以用《威力思－坎貝爾法案》（*Willis-Campbell Act*）來解決某個存在已久的法律漏洞。該法嚴格限制內科醫師出於醫療目的而開立的烈酒劑量。1921 年 11 月 23 日，沃倫‧哈定（Warren G. Harding）總統一面咯咯笑，一面簽署該法案，因為負責執行此法案的這個男人在白宮內放滿了醉人的「藥」，讓自己和那些貪腐、愛玩牌的夥伴們隨時得以暢飲。

西奧多‧羅斯福總統那個尖酸刻薄的女兒愛麗絲‧羅斯福‧隆沃思（Alice Roosevelt Longworth）曾在哈定執政時期到白宮做客，她如此形容其中一個夜晚：

---

* 註：最終，詹森拒絕參選，而羅伯特‧甘迺迪也在確定被提名後遭到暗殺。

「書房裡擠滿他的密友，托盤上放著各種你想得到的威士忌，手邊隨時拿得到牌和籌碼。各處都有人解開背心的鈕扣、腳放在桌子上，身旁還放著痰盂。」

簽署這份限制令的一年後，酗酒成性的總統站在國會面前，發表了一段超級偽善的演說：「請那些蔑視此禁令，想藉由此行為來撕裂共和政體道德本質的人們記得，就因為他們認為禁令限制了個人自由，因此便以身試法反抗法律，如此終將摧毀共和政體。」

1832 年
11 月 24 日

燒毀老山核桃木：傑克森總統的剋星

安德魯·傑克森總統那年秋天過得很糟。1832 年末，南卡羅萊納州和美國政府日趨緊繃的關係也投射在了傑克森和副總統約翰·考宏（John C. Calhoun）逐漸惡化的關係上，考宏可是土生土長於扇櫚之州（南卡羅萊納州）的孩子。導致這兩個男人分化的議題暗示著早期共和黨的未來。該議題是關於「個別的州是否有權無視聯邦法、或使聯邦法失去法律效力」。考宏真切地相信，各州都有權利拒絕執行他們認為可憎的事，有必要的話，甚至會脫離聯邦。對傑克森而言，這無異於叛國。

1830 年傑佛遜誕辰紀念日晚宴時分，總統舉杯：「我們一定要堅守聯邦制。」對此，考宏再度補充了自己的想法：「除了我們的自由以外，聯邦是最重要的。」兩人日益緊繃的關係下，這樣的行為已經算是相當

友好的了，尤其是對於以急躁性格聞名的傑克森總統來說。

因此，當南卡膽敢在 1832 年 11 月 24 日通過《廢止論》（*Ordinance of Nullification*）時，傑克森簡直氣炸了。他威脅要對帶頭主張廢止論的領袖處以絞刑，包括考宏在內，而考宏也很明智地立刻辭去副總統職位，轉而擔任南卡參議員。考量到總統過去的殺人史，幾乎沒有人質疑考宏如此發自內心的決定。*

「此時此刻，領導者的邪惡、瘋狂和愚蠢，以及追隨者的錯覺都是這個世界的先例。他們都試圖毀滅自己和我們的聯邦。」傑克森寫道。「但是聯邦將永存於世。」為了發揮影響力，總統已經準備好動用軍事武力來擊垮「搖籃中的怪獸」。

雖然傑克森相當憤怒，但在政治作為上仍舊相當敏銳，足以察覺出當時的微妙局勢。假如他表現得過於急躁，可能會引發內戰，使其他南方的州加入南卡的叛軍行列。因此，他嚥下自己的憤怒，溫和地（至少他自己這麼認為）勸誘頑強的南卡恢復理智，並表示聯邦賜福所有人民，以及早期美國是如何同心協力、克服重重危險。然而，他仍然堅定地警告，異議分子將被擊垮，以人民的鮮血作為代價也在所不惜。

最後，雙方各自妥協，得以避免這場危機：聯邦修改了那份引起南卡反抗、討人厭的條約，而南卡也撤回《廢止論》。如此一來便暫時不會引發內戰。然而，事情雖然解決了，總統仍然十分憤怒。當傑克森臨終前被問及是否有任何遺憾，據說他的回答是：「我很後悔沒有把考宏絞死。」

---

* 　註：除了查爾斯・狄克森（詳見 5 月 30 日）外，第七任總統還取過其他人的性命。例如 1818 年，當傑克森在佛羅里達州打塞米諾爾戰爭時，他以軍法審判並處決了兩名英國公民：亞歷山大・阿布納（Alexander Arbuthnot）和理查・安布利斯特（Richard Ambrister）。傑克森將軍稱他們為「毫無原則的壞蛋」，因為他們助敵方印第安人一臂之力。雖然軍事委員會的報告譴責阿布納和安布利斯特的處決未經任何法律授權，而且在戰爭法中屬違法，但傑克森仍逃過譴責，並成為許多人心目中的英雄。

1970 年
11 月 25 日

步入歧途的武士：大膽卻不榮耀

　　距離十二世紀首位日本武士儀式性地除去自己的內臟後，已經過了好一段時日。儘管八世紀後，這種「切腹」行為已經沒落已久，曾獲諾貝爾提名的日本小說家三島由紀夫*卻在 1970 年 11 月 25 日以驚人的方式重現該項行為。然而過程中他遇到了幾個障礙：早期這樣的武士道精神深得人們崇敬，但今非昔比了。另外，也少了乾淨利落的手法與技巧。

　　這名小說家同時也是位成功的電影明星，他逐漸顯露出極端國族主義分子的姿態，並決心復甦日本二次大戰前的輝煌：恢復天皇的神聖性、讓軍隊再次壯大，並廢除那些加諸於母國的軟弱憲法。毫無疑問，這個抱負相當遠大且費勁，但三島由紀夫抱著著滿腔信念與熱忱策劃了一場政變。他和數名狂熱分子成功佔領了國防部，不是強行闖入，而是以名人及隨扈的身分，拿著刀劍輕快地走進去。

　　三島由紀夫將嚇壞的陸將綁在椅子上後踏出辦公室，接著走到陽台上。他想在那邊對底下的軍隊發表一場煽動人心的演講，但聲音卻被人們的訕笑聲淹沒。三島由紀夫雖然大吃一驚，卻不因此退縮，他宣告：「我要為天皇高喊『萬歲』。」接著他回到陸將辦公室，在那裡以武士道的精神犧牲小我。

　　然而，俐落地切腹可不容易。傳統上，該項任務會由另一名叫作「介錯」的武士來執行，介錯會在動彈不得的同伴感受到痛苦的那一刻，快速斬下他的頭顱。

---

*　註：平岡公威的筆名。

這份責任落在森田必勝身上。但他幾次嘗試砍下三島的頭顱都失敗了，著實證明了自己是最無能的介錯。這項任務最終由古賀浩靖完成，他也負責在森田必勝切腹後替他斬首。

唉，這些壯觀的場面毫無意義。當日本內閣總理大臣提及三島由紀夫時，他說：「我只能說他應該是瘋了。」

1095、1648 年
11 月 26 日
不慈愛的基督教 Part 3：嗜血的教宗

1095 年 11 月 26 日，教宗烏爾巴諾二世（Pope Urban II）喊出著名的口號：「這是上帝的旨意」（Deus volt），進而對聖地的穆斯林發起七次十字軍東征的第一次（連帶開啟往後無止境的壞日子）。五個半世紀後，梵諦岡仍然戰鼓聲隆隆，只是這一次，基督徒被迫在歐洲史上破壞力最強大的三十年戰爭中自相殘殺。他們在所謂的啟蒙運動中相互爭戰，歷史上某些最不人道的惡行便於此時發生。

教宗依諾增爵十世（Pope Innocent X）和早前歐洲黑暗時代的教宗們一樣，都認為戰爭是上帝的旨意，因此他非常不樂見被破壞殆盡的歐洲大陸簽署西伐里亞合約，進而恢復成較和平的狀態。他真的很不高興，因為恢復和平會影響到他自身的利益，因此他在 1648 年 11 月 26 日，也就是烏爾巴諾二世呼召人們展開大屠殺的五百五十三年後，強烈譴責該合約。他宣稱：「這份合約毫無價值、無用、無效、邪惡、不公正、該死、混帳、愚蠢，而且缺乏意義和影響力。」但耶穌應該樂見其成。

1917 年
11 月 27 日

幫那些軍人洗白，否則……

　　D. W. 格里菲斯（D. W. Griffith）1915 年的電影《一個國家的誕生》製作精良，這部史詩級影片旨在歌頌內戰後提倡種族主義的三 K 黨。這是一次商業上的巨大成功，也是世界上首部「賣座巨片」，這激發了格里菲斯的同事羅伯特・葛德斯坦（Robert Goldstein）的靈感，促使他製作出一部聚焦於美國獨立戰爭的歷史奇作。在《拯救未來》這部電影中，沒有任何主題如《一個國家的誕生》那般，在某些城市因為太具爭議性而引起暴動。葛德斯坦的電影認真地（也有人說過分傷感）重現某些極具美國味的情節，例如保羅・里維爾的午夜狂飆、福吉谷（美國獨立戰爭期間的大陸軍宿營根據地）以及簽署《獨立宣言》的一刻。影片中也呈現出狠毒的英軍以刺刀殺害嬰孩，並強行扯住美國良家女孩的頭髮、拖走並玷汙她們。而這正是葛德斯坦和他的電影槓上美國政府的原因，歷史學家大衛・哈基特・費希爾（David Hackett Fischer）如此形容：「美國史上最奇怪、最能凸顯聯邦政府專制的表演」。

　　1917 年 5 月，當《拯救未來》在芝加哥拍攝第一幕時，美國正好加入第一次世界大戰。乍看之下，無論是電影首演時間，或是那些愛國、典型美國式的主題都正好搭上風潮。然而，政府當局並不這麼想。他們下令葛德斯坦刪去包含英國暴行的鏡頭，以免當美國在歐洲與英國並肩作戰時，會因為這些畫面引發群眾怒火。製作人答應遵守約定，但當該片在 11 月 27 日於洛杉磯首映時，刪減片段卻又出現了。葛德斯坦遭到逮捕，並被以近期剛通過、波及遍地的《美國 1917 年間諜法》起訴。他對英國暴行（發生於一個半世紀前）的誇張呈現手法使他變成國家欲打

擊的敵人。

因此，葛德斯坦被判處十年有期徒刑（這個判決後來經過再上訴）、重金罰鍰，電影也在沒有任何賠償的情況下被沒收。儘管葛德斯坦在三年後即出獄，整個人卻徹底被擊垮。「我隻身一人，毫無緣由地遭受非法對待，你怎麼能拒絕幫助我找回正義呢？」他在 1927 年寫信給美國影藝學院。「我從未允准他們迫害、歧視我，這些根本否決了我生存的權利。究竟有什麼理由能讓這種不公義的惡行發生？」

2000 年

11 月 28 日

菸草說：看吧，我們可說是民族英雄呢

菸草公司菲利普莫里斯國際（Philip Morris International, Inc. 簡稱 PMI）的主管因為一份報告而大受鼓舞，該報告是亞瑟利特國際公司（Arthur D. Little International, Inc.）委託 PMI 所做，並於 2000 年 11 月 28 日發表的研究。原來這份研究的重點在於，吸菸其實對捷克共和國的國家經濟有「正面效益」。在吸菸者死去前，國家可以從消費稅及其他與香菸相關的稅收獲得盈餘。另外，正如同顧問公司所報導：「早逝能節省照護成本」。早逝能節省治療吸菸相關疾病的成本，亦會導致吸菸者死後不再能付稅，兩者經過權衡後，捷克仍能獲利，金額約為一億四千七百萬。

捷克有百分之八十的香菸都由 PMI 生產，這種好消息當然不能只有自己知道，因此他們在國內廣為散播亞瑟利特公司的報告。

「這正是香菸對於經濟影響的研究，分毫不差。」PMI 菸草部門的

發言人羅伯特・卡普蘭（Robert Kaplan）告訴《華爾街日報》。「我們絕對不是在暗示，社會能夠因為吸菸相關的疾病而獲益。」

廢話，當然不是。

1986 年

11 月 29 日

小野洋子不該這樣！

1986 年 11 月，披頭四發行了經典的同名雙專輯，該專輯因其全白的封面聞名於世。而約翰・藍儂和當時的情人小野洋子也決定為倆人共同創作的作品《未完成的音樂第一號：童男處女》選擇同樣赤裸的設計並在同個月公開發行，大眾對此毫不知情。這首歌曲唯一恐怖的地方在於，洋子的尖叫聲毫不間斷地蓋過約翰實驗性的樂器演奏法。而這對情人選擇的專輯封面就和他們的「音樂」一樣前衛：正面是一張令人顫慄的正面全裸照片，背面則是他們兩人鬆垮垮的背部照片。

約翰・藍儂說這張專輯是在某個夜晚錄製完成的，就在這對姦夫淫婦第一次上床之前（聽到小野洋子喊叫式的顫音後，或許在上床期間錄製專輯還比較容易）。「她忙著發出有趣的叫聲，我也忙著按錄音機上的按鈕、製作音效。」他回憶道。「我們在太陽升起時做愛，同時也完成了《童男處女》這張專輯。」

披頭四的唱片公司 EMI 拒絕與這張獨立發行的成品搭上關係。「為什麼你的封面不用保羅・麥卡尼呢？他好看多了。」據說 EMI 董事長約瑟夫・洛克伍德（Joseph Lockwood）如此評論裸露的封面。同時，唱片在運送過程因為封面過於色情而被許多司法警察扣押，這可是幫了社會

大眾一個大忙。對於那些買到《童男處女》這張專輯的人而言,無論約翰和洋子原本試圖傳遞什麼訊息,都已經被淹沒在喧鬧聲中了。萊斯特·班斯(Lester Bangs)在《滾石》中寫道:「這簡直就是半調子的垃圾!」

然而,這對情人在某方面仍然很成功。「我們的目的不是拍出一張漂亮的照片。」約翰·藍儂後來說。「我們沒有美化照片,沒有讓自己看起來更性感或更美好…….我們用了最直接、毫不造作的手法來表現出:我們也不過是個人。」

1977 年
11 月 30 日
年度之父(對某些人而言)

有許多知名的父親,再婚組成新家庭後就選擇性地遺忘他們和前任所生的子女。英國亨利八世與第二任妻子安妮·博林結婚後,便將曾是掌上明珠的女兒瑪麗殘忍地拋在一旁。當亨利下令斬首安妮時,他們的女兒伊莉莎白也遭遇相同命運。只有當第三任妻子珍·西摩(Jane Seymour)為他生下期望以久的兒子後,他才表現得像是個以孩子為榮、穩固可靠的爸爸。同樣地,俄羅斯的彼得大帝十分溺愛與第二任妻子生的子女,卻徹底忽視他瞧不起的首任妻子生下的兒子,最後他在 1719 年逮到機會把這個年輕人折磨至死。

有關父親偏心這部分,明星父親近來已經取代了皇室父親。約翰·藍儂(對,又是他)偏愛小野洋子生的二兒子尚恩,卻完全拋棄長子朱利安;因水門案成名的《華盛頓郵報》傳奇編輯班·布拉德利(Ben Bradlee)把自傳獻給小兒子奎恩,卻忽略前段婚姻生的兩個兒子和女兒。

布拉德利甚至和奎恩單獨合寫一本書，書名很諷刺地叫作《一生的工作：父與子》（*A Life's Work: Fathers and Sons*）。另外，在諸多健忘的父親中還有一位最不可靠的：備受敬愛的情歌唱將賓‧克羅斯比（Bing Crosby）。他曾經受封為「年度電影之父」，但自從和第二任妻子凱絲琳生了孩子後，他卻完全遺忘前一段婚姻的四個兒子。和賓一同錄製聖誕特別節目以及那隨處可見的柳橙汁廣告的，永遠都是他新一批的克羅斯比之子。

1969 年，賓與長子蓋瑞罕見地一同在電視上露面，他不小心以尖銳的語氣回應這位年輕人對他的讚美：「這個嘛，對於一個完全陌生的人而言，這算是很高的評價了。」接著這對父子合唱了披頭四的〈嘿，朱迪〉（Hey Jude），這首歌恰好是保羅‧麥卡尼寫給約翰‧藍儂那個被忽視的兒子朱利安的。

1977 年 11 月 30 日播出的賓‧克羅斯比的聖誕特別節目迎來最後一集，一樣只有那三名最小的孩子露面。但就在播出的前幾週，這位明星去世了，隨之而去的還有七個孩子和他一起慶祝白色聖誕節的機會。

12 月

「來吧！來吧！冷冽的 12 月寒風，把枯葉吹下樹梢吧！
死亡好似愛的念頭，一閃即逝
一併取走我百無聊賴的生活。」
——塞繆爾・泰勒・柯勒律治（Samuel Taylor Coleridge），
〈第三段〉（Fragment 3）

2006 年
12 月 1 日
墨西哥總統的就職大亂鬥

　　墨西哥總統費利佩・卡德隆（Felipe Calderón）的就職典禮就跟酒吧鬥毆一樣不正經——搞不好本來就是一碼子事。鬧事者在外頭街道亂竄的同時，裡頭的墨西哥國會正在舉行聯合會議，那些反對卡德隆就職的立法委員朝著政治對手揮舞拳頭、亂扔椅子。當時從電影明星轉任美國加州州長的阿諾・史瓦辛格也是座上賓。他描述這場混亂是一齣「精彩的動作片」。當卡德隆站上講台、準備宣誓就職時，迎接他的卻是刺耳的吹哨聲以及高喊「滾出去」的怒吼。四分鐘後，這位新任總統就被簇

擁著匆匆離開，而這可能創下了史上最短的總統就職典禮紀錄——幾乎
也是最粗暴的一次。

1974 年
12 月 2 日

文學拳擊場：輸家是……梅勒！

《傑瑞·斯普林格秀》（*Jerry Springer*）這種蹩腳的電視脫口秀出
現的幾年前，素來一本正經的《狄克·卡維特秀》（*Dick Cavett Show*）
於 1974 年爆發一次鬥爭。主角可不是懷孕的情婦和戴綠帽的丈夫，而
是兩名文壇巨匠：戈爾·維達爾（Gore Vidal）和諾曼·梅勒（Norman
Mailer）之間的爭執。把這場衝突形容成老學究版的拖車場摔角大賽再
合適不過了。

兩人早在入鏡前情緒狀態就已大勢底定。梅勒因為維達爾曾嚴厲批
判他那本論女性主義的《性囚》（*The Prisoner of Sex*）而有些惱火。先
前維達爾在《紐約書評》裡寫道：「這本書讀起來像是流了三天的經血。」
而錄影開始前，喝了點雞尾酒的梅勒在來賓休息室裡打了維達爾的頭。

假如梅勒是希望維達爾因為頭部突然受到重擊而無法在台上正常發
揮，那真是白費力氣了。結果完全看不出來維達爾剛才在後台有受到攻
擊，梅勒的企圖徹底失效。當梅勒堅持維達爾的寫作不比「一頭聰明的
母牛胃裡的東西」有趣時，觀眾痛快地發出噓聲。但梅勒絲毫不為所動，
還暗示說，假如維達爾的寫作有辦法啟發他，那麼自己就會比較尊敬對
方。接著維達爾反擊說自己不像某人畢業於「知名作家學校」。觀眾都
笑了，梅勒卻勃然大怒。

「戈爾，你何不試試不要邊笑邊講話？」梅勒咆哮道。「你幹嘛不對著我講，而要對著觀眾講話？」

　　「這個嘛，」維達爾回答。「奇怪了，我們又不是在附近舒適的酒吧；我們兩個都被選來坐在這裡面對觀眾，如果假裝自己在酒吧的話未免太不誠實了。」

　　梅勒輸了這回合，因此他將話題導向維達爾針對《性囚》的評論。評論裡許多話都冒犯到了梅勒，因為維達爾將梅勒和殺人犯查理斯・曼森相提並論，對此梅勒要求他道歉（梅勒幾年前捅了第二任妻子艾黛兒一刀，而他總共有六段婚姻）。

　　維達爾回答道：「假如這傷到你的話，我當然會道歉。」

　　「不，」梅勒反駁，「那傷害到我對智商不足的認知。」

　　「呃，」維達爾回應觀眾的笑聲。「我必須說，身為一個專家，你應該很懂才對。」

　　「沒錯，嗯。」梅勒無力地回擊。「我應該要偶爾聞聞你的作品，這樣我就能成為智商不足這個領域的專家，就是這樣。」

　　而當梅勒試著繼續侮辱對方甚至是主持人時，情況變得愈來愈糟。「你為什麼不看看你的提問單然後問個問題？」梅勒對卡維特吼道。卡維特立刻回答：「那你幹嘛不把它對折五次，再放到月亮照不到的地方？」

　　觀眾爆出一陣讚賞的笑聲，梅勒轉向他們，問道：「是你們太白癡，還是我太白癡？」

　　「是你！」他們大喊。卡維特隨即高聲說：「噢，這答案也太簡單了吧。」*

---

*　註：幾年後，梅勒顯然還是很氣維達爾，所以在紐約一場派對揍了他的臉一拳。維達爾巧妙地反擊：「又來了，諾曼・梅勒說不過別人。」

1992 年

12 月 3 日

這不只是「lol」的問題

1992 年 12 月 3 日,尼爾・帕普沃思(Neil Papworth)發送出全世界第一則簡訊,這對英文這項語言來說簡直是倒楣透頂的一天。從這天開始,青少年不再與人當面談話,也不再好好拚寫文字。開車傳簡訊已經勝過酒後駕駛,進而成為車道上最要命的行為。QQ

1977 年

12 月 4 日

食人族與國王

1977 年 12 月 4 日,有個被指控的食人族加冕自己為中非共和國的皇帝。考量到他將治理的國家極端貧窮,讓・巴都・卜卡薩(Jean-Bédel Bokassa)的加冕儀式應該要有所節制。但這位陛下不肯妥協,他的自負就和他的英雄拿破崙一樣過度膨脹,堅持典禮儀式要和一個半世紀前的法國皇帝一樣奢華。肯亞《民族日報》輕蔑地稱卜卡薩擁有「小丑般的驕傲」,而這場儀式花去了將近兩千五百萬美元,也就是該國年度收入的四分之一。這名自立為帝的君王因而成為國際間的笑柄。

為了準備這場自戀的盛事,卜卡薩向法國尋求協助。1966 年法國曾支持他發起政變,也支持他自此之後的專橫政權。雕塑家奧立維爾・布萊斯(Olivier Brice)被聘來建造一個重約兩噸的巨大鍍金王座,其形狀為一隻展開雙翼的老鷹,另外他還打造了一輛華麗的帝王風格馬車,這

位皇帝和他最愛的妻子便是搭乘這輛馬車抵達典禮會場。

幾十名來自剛成立的中非共和國的士兵被派到諾曼第學習騎馬，將來才能成為宛如拿破崙時代的「輕騎兵」。

就在炎熱難耐的加冕日當天，卜卡薩行使了皇帝遲到的特權，讓他的嘉賓在烈陽下被曬得委靡不振。當他終於抵達後，這位陛下穿著由兩百年歷史的古老法國公司設計的帝王服裝，而該間公司也曾經替拿破崙做過衣服。卜卡薩站在那裡，驕傲地像隻孔雀。他的及地寬外袍上飾有成千上萬顆小珍珠，罩在其上的是一件長九公尺的緋紅色絨毛披風，上頭鑲有金色至尊老鷹，邊緣是貂皮的寬滾邊。最後為了再加上一點凱薩風格，這位帝王在頭上戴了頂金色桂冠，但隨即以真正的王冠取代，其浮誇的特色是出自法國珠寶商亞祖貝彤（Arthus-Bertrand）之手。

卜卡薩期待教宗保祿六世能親臨現場，就和當年拿破崙加冕典禮庇護七世所做的一樣，觀賞他加冕自己的過程。但毫不意外，教宗大人和世界上多數領袖一樣（包含其他非洲國家）拒絕了這份邀請。

「他們只是嫉妒我，因為我擁有一個帝國，而他們沒有。」卜卡薩後來這麼說。

這場偽拿破崙式的典禮結束後，嘉賓們便由六十台賓士車隊護送至另一個會場。儘管皇帝的隨從經過時當地人因為過於飢餓顯得意興闌珊，受邀的嘉賓卻即將參加一場包含魚子醬、鱘魚及其他佳餚的饗宴。食物旁都配有上千瓶葡萄酒和香檳……當然都是法國出產的。

當然了，菜單上還有另外一道菜。當嘉賓在加冕筵席上大啖美食時，皇帝悄聲在法國外交部長羅貝爾‧加雷（Robert Galley）耳邊說道：「你完全沒發現吧，你吃的可是人肉！」

1484 年

12 月 5 日

不慈愛的基督教 Part 4：女巫之爭

海因里希‧克雷莫（Heinrich Kramer）有一段時日特別難熬。中歐地區和那些在許多區域大肆破壞的女巫狼狽為奸。更糟的是，當地教會機構都強烈反對他對抗這種邪惡。因此，身為盡責的宗教裁判官，克雷莫向教宗訴請協助。1484 年 12 月 5 日，依諾增爵八世（Innocent VIII）答應這位忠誠的獵巫者的請求，起草了一份《女巫詔書》（*Summis Desiderantes Aff Ectibus*）。

教宗在當中承認邪惡生物的存在：「他們是煽動人類的敵人 不要害怕對他們犯下最邪惡汙穢的暴行」。不僅如此，教宗也警告當地主教不要介入克雷莫神聖的任務，否則會被「逐出教會、停職、下禁令或遭到其他更糟糕的處決、譴責和懲罰」。這位狂熱的裁判官被歷史學家愛德華‧彼特斯（Edward Peters）形容為「憤怒的厭女者」。教宗的裁決令他激動不已，立刻著手彙編一本簡易指南，教導人們如何指認、折磨並殺害撒旦的僕人，而這些僕人大多是女性。

《女巫之槌》出版於 1487 年，另一位掛名作者是雅各‧斯布倫格（Jacob Sprenger）。這本書充滿各種深刻見解，諸如「一切巫術都是來自肉體情慾，也就是那些性需求不滿足的女性。」此外，男人特別有興趣的內容是關於女巫「能夠毀壞任何人的本能」。

隨著印刷媒體的盛行，《女巫之槌》成為超級暢銷書，也是幾世紀以來法官認證的權威性著作，而持續多時的獵巫風潮已經使數千名無辜者喪命。每本浸滿鮮血的《女巫之槌》裡都確實印有依諾增爵的《女巫詔書》，以及他對「我們摯愛的兒子」克雷莫的支持。

1741 年

12 月 6 日

被苦待的伊凡：悲慘的嬰兒沙皇

可憐的小伊凡六世在 1741 年 12 月 6 日被趕下俄羅斯王位時，並不知道自己過了糟糕的一天。畢竟那時他根本還未滿十六個月。但這個嬰孩不幸的命運在接下來的日子裡昭然若揭。

當嬰兒皇帝的表親伊莉莎白由護衛兵護送到冬宮並奪走他的王位時，他還在沉沉睡著。這是一場不流血的政變，但皇帝伊凡卻在轉瞬間成為囚犯。

伊莉莎白將嬰兒抱到胸前，對他說：「孩子，你並沒有犯任何罪！」接著，她把嬰兒交給可怕的命運。

新任女帝（亦即彼得大帝的女兒）剛開始確實相對仁慈，她允許被廢黜的沙皇和父母、手足一同被拘禁在偏遠之處。但當他四歲時卻被迫和家人分離、被孤立，從此再也沒人見過他們。殘忍且諷刺的是，伊凡有很長一段時間和至親住在同一座監獄，但卻完全不知道厚重牆壁的另一邊是他的兩個嬰孩弟弟，也不知道他的母親在 1746 年發高燒而死。

兩年後，這個小男孩因為麻疹和天花而病危時，伊莉莎白拒絕讓他接受治療。但這位前任皇帝卻奇蹟似地活下來了。但他仍舊孤身一人住在陰暗的牢房裡，沒有任何童年時期的喜悅可言。

這種極端的孤獨逐漸對男孩產生影響，尤其在他十五歲被移到惡名昭彰的島嶼監獄什利謝利堡後，他開始顯現出心智方面的損害。其中一名侍衛表示：「他的發音十分模糊，甚至連那些經常看到、聽到他的人都聽不懂他在說什麼。他的心智能力受到損害，沒有任何記憶和想法，沒有喜悅或悲傷的情緒，也沒有任何特殊偏好。」侍衛也提到 1759 年 6

月時，「他的突發行為變得愈來愈暴力：這位患者會朝著侍衛咆哮、與他們起爭執、試圖和他們打架、扭曲自己的嘴巴，並企圖攻擊軍官。」當然，這種行為或許導因於那些侍衛很喜歡折磨這個無助的年少犯人。

三任沙皇接續統治期間，伊凡都住在這座陰冷的監獄裡。彼得三世甚至在自己被廢黜前來探望過他（詳見 8 月 21 日）。但伊凡一直到凱薩琳大帝時期才終於死去。這位女帝下令，只要有人試圖放走皇室囚犯（他們稱他「無名氏」），違者即刻處決。而當一名軍官在 1764 年誤打誤撞這麼做時，伊凡六世已走到了人生的盡頭。

1941 年

12 月 7 日

「這個日子將會永遠聲名狼藉。」這是富蘭克林・羅斯福總統針對日本偷襲珍珠港的回應。

1941 年

12 月 8 日

休息中的麥克阿瑟：珍珠港事件翻版

　　提到歷史時，故事的結局往往已經寫好了。

　　因此，我們可以確定的是：同盟國在第二次世界大戰戰勝了邪惡的一方。身為二戰英雄的麥克阿瑟將軍確實兌現了諾言、回到菲律賓並解放人民。但是，沒有人敢在戰爭開打第一天就保證會有這種結果。事實上，這是一次徹底的失敗。日本所發起的另一場毀滅性空襲讓麥克阿瑟將軍完全措手不及 —— 而他在幾個小時前曾接獲警告，說日本可能會在偷襲珍珠港後接著突襲菲律賓。

　　當日本轟炸機飛越馬尼拉外的克拉克空軍基地時，他們很驚訝地發現攻擊目標竟然如此不堪一擊。將近一半的美國空軍都在遠東，排列隊形只是一台接一台並排著，跟天下太平時沒兩樣。他們在幾小時內就摧毀了整座基地和菲律賓所有可運作的防禦設施。後來有位日本軍官回憶道：「我們非常不安，因為我們很確定，你們從珍珠港事件學到教訓後一定會分散戰機，或是攻擊我們位於福爾摩沙（現今的台灣）的基地。」基於某種原因，麥克阿瑟將軍兩者都沒做，這讓許多歷史學家至今仍感到困惑不已。

　　將軍的傳記作家威廉・曼徹斯特（William Manchester）稱麥克阿瑟的毫無作為是「美國軍事史上最古怪的事件。他是極具天賦的領導者，而他面對這種緊急狀況如此失算著實令人難堪。他的批評者利用這場災難來證明他漏洞百出。沒錯，他確實是。」

2002 年

12 月 9 日

有請洛特來解釋

沒錯，當參議院多數黨領袖特倫特・洛特（Trent Lott）出席同事史壯・瑟蒙（Strom Thurmond）的百歲誕辰派對，並顯得十分懷念過去與這位南方人瑞共事的美好時光時，場面真是有夠尷尬。「史壯・瑟蒙在1948 年競選總統時，我們全都投給他。」洛特提到當時的狄西黨，而該黨當時支持實行嚴格種族隔離主義。

「我們引以為傲。要是當時全國都追隨我們，這幾年就不會遇到這麼多問題了。」派對上洛特因其種族歧視的言論引起轟動，然而真正令人尷尬的是他那毫無說服力的道歉。

他的第一次懺悔出現在 2002 年 12 月 9 日，也就是生日派對的四天後。在他看似已經洗刷掉爭議的幾小時後，他堅稱那些言論只是為了「讓生日派對輕鬆些」，但人們並不買單。之後，12 月 11 日他在《福斯新聞頻道》和 CNN 頻道二度道歉也沒有用。

洛特第四次在家鄉密西西比州演講時道歉，連保守的專欄作家喬治・威爾（George Will）都看不下去了，並稱洛特為「連續道歉犯」。洛特在演講中說，他在瑟蒙的慶祝會上是因為「即興發揮」才會說錯話。威爾抨擊道：「共和黨有這種領袖很危險，他沒有稿子能照著唸就變得如此不可靠。此外，他還無恥地用『沒有逐字稿』來替自己造成的難堪找藉口。」這位專欄作家繼續攻擊洛特，說他先前三次道歉都相當拙劣。

最後，洛特在 12 月 16 日再次踏上贖罪的道路——這次是在《黑人娛樂電視台》。他告訴主持人，現在他支持金恩博士紀念日了——就在該紀念日正式於五十州成立的幾年後。哎呀，再怎麼卑躬屈膝也救不了

這個多數黨領袖，他在這次露面的四天後就辭職了。然而，正如作者亞琳‧索金（Arleen Sorkin）和保羅‧斯蘭斯基（Paul Slansky）所說，這確實讓這位失事的政治家成為「二十一世紀懺悔之王、贖罪的領袖、後悔的首長」。

1918、1949、1994 和 1997 年

12 月 10 日

不配得諾貝爾獎的得主

奧斯卡最佳女主角，得獎的是——演出《青樓豔妓》的伊莉莎白‧泰勒，這部電影糟糕到連泰勒自己都將之貶為「汙穢不堪的作品」。「巴哈人樂團」因為一首〈是誰放的狗〉（Who Let the Dogs Out）而得了葛萊美獎，那首歌重複地用「Who?」來提出這個值得探索的問題。瑪丹娜在扮演伊娃‧裴隆（Eva Perón）時的表現比阿根廷備受尊崇的第一夫人的屍體還僵硬，但她還是藉由《艾薇塔》中的演技而獲得金球獎。然而，姑且不論這些人得獎是多麼重大的失誤，其實除了那些更該得獎的遺珠之外，沒人會因為這些過失受到太多負面影響。「這就是娛樂啊。」大家都這麼說。

然而，諾貝爾獎就完全是另一回事了。這個每年 12 月 10 日頒發的獎項應該是要頒給在各領域達到最高成就者。諸如愛因斯坦、曼德拉、邱吉爾和居禮夫人等都曾獲得諾貝爾的殊榮。但也有一些不配得諾貝爾獎的人搞壞了這個獎項的名聲。例如以下：

- 1918 年，弗里茨‧哈伯（Fritz Haber），化學家：發明將空氣中的氮氣合成為氨而獲頒化學獎。哈伯的發現有助於工業肥料的

發展，讓世界的養分更富足。然而，這項對
人類極具利益的貢獻在第一次世界大戰時
被更充分的利用，當時這位化學家將這種
創意能源轉變為「科學理想的變種」。他的
妻子這麼說道：「原本應該為生命注入新的洞見，
結果卻顯得野蠻，並腐化了原本的紀律。」德軍
在戰場上便是用這種毒氣殲滅對手。*

- 1949 年，安東尼奧‧埃加斯‧莫尼斯（António
  Egas Moniz），醫學：因其在腦葉切除術上有開創性進展而獲頒
  諾貝爾生理學或醫學獎。這種根除性腦部手術除了會讓許多患
  者變得像僵屍一樣（包括約翰‧甘迺迪總統的妹妹羅斯瑪麗**）
  外，事實上這種在顱內鑽洞、塞入器具讓前額葉失能的方式並
  不特別，反倒有點中古世紀的味道，跟製造出人工心臟簡直天
  壤之別（羅伯特‧賈維克莫名地受到諾貝爾委員會忽視）。而
  在 1950 年，就連蘇聯如此專制、殘暴的地方都因為腦葉切除術
  「違反人性」而下令禁止，這就表示這種殘酷的醫學做法確實
  不太好。

---

* 　註：1915 年 4 月 22 日，第二次伊珀爾戰役期間，德軍首次利用哈伯致命的發明、從六千個罐
　　子中釋放超過一百六十八噸的氯氣。有目擊者把那朵恐怖的雲狀物形容為「黃色矮牆」，它飄
　　向了法軍戰壕裡的一萬名軍兵。眾人被籠罩時，據說超過半數軍人都在幾分鐘之內窒息而死。
　　其中一名倖存者艾莫‧卡頓中士（Lance Sgt. Elmer Cotton）說：「那場磨難彷彿是在乾地上溺
　　斃。會導致頭痛欲裂、極度口渴（一喝水就會死亡）、肺部如刀割般的疼痛，還會從胃和肺裡
　　咳出綠色的痰，最後失去知覺而死亡。皮膚會變成墨綠和黃色⋯⋯眼神會變得空洞。這種死法
　　真的很掙獰。」

** 　註：羅斯瑪麗，甘迺迪長越大越難相處，連他的父親都無法忍受她的情緒波動，但她絕對不是
　　如家人長期以來堅稱的智能發展遲緩。她詳細記載的日記證實了這點。然而，駐英大使約瑟
　　夫‧甘迺迪認為二十三歲的女兒嚴重癡呆，因而讓她在 1941 年秋天接受腦葉清除手術。結果
　　相當悲慘，它讓曾經充滿活力的羅斯瑪麗變成近乎植物人。她被整個家族排除，在威斯康辛的
　　修道院度過餘生。

- 1994，亞西爾‧阿拉法特（Yasser Arafat），和平獎：與希蒙‧裴瑞斯（Shimon Peres）、以色列的依扎克‧拉賓（Yitzhak Rabin）共同獲得諾貝爾和平獎。沒錯，恐怖分子對某些人而言只不過是爭取自由的鬥士。且巴勒斯坦人和以色列人之間真的太多過節了。但當大量屠殺無辜人民和殺害巴勒斯坦領袖，再包括劫持、綁架、政治謀殺和其他不幸成為結束一切紛爭的必要手段時，簡直就是在嘲笑諾貝爾「和平獎」——尤其當我們想到甘地竟從未獲得一座和平獎時更顯如此。

- 1997 年，麥倫‧舒爾茲（Myron Scholes）和勞勃‧莫頓（Robert Merton），經濟學：「因為他們找到新方法定義衍生性金融產品的價值。」得獎原因如此寫道。不到一年，他們備受推崇的投資團體「長期資金管理」在六週內損失了四十多億美元。

1951 年
12 月 11 日
螺旋形結構的插曲：克里克和華森脫離正軌

1951 年 12 月 11 日，弗朗西斯‧克里克（Francis Crick）和詹姆斯‧華森（James D. Watson）在那次災難般的展示會中秀出自己「認為」是 DNA 結構的模型，後來，劍橋大學卡文迪許實驗室主任勞倫斯‧布拉格爵士（Sir Lawrence Bragg）明令他們兩個終止在該領域的研究。

「我們沒打算對這個裁定提出申訴。」華森後來以他慣有的刻薄語氣寫道：「公然反抗只會顯示出我們的教授完全不知道 DNA 的全名代表什麼。我們沒有必要相信 DNA 在他眼中的重要性有超過金屬結構的

百分之一。布拉格爵士很愛製造那些肥皂泡泡模型，對他來說，最棒的事情就是播放那些泡泡如何相互碰撞的創新影片。」

華森也承認，他們被動接受這個判決是著眼於自身利益，而不是為了保護勞倫斯爵士。「放低姿態很合理，因為我們用糖磷酸核製作的模型目前還陷於膠著狀態。無論我們怎麼看它們，它們聞起來還是很糟。」

然而，就在短短幾年內，華森和克里克再次著手於 DNA 領域的研究，並且迅速地找到解決辦法——本質上就是生命的奧秘——這時常被稱為上一世紀生物學中最重大的發現。

1937 年
12 月 12 日

突然被梅·蕙絲嚇到了

1937 年 12 月 12 日，性感偶像梅·蕙絲（Mae West）受邀到週日晚間播出的綜藝節目《柴斯與山伯的時間》（*Chase & Sanborn Hour*），表演她那套極具魅惑性的拿手好戲和講些黃色雙關語。她一面扮演撩人的夏娃，一面與腹語師埃德加·卑爾根（Edgar Bergen）的木偶搭擋查理·麥卡錫調情。這位性感女演員的演出一如預期地粗鄙。例如她告訴木偶，在她家公寓時兩人有接吻。「我身上還有印記呢，」她說道，「還有一些碎片。」

這份腳本有經過 NBC 的認可，但是當「道德審查會」以及其他道德團體一起爆出抗議聲浪後，該電視台卻立刻和那位明星撇清關係，聲稱她「不適合做電台節目」。電視台主管懦弱地推卸責任，他們宣稱是蕙絲擅自拿走那份可用的稿子，改成後來她所演出、尺度超乎預期的台

詞。隨後,電台裡甚至連她的名字都不能提。幸運的是,有些觀察家比較理智,例如《芝加哥每日新聞》就在社論中大加撻伐電台的懦弱:

「NBC 和節目的廣告贊助商都很了解梅·蕙絲。他們熟知她的手法。他們聽過也看過她。他們在彩排時指示她該做什麼。但是當大眾的抗議讓他們陷入麻煩時,他們卻假裝自己把梅·蕙絲和瑪麗·畢克馥(Mary Pickford)或雪莉·譚寶(Shirley Temple)搞混了。」

1974 年
12 月 13 日
《紐約時報》冒犯了未來的經典電影

藝術的品質看起來因人而異沒錯,但許多評論家真的都患有嚴重散光或其他感官問題,而且其中很多人都在《紐約時報》工作。(《紐約時報》在歷史頻道「法國革命」中評論本書作者「假裝很天真」,啊離題了……)。想想那些說披頭四的〈艾比路〉(Abbey Road)是場「十足災難」的報紙評論家,他們還說〈比伯軍曹寂寞芳心俱樂部〉(Sgt. Pepper's Lonely Hearts Club Band)毫無美感、一點也不真實,沒有理由值得讓人一聽再聽。也有人如此評論納博科夫的《蘿莉塔》:「沉悶極了。虛偽、堆砌詞藻又很愚昧。」或是批評沙林傑的《麥田捕手》:「變得有點單調。他應該砍掉那些混蛋和悲慘學校的敘述。那些內容讓我很憂鬱。」

其中,最嚴重的評論錯誤出現於 1974 年 12 月 13 日,文森·肯伯(Vincent Canby)嚴苛地評論《教父 2》,而這部電影在全球幾乎是一致獲得「史上最佳影片」的好評。

「在柯波拉執導的《教父2》中，唯一值得一提的是其堅決的態度，它提醒人們首部曲實在好太多了。」肯伯開始滔滔不絕。「這是科學怪人式的怪物，將剩餘的素材拼拼湊湊。它會說話、偶爾能行動，但卻沒有自己的思想。這部電影一切有趣的內容都在第一部裡了。它就像那些無話可說的人一樣喋喋不休。即使第二部真的更有凝聚力、更發人深省也更刺激，但看起來似乎有自嘲的風險。它看似華貴，精神上卻很貧乏。第二部就像一部冗長而精細的時事諷刺劇。沒有任何神聖之處。」

確實沒有，他天真地說——至少對《紐約時報》來說是如此。

1861 年
12 月 14 日

為期數十年的哀悼

維多利亞女王摯愛的配偶阿爾伯特親王於 1861 年 12 月 14 日逝世後，這位英國君王便長達數十年都穿戴黑袍哀悼。而他的逝世對孩子而言也不好受——媽媽讓這成了千真萬確的事實。第一，她責怪她的長子兼繼承人害死了自己的父親。威爾斯王子近來才剛被逮到和一名女演員廝混，導致過分拘謹的阿爾伯特十分難堪，之後便因為得了傷寒而死。然而，維多利亞堅持認為，她的丈夫是因為兒子的放蕩行為而死，而非死於疾病。她還大聲宣稱自己無法看著那個年輕人而不發抖。而在接下來的四十年，她確實抖個不停。

接著，為了讓大家都知道她有多麼難過，維多利亞以啜泣和哀嚎毀了女兒愛麗絲的婚禮。

這場小型的私人典禮舉行於阿爾伯特逝世七個月後，女王形容其

「比較像是葬禮，而非婚禮」。她有權利這麼說，畢竟她就是製造出這種氛圍的人。她孤伶伶地坐在離其他家人很遠的地方，只讓其他四個兒子像保鑣一樣站在兩側。

「這對新人獲得的關注比不上那個蜷縮在一旁的黑色身影。他們很慶幸約克大主教縮短了儀式的時間。」傳記作家史坦利‧溫特勞博（Stanley Weintraub）寫道。當一切都結束、愛麗絲也開始蜜月旅行時，女王在日記中紀錄：「我一點也不想她，也沒意識到她離開了。我完全沉浸在失去他的可怕失落感裡。」

2013 年

12 月 15 日

拚死也要搶姊妹的鋒頭：瓊‧芳登的終局

奧利維亞‧德‧哈維蘭（Olivia de Havilland）和瓊‧芳登（Joan Fontaine）是好萊塢一對長期失和的姊妹。據說，這對姐妹花始終處於互相敵對的狀態，而原因必須追溯到童年時期。「是我先結婚的。」關於這場持續已久的手足衝突，芳登曾這麼說道：「而且我比奧利維亞早得到奧斯卡獎。如果我比她早死，她一定會勃然大怒，因為我又打敗她了！」2013 年 12 月 15 日，瓊‧芳登在九十六歲那年確實贏了德‧哈維蘭，搶先進入墳墓。

1997 年

12 月 16 日

寶可夢攻擊六百名孩童！

1997 年，有六百名日本學童因為觀看熱門卡通《寶可夢》而頭暈、噁心，其中一些人甚至癲癇發作。當年那句經典教養守則：「電視會腐蝕你的腦袋」，突然成了必須迫切遵守的教條。

全國醫院都擠滿了乾嘔或抽搐的孩子，還有一些父母因為聯想到某部十分差勁的日本科幻電影而就診。

「看到女兒失去意識我嚇壞了。」岩崎由紀子說道，她的八歲女兒癲癇發作。「當我拍打她的背部時，她才開始呼吸。」

這場大型痙攣反應的觸發點是第三十八集〈電腦戰士與 3D 龍〉的其中二十分鐘，這一集和其他受歡迎的幾集同樣都是動漫，亦即卡通的激烈版本。12 月 16 日晚上，一場逼真的爆破、伴隨著閃爍的燈光效果顯然對那些黏在電視前的孩童造成極大的衝擊。「我得說，看到那一片段，甚至連我這種成人的眼睛都出現閃光，所以對於孩童而言，影響肯定非常劇烈。」東京電視節目部門經理森浩成說道。

由於隨之而來的騷動，這集遭到停播，日本政府對此展開調查，然而最後毫無定論。不論如何，這惹上麻煩的一集再也沒有播映過了。

1862 年

12 月 17 日

格蘭特上將的中世紀手段

　　儘管各州都慘遭內戰肆虐，棉花仍然是商品之王。它是南方的經濟動源，而北方的製造商完全仰賴其維生。雖然美國政府允許財政部控制部份有限度的貿易，並交由軍隊執行，但有利可圖的黑市風氣依舊興起，根據尤利西斯・格蘭特上將的說法，黑市可說是愈發猖獗。而他把這怪到最可靠的代罪羔羊、亦即肆無忌憚的猶太人頭上。

　　「傳令給各指揮官，所有猶太人不得從各處搭上南向火車。」格蘭特於 1862 年 11 月下令。「他們可以往北，我們也鼓勵他們這麼做。但他們實在討厭得令人無法忍受，因此政府必須清除異己。」

　　一個月後的 12 月 17 日，格蘭特發布老派的驅逐令來進一步強化他對「以色列人」的限制，就像幾世紀以來那些仁慈的歐洲君主在王國裡所做的一樣。〈第十一號將軍令〉（General Order No. 11）節錄如下：「猶太人違反了財政部及其他部門中的每項貿易規定，因此此令下達一日之內，將被驅逐出田納西州（當時由格蘭特管轄）。」

　　幸好，格蘭特的總司令有比較進步的平等概念，因此〈第十一號將軍令〉在一個月內就被廢除了。

1912 年
12 月 18 日

騙局：皮爾當人的惡作劇

　　1912 年 12 月 18 日，當業餘古生物學家查爾斯・道森（Charles Dawson）站上講台，發表他那驚人的新發現時，整個倫敦地質學會都滿心期待地交頭接耳。他發現了人類與猿猴之間長久以來「被遺落的連結」。這是一座科學寶礦。「史上最驚人、最重要的化石重見天日。」科學家雷・蘭開斯特（Ray Lankester）於其著作《自然主義學家的分歧》（*Divisions of a Naturalist*）中寫道。而這些古代遺跡就位於英國，這一切更令人滿意了。被命名為「皮爾當」的人形生物可以被驕傲地稱作堂堂正正的英國人。

　　科學家開始以皮爾當人作為學術論文主題，人們也開始到該位址朝聖，但當所有人都興奮不已時卻出現了一些懷疑聲浪。其中一位是華盛頓特區史密森尼學會的格里特・米勒（Gerrit S. Miller），他注意到這個類猿化石的頭顱與下頜骨並不相合。他的結論是，這樣的結合會製造出一種不可能存在於自然界中的怪胎生物。接下來米勒立刻因其研究成果受到強烈抨擊。

　　為了讓批評者噤聲，查爾斯・道森弄出了更多符合皮爾當人條件的骨頭碎片，並宣稱他是在原址外三公里處發現的。第二個「被遺落的連結」似乎證實了第一個連結確實存在。有了這份篤定的證據，接下來幾十年，直到牛津大學生物人類學教授約瑟・魏納（Joseph Weiner）出現前，都沒有再出現任何質疑聲。

　　道森的發現中，有幾個層面一直困擾著魏納，於是他開始詳細檢視那些證據。

最後他徹底揭露了這樁所謂「最精緻、計畫最周全的騙局」。他說這樁罪行「毫無道德可言、莫名其妙，在古生物學上史無前例。」

魏納很快便推論出：為了讓其更像人類的咀嚼型態，皮爾當人的牙齒經過雕鑿，還被塗上一般家庭油漆，好讓光澤看起來有點歲月的痕跡。其他從同一位址發現的化石（例如古代大象和河馬的牙齒）都被判定是人為置入的，還有一些舊石器時代器具也是如此。那顆和牙齒一樣有汙痕的頭蓋骨經判定後只有五百多年的歷史，而下頦骨顯然屬於某隻猩猩。對此，約翰・沃爾什（John Evangelist Walsh）寫道：「眾所皆知的皮爾當人，原先替史前遺址增色不少，結果其實是中世紀的英國人和遠東的人猿被巧妙結合在一起的產物。」

然而，這可不是什麼歡樂的惡作劇。有位科學家稱其為人類起源研究中「最麻煩的篇章」。多年來這領域的研究不斷尋求眾人的理解、挽回受損的聲譽，而這整個過程中，創造論者逮到了機會得以大大吹噓一番。沃爾什認為這場騙局「卑鄙可恥。這顆扭曲、無恥的心靈對毫不知情的學者們開了一場惡劣的玩笑」。*

---

* 　註：這場騙局的元兇始終下落不明，但許多人推測是道森做的，因為他始終汲汲營營於成為科學領域的知名菁英。

211 年
12 月 19 日

兄弟的厄運

對羅馬皇帝塞維魯（Septimius Severus）的妻子尤里亞‧多姆娜（Julia Domna）而言，母親這個身分絕對是個負擔。她的兩個兒子安東尼（人們大多稱他為「卡拉卡拉」）和葛塔都是沒有規矩的頑童。

他們虐待孩童、對女人施暴、挪用公款、時常成群結黨，且大多時間都互看不順眼。羅馬執政官及歷史學家卡希烏思‧迪奧表示：「他們時常針鋒相對；如果其中一方支持某一派，另一方一定會選擇對立的那邊。」這兩個兒子也都宣稱擁有王位的繼承權，並在父親逝世後雙雙準備要接手治理國家。塞維魯去世前曾請求兒子們「善待彼此」。但看來媽媽比較了解他們。

他們共同治國期間關係緊繃，不到一年，卡拉卡拉就打算一勞永逸地殺害親兄弟，且要假借尤里亞‧多姆娜之手來執行這項邪惡任務。卡拉卡拉命令母親假借調停兄弟間分歧、促進和平的名義，將葛塔召進寢室。於是乎，211 年 12 月 19 日，葛塔手無寸鐵地回應母親的呼喚。一群百夫長受卡拉卡拉之命在一旁埋伏。葛塔一看見殺手進到房內，便衝向母親尋求庇護，但是殺手們絲毫沒有將尤里亞環抱住兒子的身軀放在眼裡。迪奧這樣描述之後的故事：

「因此，這位被利用的母親看著兒子以最不恭敬的姿態死在自己臂彎中，她緊緊將他抱在懷中近子宮處，與他出生之時相同的位置。她全身浸滿他的鮮血，因此沒注意到自己手上也有傷口。儘管他尚未年老（才二十二歲九個月）便死得如此悲慘，但她不能為她的兒子哀悼或啜泣。她被迫要興高采烈地大笑著，彷彿剛獲得大量財富一般；她所有言語、

手勢和臉色的變換都有人細細查看。因此，這位皇帝之妻及帝王之母在面臨如此巨大的傷痛時，竟連偷偷落淚都不被允許。」

2007 年
12 月 20 日
呵呵……糟了！聖誕禮物有毒

聖誕佳節期間最受歡迎的玩具，「CSI 犯罪現場指紋鑑識調查組」的粉末被驗出含有微量但卻高度致癌的「小」問題──石棉。這套玩具讓孩童可以扮演熱門 CBS 電視劇中的鑑識英雄。儘管「石棉疾病認知組織」早已在這工具組中發現極微量的致命物質，但是，該電視台遲至一個月後的 2007 年 12 月 20 日才屈服於壓力，十分低調地將商品下架。然而在這之前，這種有毒的玩具箱──沒有附防護衣──已經被放在無數棵聖誕樹底下，等待那些毫無戒心的破案新手來拆封。間皮瘤*節快樂！

1994 年
12 月 21 日
每年聖誕節都要嘲笑她一次

1994 年，以自我調侃為特色的晨間脫口秀主持人兼女歌手凱希‧李‧基福爾特（Kathie Lee Gifford）在聖誕節黃金時段的特別節目中首次亮

---

* 註：一種內臟表面的薄層組織（間皮細胞）導致的癌症

相。《華盛頓郵報》的電視評論家湯姆・謝爾斯（Tom Shales）立刻將她批評得一無是處。他在 12 月 21 日發表一篇標題為「聖誕節前夕的凱希・李式摧殘」的評論，將這齣特別節目形容為「絕望的歡愉底下是一場陰森、恐怖、純然的夢魘」。說到這位勇敢的明星時，他寫道：「她自然而然地不停、不停歌唱——好吧，搞不好也沒那麼自然，她只是用那折磨人、毫無生氣的方式唱歌罷了。」

可憐的凱希・李，她本來以為謝爾斯只是那年剛好比較惡毒，殊不知這位得過普利茲獎的評論家新開創了一項聖誕節傳統，也就是之後每年聖誕節都要以評論她的特別節目作為一種獵殺運動。以下摘錄幾則：

- **1995 年：凱希・李——偷走聖誕節的露齒笑容**

給她足夠的金絲帶，她就會把自己吊死，而她確實做到了。

凱西・李・基福爾特在 CBS 演出的第二次聖誕節特別節目或許比第一次更糟糕——她那過分浪漫的演出方式令人反胃，節目名稱應該改成「來吧，都來崇拜我吧！」。

- **1996 年：凱希・李的聖誕節——一・六公里外的槲寄生**

基福爾特在簡短的獨白裡表示，聖誕節這個節日提醒著我們：「應該要心存感激」。那感恩節呢？呃，當然了。我們當然必須要感恩，因為凱希沒有做任何感恩節的特別節目。

人們常說，沒有賓・克羅斯比的聖誕節不是聖誕節。但是兄弟啊，沒有凱希・李的聖誕節才是真的聖誕節。

- **1997 年：準備再來炒栗子吧——凱希的「小聖誕節」**

凱希・李唱歌時總是一副對那些歌很不滿的樣子。它們對她做了什麼嗎？或許她小時候曾被某首歌或聖誕節嚇到過，因為她每年聖誕節都會在電視上展開報復。

- **1998 年：凱希・李？來亂的啦！**

二十四小時的流感和凱希‧李的聖誕特別節目有何不同？差別在於後者只有一小時。

特別節目的恐怖氛圍更甚於聖誕節本身的光芒，而且就和之前幾次一樣悽慘。換句話說，節目應該改名為「我看到你去年聖誕節做過什麼」，以及更之前的那些事。拜託，應該有個人以神聖的名義祈禱：讓這一切都停止吧。

1995 年

12 月 22 日

巨大、壯觀且空前絕後的……失敗

導演雷尼‧哈林（Renny Harlin）對於《割喉島》這部電影的哲學觀點十分明確。他在一份寫給攝影棚工作人員的備忘錄中堅持道：「不論預算有何限制或是實際上會遇到什麼阻礙，我們必須提供觀影者動作及場景上史無前例的體驗。我們的想像力和創造性不能侷限於平庸的現實。」

他繼續說道：「我要的不是大規模，而是超大規模；我不想令人驚奇，而要讓人嘆為觀止；我不要快速，我要的是爆破的速度；我不要意外，我要的是災難；我不要灰塵，而是達到骯髒汙穢的地步；我不要暴風雨，我要的是颶風；我不要山丘，我要的是高山；我不要團體，我想要人潮；我不要恐懼感，我要的是恐慌感；我不要懸疑感，我想要恐怖；我不想要打架，我要的是戰鬥；我要的不只是美麗，而是令人讚嘆不已的那種美；我不要幽默，我要歇斯底里；我不要馬，我要種馬；我不要扁舟，我要大船；我不想要事件，我想要行動；我不想只是『好』，而要『非

常好』；我不只想要有趣，我想要人們大吃一驚。還有，我不要愛，我要激情。」

電影《割喉島》於 1995 年 12 月 22 日正式上映後，哈林導演不只是失敗，而是成了好萊塢史上最龐大、最昂貴的震撼彈。女主角吉娜・戴維斯（Geena Davis）的演藝生涯不僅受挫，且再也不得翻身；電影製片廠不僅財務左支右絀，更落入破產的無底深淵。

1883 年
12 月 23 日

約翰・布思（Jhon Wikes Booth）的另一個受害者

林肯遇刺事件在全國人民心中留下深刻且持久的傷痕，但對於當晚在福特劇院陪在總統身旁的亨利・拉斯本少校（Henry Rathbone）和未婚妻克萊拉・哈瑞絲（Clara Harris）而言，其造成的創傷尤其悲慘。

拉斯本沒有聽見布思在《我們的美國兄弟》（*Our American Cousin*）演出期間偷溜進總統包廂，而布思朝林肯開槍後立刻也朝拉斯本的手臂深深劃了一刀，令他動彈不得。當拉斯本血流如注、無助地站在原地時，一如眾人所知道的那樣，布思跳上舞台後順利溜出劇院。這個恐怖時刻讓這位內戰退役軍人再也無法恢復成從前的模樣。

當林肯總統躺在劇院對街的房子裡瀕臨死亡時，幫助他抵達該處的拉斯本也因為失血過多導致意識模糊不清，頭部需倚在未婚妻的腿上。結果，原來布思的刀嚴重傷及某條動脈。不過拉斯本最後仍然康復了——至少生理部分復原了——也順利和哈瑞絲結婚。1882 年，這對夫妻和三名子女一同搬到德國漢諾威，拉斯本受指派為美國領事。但暗殺

事件造成的心理痛苦絲毫沒有緩減，未能阻止事情發生的愧疚感也時時侵擾著他。

「我能理解他的沮喪。」克萊拉在給朋友的信中寫道。「在我們住的每間旅館裡，只要人們聽聞我們即將抵達，我們就會覺得自己成為眾人檢視的目標物。我們一到餐廳就會覺得自己像動物園裡的動物一般。而人們的交頭接耳總會被亨利想像成比實際上更尖銳、更狠毒的內容。」

1883 年 12 月 23 日晚間，心理狀態向來脆弱的拉斯本崩潰了。當他試圖強行進入孩子們的房間時，克萊拉便察覺情況有異。她嘗試阻止丈夫時，對方朝她開槍，並一刀接著一刀刺向她，最後再反過來刺殺自己。最後，克萊拉死了，拉斯本卻活了下來，並因為精神錯亂而在德國精神病院中度過剩餘的二十七年。

1865 年
12 月 24 日
聖誕惡魔

那年平安夜

一群前邦聯聯軍聚集於

一座南方小鎮

神色鬱悶；

如今黑人得自由

那可真不公平

他們要用憎恨

來對付過剩的恐懼；

頭罩白色斗篷

燃燒起十字架

以驚駭與害怕

散播仇恨的訊息。

　　沒錯，在充滿歡笑喜慶的耶魯節（Yuletide），三K黨於 1865 年 12 月 24 日正式成立於田納西州的普拉斯基。

2002 年

12 月 25 日

毀掉一切的意外之財

　　傑克・惠特克（Jack Whittaker）在 2002 年收到的聖誕禮物，是個總值三億一千五百萬的大麻煩。突然中大獎的他，隨即也面臨了悽慘的恐怖故事，這種故事時有所聞──關係破裂、愚蠢的花費和迅速破產──但是伴隨著惠特克的意外之財而來的死亡漩渦與毀滅，看起來卻像是惡魔本人親自遞出那張中獎的彩券。

　　剛開始一切都很好。「我想當個好榜樣。」惠特克成為史上彩券最大贏家時這麼說。「我希望人們因為這次中獎而以我為榮。我想要促進友好，幫助人們。」

　　所有跡象都顯示出，這位五十五歲的西維吉尼亞州人或許能夠達成這崇高的意圖。他白手起家，先前就從建設企業獲得大筆財富。他和妻子朱威爾、女兒金潔以及孫女布蘭迪時常一同上電視晨間秀，一切看來都很好。乍看之下，以基督徒仁愛的方式分享獎金將會是惠特克的饋贈。

「我們將教區稅奉獻給三間教會。」他告訴NBC《今日秀》的馬特‧勞爾（Matt Lauer），「我們會用那百分之十的錢照顧牧師們。」而另外一部分的獎金則會捐給他自己的慈善機構。

但接下來事情開始變調。惠特克開始去一間叫做「粉紅小馬」的脫衣舞廳，在那裡撒下大把大把的鈔票、還因為騷擾行為讓自己成了討厭鬼，彷彿那些超乎想像的財富賦予他為所欲為的權利。

「金錢好像吞噬掉他的所有良善。」粉紅小馬的其中一名員工告訴《華盛頓郵報》。「這讓我想到《魔戒》。那個小傢伙叫什麼名字來著？咕嚕？他和金錢之間的關係就像是咕嚕和他的寶貝魔戒。它不斷消耗你的能量，於是最後你變成金錢，再也不是人類了。」

接著惠特克開始被逮到酒駕、撞車，但他拒絕道歉。而後那些金錢開始釀成可怕的災禍：無數陌生人尋求財務支援、一連串的法律訴訟、幾宗竊盜案——包括他車上的五十萬元現金被偷走，他甚至還和結縭四十年的朱威爾離婚了。「我不知道我的人生是否還能恢復正常。」他告訴查理斯頓第十三台的記者。

然而，最糟的是惠特克的財富對那些共享的人所造成的毒害，就像是邪惡點點滴滴從源頭滲出來一般。他的孫女布蘭迪的情況正是如此。在她母親罹患淋巴癌後，她偶爾會和祖父同住。「她是我生命中的閃耀之星。她是我的一切。」他後來說道。「從她出生的那一天起，我滿腦子都是給予、保護和照顧她。」惠特克後來給了她無數金錢和汽車。

這個眼神明亮、年輕的金髮女孩曾經只希望能有一台新的三菱日蝕跑車，並盼望能和饒舌明星尼力見上一面。但是，轉眼間她變成擁有無限資源、珠光寶氣的偏執毒蟲。損友們群起

湧向她。「他們是為了錢才接近她，而不是因為她性格好。」惠特克中獎一年後對《美聯社》的記者抱怨道。「她是我所見過，最尖酸刻薄的十六歲孩子。」

1919 年
12 月 26 日

詛咒！紅襪隊老闆無情的交易

　　或許這就是某些人所說的「貝比魯斯魔咒」，或者也只是一個糟糕的巧合。但自從波士頓紅襪隊的老闆哈里・法拉茲（Harry Frazee）於1919 年 12 月 26 日將超級打擊手貝比・魯斯交易給紐約洋基隊後，紅襪隊的好運便大幅減少，難免讓這些事件看起來盤根錯節。這場交易過了九十年後，「死襪隊」仍然是美國職棒大聯盟最倒楣的隊伍，而原本死氣沉沉的洋基隊卻因為魯斯而節節高升。

　　法拉茲在一場現金交易中賣掉他最有價值的球員，此動機並不單純。想當然，他要求的驚天高價（大於球員最高價碼的兩倍）能資助他實現製作百老匯音樂劇的熱忱，甚至他還讓紅襪隊球迷抱持期待，以為這樁買賣最終可以換來更好的球員。但交易的原因另有其他：法拉茲很討厭這位球星。和洋基隊的交易拍板定案後，他曾公開貶低貝比・魯斯是「一人團隊」。

　　「毫無疑問，魯斯是比賽中最傑出的打者。」法拉茲宣稱。「但他同樣也是球隊中最自私、最不體貼的球員。要是他的性情好一點，要是他可以和其他球員一樣服從命令、為了團隊著想，那麼我永遠也不會讓他離開。」

人稱「猛打蘇丹王」的魯斯立刻判他的前東家犯規。「要不是法拉茲，我很樂意在紅襪隊打到退休。」他告訴媒體。「法拉茲把我賣掉是因為他不願意配合我的薪資要求，而他為了給球迷們一個理由，便試圖把責任推到我頭上。」

法拉茲想證明自己是無辜的，結果失敗了。憤怒的新英格蘭人恥笑這個行動是「第二次波士頓大屠殺」，《波士頓郵報》則譴責他「重重打擊了廣大忠實的球迷」。

遭到嚴厲責難的紅襪隊老闆曾在交易時說，洋基隊付出鉅額買下魯斯是下了一場大型賭注。但這個賭注的結果十分光鮮亮麗，貝比·魯斯在洋基隊的十四年間贏得七面錦旗和四次世界大賽冠軍。另一邊，紅襪隊卻在之後的十一個球季裡墊底了七次。

1979 年

12 月 27 日

我們會的！你先喝下這碗湯吧……

「蘇聯一定會幫我們。」

阿富汗總統哈菲佐拉·阿明（Hafizullah Amin）還不知道當天蘇聯企圖在他的湯裡下毒，打算暗殺他。幾個小時後，蘇聯在宮廷政變中開槍殺了他。緊接著，蘇聯便入侵這個被紛爭撕裂的國家，長達九年之久。

1984 年

12 月 28 日

你覺得是假的？

喜歡追根究底的記者約翰・斯托塞爾（John Stossel）在為 ABC 新聞雜誌節目《20/20》拆穿職業摔角選手的真面目時表現地可圈可點。不過他在面對「D 博士」戴夫・舒爾茨（Dave Schultz）時問的問題有點太過火了，導致挨揍後耳邊一直有刺耳的嗡嗡聲，也算是紀念他曾經與這位高兩百公分、重一百二十公斤的傢伙交手過。

「我要問你個常見的問題。」斯托塞爾試探性地問道，「您知道的，就是關於『職業拳擊賽是假的』這件事。」

「你覺得比賽是假的？」舒爾茨一面回答，一面朝這名記者的右耳揮了一拳，將他擊倒在地。

「你說啥？這是假的嗎？啊？你他媽有什麼問題？這是巨掌拍擊，你覺得是假的嗎？我就讓你變成假的。」斯托塞爾重新站穩後，舒爾茨又朝他的左耳揮了一拳，再次將他擊倒。這個被毆打的記者想要逃離現場時，舒爾茨跟在他身後嘲笑他：「啥！你什麼意思，這是假的？」

1977 年

12 月 29 日

迷失在翻譯中：卡特總統的「慾望」

和其他幾位十九世紀的前任總統們（例如詹姆斯・布坎南）一樣，吉米・卡特政府是美國史上麻煩最多的政府。嚴重的通貨膨脹、削弱國

家的石油危機和伊朗人質危機都集中在這位運氣很背的總統任內，另外，他還必須應付那個令人難堪的弟弟比利——他就像是卡通裡面狂飲啤酒的鄉巴佬，不但滑稽，還非法接受利比亞二十萬美元的「貸款」。

不僅外在事件看似群起共謀要反抗卡特總統，他本人似乎也有點問題，不論是否出自善意，都引來了人們的嘲弄。比方說在不適宜的場合露齒微笑，以及看似永無止境、羞辱人的失態。首先，當他在喬治亞州普萊恩斯的家鄉附近的池塘釣魚時，聲稱有隻「殺人兔」想要攻擊他。還有，他對著辯論會的觀眾認真地宣布：「我來這兒的幾天前曾和女兒艾咪討論過，我問她最重要的議題是什麼。她說，她覺得是核子武器和控制核武。」而當時艾咪才十三歲。另外，這位備受嘲笑的活寶在 1976 年《花花公子》訪談中說：「我曾經帶著有色眼光去看許多女人。我在心裡已經犯了多起姦淫罪。上帝都知道，但祂會原諒我。」

1977 年 12 月 29 日，卡特那顆慾望高漲的心不慎於造訪波蘭期間再次激烈跳動。當然了，總統是透過口譯員發言，但是該名口譯員實在不是好人選，而這導致了有史以來美國總統所發表過、最令人難堪的外交演說。「今早我離開美國。」卡特說，但口譯員的翻譯是「我離棄了美國」。後來情況愈來愈糟。當總統說：「我來到這裡是想要知道你們的想法，並了解你們對於未來的渴望。」結果許多聽眾開始吃吃竊笑，因為口譯員翻成「我渴望波蘭人的肉體」。

2013 年

12 月 30 日

史奈德來了

　　2013 年 12 月 30 日，華盛頓紅人隊藉由開除總教練邁克·沙納（Mike Shanahan）以結束半世紀以來最糟糕的賽季。自從年輕的億萬富翁丹尼爾·史奈德（Daniel Snyder）於 1999 年收購該球隊後，沙納已是十四年半以來第七任總教練。因其獨裁的作風，再加上無恥地訛詐球迷（從體育館的停車位到腐壞的花生都不例外），以及最重要的，紅人隊在他管理期間的可悲戰績，總總原因都讓「史奈德先生」——他堅持要大家這麼稱呼——成為國家美式足球聯盟裡最不受歡迎的老闆。他甚至在連環漫畫《坦克麥克納馬拉》（*Tank McNamara*）裡也受到眾人嘲笑，還被謔稱為「年度運動蠢蛋」。《華盛頓郵報》體育專欄作家托馬斯·鮑斯威爾（Thomas Boswell）在沙納被解雇後寫道：「華盛頓隊忍受了史奈德時代十四餘年，這是一場病態的實驗，驗出大眾對美式足球的反感。」*

1926 年

12 月 31 日

什麼是毒：政府致命的道德觀，這就是毒

　　美國禁酒令已經生效滿七年了，但人們灌下的非法酒品數量卻更甚

---

*　註：針對史奈德最嚴屬的控訴可能來自他的兒時英雄，也就是前紅人隊跑衛約翰·里金斯（John Riggins）。里金斯 2009 年在 Showtime 電視網的《美式足球聯盟幕後》說：「這個球隊的老闆是個壞蛋。我坦白跟你說，他就是個壞蛋。」當他被要求進一步闡述時，他繼續說道：「這麼說好了，他的心腸真的很壞。」

以往。山姆大叔（美國的綽號和擬人化形象）氣壞了，決心要讓人們敗興而歸——即便這意味著必須在百萬名美國人的酒杯裡下毒。

1919 年的「沃得斯泰德法」（Volstead Act）允許那些「不會使人酒醉」的工業用酒精繼續生產。這種酒精裡添加了一些有害物質，例如煤油、馬錢子鹼（和番木鱉鹼極度相似的植物鹼）、汽油、苯、鎘、碘、鋅、氯化汞、尼古丁、乙醚、甲醛、氯仿、樟腦、碳酸、奎寧還有丙酮。但問題是，許多合法的劣質酒精流到了私酒販的手中，他們雇用化學家除去那些政府核可的毒素。緊接而來的是一場愈發激烈的化學戰爭，政府當局試圖調製出毒性更強的添加物，私販們則設法減弱那些添加物的效力。然而，政府還有一樣特別致命的秘密武器——惡名昭彰的甲基，又名木精。即便是少量木精也會導致失明、幻覺、癱瘓甚至經常釀出人命。

1926 年的跨年夜，執法人員宣布要在工業用酒精裡加入雙倍的木精，若有必要甚至會提高到四倍。這就是後來禁酒令的由來，而這場道德聖戰曾經被後來的胡佛總統稱為「目的高尚的實驗」。

政府宣布消息的同時，那些在假期狂歡作樂的人們已經因為木精的緣故，幾近失明或是半死不活，搖搖晃晃地湧入市立醫院，畢竟，私酒販當然不會留著那些無法完全去除雜質的劣酒。紐約首席法醫查理斯・諾里斯（Charles Norris）對於政府批准的汙染物導致如此傷亡驚駭不已，尤其是對於那些毫無防備的窮人們。

「政府知道在酒裡下毒沒法阻止人們喝酒。」他在聖誕節後的記者會上說道。「政府知道私酒販會動手腳，但還是持續下毒，完全不顧決意喝酒的人們每天都在吸收那些毒素。」後來，他補充說明，「市面上根本沒有純的威士忌。在我看來，根本就沒有什麼禁酒令。那些在禁酒令之前會喝酒的人現在照樣喝，前提是他們還活著。」

諾里斯指出下毒政策所造成的驚人傷亡，以及政府剛宣布要加入更

多木精後可能帶來的破壞，這點燃了許多地區居民的怒火。「第十八修正案只是用來執行死刑罷了。」《紐約世界報》專欄作家海伍德．布朗（Heywood Broun）寫道。

「這是謀殺！」哥倫比亞大學校長尼古拉斯．巴特勒（Nicholas Murray Butler）聲稱。「簡單來說，飲用毒酒釀造的傷亡，就是榮耀的政府所犯下、貨真價實的謀殺。」

國會成員也是相同的反應。密蘇里州的參議員詹姆斯．里德（James Reed）告訴《聖路易斯郵報》：「就算喝酒的人是違反禁酒令弄到非法的酒，但唯有那些骨子裡是禽獸的人才會想害飲酒者死亡或失明。」

不過，還是有一些人堅持，認為那些生病和瀕死的美國人是罪有應得。「美國政府一定得確保酒鬼的安危嗎？」《奧馬哈蜂報》問道。勢力龐大的反酒聯盟主席韋恩．惠勒曾經為了通過禁酒令而用力施壓，他針對這種主張所引起的騷動向媒體表示：「當憲法禁酒時，政府沒有義務提供人們可飲用的酒。會喝工業用酒精的人是蓄意自殺。」

說出這種冷酷無情的評論後，惠勒本人以及他的所作所為頓時變得不可靠，儘管如此，過了七年後禁酒令才被廢除，美國人才能夠再次安全地慶祝新年，並且篤定地為了彼此的健康乾一杯。

參考書目節錄

/ 月

- Ambrose, Stephen E. Eisenhower: Soldier and President. New York: Simon & Schuster, 1990.
- Carter, Bill. Desperate Networks. New York: Doubleday, 2006.
- Durant, Will. The Story of Civilization: The Reformation. New York: Simon & Schuster, 1957.
- Hastings, Max. Armageddon: The Battle for Germany, 1944–1945. New York: Knopf, 2004.
- McCullough, David. The Great Bridge: The Epic Story of the Building of the Brooklyn Bridge. New York: Simon & Schuster, 1972.
- Pry, Peter Vincent. *War Scare*: Russia and America on the Nuclear Brink. Westport, Conn.: Praeger, 1999.
- Stumbo, Bella. "Barry: He Keeps D.C. Guessing." Editorial. Los Angeles Times, January 7, 1990.
- Tuchman, Barbara. A Distant Mirror: The Calamitous 14th Century. New York: Knopf, 1978.

2 月

- Cohen, Jon. Almost Chimpanzees: Redrawing the Lines That Separate Us

From Them. New York: Henry Holt and Company, 2010.

- Goodrich, Lloyd. Thomas Eakins. Cambridge, Mass.: Harvard University Press, 1982.

- Harrison, George. I, Me, Mine. New York: Simon & Schuster, 1981.

- Macaulay, Thomas Babington. The History of England From the Accession of James II. Philadelphia: Porter & Coates, 2000.

- Pepys, Samuel. The Diary of Samuel Pepys: A New and Complete Transcription. Berkeley: University of California, 1970.

- Wise, David. Spy: The Inside Story of How the FBI's Robert Hanssen Betrayed America. New York: Random House, 2002.

3 月

- Dundes, Alan, ed. The Blood Libel Legend: A Casebook in Anti- Semitic Folklore. Madison: University of Wisconsin, 1991.

- Offit, Paul A. The Cutter Incident: How America's First Polio Vaccine Led to the Growing Vaccine Crisis. New Haven, Conn: Yale University Press, 2005.

- Onoda, Hiroo. No Surrender: My Thirty-Year War. Annapolis, Md.: Naval Institute, 1999.

- Park, Robert L. Voodoo Science: The Road From Foolishness to Fraud. New York: Oxford University Press, 2000.

- Roberts, Sam. The Brother: The Untold Story of Atomic Spy David Greenglass and How He Sent His Sister, Ethel Rosenberg, to the Electric Chair. New York: Random House, 2001.

- Updike, John. Endpoint and Other Poems. New York: Knopf, 2009.

4 月

- Matovina, Dan. Without You: The Tragic Story of Badfi nger. San Mateo, Calif.: Frances Glover, 1997.
- Munn, Michael. John Wayne: The Man Behind the Myth. New York: Penguin, 2003.
- Prawy, Marcel. The Vienna Opera. New York: Praeger, 1970.
- Rivera, Geraldo, and Daniel Paisner. Exposing Myself. New York: Bantam, 1991.
- Wilde, Oscar. De Profundis. New York: Vintage, 1964.

5 月

- Churchill, Winston. Their Finest Hour: The Second World War. Boston: Houghton Mifflin, 1949.
- Elegant, Robert S. Mao's Great Revolution. New York: World Publishing Company, 1971.
- Harris, Robert. Selling Hitler: The Story of the Hitler Diaries. London: Arrow, 1986.
- Moran, Mark, and Mark Sceurman. Weird N.J., Vol. 2: Your Travel Guide to New Jersey's Local Legends and Best Kept Secrets. New York: Sterling, 2006.

- Rivera, Diego. My Art, My Life: An Autobiography. New York: Dover, 1991.

6 月

- Dash, Mike. Batavia's Graveyard: The True Story of the Mad Heretic Who Led History's Bloodiest Mutiny. New York: Crown, 2002.
- Davies, Peter J. Mozart in Person: His Character and Health. Westport, Conn.: Greenwood Press, 1989.
- Dickey, Colin. Cranioklepty: Grave Robbing and the Search for Genius. Denver: Unbridled Books, 2009.
- Dinwiddie, James. Biographical Memoir of J. Dinwiddie. Liverpool, England: Edward Howell, 1868.
- Evelyn, John. Diary and Correspondence of John Evelyn. London: H. Colburn, 1854.
- Gibbon, Edward. The Decline and Fall of the Roman Empire, Volume 3. New York: Knopf, 1993.

7 月

- Connors, Jimmy. The Outsider: A Memoir. New York: Harper, 2013.
- McCullough, David. John Adams. New York: Simon & Schuster, 2001.
- Powers, Richard Gid. Broken: The Troubled Past and Uncertain Future of the FBI. New York: Free Press, 2004.

- Purvis, Alston, and Alex Tresniowski. The Vendetta: Special Agent Melvin Purvis, John Dillinger, and Hoover's FBI in the Age of Gangsters. Philadelphia: Perseus, 2005.
- Wyman, Bill, and Ray Coleman. Stone Alone: The Story of a Rock 'n' Roll Band. New York: Viking, 1990.

8 月

- Baden-Powell, Robert. Scouting for Boys: A Handbook for Instruction in Good Citizenship. Oxford: Oxford University Press, 2004.
- Blake, John. Children of the Movement. Chicago Review Press, 2004.
- Blumenson, Martin. The Patton Papers: 1940–1945. Boston: Houghton Miffl in, 1974.
- Coleman, Ray. The Man Who Made the Beatles: An Intimate Biography of Brian Epstein. New York: McGraw-Hill, 1989.
- Froissart, Jean. Froissart's Chronicles. Ed. John Jolliff e. New York: Penguin, 2001.
- Warhol, Andy. The Andy Warhol Diaries. Ed. Pat Hackett. New York: Warner, 1989.
- Wolf, Leonard. Bluebeard: The Life and Crimes of Gilles de Rais. New York: Crown, 1980.

9 月

- Bogdanovich, Peter. Who the Hell's in It: Conversations With Hollywood's Legendary Actors. New York: Knopf, 2004.
- Bonner, Kit. "The Ill-Fated USS William D. Porter." Retired Offi cer Magazine, March 1994.
- Hawley, Samuel. The Imjin War: Japan's Sixteenth-Century Invasion of Korea and Attempt to Conquer China. Seoul: Royal Asiatic Society, Korea Branch, 2005.
- Hochschild, Adam. King Leopold's Ghost: A Story of Greed, Terror, and Heroism in Colonial Africa. New York: Houghton Miffl in Harcourt, 1999.

10 月

- Andress, David. The Terror: The Merciless War for Freedom in Revolutionary France. New York: Farrar, Straus, and Giroux, 2006.
- Asinof, Eliot. Eight Men Out: The Black Sox and the 1919 World Series. New York: Ace, 1963.
- Berg, A. Scott. Lindbergh. New York: Putnam, 1998.
- Bryson, Bill. A Short History of Nearly Everything. New York: Broadway, 2003.
- Cooper, Edward S. William Worth Belknap: An American Disgrace. Madison, N.J.: Fairleigh Dickinson University Press, 2003.
- Lindbergh, Charles A. Autobiography of Values. New York: Harcourt Brace Jovanovich, 1992.

- Maris, Roger and Jim Ogle. Roger Maris at Bat. New York: Duell, Sloan, and Pearce, 1962.
- Theroux, Paul. Ghost Train to the Eastern Star: On the Tracks of the Great Railway Bazaar. Boston: Houghton Miffl in, 2008.
- Walters, Barbara. Audition: A Memoir. New York: Knopf, 2008.

／／ 月

- Clary, Jack. 30 Years of Pro Football's Greatest Moments. New York: Rutledge, 1976.
- Fischer, David Hackett. Liberty and Freedom: A Visual History of America's Founding Ideas. New York: Oxford University Press, 2005.
- Kennedy, Edward M. True Compass: A Memoir. New York: Twelve, 2009.
- Richie, Alexandra. Faust's Metropolis: A History of Berlin. New York: Carroll & Graf, 1998.
- Steakley, James D. The Homosexual Emancipation Movement in Germany. New York: Arno, 1993.

／2 月

- Cassius, Dio. Roman History, Volume IX, Books 71–80. Trans. Earnest Cary. Cambridge, Mass.: Harvard University Press, 1927.
- Manchester, William. American Caesar: Douglas MacArthur, 1880–1964. Boston: Little, Brown, 1978.

- Peters, Edward. Inquisition. New York: Free Press, 1988.

- Slansky, Paul, and Arleen Sorkin. My Bad: The Apology Anthology. New York: Bloomsbury, 2006.

- Walsh, John Evangelist. Unraveling Piltdown: The Science Fraud of the Century and Its Solution. New York: Random House, 1996.

- Watson, James D. The Double Helix: A Personal Account of the Discovery of the Structure of DNA. New York: Atheneum, 1968.

- Weintraub, Stanley. Victoria: An Intimate Biography. New York: Dutton, 1987.

致謝

　　麗莎・湯瑪斯（Lisa Thomas）帶著這本書的想法來找我的那天真是我的幸運日，後來她繼續以優雅和絕佳的幽默感來引導這本書成形。另外，我也感謝另外兩位傑出又有趣的女性所做的貢獻，她們分別是瑪格麗特・康莉（Marguerite Conley）和派特・麥爾斯（Pat Myers）。

　　許多人都很大方地提供我各種關於倒楣日的好建議。我深深感謝湯姆・道得、李・道爾、瑪麗・法庫爾、比利・富特、強尼・富特、安馬利・林區、保羅・邁隆尼・尼爾森・魯普、凱文・題爾尼和伊凡・威爾森。

　　感謝國家地理頻道出版社的編輯團隊：艾美・布利格斯、安妮・史密斯、麥麗莎・法瑞絲、凱蒂・歐森、蘇珊・布萊爾、沙佳麗・迦納西、艾琳・葛琳漢與蘇珊・紐言，也謝謝古路里亞・吉吉尼完美的插畫。

　　最後，我很幸運擁有像撒拉・漢納希（Sarah Hennessey）這樣的朋友，她從自己生病的倒楣日子裡重新振作起來，熱情地支持我完成這本書。謝謝妳，我的靈魂人物！

高寶書版集團
gobooks.com.tw

新視野 New Window 237
衰爆大歷史：比水逆更悲劇，地獄倒楣鬼們歡樂又悲慘的 365 天大事紀
Bad Days in History: A Gleefully Grim Chronicle of Misfortune, Mayhem, and Misery for Every Day of the Year

作 者	邁克爾‧法庫爾（Michael Farquhar）
繪 者	古路里亞‧吉吉尼（Giulia Ghigini）
譯 者	黃婕宇
主 編	吳珮旻
編 輯	鄭淇丰
校 對	蕭季瑄、吳珮旻
封面設計	林政嘉
內頁排版	賴姵均
版 權	蕭以旻
企 劃	鍾惠鈞

發 行 人　朱凱蕾
出　　版　英屬維京群島商高寶國際有限公司台灣分公司
　　　　　Global Group Holdings, Ltd.
地　　址　台北市內湖區洲子街 88 號 3 樓
網　　址　gobooks.com.tw
電　　話　(02) 27992788
電　　郵　readers@gobooks.com.tw（讀者服務部）
傳　　真　出版部　(02) 27990909　行銷部 (02) 27993088
郵政劃撥　19394552
戶　　名　英屬維京群島商高寶國際有限公司台灣分公司
發　　行　英屬維京群島商高寶國際有限公司台灣分公司
初版日期　2022 年 01 月

Copyright © 2015 by Michael Farquhar
Illustrations copyright © 2015 Giulia Ghigini
Published by arrangement with The Bent Agency, through The Grayhawk Agency.

國家圖書館出版品預行編目（CIP）資料

衰爆大歷史：比水逆更悲劇,地獄倒楣鬼們歡樂又悲慘的365
天大事紀/邁克爾.法庫爾(Michael Farquhar)著；古路里
亞.吉吉尼(Giulia Ghigini)繪；黃婕宇譯. -- 初版. -- 臺北市：
英屬維京群島商高寶國際有限公司臺灣分公司, 2022.01
　　面；　公分. --（新視野 237）

譯自：Bad days in history : a gleefully grim chronicle of
misfortune, mayhem, and misery for every day of the year.

ISBN 978-986-506-300-9(平裝)

1. 世界史　2. 軼事

711　　　　　　　　　　　　　　　　110019073